TROSEDDEG LLYFR DAU

ar gyfer CBAC Lefel 3 Diploma Cymhwysol

Rob Webb
Annie Townend

NAPIER PRESS Troseddeg

Troseddeg Llyfr Dau ar gyfer CBAC Lefel 3 Diploma Cymhwysol

Addasiad Cymraeg o Criminology Book Two for the WJEC Level 3 Applied Diploma a gyhoeddwyd yn 2021 gan Napier Press Limited
admin@napierpress.com
www.criminology.uk.net

Ariennir yn Rhannol gan **Lywodraeth Cymru**
Part Funded by **Welsh Government**

Cyhoeddwyd dan nawdd Cynllun Adnoddau Addysgu a Dysgu CBAC

© Napier Press Limited 2022 (Yr ail argraffiad Saesneg)

© CBAC 2022 (Yr argraffiad Cymraeg hwn)

ISBN 9781838271572

Mae Rob Webb ac Annie Townend wedi datgan eu hawliau moesol i gael eu cydnabod yn awduron y gyfrol hon.

Data Catalogio Cyhoeddiadau y Llyfrgell Brydeinig
Mae cofnod catalog y teitl hwn ar gael gan y Llyfrgell Brydeinig.

Dylunio gan Global Blended Learning
Y clawr wedi'i ddylunio gan Promo Design

Wedi'i argraffu mewn modd cynaliadwy yn y DU gan Pureprint. Mae'r gyfrol hon wedi'i hargraffu ar Amadeus Silk, papur o ffynonellau cyfrifol wedi'i ardystio gan FSC®. Mae hyn yn sicrhau bod modd olrhain y gadwyn gwarchodaeth o'r goeden yn y fforest a reolir yn dda i'r ddogfen orffenedig yn y ffatri argraffu.

> **Datganiad cymeradwyo CBAC**
>
> Mae'r deunydd hwn wedi'i gymeradwyo gan CBAC ac yn cynnig cefnogaeth o ansawdd uchel wrth gyflwyno cymwysterau CBAC. Er bod y deunydd hwn wedi bod drwy broses sicrhau ansawdd CBAC, y cyhoeddwr sy'n llwyr gyfrifol am y cynnwys. Nid yw CBAC yn gyfrifol am yr atebion enghreifftiol i'r cwestiynau yn y gyfrol hon a gymerwyd o gyn-bapurau CBAC, nac am unrhyw safbwyntiau a gynigir am fandiau marcio. Defnyddir cwestiynau o gyn-bapurau CBAC dan drwydded WJEC CBAC Ltd.

Cedwir pob hawl. Ni chaniateir ailargraffu, atgynhyrchu, trawsyrru na defnyddio unrhyw ran o'r cyhoeddiad hwn mewn unrhyw fodd electronig, mecanyddol neu arall, sy'n hysbys heddiw neu a ddyfeisir wedi hyn, gan gynnwys llungopïo a recordio, nac mewn unrhyw system storio ac adalw gwybodaeth, heb ganiatâd ysgrifenedig gan y cyhoeddwr neu heb drwydded yn caniatáu copïo cyfyngedig yn y Deyrnas Unedig gan yr Asiantaeth Trwyddedu Hawlfraint Cyfyngedig: Copyright Licensing Agency Ltd, 5th Floor, Shackleton House, 4 Battle Bridge Lane, London SE1 2HX.

HYSBYSIAD I ATHRAWON YN Y D.U.
Mae atgynhyrchu unrhyw ran o'r llyfr hwn mewn modd materol (gan gynnwys llungopïo a storio yn electronig) yn anghyfreithlon heb ganiatâd ysgrifenedig gan Napier Press Ltd neu dan delerau'r drwydded a roddwyd i'ch cyflogwr gan yr Asiantaeth Trwyddedu Hawlfraint Cyfyngedig.
Mae atgynhyrchu unrhyw ran o'r gwaith hwn i'w gyhoeddi neu i'w werthu yn anghyfreithlon.

Mae'r cyhoeddwr yn ddiolchgar am y caniatâd i atgynhyrchu deunyddiau hawlfraint yn y llyfr hwn. Gwnaed pob ymdrech i gysylltu â'r holl ddeiliaid hawlfraint, ond os oes unrhyw rai wedi'u hesgeuluso'n anfwriadol, bydd y cyhoeddwr yn falch o wneud y trefniadau angenrheidiol ar y cyfle cyntaf.

Nid yw Napier Press Ltd yn gwarantu y bydd unrhyw wefan sy'n ymddangos yn y llyfr hwn neu yn y gweithgareddau cysylltiedig yn fyw, yn ddi-wall nac wedi cywiro unrhyw ddiffygion, nac yn gwarantu y bydd y gwefannau neu'r gweinydd yn rhydd o firysau a bygiau. Nid yw Napier Press Ltd yn gyfrifol am gynnwys gwefannau trydydd parti. Mae unrhyw wybodaeth ffeithiol a roddir yn gywir adeg mynd i'r wasg, hyd y gŵyr y cyhoeddwr.

> **Bydd gweithgareddau a llyfrau gwaith ar gael ar-lein i athrawon a myfyrwyr Troseddeg sy'n defnyddio'r llyfr hwn.**
>
> Ewch i Hwb: www.hwb.gov.wales/

Cynnwys

Cyflwyniad 4

Uned 3 O Leoliad y Drosedd i'r Llys

Deilliant Dysgu 1 Deall proses ymchwiliadau troseddol
Testun 1.1 Gwerthuso effeithiolrwydd rolau personél sy'n cymryd rhan mewn ymchwiliadau troseddol 8
Testun 1.2 Asesu defnyddioldeb technegau ymchwiliol mewn ymchwiliadau troseddol 14
Testun 1.3 Esbonio sut y caiff tystiolaeth ei phrosesu 25
Testun 1.4 Archwilio hawliau unigolion mewn ymchwiliadau troseddol 31

Deilliant Dysgu 2 Deall y broses o erlyn y sawl a ddrwgdybir
Testun 2.1 Esbonio gofynion Gwasanaeth Erlyn y Goron (CPS) ar gyfer erlyn y sawl a ddrwgdybir 37
Testun 2.2 Disgrifio prosesau treial 41
Testun 2.3 Deall rheolau o ran defnyddio tystiolaeth mewn achosion troseddol 47
Testun 2.4 Asesu dylanwadau allweddol sy'n effeithio ar ganlyniadau achosion troseddol 52
Testun 2.5 Trafod y defnydd a wneir o leygwyr mewn achosion troseddol 60

Deilliant Dysgu 3 Gallu adolygu achosion troseddol
Testun 3.1 Archwilio gwybodaeth i sicrhau ei bod yn ddilys 68
Testun 3.2 Tynnu casgliadau ar sail y wybodaeth 77
Paratoi ar gyfer asesiad dan reolaeth Uned 3 84

Uned 4 Trosedd a Chosb

Deilliant Dysgu 1 Deall y system cyfiawnder troseddol yng Nghymru a Lloegr
Testun 1.1 Disgrifio prosesau a ddefnyddir ar gyfer deddfu 87
Testun 1.2 Disgrifio trefniadaeth y system cyfiawnder troseddol yng Nghymru a Lloegr 93
Testun 1.3 Disgrifio modelau cyfiawnder troseddol 97

Deilliant Dysgu 2 Deall rôl cosbi mewn system cyfiawnder troseddol
Testun 2.1 Esbonio mathau o reolaeth gymdeithasol 102
Testun 2.2 Trafod nodau cosbi 107
Testun 2.3 Asesu sut mae mathau o gosbau yn cyflawni nodau cosbi 114

Deilliant Dysgu 3 Deall mesurau a ddefnyddir ym maes rheolaeth gymdeithasol
Testun 3.1 Esbonio rôl asiantaethau o ran rheolaeth gymdeithasol 122
Testun 3.2 Disgrifio cyfraniad asiantaethau at sicrhau rheolaeth gymdeithasol 133
Testun 3.3 Archwilio'r cyfyngiadau sydd ar asiantaethau o ran sicrhau rheolaeth gymdeithasol 144
Testun 3.4 Gwerthuso effeithiolrwydd asiantaethau o ran sicrhau rheolaeth gymdeithasol 153
Paratoi ar gyfer arholiad Uned 4 166

Ffynonellau 170
Mynegai 171

Cyflwyniad

Croeso i'ch gwerslyfr *Troseddeg Llyfr Dau*!

Dyma gyflwyniad byr i roi trosolwg cyflym i chi. Mae'n siŵr eich bod chi eisiau dechrau ar y gwaith, ond mae'n werth treulio ychydig funudau yn ymgyfarwyddo â nodweddion allweddol eich llyfr a sut byddwch chi'n cael eich asesu.

Nodweddion eich llyfr

Os edrychwch chi drwy'r llyfr, byddwch chi'n gweld rhai o'i brif nodweddion, gan gynnwys y canlynol.

Testunau Mae unedau'r llyfr wedi'u rhannu yn destunau unigol, ac mae pob testun yn ymdrin ag un o'r meini prawf asesu mae angen i chi eu hastudio.

Man cychwyn Mae gweithgaredd byr ar ddechrau pob testun i'ch annog i ddechrau meddwl am y testun hwnnw a'i gysylltu â'r hyn rydych chi wedi ei ddysgu'n barod. Bydd rhai gweithgareddau i'w cwblhau gyda phartner neu mewn grŵp bach, ac eraill i'w cwblhau ar eich pen eich hun.

Gweithgareddau Mae pob testun yn cynnwys amrywiaeth eang o weithgareddau i ddatblygu eich gwybodaeth, eich dealltwriaeth a'ch sgiliau. Mae rhai yn seiliedig ar glipiau fideo, mae eraill yn seiliedig ar ymchwil neu drafodaethau, ac mae angen gwneud y rhan fwyaf mewn parau neu grwpiau bach.

Blychau Mae'r blychau yn cynnwys gwybodaeth ychwanegol sy'n gysylltiedig â'r prif destun.

Astudiaethau achos Achosion a sefyllfaoedd troseddol go iawn i chi eu hystyried.

Cwestiynau Bydd y cwestiynau yn eich helpu chi i fyfyrio ar yr hyn rydych chi wedi'i ddarllen.

Paratoi ar gyfer yr asesiad dan reolaeth Ar ddiwedd pob un o destunau Uned 3, mae adran arbennig yn amlinellu'r hyn mae angen i chi ei wneud i baratoi ar gyfer yr asesiad dan reolaeth. Mae disgrifiad o ofynion yr asesiad dan reolaeth wedi'i roi isod.

Profi eich hun Ar ddiwedd pob un o destunau Uned 4, bydd un neu ragor o gwestiynau ymarfer sy'n debyg i'r rhai a fydd yn arholiad Uned 4. I gyd-fynd â'r rhain bydd naill ai Cyngor ar sut i ateb y cwestiwn, neu ateb myfyriwr a gyrhaeddodd y band marciau uchaf, ynghyd â sylwadau'r arholwr.

Astudio Lefel 3 Troseddeg

Nod y llyfr hwn – *Troseddeg Llyfr Dau* – yw eich helpu chi i ennill cymhwyster CBAC Lefel 3 Diploma Cymhwysol mewn Troseddeg.

Mae'r Diploma yn cynnwys pedair uned. Byddwch chi eisoes wedi cwblhau Unedau 1 a 2 yn eich blwyddyn gyntaf. Mae *Troseddeg Llyfr Un* yn ymdrin â'r rhain.

Ar gyfer y Diploma, rhaid i chi basio Unedau 3 a 4 hefyd. Mae'r llyfr hwn yn ymdrin â'r unedau hyn.

Dyma'r unedau byddwch chi'n eu hastudio yn ystod eich ail flwyddyn:
- **Uned 3 O Leoliad y Drosedd i'r Llys**
- **Uned 4 Trosedd a Chosb**

Deilliannau Dysgu

Mae pob uned wedi'i rhannu yn Ddeilliannau Dysgu. Mae'r rhain yn nodi beth dylech chi ei wybod, ei ddeall neu allu ei wneud o ganlyniad i gwblhau'r uned. Mae tri Deilliant Dysgu ar gyfer Uned 3 a thri ar gyfer Uned 4.

Meini Prawf Asesu

Mae pob Deilliant Dysgu wedi'i rannu yn Feini Prawf Asesu. Mae 11 o Feini Prawf Asesu ar gyfer Uned 3 a 10 ar gyfer Uned 4. Maen nhw'n nodi beth dylech chi allu ei wneud i ddangos eich bod wedi cyflawni'r Deilliannau Dysgu.

Yn y llyfr hwn, mae pob Maen Prawf Asesu yn cael sylw mewn testun ar wahân. Er enghraifft, mae Testun 1.1 yn ymdrin â Maen Prawf Asesu MPA1.1 ac yn y blaen.

Fel y gwelwch ar dudalen Cynnwys y llyfr hwn, mae'r Deilliannau Dysgu ar gyfer Unedau 3 a 4 wedi'u rhestru, ac o dan bob un mae'r Meini Prawf Asesu perthnasol (wedi'u rhestru fel Testunau).

Sut byddwch chi'n cael eich asesu

Yn ystod ail flwyddyn y cwrs Diploma, byddwch chi'n cwblhau asesiad dan reolaeth ac yn sefyll arholiad allanol. Dyma fanylion yr asesiadau hyn.

Uned 3: yr asesiad dan reolaeth

- Mae Uned 3 yn cael ei hasesu drwy asesiad dan reolaeth. Byddwch chi'n gweithio ar eich pen eich hun, yn union fel mewn arholiad traddodiadol.
- Ond, yn wahanol i arholiad traddodiadol, gallwch chi fynd â'ch holl nodiadau, taflenni, ffeiliau ac ati i mewn i'r ystafell arholi gyda chi.
- Bydd yr asesiad dan reolaeth yn para 8 awr.
- Chewch chi ddim defnyddio'r rhyngrwyd a chewch chi ddim defnyddio eich ffeiliau na'ch dogfennau electronig personol.
- Eich athro/athrawes fydd yn penderfynu pryd bydd eich dosbarth yn cwblhau'r asesiad dan reolaeth.
- Eich athro/athrawes fydd yn marcio'r asesiad dan reolaeth. Yna bydd sampl o'r gwaith wedi'i farcio yn cael ei anfon at CBAC, y bwrdd arholi, i wirio ei fod wedi cael ei farcio'n gywir.
- Mae'r asesiad yn cynnwys briff – senario sy'n disgrifio sefyllfa yn cynnwys gwahanol droseddau. Rhaid i chi gwblhau tasgau penodol sy'n gysylltiedig â'r briff.

Uned 4: yr arholiad allanol

- Mae Uned 4 yn cael ei hasesu drwy arholiad traddodiadol sy'n para 1 awr 30 munud. Arholwyr y tu allan i'ch ysgol neu goleg fydd yn gosod ac yn marcio'r arholiad.
- Mae tri chwestiwn yn yr arholiad, ac mae 25 marc ar gyfer pob cwestiwn – cyfanswm o 75 marc.
- Mae pob cwestiwn wedi'i rannu yn is-gwestiynau. Bydd rhai o'r is-gwestiynau yn fyrrach (rhwng 1 a 4 marc) a bydd eraill yn hirach (6 neu 9 marc).
- Mae pob cwestiwn yn dechrau gyda deunydd ysgogi fel senario trosedd. Bydd rhai o'r is-gwestiynau yn ymdrin â hyn.
- Byddwch chi'n sefyll yr arholiad yn ystod tymor yr haf. Bydd yn asesu pob un o'r tri Deilliant Dysgu.

Uned 4 a'r asesiad synoptig

Ystyr asesiad synoptig yw gwneud cysylltiadau rhwng yr hyn rydych chi'n ei ddysgu yn yr unedau gwahanol. Bydd rhai o'r cwestiynau yn arholiad Uned 4 yn gofyn i chi ddefnyddio deunydd o Unedau 1, 2 a 3.

Graddau ac ailsefyll

Byddwch chi'n derbyn gradd rhwng A ac E ar gyfer y ddwy uned. Rhoddir graddau A* i E am y Diploma.

Ar gyfer Uned 3, gallwch chi ailsefyll yr asesiad unwaith. Os byddwch chi'n ailsefyll, rhaid i chi gyflwyno asesiad newydd.

Ar gyfer Uned 4, gallwch chi ailsefyll yr arholiad ddwywaith. Bydd y radd uchaf yn cyfrif tuag at eich gradd gyffredinol derfynol.

Arweiniad pellach ar asesu

Mae arweiniad pellach ar yr asesiad dan reolaeth i'w gael ar ddiwedd yr adran ar Uned 3, ac arweiniad ar yr arholiad ar ddiwedd yr adran ar Uned 4.

Mae manylion am unedau'r Diploma a sut maen nhw'n cael eu hasesu wedi'u crynhoi isod.

Blwyddyn	Uned	Asesiad	Cymhwyster
1	Uned 1 Newid ymwybyddiaeth o drosedd	Asesiad dan reolaeth 2 ran: 3 awr + 5 awr	25% o'r Diploma (50% o'r Dystysgrif)
1	Uned 2 Damcaniaethau troseddegol	Arholiad 1 awr 30 munud	25% o'r Diploma (50% o'r Dystysgrif)
2	Uned 3 O leoliad y drosedd i'r llys	Asesiad dan reolaeth 8 awr	25% o'r Diploma
2	Uned 4 Trosedd a chosb	Arholiad 1 awr 30 munud	25% o'r Diploma

O Leoliad y Drosedd i'r Llys

UNED 3

Trosolwg

Bydd yr Uned hon yn eich arwain chi drwy'r system cyfiawnder troseddol. Byddwn ni'n dechrau gyda'r ymchwiliad cychwynnol sy'n digwydd pan fydd trosedd yn cael ei darganfod, ac yna'n symud drwy'r camau gwahanol o arestio, erlyn ac euogfarnu'r troseddwr, ac yn olaf at unrhyw apêl.

I ddechrau, byddwn ni'n edrych ar rolau'r personél gwahanol sy'n cael eu galw pan fydd trosedd yn cael ei chanfod, gan gynnwys swyddogion heddlu, ymchwilwyr lleoliad y drosedd ac arbenigwyr fforensig. Byddwn ni'n archwilio'r technegau gwahanol mae ymchwilwyr yn eu defnyddio i gasglu tystiolaeth, gan gynnwys dadansoddiad fforensig yn y labordy, gwyliadwriaeth, cyfweld a phroffilio troseddwyr. Pan fydd y dystiolaeth yn erbyn y sawl a ddrwgdybir wedi cael ei chasglu, mae'n rhaid i Wasanaeth Erlyn y Goron benderfynu a fydd yn ei erlyn ai peidio. Byddwn ni'n ystyried sut mae'r Gwasanaeth yn dod i'r penderfyniad hwnnw.

Nesaf, byddwn ni'n edrych ar hawliau'r rhai a ddrwgdybir sy'n cael eu harestio, y mae cyhuddiad yn cael ei ddwyn yn eu herbyn, ac sy'n cael eu rhoi ar brawf. Byddwn ni hefyd yn edrych ar y mesurau diogelu sy'n ceisio sicrhau eu bod yn cael treial teg. Mae'r mesurau diogelu hyn yn cynnwys rheolau pwysig ynglŷn â pha fath o dystiolaeth sy'n cael ei chaniatáu yn y llys. Er enghraifft, mae tystiolaeth ail-law a chyfaddefiadau a gafwyd drwy fygwth y sawl a ddrwgdybir yn cael eu diystyru.

Gall treialon troseddol gael eu cynnal mewn llys ynadon, neu yn achos troseddau mwy difrifol, gerbron rheithgor yn Llys y Goron. Byddwn ni'n archwilio'r rôl y mae pobl gyffredin (lleygwyr) yn ei chwarae fel ynadon a rheithwyr, gan gynnwys y ffactorau a allai ddylanwadu ar reithfarn y rheithgor. Er enghraifft, a yw'r hyn maen nhw'n ei weld ar y cyfryngau cymdeithasol am yr achos sydd ger eu bron yn dylanwadu ar reithwyr?

Mae camweinyddu cyfiawnder yn digwydd pan fydd rhywun dieuog yn cael ei euogfarnu o drosedd, neu pan oedd y treial ei hun mor annheg fel na allwn ni fod yn sicr bod y diffynnydd yn euog. Mewn achosion o'r fath, mae rheithfarn y llys yn anniogel a gallai gael ei gwrthdroi ar apêl. Ar ôl i chi gwblhau'r Uned hon, byddwch chi'n gallu adolygu achosion troseddol, gwerthuso'r dystiolaeth a phroses y treial, a phenderfynu drosoch chi eich hun a yw rheithfarn y llys yn ddiogel ac yn gyfiawn.

TESTUN 1.1

Gwerthuso effeithiolrwydd rolau personél sy'n cymryd rhan mewn ymchwiliadau troseddol

Man cychwyn

Gan weithio mewn grwpiau bach, dychmygwch eich bod chi'n aelod o'r cyhoedd ar safle ble mae marwolaeth amheus wedi digwydd. Beth fyddech chi'n ei wneud a beth fyddai'r drefn wrth ddelio â'r safle hwn, yn eich barn chi? Gallech chi ystyried y canlynol:

1. Beth fyddech chi'n ei wneud yn gyntaf?
2. Pwy fyddech chi'n disgwyl ei weld yn cyrraedd y lleoliad?
3. Beth fyddai'r personél sy'n dod i'r lleoliad yn ei wneud?

Y personél allweddol mewn ymchwiliadau troseddol

Yn y testun hwn, byddwn ni'n edrych ar y personél allweddol sy'n gysylltiedig ag ymchwiliadau troseddol a'r rolau maen nhw'n eu cyflawni, a byddwn ni'n ystyried cryfderau a chyfyngiadau pob un ohonyn nhw.

Y personél canlynol yw'r rhai sy'n ymwneud yn bennaf ag ymchwiliadau troseddol.

- **Swyddogion heddlu** yw'r bobl gyntaf i gyrraedd lleoliad y drosedd fel arfer, a byddan nhw'n diogelu'r lleoliad yn barod ar gyfer ymchwiliad. Ditectifs yr heddlu fydd yn arwain yr ymchwiliad i'r drosedd.
- Mae **ymchwilwyr lleoliad y drosedd** yn casglu ac yn cadw tystiolaeth o leoliad y drosedd i'w defnyddio mewn ymchwiliadau.
- Mae **gwyddonwyr fforensig** yn archwilio, yn dadansoddi ac yn dehongli tystiolaeth o leoliad y drosedd gan ddefnyddio eu gwybodaeth a'u sgiliau arbenigol.
- Mae **patholegwyr fforensig** yn arbenigo mewn cadarnhau achos marwolaethau amheus.
- **Gwasanaeth Erlyn y Goron** fydd yn penderfynu a ddylid dwyn cyhuddiad yn erbyn y sawl a ddrwgdybir, a'i erlyn, ai peidio.

Swyddogion heddlu

Fel arfer, swyddogion heddlu yw'r cyntaf i gael eu galw i leoliad y drosedd ac maen nhw'n chwarae rôl hanfodol ar ddechrau'r ymchwiliad. Mae'n rhaid i swyddogion heddlu ddiogelu'r cyhoedd a rhoi sylw i unrhyw un sydd wedi cael anaf difrifol yn lleoliad y drosedd, er enghraifft drwy ffonio am ambiwlans. Os yn bosibl, mae angen iddyn nhw arestio'r sawl a ddrwgdybir, ond yn y rhan fwyaf o achosion bydd y person hwnnw wedi gadael y safle.

Fodd bynnag, o safbwynt yr ymchwiliad, swydd allweddol swyddogion heddlu yw diogelu lleoliad y drosedd er mwyn amddiffyn y dystiolaeth. I'r graddau gorau posibl, dylen nhw osgoi halogi'r lleoliad drwy symud dodrefn, agor drysau ac ati.

GWEITHGAREDD / **Clip fideo**

Swyddogion heddlu

Ewch i Hwb: www.hwb.gov.wales/

Yr 'awr aur' yw'r enw sydd weithiau'n cael ei roi ar y cyfnod yn syth ar ôl i drosedd gael ei darganfod, pan mae'n rhaid i swyddogion weithredu'n gyflym i ddiogelu'r lleoliad. Mae hefyd yn bwysig cymryd datganiadau cychwynnol gan dystion a dioddefwyr tra mae'r digwyddiadau'n dal i fod yn fyw yn eu meddwl.

Ditectifs yr heddlu yw'r swyddogion sy'n rheoli pob math o ymchwiliadau troseddol, yn enwedig y rhai sy'n ymwneud â throseddau cymhleth neu ddifrifol. Maen nhw'n gweithio mewn adrannau arbenigol fel yr Adran Ymchwiliadau Troseddol (*CID: Criminal Investigation Department*), sgwadiau twyll, cyffuriau ac arfau tanio, yr adran amddiffyn plant a'r Gangen Arbennig.

Mae gan heddluoedd unedau arbenigol eraill hefyd, fel yr heddlu traffig, heddlu ar geffylau, timau cymorth awyr a chwilio tanddwr ac unedau cŵn.

Cyfyngiadau

Mae'r heddlu wedi cael eu beirniadu weithiau am fethu diogelu lleoliad y drosedd ac amddiffyn y dystiolaeth, ac yn fwy cyffredinol am beidio ag ymchwilio i droseddau penodol, er enghraifft camdriniaeth ddomestig neu droseddau casineb fel ymosodiadau hiliol.

Gall methiannau o'r fath ddigwydd oherwydd blerwch wrth drin tystiolaeth neu oherwydd agweddau gwahaniaethol swyddogion unigol. Gall hefyd ddigwydd oherwydd methiannau yn y system, fel hiliaeth sefydliadol yr Heddlu Metropolitan, a gafodd ei nodi yn Adroddiad Macpherson, a oedd yn ymchwilio i ymchwiliad yr Heddlu Metropolitan i lofruddiaeth Stephen Lawrence. Ymhlith materion eraill, gwnaeth yr adroddiad feirniadu'r heddlu am eu gweithdrefnau wrth ddelio â lleoliad y drosedd ac am fethu rhoi cymorth cyntaf i Stephen yn y fan a'r lle.

> **Cwestiwn**
> Ym mha ffyrdd gallai hiliaeth sefydliadol effeithio ar y ffordd mae'r heddlu yn ymdrin â lleoliad trosedd?

Ymchwilwyr lleoliad y drosedd

Mae ymchwilwyr lleoliad y drosedd (*CSIs: crime scene investigators*) hefyd yn cael eu galw yn swyddogion lleoliad y drosedd (*SOCOs: scenes of crime officers*) gan rai heddluoedd. Sifiliaid yn hytrach na swyddogion heddlu ydyn nhw fel arfer. Mae CSIs yn dilyn hyfforddiant arbenigol ac mae gan lawer ohonyn nhw radd mewn gwyddoniaeth. Mae'r heddluoedd mwyaf yn cyflogi dwsinau o CSIs, ac maen nhw'n cynnig gwasanaeth ar alw 24 awr y dydd, 7 diwrnod yr wythnos.

Rôl ymchwilwyr lleoliad y drosedd yw casglu a phrosesu tystiolaeth o leoliad y drosedd, yn ogystal ag o archwiliadau post-mortem a damweiniau. Un o'u cyfrifoldebau allweddol yw sicrhau bod tystiolaeth yn cael ei chadw heb ei halogi, oherwydd os caiff ei halogi bydd yn annerbyniol yn y llys. Mae eu prif weithgareddau yn cynnwys y canlynol:

- Rheoli lleoliad y drosedd, cysylltu â'r heddlu i ddarganfod pa dystiolaeth mae angen ei chasglu o'r lleoliad a phenderfynu ar y ffordd orau o'i chasglu.
- Tynnu lluniau o leoliad y drosedd, eitemau a phobl, fel olion teiars, ôl esgidiau, arfau, anafiadau, dioddefwyr a'r rhai a ddrwgdybir.
- Chwilio am dystiolaeth ffisegol neu fiolegol o leoliad y drosedd, gan gynnwys bysbrintiau, gweddillion tanio gwn a ffrwydron, ffibrau dillad, blew, hylifau'r corff a DNA.
- Pecynnu, storio a chofnodi'r defnyddiau sydd wedi'u casglu o leoliad y drosedd.
- Bod yn bresennol mewn archwiliadau post-mortem yn achos marwolaethau amheus.
- Rhoi cyngor i ymchwilwyr yr heddlu ynglŷn â'r dystiolaeth ffisegol, ffotograffiaeth a samplau ar gyfer eu dadansoddi gan labordai.
- Rhoi tystiolaeth yn y llys.

Cryfderau

- Gallai CSIs gasglu tystiolaeth sy'n cysylltu'r sawl a ddrwgdybir â lleoliad y drosedd a dioddefwyr heb amheuaeth.
- Gallai'r dystiolaeth hefyd brofi'n bendant bod y sawl a ddrwgdybir yn ddieuog mewn gwirionedd, e.e. pan na fydd ei fysbrintiau yn cyd-fynd â'r rhai a gafodd eu darganfod gan y CSI yn lleoliad y drosedd.

Cyfyngiadau

- Mae'r gwaith yn gofyn am sgiliau arbenigol (fel ffotograffiaeth fforensig), yn ogystal ag amynedd, gofal trylwyr a sylw i fanylion. Gall methu casglu a chofnodi tystiolaeth yn gywir, neu ganiatáu i'r dystiolaeth gael ei halogi, arwain at unigolyn euog yn cael mynd yn rhydd neu unigolyn dieuog yn cael ei euogfarnu.
- Gallai'r samplau fforensig y bydd CSIs yn dod i gysylltiad â nhw beri risg i'w hiechyd neu eu diogelwch. Mae'r samplau hyn yn cynnwys gwaed a hylifau eraill y corff, cemegion peryglus, ffrwydron a dyfeisiau cynnau tân, arfau tanio a bwledi, cyllyll a chwistrellau hypodermig.
- Gallai'r gwaith achosi straen a bod yn emosiynol iawn. Gall hyn achosi pwysau gwaith gormodol sy'n gwthio pobl i adael y proffesiwn, gan arwain at brinder staff.

Arbenigwyr a gwyddonwyr fforensig

Mae gwyddoniaeth fforensig yn golygu cymhwyso gwybodaeth wyddonol arbenigol at drosedd a'r system gyfreithiol. Mae gwyddonwyr fforensig yn defnyddio eu gwybodaeth a'u harbenigedd gwyddonol i ddadansoddi a dehongli tystiolaeth sydd wedi'i chasglu o leoliad y drosedd. Er enghraifft, efallai byddan nhw'n dadansoddi samplau o waed neu hylifau eraill y corff i gael DNA, ac yna'n eu cymharu â 'sampl rheolydd' gan y sawl a ddrwgdybir i weld a ydyn nhw'n cyfateb. Yna maen nhw'n llunio adroddiad ar sail eu canfyddiadau a'u dehongliadau ar gyfer y llys.

Fel arfer, mae gwyddonwyr fforensig yn arbenigo mewn maes penodol, e.e. dadansoddi DNA. Mae mathau eraill o arbenigedd yn cynnwys dadansoddi tanau (mewn ymchwiliadau i losgi bwriadol), tocsicoleg (gwenwyn a chyffuriau), cyfrifiadura, seicoleg ac anthropoleg fforensig, a allai gynnwys dadansoddi olion dynol mewn beddau torfol, er enghraifft o ganlyniad i droseddau rhyfel.

Cryfderau

- Gallai arbenigedd gwyddonwyr fforensig adnabod a dehongli tystiolaeth sy'n profi bod y sawl a ddrwgdybir yn euog neu'n ddieuog.
- Gall eu harbenigedd fod yn hanfodol mewn achosion cymhleth lle mae gan y troseddwr wybodaeth neu sgiliau arbenigol hefyd.

CSIs mewn lleoliad trosedd sydd wedi'i diogelu â thâp, yn archwilio morthwyl a gafodd ei ddefnyddio mewn ymosodiad.

Cyfyngiadau

- Mae gwyddonwyr fforensig yn gymwys iawn ac mae eu gwasanaethau yn ddrud.
- Gall tystiolaeth gael ei halogi pan fydd gwyddonwyr yn ei harchwilio, fel yn achos Adam Scott, a dreuliodd bum mis ar remánd yn 2011–12 ar ôl i gyhuddiad o dreisio gael ei ddwyn yn ei erbyn. Cafodd ei sampl DNA, a gafodd ei gymryd yn wreiddiol gan yr heddlu o ganlyniad i ddigwyddiad poeri yng Nghaerwysg, ei gymysgu â defnydd genynnol a gymerwyd gan ddioddefwr achos o dreisio ym Manceinion.
- Gallai arbenigwyr fforensig anghytuno. Er enghraifft, gallai arbenigwyr sy'n cael eu galw gan yr amddiffyniad wrth-ddweud arbenigwyr sy'n cael eu galw gan yr erlyniad. Does gan y llys ddim gwybodaeth arbenigol, ac efallai na fydd yn gallu gwerthuso pa ochr sy'n gywir.
- Os bydd arbenigwr yn camarwain y llys yn fwriadol neu'n ddamweiniol, gall hyn arwain at gamweinyddu cyfiawnder. Yn nhreial Sally Clark (1999), a oedd wedi'i chyhuddo o lofruddio ei dau faban bach, dywedwyd wrth y rheithgor gan dyst arbenigol, sef yr Athro Syr Roy Meadow a oedd yn baediatregydd, bod y siawns bod y ddwy farwolaeth yn ddamweiniol yn 1 mewn 73 miliwn. Mae arbenigwyr bellach yn credu y gallai'r risg fod mor isel ag un mewn 100. Cafwyd Sally Clark yn euog, ond cafodd ei rhyddhau ar apêl ar ôl treulio tair blynedd yn y carchar.

GWEITHGAREDD / Clip fideo

Gwyddonwyr fforensig — Ewch i Hwb: www.hwb.gov.wales/

Patholegwyr

Meddygon sy'n arbenigo mewn astudio achosion clefydau a marwolaethau yw patholegwyr, gan gynnwys archwilio cyrff marw a meinweoedd cyrff mewn archwiliadau post-mortem (neu awtopsi). Pan fydd achos o laddiad (*homicide*) yn cael ei amau, bydd patholegwyr fforensig sydd wedi'u cofrestru â'r Swyddfa Gartref yn cynnig gwasanaeth 24 awr, 7 diwrnod yr wythnos er mwyn helpu'r heddlu a'r crwner i sefydlu achos tebygol y farwolaeth.

Yn yr archwiliad post-mortem, bydd y patholegydd yn cynnal archwiliad allanol manwl o'r corff yn gyntaf, i chwilio am arwyddion o unrhyw beth amheus. Yn dibynnu ar yr achos, mae'n bosibl y bydd hefyd yn archwilio organau mewnol ac yn casglu samplau o feinweoedd er mwyn eu dadansoddi mewn labordy. Gall patholegwyr hefyd roi cyngor i'r heddlu ar sut i symud y corff o leoliad y drosedd i osgoi colli tystiolaeth olion mân hanfodol.

Cyn rhyddhau'r corff ar gyfer ei gladdu neu ei amlosgi, gall yr 'amddiffyniad' gynnal archwiliad post-mortem ar ran y diffynnydd, o dan arweiniad patholegydd gwahanol. Ar ôl i holl ganlyniadau'r profion gael eu casglu, bydd y patholegydd yn llunio adroddiad ar gyfer y crwner a datganiad gan dyst ar gyfer yr heddlu. Mae'n bosibl hefyd y bydd gofyn i'r patholegydd roi cyngor i'r heddlu a'r erlynwyr drwy gydol yr ymchwiliad, a rhoi tystiolaeth yn y llys.

Cryfderau

- Cryfder allweddol patholegydd mewn ymchwiliad yw ei fod yn aml yn gallu darparu tystiolaeth wyddonol bendant o ran achos ac amser y farwolaeth. Gall hyn fod yn dyngedfennol wrth benderfynu a yw'r sawl a ddrwgdybir yn euog ynteu'n ddieuog.

Cyfyngiadau

- Dim ond tua 35 o batholegwyr fforensig sydd wedi'u cofrestru â'r Swyddfa Gartref yng Nghymru a Lloegr – yn rhannol oherwydd ei bod yn swydd arbenigol iawn sy'n golygu hyfforddi am hyd at saith mlynedd yn ychwanegol ar ôl cymhwyso fel meddyg. Gall y prinder patholegwyr sydd â chymwysterau addas achosi oedi i ymchwiliadau.
- Fel arbenigwyr sydd wedi derbyn llawer o hyfforddiant, mae patholegwyr yn cael eu talu'n dda iawn a gall gwasanaethau patholeg fforensig fod yn rhan ddrud o ymchwiliad troseddol.

- Mae'r gwaith yn gofyn am roi sylw agos i fanylion a llunio barn gadarn. Gall camgymeriadau arwain at gamweinyddu cyfiawnder a golygu bod yr unigolyn anghywir yn bwrw dedfryd am oes yn y carchar am lofruddiaeth. Er enghraifft, cafodd Sally Clark ei charcharu ar gam am lofruddio ei dau fab bach, yn rhannol oherwydd bod patholegydd y Swyddfa Gartref, Alan Williams, wedi methu datgelu gwybodaeth i'w chyfreithwyr amddiffyn. O ganlyniad, doedden nhw ddim yn gwybod bod Williams wedi dod o hyd i lefelau marwol o haint bacteriol a allai fod wedi achosi'r marwolaethau.

GWEITHGAREDD / Clip fideo

Patholegwyr   Ewch i Hwb: www.hwb.gov.wales/

Gwasanaeth Erlyn y Goron

Mae Gwasanaeth Erlyn y Goron (*CPS: Crown Prosecution Service*) yn wasanaeth erlyn annibynnol sy'n gweithredu ar draws Cymru a Lloegr mewn 14 swyddfa ranbarthol. Mae'n defnyddio panel o dros 2,000 o gyfreithwyr a bargyfreithwyr ynghyd â staff eraill, i ymdrin â tua hanner miliwn o achosion troseddol bob blwyddyn.

Mae'r CPS yn cyflawni sawl swyddogaeth mewn perthynas ag achosion troseddol.

- Mae'n cynghori'r heddlu ar achosion posibl i'w herlyn ac yn adolygu achosion y mae'r heddlu'n eu cyflwyno i'r gwasanaeth, er mwyn penderfynu a ddylid erlyn ai peidio. Mae'r rhan fwyaf o'r gwaith hwn yn cael ei wneud drwy CPS Direct, gwasanaeth cynghori ar alw y gall yr heddlu ei ddefnyddio 24 awr y dydd, saith diwrnod yr wythnos.
- Mae'n gwneud penderfyniadau ynglŷn ag erlyn achosion drwy gymhwyso profion i weld a oes digon o dystiolaeth i sicrhau disgwyliad realistig o euogfarn, ac i benderfynu a fyddai er lles y cyhoedd i erlyn ai peidio. (Byddwn ni'n edrych ar y profion hyn yn fwy manwl yn Nhestun 2.1.)
- Ym mhob achos mwy difrifol, fel treisio neu lofruddiaeth, y CPS sy'n penderfynu a fydd yr heddlu yn dwyn cyhuddiad yn erbyn y sawl a ddrwgdybir ai peidio. Os bydd penderfyniad yn cael ei wneud i erlyn, y CPS fydd yn penderfynu ar y cyhuddiad.
- Mae'n paratoi achosion ar gyfer gwrandawiadau llys, gan gasglu tystiolaeth gan yr heddlu a datgelu defnyddiau i'r amddiffyniad.
- Mae'n cyflwyno achos yr erlyniad yn y llys, gan ddefnyddio ei Erlynwyr y Goron ei hun, yn ogystal â bargyfreithwyr hunangyflogedig mewn achosion mwy cymhleth.
- Mae ganddo adrannau arbenigol i ymdrin ag erlyniadau sy'n gofyn am wybodaeth arbenigol, fel troseddau trefnedig difrifol, terfysgaeth ac achosion twyll cymhleth.

Cryfderau

- Cyn sefydlu'r CPS yn 1986, yr heddlu oedd yn gyfrifol am ymchwilio i achosion, dwyn cyhuddiadau yn erbyn pobl ac erlyn achosion. Drwy gyfuno'r rolau hyn, roedd perygl o duedd. Gan mai'r CPS sydd bellach yn asesu'r dystiolaeth yn annibynnol ac yn penderfynu a ddylid erlyn ai peidio, mae'n atal yr heddlu rhag defnyddio'r system erlyn i erlid unigolion penodol.
- Mae cael sefydliad cenedlaethol sy'n gyfrifol am erlyniadau yn golygu bod cyfiawnder yn fwy cyfartal – mae mwy o gysondeb rhwng ardaloedd gwahanol o'r wlad wrth benderfynu a ddylid erlyn achosion ai peidio.

Cyfyngiadau

- Mae gan y CPS y pŵer i wrthod cais gan yr heddlu i erlyn rhywun – er enghraifft oherwydd bod y dystiolaeth y mae'r heddlu wedi'i chasglu yn annigonol. Gall hyn arwain at berthynas anodd ar adegau. Fodd bynnag, mae'n golygu bod erlyniadau yn llai tebygol o fethu oherwydd ymchwiliadau diffygiol gan yr heddlu.
- Ar adegau, mae'r CPS wedi gwneud camgymeriadau difrifol, er enghraifft drwy beidio ag adolygu'r dystiolaeth yn fanwl cyn erlyn. Mae hyn wedi arwain at erlyniadau yn methu, fel achos llofruddiaeth Damilola Taylor, lle gwnaeth yr achos fethu ar ôl i dystiolaeth tyst allweddol gael ei diystyru pan dangoswyd ei bod hi wedi dweud celwydd. Doedd y CPS ddim wedi gwirio ei stori cyn y treial.

- Mae toriadau ariannol a staffio dros y blynyddoedd diwethaf wedi golygu bod y llwyth achosion yn tyfu.

> **Cwestiwn**
>
> Ym mha ffyrdd mae'r CPS yn dibynnu ar waith personél eraill sy'n gysylltiedig ag ymchwiliadau troseddol? Rhowch enghreifftiau.

Asiantaethau ymchwiliol eraill

Er mai'r heddluoedd lleol sy'n ymchwilio i'r rhan fwyaf o droseddau, mae asiantaethau eraill yn gysylltiedig â'r gwaith hefyd, yn enwedig yn achos troseddau mawr, cymhleth neu arbenigol. Mae'r asiantaethau hyn yn cynnwys y canlynol.

- **Yr Asiantaeth Troseddu Cenedlaethol** (*NCA: National Crime Agency*) neu'r Asiantaeth Troseddau Difrifol a Threfnedig (*SOCA: Serious and Organised Crime Agency*) gynt. Mae gan yr NCA dimau sy'n ymdrin â meysydd fel troseddau trefnedig, smyglo a masnachu pobl, troseddau economaidd, ecsbloetio plant a diogelwch ar-lein, a seiberdroseddau.
- **Cyllid a Thollau EM** sy'n ymchwilio i achosion o efadu trethi a thwyll trethi arall ac yn eu herlyn.
- **Heddluoedd arbenigol** fel yr Heddlu Trafnidiaeth Prydeinig, yr Heddlu Niwclear Sifil a Llu Ffiniau'r DU. Mae'r rhain yn gyfrifol am blismona lleoliadau penodol fel y rheilffyrdd, gorsafoedd egni niwclear a phorthladdoedd i mewn i'r DU.

PARATOI AR GYFER YR ASESIAD DAN REOLAETH

Beth mae angen i chi ei wneud

Gan ddefnyddio eich nodiadau o Destun 1.1, rhowch werthusiad clir a manwl o effeithiolrwydd rolau'r personél canlynol sy'n gysylltiedig ag ymchwiliadau troseddol:

- swyddogion heddlu/ditectifs
- ymchwilwyr lleoliad y drosedd
- arbenigwyr fforensig
- gwyddonwyr fforensig
- patholegwyr
- Gwasanaeth Erlyn y Goron
- asiantaethau ymchwiliol eraill, e.e. yr Asiantaeth Troseddu Cenedlaethol (SOCA gynt), Cyllid a Thollau EM.

Dylech chi gael dealltwriaeth o'r rolau a dylech chi ystyried eu heffeithiolrwydd mewn perthynas â'r cyfyngiadau posibl hyn:

- cost
- arbenigedd
- argaeledd.

Senario briff yr aseiniad

Lle bo'n berthnasol, dylech chi gyfeirio at y briff yn eich ateb.

Sut bydd yn cael ei farcio

8–10 marc: Gwerthusiad clir a manwl o effeithiolrwydd rolau. Caiff y personél sy'n cymryd rhan eu trafod yn amlwg o ran cyfyngiadau posibl.

4–7 marc: Rhywfaint o werthusiad o effeithiolrwydd rolau perthnasol. Ceir disgrifiad o rolau'r personél sy'n cymryd rhan hefyd.

1–3 marc: Gwerthusiad cyfyngedig o effeithiolrwydd y rolau perthnasol. Mae'r ymateb yn ddisgrifiadol ar y cyfan a gall fod ar ffurf rhestr o'r personél sy'n cymryd rhan yn unig.

TESTUN 1.2

Asesu defnyddioldeb technegau ymchwiliol mewn ymchwiliadau troseddol

Man cychwyn

Gan weithio mewn grwpiau bach, dychmygwch bod lladron â drylliau wedi lladrata banc. Mae un o'r lladron wedi tanio ei ddryll, gan anafu cwsmer.

Pe baech chi yng ngofal yr ymchwiliad, pa dystiolaeth fyddech chi eisiau ei chasglu? Efallai yr hoffech chi ystyried y canlynol:

1. Pwy oedd yn y banc ar adeg y lladrad? Sut byddech chi'n ymchwilio iddyn nhw?
2. Beth gallech chi ei ddarganfod am yr arf?
3. Pa wybodaeth arall allai fod ar gael mewn banc?

Technegau ymchwilio

Mae'r heddlu ac ymchwilwyr eraill yn defnyddio amrywiaeth o ddulliau a thechnegau i ymchwilio i drosedd. Yn y testun hwn, byddwn ni'n asesu pa mor ddefnyddiol yw technegau ymchwilio gwahanol.

Defnyddio cronfeydd data cuddwybodaeth

Gwybodaeth sy'n dod o sawl ffynhonnell, gan gynnwys ffynonellau cyfrinachol yn aml, ac sydd wedi cael ei chofnodi a'i gwerthuso, yw 'cuddwybodaeth'. Gallai gael ei storio mewn amrywiol gronfeydd data sydd ar gael i'r heddlu, e.e.:

Cronfa Ddata Genedlaethol yr Heddlu – mae'n cynnwys cuddwybodaeth am weithgarwch troseddol a ddrwgdybir, yn ogystal â'r data ar Gyfrifiadur Cenedlaethol yr Heddlu (*PNC: Police National Computer*). Mae'n storio dros 3.5 biliwn o gofnodion ac yn cynnwys dros 220 o gronfeydd data cysylltiedig.

Cyfrifiadur Cenedlaethol yr Heddlu (PNC) – mae'n cynnwys sawl cronfa ddata ar wahân.
- Mae'n storio manylion dros 12 miliwn o arestiadau, euogfarnau a rhybuddion gan yr heddlu, gyda chysylltiadau at gronfeydd data biometrig ar gyfer bysbrintiau a'r Gronfa Ddata DNA Genedlaethol.
- Mae'n cynnwys data a gwybodaeth cofrestru cerbydau 48 miliwn o bobl sy'n berchen ar drwydded yrru, a phobl sydd wedi'u gwahardd rhag gyrru.
- Mae'n cynnwys gwybodaeth am unigolion sydd ar goll neu y mae'r heddlu'n chwilio amdanynt.

Crimint a'r Matrics Gangiau – mae Crimint yn storio gwybodaeth am droseddwyr, pobl a ddrwgdybir a phrotestwyr, ac mae'r Matrics Gangiau yn storio gwybodaeth am bobl yr amheuir eu bod yn aelodau o gangiau.

Cronfeydd data rhyngwladol – gall heddlu'r DU hefyd ddefnyddio cronfeydd data sy'n rhannu gwybodaeth rhwng heddluoedd gwledydd gwahanol. Mae'r rhain yn cynnwys cronfeydd data INTERPOL ar ecsbloetio plant yn rhywiol, cofnodion biometrig (DNA a bysbrintiau), eitemau wedi'u dwyn (e.e. gwaith celf), arfau tanio a rhywdweithiau troseddu trefnedig.

Cyfyngiadau – mae'r Matrics Gangiau wedi cael ei feirniadu am wahaniaethu ar sail hil, ac yn 2021 roedd yn rhaid i'r Heddlu Metropolitan dynnu enwau dros 1,000 o ddynion ifanc du o'r gronfa ddata. Mae gwybodaeth o'r gronfa ddata hefyd wedi cael ei datgelu heb ganiatâd. Yn 2017, cafodd enwau a chyfeiriadau 203 o aelodau gangiau honedig eu datgelu yn ddamweiniol, gan alluogi'r wybodaeth i gael ei throsglwyddo i gangiau cystadleuol. Ymosodwyd yn dreisgar ar rai o'r bobl a gafodd eu henwi.

Technegau fforensig

Mae'r term 'fforensig' yn cyfeirio at y profion a'r technegau gwyddonol sy'n cael eu defnyddio er mwyn helpu i ymchwilio i droseddau. Fel sydd i'w weld yn Nhestun 1.1, mae pob math o arbenigwyr fforensig i'w cael, ond mae'r rhan fwyaf o dechnegau fforensig yn cynnwys ymchwilwyr yn casglu tystiolaeth o leoliad y drosedd ac yn ei chyflwyno i'w dadansoddi mewn labordy.

Gall tystiolaeth fforensig gynnwys defnyddiau biolegol (e.e. gwaed, semen, fflawiau croen [skin flakes] a blew), ynghŷd â bysbrintiau (fingerprints), ôl esgidiau, arfau, ffibrau ac edfaedd o ddillad, fflawiau paent a llawer o eitemau eraill.

Mae'n hanfodol bod mynediad at leoliad y drosedd yn cael ei reoli'n llym a bod ymchwilwyr yn gwisgo dillad diogelu priodol i osgoi halogi tystiolaeth fforensig. Ar ôl ei chasglu, gall arbenigwyr fforensig fel y rhai a gafodd eu hystyried yn y testun blaenorol, archwilio'r dystiolaeth gan rannu'r canlyniadau gyda'r heddlu i gynorthwyo eu hymchwiliad.

Tystiolaeth DNA

Dadansoddi DNA yw'r maes lle mae gwyddonwyr fforensig wedi gwneud y cynnydd mwyaf. Mae DNA i'w gael ym mhob cell yn y corff bron iawn, ac mae proffil DNA pob unigolyn yn unigryw (heblaw am efeilliaid unfath). Yn ystod y blynyddoedd diwethaf, mae technegau hynod o sensitif wedi cael eu datblygu ar gyfer echdynnu a dadansoddi darnau bach iawn o samplau DNA yn gyflym dros ben. Mae hyn yn golygu mai proffilio DNA yw'r datblygiad pwysicaf ym maes datrys troseddau difrifol ers dyfeisio technegau bysbrintio (fingerprinting).

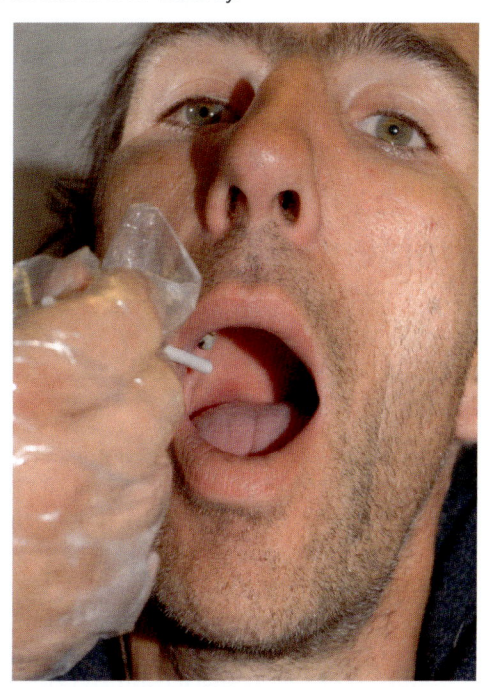

Swab ceg, yn cymryd poer o geg unigolyn a ddrwgdybir er mwyn cael sampl DNA i'w ddadansoddi.

| Astudiaeth achos | Defnyddio technegau fforensig proffilio DNA am y tro cyntaf |

Cafodd proffilio DNA ei ddatblygu gan y gwyddonydd Alec Jeffreys yn 1985, a chafodd ei ddefnyddio am y tro cyntaf i ymchwilio i achos dwy ferch a gafodd eu treisio a'u llofruddio yn Swydd Gaerlŷr yn 1983 ac 1986. Gan ddefnyddio'r dechneg newydd, canfu Jeffreys bod semen a gafodd ei adael yn y ddau achos wedi dod o'r un dyn. Yna, cymerodd yr heddlu samplau gwaed gan bob un o'r 4,583 o ddynion yn yr ardal nes iddyn nhw ganfod un a oedd yn cyfateb, sef un Colin Pitchfork. Cafwyd Pitchfork yn euog o'r ddwy lofruddiaeth.

Gwnaeth y prawf hefyd ddadamheuo (exonerate) Robert Buckland, dyn ifanc 17 oed ag anawsterau dysgu a oedd wedi cyfaddef i'r llofruddiaeth yn 1983. Buckland oedd y person cyntaf erioed i gael ei brofi'n ddieuog o gyflawni trosedd gan ddefnyddio dadansoddiad DNA.

Fodd bynnag, dim ond ar ôl i gydweithiwr ddatgelu i weithwyr eraill ei fod wedi rhoi sampl gwaed gan esgus bod yn Pitchfork y cafodd Pitchfork ei hun ei ddal. Roedd ei gydweithiwr wedi darparu'r sampl gwaed ar ôl i Pitchfork ddweud wrtho ei fod eisoes wedi rhoi sampl gan esgus bod yn ffrind arall a oedd am osgoi cael ei erlid gan yr heddlu oherwydd euogfarn blaenorol. Gwnaeth menyw glywed y sgwrs a'i reportio i'r heddlu. Gwnaeth y dadansoddiad DNA gadarnhau mai Pitchfork oedd yn euog, ond tystiolaeth gan dyst wnaeth alluogi'r heddlu i'w ddal. Nid tystiolaeth fforensig oedd yr unig ffactor, felly.

Defnyddio proffiliau DNA perthnasau

Er bod proffil DNA pob unigolyn yn unigryw, mae gan berthnasau gwaed broffiliau tebyg i'w gilydd ac mae samplau gan aelodau teulu wedi cael eu defnyddio i helpu i adnabod troseddwyr.

Roedd hyn yn ffactor arwyddocaol yn achos Colette Aram, a gafodd ei threisio a'i llofruddio yn 1983 gan Paul Hutchinson – cyn i dechnegau proffilio DNA gael eu datblygu. Fodd bynnag, erbyn 2008 roedd yr heddlu wedi gallu datblygu proffil o'i lladdwr o ganlyniad i ddatblygiadau mewn technoleg DNA. Roedd mab Hutchinson wedi cael ei arestio am drosedd foduro ac roedd sampl DNA arferol wedi cael ei gymryd, a oedd yn cyfateb yn rhannol i DNA a gymerwyd o leoliad y drosedd yn 1983. Cafodd Hutchinson ei arestio a'i ddyfarnu'n euog o'r llofruddiaeth.

Gan fod perthnasau gwaed yn rhannu proffiliau DNA tebyg, mae'r dull hwn wedi cael ei ddefnyddio hefyd i adnabod dioddefwyr marw mewn achosion o laddiad, hunanladdiad a damweiniau.

GWEITHGAREDD / Clip fideo

Tystiolaeth DNA Ewch i Hwb: www.hwb.gov.wales/

Problemau sy'n gysylltiedig â thystiolaeth DNA

Er gwaethaf manteision dadansoddi DNA, mae llawer o broblemau yn gysylltiedig â'r defnydd o dystiolaeth DNA.

Halogi tystiolaeth DNA

Gall halogi arwain at gamweinyddu cyfiawnder, fel yn achos Adam Scott yn Nhestun 1.1. Cafodd Scott ei gyhuddo ar gam o dreisio yn 2011, a threuliodd bum mis yn y carchar ar remánd ar sail sampl DNA wedi'i halogi. Os rhywbeth, mae mwy o berygl o halogiad erbyn hyn, gan ei bod yn bosibl dadansoddi'r darnau lleiaf o DNA.

Problemau wrth gyfateb samplau â phobl a ddrwgdybir – er mwyn dod o hyd i unigolyn y mae ei DNA yn cyfateb i'r DNA yn lleoliad y drosedd, rhaid i'r troseddwr (neu berthynas agos iddo) fod ar y Gronfa Ddata DNA Genedlaethol yn barod. Fodd bynnag, mae datblygiadau ym maes technoleg fforensig yn golygu efallai y bydd yn bosibl cyn bo hir i adnabod lliw gwallt, lliw llygaid a lliw croen troseddwr, a chael brasamcan o'i oedran, ar sail proffil DNA.

Rhyddid sifil

Mae pryderon wedi codi yn sgil rhyddid sifil oherwydd bod yr heddlu yn cadw data DNA wedi'i gymryd gan bobl sydd ddim wedi cael eu heuogfarnu (e.e. pobl a gafodd eu harestio ond a gafodd eu rhyddhau heb i gyhuddiad gael ei ddwyn yn eu herbyn). Arweiniodd hyn at newid yn y gyfraith yn 2012, sy'n ei gwneud yn ofynnol i'r rhan fwyaf o broffiliau sy'n cael eu cymryd gan bobl heb eu heuogfarnu gael eu dinistrio yn y pen draw.

Cost – hyd yn ddiweddar, roedd profion DNA yn eithaf drud. Fodd bynnag, tua £20 yw'r gost o ddadansoddi sampl DNA erbyn hyn.

Technegau gwyliadwriaeth

Teledu Cylch Cyfyng (CCTV)

Ystyr gwyliadwriaeth yw gwylio dros rywbeth neu rywun, er enghraifft defnyddio CCTV i fonitro pwy sy'n mynd i mewn ac allan o adeilad.

Mae'r heddlu yn aml yn defnyddio lluniau CCTV mewn ymchwiliadau troseddol oherwydd gallan nhw ddarparu gwyliadwriaeth 24-awr o leoliad, gan gynnig cofnod gweledol o'r drosedd a helpu i adnabod y troseddwr. Mewn achosion mawr fel ymchwiliadau i lofruddiaeth neu derfysgoedd 2011, gall delweddau CCTV gael eu rhyddhau i'r cyfryngau ynghyd ag apeliadau i'r cyhoedd gysylltu â'r heddlu os ydyn nhw'n adnabod unrhyw un.

Fodd bynnag, gan fod camera yn sefydlog, nid yw'n gallu dilyn targed sy'n mynd rownd y gornel. Mae camerâu CCTV hefyd yn eithaf hawdd eu gweld a gall troseddwyr eu hosgoi neu geisio cuddio eu hunain. Yn ogystal, dydy'r delweddau sy'n cael eu recordio ddim bob amser o ansawdd da, sy'n ei gwneud yn anodd neu'n amhosibl adnabod pobl.

Gwyliadwriaeth gudd

Fel arfer, dydy monitro CCTV ddim yn rhywbeth sy'n cael ei gynllunio ymlaen llaw; dim ond cofnodi'r hyn sy'n digwydd mae'n ei wneud. Mae gwyliadwriaeth gudd, ar y llaw arall, yn rhywbeth sydd yn cael ei chynllunio ymlaen llaw, gan ddefnyddio dulliau sy'n golygu nad yw'r rhai sy'n cael eu monitro yn gwybod bod rhywun yn eu gwylio. Mae sawl math o wyliadwriaeth gudd:

- gosod dyfeisiau olrhain ar gerbydau a defnyddio GPS i fonitro eu symudiadau
- rhyng-gipio post a thapio teleffon
- gwyliadwriaeth sefydlog o leoliad penodol, e.e. cerbyd cudd yr heddlu sydd wedi parcio, o bosibl yn defnyddio ysbienddrych neu gamera
- timau gwyliadwriaeth symudol sydd wedi derbyn llawer o hyfforddiant, ar droed neu mewn cerbyd.

GWEITHGAREDD / Clip fideo

Gwyliadwriaeth gudd   Ewch i Hwb: www.hwb.gov.wales/

Gall **Ffynonellau Cuddwybodaeth Ddynol** (*CHIS: Covert Human Intelligence Sources*) gael eu defnyddio hefyd. Unigolion yw'r rhain sy'n meithrin perthynas gyda'r 'targed' er mwyn ceisio cael gwybodaeth, a hynny mewn ffordd gudd. Gallai'r unigolion hyn fod yn:

- swyddogion cudd yr heddlu (*undercover police officers*) yn defnyddio hunaniaeth gudd i ymdreiddio i mewn i grŵp troseddol
- cuddhysbyswyr (*informants*) sy'n droseddwyr eu hunain.

Beirniadaethau ynghylch gwyliadwriaeth gudd

Mae rheolau llym yn ymwneud â gwyliadwriaeth gudd yr heddlu, oherwydd gall olygu amharu ar hawliau dynol y targed i fywyd preifat, yn ogystal ag entrapiad (annog rhywun i gyflawni trosedd fel bod modd ei erlyn). Er gwaethaf hyn, mae nifer o achosion proffil uchel wedi bod, gan gynnwys achosion Colin Stagg ac ymgyrch Cyfiawnder i Stephen Lawrence.

Yn achos Colin Stagg, a gafodd ei gyhuddo ar gam o lofruddio Rachel Nickell ar Gomin Wimbledon yn 1992, defnyddiodd yr heddlu swyddog cudd benywaidd er mwyn ceisio ei ddenu i gyfaddef. (Gweler yr astudiaeth achos ar dudalen 22 am fanylion.)

Mae achosion wedi bod hefyd o heddlu cudd yn defnyddio hunaniaeth babanod marw i greu stori gefndir ynghyd â sicrhau cofnodion geni, er mwyn twyllo menywod roedden nhw wedi'u targedu i gael perthynas rywiol â nhw, ac ymdreiddio i fywydau protestwyr heddychlon.

Gwyliadwriaeth CCTV yn ffilmio trosedd yn cael ei chyflawni. Dyma ddau ddyn yn dwyn o siop ffôn, gan chwifio bwyell at y siopwr.

GWEITHGAREDD / Clip fideo

Beirniadaethau ynghylch gwyliadwriaeth gudd yr heddlu   Ewch i Hwb: www.hwb.gov.wales/

Arsylwi

Mae'r heddlu yn gwahaniaethu rhwng gwyliadwriaeth, sy'n cael ei chynllunio ymlaen llaw, ac arsylwi, nad yw'n cael ei gynllunio. Er enghraifft, gallai swyddog heddlu ar batrôl sy'n dod ar draws gweithgarwch amheus yn annisgwyl, arsylwi'r sefyllfa i benderfynu a oes trosedd yn cael ei chyflawni ai peidio.

Technegau cyfweld

Gall cyfweld â phobl sydd wedi bod yn dyst i drosedd neu gyfweld ag arbenigwyr fforensig ac arbenigwyr eraill fod yn rhan bwysig o ymchwiliad ac achos llys.

Tystiolaeth llygad-dyst

Tystiolaeth llygad-dyst yw'r dystiolaeth sy'n cael ei rhoi gan rywun sy'n dyst i drosedd. Bydd rheithgorau yn aml yn fodlon derbyn tystiolaeth llygad-dyst fel cofnod cywir o ddigwyddiad, ac maen nhw'n aml yn ei hystyried yn bwysicach na mathau eraill o dystiolaeth. Er enghraifft, canfu Pwyllgor Devlin yn 1976 bod rheithgorau yn euogfarnu mewn 74% o achosion lle adnabod drwy res adnabod oedd yr unig dystiolaeth gan yr erlyniad.

Fodd bynnag, mae'n bosibl bod rheithgorau'n camymddiried yn y dystiolaeth hon. Er enghraifft, mae'r Innocence Project yn UDA wedi canfod bod camgymeriadau gan lygad-dystion wrth adnabod pobl wedi chwarae rôl wrth euogfarnu unigolyn dieuog mewn dros 70% o 352 achos o gameuogfarnu, a gafodd eu gwrthdroi yn ddiweddarach ar sail tystiolaeth DNA – gan gynnwys 15 achos lle gwnaeth yr unigolyn dreulio cyfnod ar res angau (*death row*).

GWEITHGAREDD | **Clip fideo**

Tystiolaeth llygad-dyst

Ewch i Hwb: www.hwb.gov.wales/

Problemau cof sy'n ymwneud â thystiolaeth llygad-dyst

Mae llawer o'r problemau o ran dibynnu ar dystiolaeth llygad-dystion yn ymwneud â chof y tyst. Mae tair agwedd i'r cof:

- **caffael** (*aquisition*) – tystio i'r drosedd a sylweddoli beth sy'n digwydd
- **cadw** (*retention*) – storio'r wybodaeth yn y cof
- **adalw** (*retrieval*) – galw i gof, e.e. mewn cyfweliad gyda'r heddlu neu wrth adnabod rhywun mewn rhes adnabod.

Protest yn erbyn heddlu cudd a oedd wedi ymdreiddio i fudiadau protest heddychlon dros gyfnod o 24 mlynedd.

Caffael atgof

Mae sawl ffactor yn effeithio ar ba mor llwyddiannus y byddwn ni'n llunio atgof o drosedd, gan gynnwys:

- **Hyd** – yr hiraf y byddwn ni'n dod i gysylltiad â digwyddiad, y gorau y byddwn ni'n ei gofio.
- **Amser y diwrnod** – yn ôl Kuehn, mae tystion yn rhoi'r datganiadau mwyaf manwl am ddigwyddiadau a welwyd naill ai yn ystod golau dydd, neu yn ystod y nos (pan roedden nhw'n talu mwy o sylw oherwydd gwelededd gwael). Yn y cyfnos, maen nhw'n goramcangyfrif yr amodau gweld a ddim yn gallu cofio cynifer o fanylion.
- **Camlywio amser** – mae tystion yn goramcangyfrif pa mor hir mae digwyddiadau emosiynol neu ddramatig (e.e. ymosodiad) yn para.
- **Effaith sylwdynnu trais** – mae tystion yn galw digwyddiadau treisgar i gof yn llai cywir. Mae'n debyg mai'r rheswm dros hyn yw bod gweld trais yn arwain at lefelau uchel o orbryder sy'n amharu ar y cof, h.y. mae'r trais yn tynnu eu sylw.
- **Canolbwyntio ar arfau** – yn ôl Loftus et al, pan fydd arf yn gysylltiedig â'r digwyddiad, bydd tystion yn canolbwyntio ar yr arf ac mae hyn yn eu hatal rhag llunio atgofion mwy manwl o'r troseddwr.

Cadw atgof

Mae dwy brif ffactor yn effeithio ar ba mor dda bydd tystion yn cadw eu hatgof am drosedd:

- **Amser** – mae olion atgof yn yr ymennydd yn pylu dros amser ac mae gwybodaeth yn cael ei cholli. Fodd bynnag, mae un eithriad; nid yw'n ymddangos bod atgofion am wynebau yn pylu dros amser, felly mae'n bosibl y bydd tyst nad yw'n gallu cofio manylion trosedd yn dal i allu adnabod y troseddwr.
- **Trafod** – mae trafod y digwyddiad gyda thystion eraill, ffrindiau ac ati yn helpu i gofio'r manylion, ond mae hefyd yn golygu bod yr atgof yn llai cywir.

Adalw'r atgof

Mae'n rhaid i dystion adalw atgof pan fydd cyfwelydd yr heddlu yn gofyn iddyn nhw alw trosedd i gof. Fodd bynnag, gall gwybodaeth gamarweiniol a chwestiynau arweiniol effeithio ar gof tyst ac arwain at wallau, fel y mae ymchwil Loftus a Palmer yn ei ddangos.

Gwnaethon nhw ddangos ffilm o ddamwain car i bobl, ac yna gofyn i rai ohonyn nhw 'Pa mor gyflym oedd y ceir yn mynd pan wnaethon nhw daro (*hit*) yn erbyn ei gilydd?' Gofynnwyd yr un cwestiwn i bobl eraill ond defnyddiwyd geiriau fel *bump* a *smash* yn lle *hit*. Gwnaeth y grŵp *smash* amcangyfrif mai 40.8 milltir yr awr oedd cyflymder y ceir ar gyfartaledd, ond 38.1 milltir yr awr oedd amcangyfrif y grŵp *bump*, a dim ond 34 milltir yr awr oedd amcangyfrif y grŵp *hit*.

Yna gofynnodd Loftus a Palmer gwestiwn arweiniol iddyn nhw: 'Wnaethoch chi weld unrhyw wydr wedi torri yn y ffilm?' Dywedodd 32% o'r grŵp *smash* eu bod nhw wedi gweld gwydr wedi torri, ond dim ond 14% o'r grŵp *hit* ddywedodd hyn. Mewn gwirionedd, doedd dim gwydr wedi torri yn y ffilm.

Mae'r ymchwil hwn yn awgrymu y gallai atgof tystion o drosedd gael ei lywio gan y ffordd mae cwestiynau'n cael eu geirio mewn cyfweliad heddlu, neu yn ystod croesholi yn y llys, gan olygu bod y dystiolaeth yn annibynadwy.

Y cyfweliad gwybyddol

O ystyried y problemau hyn, mae'n bwysig sicrhau bod technegau cyfweld yr heddlu yn gwneud y mwyaf o'r cyfleoedd i gael gwybodaeth gywir gan dystion. Mae seicolegwyr yn argymell defnyddio cyfweliadau gwybyddol yn hytrach na chyfweliadau heddlu safonol. Mae'r rhain yn defnyddio cynifer o 'giwiau' â phosibl er mwyn annog galw i gof, gan ddefnyddio strategaethau fel:

- **ailosod y cyd-destun** – gofyn i'r tyst ddychmygu ei fod yn ôl yn y sefyllfa
- **reportio popeth a welodd y tyst** – hyd yn oed pethau a allai ymddangos yn amherthnasol.

Mae'r technegau hyn yn helpu i greu mwy o giwiau i adalw atgofion o'r drosedd, ac mae ymchwil wedi dangos bod cyfweliadau gwybyddol yn arwain at alw mwy o wybodaeth i gof a lefel uchel o gywirdeb.

Tystion arbenigol

Fel sydd i'w weld yn Nhestun 1.1, gall arbenigwyr fforensig chwarae rhan bwysig mewn ymchwiliadau troseddol. Gall yr heddlu gyfweld ag arbenigwyr i gael gwybodaeth a chyngor am agweddau gwahanol ar eu hymchwiliad. Mae'r cyfweliadau hyn yn aml yn cael eu cynnal ar ôl i'r arbenigwr gyflwyno adroddiad. Yna gall yr heddlu ofyn cwestiynau i gael eglurder ac i ddatblygu eu hymholiad i'r drosedd.

Mae arbenigwyr yn cynnwys arbenigwyr fforensig sydd â gwybodaeth am feysydd fel y canlynol:
- Arbenigwyr mewn patrymau gwaed, tanau, ffrwydriadau a gweddillion tanio gwn, sy'n gallu ateb cwestiynau am leoliad y drosedd.
- Seicolegwyr, sy'n gallu cynnig dadansoddiad o bersonoliaeth, patrymau ymddygiad a nodweddion seicolegol tebygol y troseddwr, yn aml fel rhan o broffil troseddwr.
- Patholegwyr, sy'n gallu dadansoddi achos tebygol y farwolaeth mewn achosion o laddiad, yn seiliedig ar archwiliadau post-mortem.
- Entomolegwyr (arbenigwyr pryfaid), sy'n gallu cyfrifo amser y farwolaeth yn seiliedig ar ddatblygiad y cynrhon clêr chwythu sydd ar y corff (mae clêr chwythu yn dodwy eu hwyau ar gyrff marw).
- Anthropolegwyr fforensig, sy'n gallu helpu'r heddlu i adnabod dioddefwyr marw drwy ddadansoddi gweddillion dynol.

Gall entomolegwyr amcangyfrif amser y farwolaeth drwy ddadansoddi maint cynhron clêr chwythu.

GWEITHGAREDD / Clip fideo

Entomoleg fforensig

Ewch i Hwb: www.hwb.gov.wales/

Gall arbenigwyr gael eu holi yn y llys hefyd. Yn wahanol i lygad-dystion, y mae'n rhaid i'w tystiolaeth fod yn seiliedig ar y ffeithiau maen nhw wedi bod yn dyst iddynt, mae'n bosibl gofyn i dystion arbenigol roi eu barn ar sail eu gwybodaeth arbenigol. Fodd bynnag, weithiau bydd arbenigwyr yn gwneud camgymeriadau a gall hyn arwain at gamweinyddu cyfiawnder, fel sydd i'w weld yn achos Sally Clark yn Nhestun 1.1, a gafodd ei charcharu ar gam am lofruddio ei dau fab.

Technegau proffilio

Mae proffilio troseddwyr yn seiliedig ar y syniad y gallwn ni ragweld nodweddion troseddwr anhysbys drwy archwilio nodweddion ei drosedd a'i ddioddefwr. Yn union fel y gall troseddwr adael tystiolaeth ffisegol fel bysbrintiau yn lleoliad y drosedd, gall hefyd adael tystiolaeth ymddygiadol. Er enghraifft, yn achos llofruddiaeth gallai hyn gynnwys sut cafodd y dioddefwr ei ladd a sut cafodd y corff ei adael.

Manteision – mae proffilio yn gallu cynnig nifer o fanteision, e.e.:
- gallai gysylltu troseddau sy'n cael eu cyflawni gan yr un troseddwr
- gallai helpu i ragfynegi troseddau yn y dyfodol, gan olygu bod modd dal troseddwyr yn gynt ac atal rhagor o ddioddefwyr
- gallai helpu'r heddlu i dargedu eu hadnoddau a blaenoriaethu unigolion a ddrwgdybir.

Mae pedwar prif fath o broffilio troseddwyr, sef proffilio teipolegol (sydd hefyd yn cael ei alw'n ddadansoddiad lleoliad y drosedd), proffilio clinigol, proffilio daearyddol a seicoleg ymchwiliol.

Proffilio teipolegol (dadansoddiad lleoliad y drosedd)

System ddosbarthu yw teipoleg a nod proffilio teipolegol yw dosbarthu troseddwyr yn 'fathau' gwahanol gyda nodweddion gwahanol yn seiliedig ar y ffordd maen nhw'n ymddwyn yn lleoliad y drosedd. (Dyma pam mae'n cael ei alw'n ddadansoddiad lleoliad y drosedd hefyd.)

Drwy ddadansoddi lleoliad y drosedd yn ofalus, gallai fod yn bosibl adnabod y math o droseddwr a'i nodweddion tebygol, fel ei bersonoliaeth, ei ffordd o fyw, ei berthnasoedd a'i gymhellion. Felly bydd y proffiliwr yn casglu'r holl wybodaeth sydd ar gael am leoliad y drosedd, y dioddefwr a'r dystiolaeth fforensig.

Mae proffilio teipolegol yn rhannu lleoliad y drosedd a throseddwyr yn ddau brif fath: trefnedig ac anhrefnedig. Mae'r tabl isod yn defnyddio achosion o lofruddiaeth fel enghraifft i ddangos y gwahaniaeth rhwng y ddau fath.

Math o lofruddiaeth	Nodweddion tebygol y llofrudd
Trosedd drefnedig • Mae'r drosedd wedi'i chynllunio ymlaen llaw, e.e. mae'r llofrudd yn mynd ag arf a rhwymau i leoliad y drosedd. • Yn ceisio rheoli'r dioddefwr. • Yn gadael fawr ddim cliwiau yn lleoliad y drosedd (cael gwared ar dystiolaeth). • Mae'r dioddefwr yn rhywun dieithr sydd wedi cael ei dargedu.	**Llofrudd trefnedig** • Deallusrwydd uwch na'r cyfartaledd (ond o bosibl yn tangyflawni). • Twyllodrus, cyfrwys, yn ymddangos yn normal yn allanol, yn cuddio personoliaeth sadistig. • Yn gymwys yn gymdeithasol ac yn rhywiol. • Fel arfer yn byw gyda phartner. • Blin/yn dioddef o iselder ar adeg yr ymosodiad. • Yn dilyn adroddiadau am yr achos yn y cyfryngau.
Trosedd anhrefnedig • Mympwyol – fawr ddim cynllunio na pharatoi, e.e. darganfod rhywbeth i'w ddefnyddio fel arf yn lleoliad y drosedd. • Ymddygiad anhrefnus, ar hap. • Dim llawer o ddefnydd o ffrwynau. • Dim llawer o ymdrech i guddio tystiolaeth yn lleoliad y drosedd, e.e. yn gadael yr arf a gafodd ei ddefnyddio i gyflawni'r llofruddiaeth ar ôl.	**Llofrudd anhrefnedig** • Yn byw ar ei ben ei hun, gerllaw lleoliad y drosedd. • Yn ddi-glem yn gymdeithasol ac yn rhywiol. • Yn dioddef o fathau difrifol o salwch meddwl. • Wedi cael ei gam-drin yn gorfforol neu'n rhywiol pan yn blentyn. • Yn ofnus ac yn ddryslyd ar adeg yr ymosodiad.

Yna gall y proffil gael ei ddefnyddio gan yr heddlu i adnabod pobl posibl a ddrwgdybir, gan lunio rhestr fer. Gall hefyd gael ei ddefnyddio i ragfynegi ymddygiad tebygol y troseddwr yn y dyfodol, fel a fydd yn ymosod unwaith eto, ac os bydd, ym mhle.

Cafodd proffilio teipolegol ei ddatblygu'n wreiddiol gan yr FBI yn UDA yn yr 1970au. Ers hynny, mae teipolegau eraill wedi cael eu datblygu i ddosbarthu treiswyr, yn seiliedig ar eu hymddygiad wrth droseddu. Er enghraifft, mae'r math 'pŵer-bendant' (*power-assertive*) yn treisio er mwyn mynegi ei wrywdod, ond mae'r math 'pŵer-sicrhau' (*power-reassurance*) yn cael ei ysgogi gan ofn diffygion rhywiol. Mae mathau eraill yn cynnwys treiswyr 'dicter-dial' (*anger-retaliatory*) a 'dicter-cyffroi' (*anger-excitement*).

Gwerthuso proffilio teipolegol

Mae'r seicolegydd ymchwiliol David Canter wedi beirniadu'r dull hwn am sawl rheswm.
- Mae'n bosibl bod y wybodaeth sydd ar gael yn lleoliad y drosedd yn eithaf cyfyngedig, a ddim wedi cael ei chasglu o dan amodau llym.
- Dydy damcaniaethu ynglŷn â phersonoliaeth, perthnasoedd neu gymhellion tebygol y troseddwr ddim wir yn helpu'r heddlu i ddod o hyd iddo.
- Mae'r proffil yn seiliedig ar farn oddrychol y proffiliwr am ba dystiolaeth sy'n bwysig, felly gallai proffilwyr gwahanol lunio proffiliau hollol wahanol ar gyfer yr un achos.
- Mae'r deipoleg yn seiliedig ar gyfweliadau y gwnaeth yr FBI eu cynnal gyda dim ond 36 o lofruddion cyfresol a threiswyr a oedd wedi'u dyfarnu'n euog. Sampl bach iawn yw hwn, ac mae'n bosibl nad oedd y troseddwyr hyn yn nodweddiadol o'r rhai sydd ddim yn cael eu dal, yn ogystal â bod yn bobl twyllodrus ac annonest.

Fodd bynnag, mae proffilio teipolegol wedi helpu i ddatrys rhai troseddau proffil uchel mewn sawl gwlad. Gall hefyd helpu'r heddlu i ragfynegi pa mor debygol yw troseddau o ddigwydd yn y dyfodol.

Proffilio clinigol

Seiciatryddion neu seicolegwyr clinigol yw proffilwyr clinigol fel arfer. Maen nhw'n defnyddio eu profiad proffesiynol i ddeall sut mae'r troseddwr yn meddwl. Y nod yw deall y troseddwr er mwyn gallu rhagfynegi ei ymddygiad. Yn hytrach na defnyddio teipolegau sy'n ceisio dosbarthu troseddau yn 'fathau' cyffredinol, maen nhw'n tueddu i ystyried pob achos yn unigryw ac yn unigol.

Mae'n debyg mai Paul Britton yw proffilydd clinigol mwyaf adnabyddus y DU. Mae'n well ganddo ymgolli yn y dystiolaeth a llunio mewnweledjadau greddfol i feddyliau a theimladau'r troseddwr wrth iddo gyflawni troseddau.

Gwerthuso proffilio clinigol

Mae llawer o bobl wedi beirniadu proffilio clinigol. Yn gyntaf, mae'n seiliedig ar brofiad clinigol y proffiliwr o weithio gyda throseddwyr sydd wedi'u dyfarnu'n euog, a allai fod yn annodweddiadol neu'n gyfyngedig.

Yn ail, gall arwain at ddamcaniaethau heb eu cefnogi ynglŷn â nodweddion a chymhellion y troseddwr. Gall hyn arwain ymchwiliad ar y trywydd anghywir ac arwain at arestio ac hyd yn oed euogfarnu pobl ddiniwed, gan adael y troseddwr go iawn yn rhydd i gyflawni rhagor o droseddau, fel yn achos Rachel Nickell.

Astudiaeth achos | Proffilio clinigol

Y proffiliwr, y sawl a ddrwgdybir a llofruddiaeth Rachel Nickell

Cafodd Rachel Nickell ei llofruddio yng ngolau dydd ar Gomin Wimbledon ym mis Gorffennaf 1992. Roedd yr heddlu wedi'u hargyhoeddi mai Colin Stagg oedd y llofrudd, ond heb dystiolaeth fforensig na thystiolaeth arall, gwnaethon nhw ofyn i'r proffiliwr Paul Britton am gymorth.

Yn ôl y newyddiadurwr Matthew Weaver, lluniodd Britton gynllun i geisio denu Stagg i gyfaddef. Roedd hyn yn cynnwys gosod 'trap' lle byddai swyddog heddlu cudd benywaidd o'r enw 'Lizzie James' yn esgus bod ganddi ddiddordeb mewn cael perthynas ramantus â Stagg, a'i bod yn hoffi Sataniaeth (un o ddiddordebau Stagg). Er gwaethaf ei hymdrechion, fodd bynnag, wnaeth Stagg ddim cyfaddef.

Eto i gyd, ym mis Awst 1993, cafodd Stagg ei gyhuddo'n swyddogol o'r llofruddiaeth. Ond, pan ddaeth yr achos i'r llys y flwyddyn ganlynol, gwnaeth y treial fethu. Gwnaeth y barnwr gondemnio'r trap fel 'ymgais agored i daflu bai ar y sawl a ddrwgdybir drwy ymddygiad cadarnhaol a thwyllodrus o'r math gwaethaf'. Cyfeiriodd at y ffordd gamdriniol ac anfoesegol y cafodd seicoleg ei defnyddio. Yn y pen draw, cafodd Stagg £706,000 mewn iawndal.

Yn y cyfamser, ym mis Tachwedd 1993, roedd Samantha Bisset a Jazmine, ei merch pedair oed, wedi cael eu llofruddio yn eu cartref yn ne-ddwyrain Llundain. Ym mis Hydref 1995, dyfarnwyd dyn arall, Robert Napper, yn euog o'u llofruddio. Yn 2008, ar ôl ail ymchwiliad i achos Comin Wimbledon, cafodd Napper ei ddyfarnu'n euog o lofruddio Rachel Nickell hefyd.

Roedd Britton wedi bod yn ymgynghori'r heddlu ar lofruddiaethau Samantha a Jazmine Bisset, yn ogystal â llofruddiaeth Rachel Nickell, ond yn ôl y newyddiadurwr Richard Edwards, roedd Britton wedi diystyru unrhyw gysylltiadau rhwng Napper ac achos Nickell ar y pryd. Petai cyhuddiad o'r llofruddiaeth gynharach wedi cael ei ddwyn yn erbyn Napper, mae'n bosibl na fyddai wedi bod yn rhydd i ladd eto.

Proffilio daearyddol

Mae mwy o droseddau'n digwydd mewn rhai lleoliadau nag eraill. Y rheswm dros hyn yw bod troseddwyr yn gwneud dewisiadau o ran ble i droseddu. Mae'r dewisiadau hyn yn aml yn seiliedig ar eu hymddygiad *annhroseddol* o ddydd i ddydd. Er enghraifft, mae'n bosibl eu bod nhw'n gweld cyfle i droseddu ar y ffordd i'r gwaith ac yn dychwelyd yno'n ddiweddarach.

Mae proffilio daearyddol yn seiliedig ar y syniad hwn. Nod proffilio daearyddol yw gweithio'n ôl o'r lleoliadau lle mae troseddau'n digwydd er mwyn darganfod ble mae'r troseddwr yn byw. Mae'n seiliedig ar ddwy brif egwyddor:

- **Egwyddor yr ymdrech leiaf** – os bydd ganddo ddewis o ddau darged sydd yr un mor ddymunol, bydd y troseddwr yn dewis yr un sydd fwyaf agos at ei gartref.
- **Egwyddor yr ardal byffer** – er na fydd troseddwr yn teithio os nad oes angen, bydd yn dal i osgoi troseddu yn rhy agos i'w gartref rhag ofn i rywun ei adnabod. Dyma'r ardal byffer.

Mae Canter a Gregory yn cymhwyso'r egwyddorion hyn er mwyn adnabod dau batrwm gwahanol o droseddu:

- Mae gan yr **ysbeiliwr** (*marauder*) ardal o amgylch ei gartref a bydd yn teithio o fewn yr ardal honno, gan fynd i gyfeiriad gwahanol bob tro y bydd yn gadael ei gartref i osgoi dychwelyd i'r man lle cafodd ei drosedd ddiweddaraf ei chyflawni. Felly, os bydd cylch yn cael ei dynnu drwy leoliadau'r ddwy drosedd sydd fwyaf pell i ffwrdd o'i gilydd, dylid disgwyl i gartref y troseddwr fod rhywle'n agos at ganol y cylch hwn. Dyma'r 'ddamcaniaeth cylch' yn ôl Canter.
- Mae'r **cymudwr** (*commuter*) yn teithio i ffwrdd o ardal ei gartref i droseddu mewn ardal arall. Ar ôl cyrraedd yno, bydd lleoliadau ei droseddau yn tueddu i fod yn agos at ei gilydd. Os yw'r troseddau yn agos at briffordd neu orsaf drenau, er enghraifft, gellir disgwyl bod y troseddwr yn defnyddio'r llwybr hwn i gyrraedd ei ddioddefwyr a gall yr heddlu ddefnyddio'r wybodaeth hon i ganolbwyntio eu chwilio.

Gwerthuso proffilio daearyddol

- Mae'r dull hwn wedi bod yn weddol llwyddiannus wrth ragfynegi lle i ddod o hyd i droseddwyr sydd wedi cyflawni pob math o droseddau, gan gynnwys treisio, llosgi bwriadol a bwrgleriaeth.
- Fodd bynnag, mae angen i broffilwyr fod yn siŵr bod yr holl droseddau yn bendant wedi cael eu cyflawni gan yr un person. Gall hyn fod yn anodd os yw dull y troseddwr o droseddu yn dechrau newid wrth iddo gyflawni rhagor o droseddau.
- Mae model yr ysbeiliwr/cymudwr yn rhagdybio bod troseddwyr bob amser yn dilyn y naill batrwm neu'r llall, ond mae rhai yn newid rhwng y ddau.
- Mae angen i broffilwyr fod yn siŵr nad ydyn nhw wedi methu unrhyw droseddau y tu allan i'r cylch. Fel arall, bydd y fan a nodwyd ganddyn nhw fel canolbwynt y cylch yn anghywir.
- Mae proffilio daearyddol yn dibynnu ar ddata cywir. Os nad yw lleoliadau troseddau yn cael eu cofnodi'n gywir, bydd hyn yn golygu bod y map yn anghywir.

Seicoleg ymchwiliol

Mae seicoleg ymchwiliol yn cael ei gysylltu'n bennaf â David Canter ac mae'n cynnwys syniadau o faes proffilio daearyddol, sef bod troseddwyr yn debygol o droseddu mewn ardaloedd maen nhw'n eu hadnabod yn dda. Fodd bynnag, mae'n cynnwys nodweddion eraill hefyd.

Egwyddor cysondeb y troseddwr

Syniad canolog seicoleg ymchwiliol yw egwyddor cysondeb y troseddwr, sef bod cysondeb rhwng ymddygiad troseddol ac anhroseddol troseddwr. Felly bydd y ffordd mae'n cyflawni ei droseddau yn cyd-fynd â'i ymddygiad bob dydd a nodweddion ei bersonoliaeth.

Er enghraifft, bydd treisiwr sy'n defnyddio iaith ddiraddiol tuag at ei ddioddefwr o bosibl yn awgrymu dyn sy'n ystyried menywod fel gwrthrychau, ac sydd wedi cael perthnasoedd anodd neu aflwyddiannus gyda menywod yn y gwaith neu gartref.

Themâu naratif troseddol

Mae seicoleg ymchwiliol hefyd yn defnyddio'r syniad bod troseddwyr yn seilio eu troseddu ar 'themâu naratif troseddol' neu straeon bywyd personol sy'n rhoi ystyr i'w troseddau. Gall y troseddwr weld ei hun fel 'arwr gorfoleddus' (*elated hero*), 'dioddefwr isel ei ysbryd' (*depressed victim*), 'unigolyn proffesiynol a digynnwrf' (*calm professional*) neu 'ddialydd dioddefus' (*distressed revenger*).

Er enghraifft, mae'r arwr gorfoleddus yn gweld ei drosedd fel gweithred ddewr a dynol, antur pleserus a chyffrous. Ar y llaw arall, mae'r dioddefwr isel ei ysbryd yn credu bod digwyddiadau yn ei fywyd y tu hwnt i'w reolaeth ac nad oes ganddo unrhyw ddewis arall heblaw cyflawni ei drosedd. Wrth gyflawni'r drosedd, bydd yn teimlo'n ddryslyd, yn isel ac yn unig.

Gwerthuso seicoleg ymchwiliol

- Mae'n defnyddio cysyniadau sy'n gallu cael eu rhoi ar brawf yn ymarferol, fel egwyddor cysondeb y troseddwr.
- Mae'n defnyddio data ar raddfa fawr am batrymau troseddu ynghyd â themâu naratif i ddeall cymhellion troseddwyr.
- Mae wedi bod yn llwyddiannus mewn achosion sy'n ymwneud ag amrywiaeth o droseddau gwahanol.
- Fodd bynnag, yn debyg i broffilio daearyddol, mae'n dibynnu ar ansawdd y data ar droseddau a throseddwyr. Os yw'r data yn anghywir, bydd y rhagfynegiadau yn anghywir hefyd.

PARATOI AR GYFER YR ASESIAD DAN REOLAETH

Beth mae angen i chi ei wneud

Gan ddefnyddio eich nodiadau o Destun 1.2, aseswch pa mor ddefnyddiol yw'r technegau ymchwiliol canlynol mewn ymchwiliadau troseddol:

- technegau fforensig
- defnyddio cronfeydd cuddwybodaeth, e.e. y Gronfa Ddata DNA Genedlaethol
- technegau proffilio
- technegau gwyliadwriaeth
- technegau cyfweld, e.e. cyfweliadau â llygad-dystion, cyfweliadau ag arbenigwyr.

Dylech chi gael dealltwriaeth o'r amrywiol dechnegau, a gallu asesu eu heffeithiolrwydd yn y mathau canlynol o ymchwiliadau troseddol:

- sefyllfaoedd – lleoliad y drosedd; labordy; gorsaf yr heddlu; 'stryd'
- mathau o droseddau – troseddau treisgar; e-droseddau; troseddau eiddo.

Senario briff yr aseiniad

Lle bo'n berthnasol, dylech chi gyfeirio at y briff yn eich ateb.

Sut bydd yn cael ei farcio

16–20 marc: Gwneir asesiad clir a manwl o'r amrywiaeth gofynnol o dechnegau ymchwiliol.

11–15 marc: Defnyddir amrywiaeth o dechnegau ymchwiliol er mwyn asesu eu defnyddioldeb mewn ymchwiliadau troseddol.

6–10 marc: Tystiolaeth gyfyngedig bod y technegau ymchwiliol a ddefnyddiwyd wedi'u hasesu'n berthnasol. Ar y pen isaf, caiff rhai technegau ymchwiliol eu disgrifio.

1–5 marc: Ymateb disgrifiadol ar y cyfan gydag asesiad sylfaenol/syml, cyfyngedig iawn. Ar y pen isaf, mae'n bosibl mai rhestr syml o dechnegau ymchwiliol a geir.

Esbonio sut y caiff tystiolaeth ei phrosesu

TESTUN 1.3

Man cychwyn

Gan weithio mewn grwpiau bach, ystyriwch yr achosion canlynol. Ym mhob achos, ystyriwch (a) pa dystiolaeth byddech chi'n dod o hyd iddi, o bosibl, a (b) sut byddai'r dystiolaeth honno'n cael ei chasglu a'i phrosesu.

1. Mae menyw yn cyfarfod dyn ar wefan garu ac yn mynd yn ôl i'w fflat. Ar ôl cael diod, mae hi'n penderfynu gadael. Mae'r dyn yn ei hatal rhag gadael ac yn ymosod yn rhywiol arni. Wrth geisio ymladd yn ei erbyn, mae hi'n brathu ei law.

2. Yn dilyn bwrgleriaeth, mae dyn yn ceisio gwerthu consolau gemau a gliniadur sy'n cyfateb i'r rhai a gafodd eu dwyn. Mae'n rhoi hysbyseb ar y cyfryngau cymdeithasol yn dweud bod yr eitemau ar werth ac mae dioddefwr y fwrgleriaeth yn gweld yr hysbyseb. Gwnaeth y lleidr dorri ei law ar wydr wedi torri wrth fynd i mewn i'r eiddo.

3. Mae dyn arfog yn mynd i mewn i siop brysur ac yn gorchymyn i berchennog y siop roi arian parod o'r til iddo a sigaréts o'r tu ôl i'r cownter. Pan mae perchennog y siop yn gwrthod, mae'r dyn arfog yn tanio ei arf yn yr awyr i godi ofn arno, ac mae'r perchennog wedyn yn rhoi'r arian a'r sigaréts iddo.

Mathau o dystiolaeth

Mae tystiolaeth yn ganolog i'r broses o ymchwilio i droseddau a'u herlyn. Bydd cyhuddiad yn cael ei ddwyn yn erbyn y sawl a ddrwgdybir ar sail tystiolaeth. Bydd y sawl a ddrwgdybir yn cael ei roi ar dreial a'i ganfod naill ai'n euog ynteu'n ddieuog ar sail tystiolaeth hefyd. Felly, mae'n rhaid bod yn ofalus iawn wrth gasglu a storio tystiolaeth.

Mae sawl math gwahanol o dystiolaeth, fel defnyddiau o leoliad y drosedd (e.e. bysbrintiau, olion gwaed); gwrthrychau fel dillad; lluniau CCTV; cyfaddefiadau a datganiadau gan dyst. Fodd bynnag, gallwn ni ddosbarthu tystiolaeth yn ddau grŵp:

Tystiolaeth ffisegol – defnyddiau ffisegol fel DNA wedi'i gasglu o olion gwaed, arfau ac eitemau wedi'u dwyn a oedd ym meddiant y sawl a ddrwgdybir.

Tystiolaeth gan dyst – datganiadau ysgrifenedig neu lafar gan ddioddefwyr, llygad-dystion, tystion arbenigol a diffynyddion.

Tystiolaeth ffisegol

Mae tystiolaeth ffisegol (sydd hefyd yn cael ei galw'n 'dystiolaeth gadarn') yn rhan bwysig o lawer o ymchwiliadau troseddol ac mae'n rhaid bod yn ofalus iawn wrth ei chasglu, ei storio a'i dadansoddi er mwyn osgoi halogiad ac i sicrhau ei bod yn dderbyniol yn y llys.

Egwyddor cyfnewid Locard

Roedd Edmond Locard (1877–1966) yn arloeswr ym maes gwyddoniaeth fforensig ac mae ymchwilwyr bob amser yn gweithio ar sail ei egwyddor cyfnewid, sef yn gryno: 'mae pob cyswllt yn gadael ei ôl'. Mewn geiriau eraill, bydd defnyddiau o leoliad y drosedd (gan gynnwys gan y dioddefwr) yn bresennol ar y troseddwr – ac i'r gwrthwyneb. Mae Paul Kirk yn disgrifio pwysigrwydd yr egwyddor cyfnewid a thystiolaeth ffisegol fel a ganlyn:

"Lle bynnag mae troseddwr yn cerdded, beth bynnag mae'n ei gyffwrdd, beth bynnag mae'n ei adael ar ôl, hyd yn oed yn anymwybodol, bydd y cyfan yn dyst distaw yn ei erbyn. Nid yn unig ôl bysedd neu ôl traed, ond ei wallt, y ffibrau o'i ddillad, y gwydr mae'n ei dorri, y marciau mae ei offer yn eu gadael, y paent mae'n ei grafu, y gwaed neu'r semen mae'n ei adael neu'n ei gasglu. Mae'n dystiolaeth ffeithiol. Ni all tystiolaeth ffisegol fod yn anghywir, ni all fod yn gwbl absennol. Dim ond methiant dyn i ddod o hyd iddi, ei hastudio a'i deall all ostwng ei gwerth."

GWEITHGAREDD / Clip fideo

Egwyddor Locard   Ewch i Hwb: www.hwb.gov.wales/

Casglu, trosglwyddo a storio tystiolaeth ffisegol

Mae angen casglu mathau gwahanol o dystiolaeth ffisegol, eu trosglwyddo (e.e. i labordy fforensig) a'u storio er mwyn eu cadw ac atal halogiad. Bydd y rhan fwyaf o achosion o halogi yn digwydd wrth gyffwrdd ag eitemau heb fenig neu drwy anadlu, tisian neu besychu arnyn nhw.

Yn achos troseddau difrifol (e.e. treisio, llofruddiaeth neu losgi bwriadol), bydd ymchwilwyr yn gwisgo dillad diogelwch wrth gasglu defnyddiau, er mwyn osgoi halogiad ac weithiau i amddiffyn eu hunain rhag sylweddau peryglus. Mae hyn yn cynnwys gwisgo mwgwd, 'gwisg lleoliad' â chwfl, gorchuddion dros yr esgidiau a dau bâr o fenig. Ar gyfer troseddau llai difrifol, dim ond mwgwd a menig sydd eu hangen.

Hylifau a meinweoedd y corff

Gall hylifau'r corff fel gwaed, semen a phoer, a meinweoedd fel fflawiau croen a blew, gynnig tystiolaeth bwysig i adnabod y troseddwr, oherwydd gall DNA gael ei echdynnu oddi arnyn nhw er mwyn ei gymharu â samplau rheolydd gan bobl a ddrwgdybir, i weld a ydyn nhw'n cyfateb. Os ydyn nhw'n cyfateb gallai hynny brofi bod y sawl a ddrwgdybir wedi bod yn lleoliad y drosedd.

Belfast, 2013. CSI mewn siwt lawn yn casglu tystiolaeth ar ôl i fomiau pibell gael eu taflu at yr heddlu.

Dylid gadael **gwaed** i sychu yn yr aer. Ni ddylai ffabrig sy'n cynnwys gwaed gwlyb gael ei blygu, oherwydd bydd hyn yn achosi i'r gwaed gael ei drosglwyddo i rannau eraill o'r eitem. Dylai eitemau â gwaed sych arnyn nhw gael eu pecynnu'n ofalus a'u hanfon cyn gynted â phosibl, a chyn pen 24 awr o leiaf, i'r labordy fforensig i gael eu dadansoddi.

Gallai **semen** gael ei ddarganfod ar ddillad a dillad gwely. Os yw'n wlyb, dylid gadael iddo sychu yn yr aer ar yr eitem. Ar ôl ei sychu, dylid rhoi'r eitem mewn bag papur, ac yna ei selio a'i roi mewn bag polythen, cyn ei selio unwaith eto a'i labelu. Dylid pecynnu pob eitem ar wahân. Os bydd rhywun wedi dioddef ymosodiad rhyw, dylai llawfeddyg yr heddlu neu feddyg arall archwilio'r dioddefwr cyn gynted â phosibl a chymryd swabiau.

Gall **poer** o frathiadau hefyd gael ei swabio i roi sampl ar gyfer dadansoddiad DNA.

Rydyn ni'n colli darnau bach o groen drwy'r amser. Mae'n bosibl y bydd y **fflawiau croen** hyn i'w cael yn lleoliad y drosedd, a gellir eu dadansoddi ar gyfer DNA.

Gallai **blew** gael eu canfod yn lleoliad y drosedd ac efallai y bydd yn bosibl cyfateb y blew i wallt y sawl a ddrwgdybir. Mewn achosion o ymosod, mae'n bosibl y bydd blew'r dioddefwr ar y sawl a ddrwgdybir. Os bydd blew yn cael eu darganfod ar ddilledyn, dylai'r eitem gael ei lapio mewn papur neu ei rhoi mewn bag papur, ei selio, ei labelu a'i hanfon i'r labordy fforensig i gael ei dadansoddi. Dylai blew unigol sy'n cael eu darganfod ar ddodrefn ac ati, gael eu lapio neu eu rhoi mewn bagiau yn yr un modd. Gall DNA gael ei echdynnu o gelloedd yn y gwreiddyn i adnabod pobl a ddrwgdybir neu ddioddefwyr.

Bysbrintiau

Mae bysbrintiau (ac ôl cledr y llaw, bysedd traed a gwadnau'r traed) yn unigryw i bob unigolyn ac felly maen nhw'n dystiolaeth werthfawr wrth adnabod pobl. Rhychau croen ar y bysedd yw'r 'olion' neu'r 'printiau' a gallan nhw adael argraffiadau neu farciau ar arwynebau neu o fewn iddyn nhw. Gall y marciau gael eu hachosi gan chwys neu halogyddion ar y croen.

Mae tri math o fysbrintiau:

- **Bysbrintiau cudd** (*latent fingerprints*) sef marciau anweledig sy'n cael eu gadael ar arwyneb ac sy'n dod i'r golwg wrth ysgeintio powdr magnesiwm ar yr arwyneb neu ddisgleirio golau uwchfioled arno. Ar ôl tynnu lluniau ohonyn nhw, mae'n bosibl casglu'r bysbrintiau drwy ddefnyddio stribed gludiog a'i osod ar asetyn (*acetate sheet*).
- **Bysbrintiau amlwg (neu gadarnhaol)** (*patent fingerprints*) sef marciau mae'n bosibl eu gweld â'ch llygaid eich hun. Gallan nhw gael eu gadael mewn sylweddau fel gwaed, inc, olew, powdr neu lwch. Dylid tynnu lluniau ohonyn nhw i'w dadansoddi, ac os yn bosibl, eu cadw i'w defnyddio yn y llys.
- **Bysbrintiau plastig** sef siapiau tri-dimensiwn sy'n cael eu gwneud drwy wasgu'r bysedd i mewn i ddefnydd meddal fel clai gwlyb neu'r pwti ar ffrâm ffenestr. (Ystyr 'plastig' yma yw ystwyth neu hawdd ei siapio.) Dylid tynnu lluniau ohonyn nhw, ac os yn bosibl, dylid gwneud mowld i gael copi o'r argraff.

Ar ôl eu casglu o leoliad y drosedd, gall bysbrintiau gael eu cymharu â'r rhai sydd wedi'u storio ar gronfa ddata IDENT1 yr heddlu, sy'n cadw bysbrintiau pawb sy'n cael ei arestio, i weld a ydyn nhw'n cyfateb. Mae gan yr heddlu sganwyr Livescan hefyd, ac unedau symudol Lantern sydd wedi'u cysylltu â'r gronfa ddata, er mwyn gallu sganio bysbrintiau'r rhai a ddrwgdybir a chael canlyniad mewn munudau.

> **GWEITHGAREDD** / **Clip fideo**
>
> Bysbrintiau Ewch i Hwb: www.hwb.gov.wales/

Tystiolaeth argraffiadau

Mae tystiolaeth argraffiadau yn cael ei chreu pan fydd y sawl a ddrwgdybir yn 'gwasgu' rhywbeth yn erbyn arwyneb. Gall hyn fod yn llaw, fel yn achos bysbrintiau, ond gall argraffiadau gael eu creu mewn ffyrdd eraill hefyd, er enghraifft drwy frathu rhywun, neu drwy adael ôl esgid neu ôl teiar.

Marc brathu – bydd y marciau brathu sydd ar ddioddefwyr yn aml yn deillio o ymosodiadau rhyw. Gan eu bod nhw'n aml yn cynnwys olion poer y troseddwr, dylai llawfeddyg yr heddlu archwilio'r marciau cyn gynted â phosibl a chymryd swabiau ar gyfer dadansoddiad DNA. Dylid tynnu llun o'r marciau hefyd. Efallai y bydd yn bosibl creu cast o'r marc brathu i'w gymharu â chast o ddannedd y sawl a ddrwgdybir, ac yna gellir eu dadansoddi gan ddeintydd arbenigol o'r enw odontolegydd fforensig i weld a ydyn nhw'n cyfateb.

Ôl esgidiau – gall olion o'r fath sydd wedi cael eu gadael mewn olew, paent, gwaed ac ati, gael eu defnyddio i weld a ydyn nhw'n cyfateb i esgidiau'r sawl a ddrwgdybir. Os bydd olion wedi'u gadael mewn pridd, gellir gwneud castiau. Dylai olion yn yr awyr agored gael eu hamddiffyn rhag y tywydd nes bod modd eu harchwilio'n iawn. Mae gan yr heddlu gronfa ddata o'r enw'r Casgliad Esgidiau Cyfeirio Cenedlaethol (*National Footwear Reference Collection*). Gellir defnyddio'r gronfa ddata hon i weld a yw'r olion yn cyfateb i esgidiau troseddwr hysbys.

Ôl esgid yn lleoliad y drosedd. Mae'r raddfa ffotograffig yn dangos maint yr ôl esgid.

Olion teiars – gall olion o'r fath gael eu gadael mewn pridd meddal, ar ffyrdd ac ati. Gall marciau gael eu gwneud wrth i olwyn droi neu lithro. Mae teiars yn datblygu nodweddion unigryw wrth iddyn nhw dreulio felly mae'n bosibl eu cymharu â theiars sy'n berchen i'r sawl a ddrwgdybir.

Tystiolaeth olion mân

Mae tystiolaeth olion mân (*trace evidence*) yn golygu unrhyw ddefnydd sy'n cael ei drosglwyddo o'r troseddwr i leoliad y drosedd (gan gynnwys i'r dioddefwr) neu i'r gwrthwyneb. Mae'n cynnwys pethau fel gweddillion tanio gwn, darnau o wydr, fflawiau o baent a ffibrau, pridd a hyd yn oed pryfed. Mae hefyd yn cynnwys tocsicoleg (gwenwyn, cyffuriau ac alcohol), er enghraifft o brofion anadliedydd (*breathalyser*) ar ochr y ffordd.

Ffibrau – gallai'r rhain fod yn naturiol neu'n synthetig. Gallan nhw gael eu trosglwyddo o ddillad, carpedi a chadeiriau. Gallan nhw gael eu casglu gan ddefnyddio menig a gefel fach, eu lapio mewn papur a'u selio mewn bag, eu labelu a'u hanfon i gael eu dadansoddi. Mae ffibrau o ddillad ar gael mewn amrywiaeth eang o gymysgeddau ffabrig a lliw, sy'n aml yn benodol i wneuthurwyr unigol. Gall hyn fod o gymorth wrth ganfod o ba ddilledyn y daeth y ffibrau, a gall y wybodaeth hon gael ei defnyddio i lunio disgrifiad o'r sawl a ddrwgdybir.

Paent – mae paent ar fframiau ffenestri, drysau, ceir a gwrthrychau eraill ar gael mewn llawer o liwiau a mathau gwahanol (e.e. gwrthrwd, gwrth-ddŵr, gwrthffyngol ac ati). Gall hyn fod o gymorth wrth geisio adnabod o ble mae'r paent wedi dod, ac mae'n golygu bod modd cyfateb y paent â fflawiau wedi'u darganfod ar ddillad neu offer ac ati y sawl a ddrwgdybir.

Darnau o wydr – gall darnau o wydr sy'n cael eu darganfod mewn achos o fwrgleriaeth gael eu cymharu â rhai sydd ar ddillad y sawl a ddrwgdybir. Pan fydd gwydr ffenestr yn torri, mae'n 'darnio am yn ôl', gan daflu gronynnau mân tuag at y sawl sy'n ei dorri. Bydd y gronynnau hyn yn glanio ar yr unigolyn mewn patrwm penodol ac felly, maen nhw'n gallu dangos bod yr unigolyn yn bresennol pan gafodd y gwydr ei dorri.

Pridd – gall pridd amrywio llawer hyd yn oed dros bellteroedd byr, felly gall samplau pridd sy'n cael eu darganfod ar esgidiau'r sawl a ddrwgdybir helpu i'w leoli yn lleoliad y drosedd.

Pryfed – gall pryfed fel clêr chwythu, sy'n dodwy eu hwyau ar gyrff marw, neu ynddyn nhw, helpu i amcangyfrif amser y farwolaeth, oherwydd gall entomolegydd fforensig archwilio faint mae'r larfâu (cynrhon) wedi datblygu.

GWEITHGAREDD | **Clip fideo**

Tystiolaeth olion mân

Ewch i Hwb: www.hwb.gov.wales/

| Astudiaeth achos | Tystiolaeth ffisegol |

Barry George a llofruddiaeth Jill Dando

Cafodd Jill Dando, cyflwynydd rhaglen deledu'r BBC *Crimewatch*, ei saethu'n farw y tu allan i'w chartref ym mis Ebrill 1999. Cafodd Barry George ei arestio a'i gyhuddo o'i llofruddio ym mis Mai 2000. Cafodd ei ddyfarnu'n euog ym mis Gorffennaf 2001. Rhan o'r achos yn ei erbyn oedd tystiolaeth olion mân ar ffurf un gronyn microsgopig o weddillion tanio gwn ym mhoced ei got, a gafodd ei ddarganfod dros flwyddyn ar ôl y llofruddiaeth. Roedd yr erlyniad yn dadlau bod y gweddillion wedi dod o wn a gafodd ei danio gan George.

Yn 2006, gwnaeth George apelio ar y sail bod dau dyst newydd wedi dweud iddyn nhw weld heddlu arfog yn y lleoliad pan gafodd ei arestio – yn groes i honiad yr heddlu nad oedd swyddogion arfog wedi bod yn bresennol.

Gwnaeth yr amddiffyniad alw arbenigwyr fforensig, gan gynnwys rhai o'r treial gwreiddiol, a ddywedodd wrth y Llys Apêl nad oedd hi'n fwy tebygol i'r gweddillion fod wedi dod o wn a daniwyd gan George, nag o unrhyw ffynhonnell arall. Roedd yr amddiffyniad yn dadlau ei bod yn bosibl mai'r swyddogion arfog a oedd yn bresennol ar adeg ei arestio oedd ffynhonnell y gweddillion. Gwnaeth y llys ddileu euogfarn George a gorchymyn aildreial, lle cafodd ei ryddfarnu yn 2008.

Tystiolaeth gan dyst

Mae tystiolaeth gan dyst yn golygu datganiad ysgrifenedig neu lafar sy'n cael ei roi i'r llys gan dyst. Gall gael ei roi i gefnogi achos yr erlyniad neu'r amddiffyniad.

Datgeliad – cyn i'r achos fynd i'r llys, mae'n rhaid i'r erlyniad a'r amddiffyniad ddatgelu unrhyw ddatganiadau ysgrifenedig maen nhw wedi'u cymryd. Mae'n rhaid i'r ddwy ochr hefyd roi rhestr i'r ochr arall o'r holl dystion maen nhw'n bwriadu eu galw i roi tystiolaeth yn y treial. Mae'n rhaid datgelu tystiolaeth ffisegol fel lluniau CCTV hefyd.

Rhoi tystiolaeth

Gall unrhyw dystiolaeth sy'n cael ei chytuno a'i derbyn fel gwirionedd gan y ddwy ochr weithiau gael ei darllen yn y llys heb i'r tyst fod yn bresennol, ond fel arfer bydd yn rhaid iddo fod yn bresennol i roi tystiolaeth.

Yn y llys, bydd tystion yn tystio o'r blwch tystion. Yna, mae'n bosibl y byddan nhw'n cael eu croesholi gan yr ochr arall i brofi eu tystiolaeth. Ni ellir gorfodi diffynyddion i roi tystiolaeth.

Mae'n bosibl i dyston agored i niwed neu dyston sy'n cael eu brawychu (*intimidated*) gael caniatâd i roi tystiolaeth drwy gyswllt fideo byw neu recordiad fideo yn lle gorfod mynd i'r llys. Os oes rhaid iddyn nhw fynd i'r llys, mae'n bosibl iddyn nhw gael caniatâd i roi tystiolaeth o'r tu ôl i sgrin.

Tyston agored i niwed – mae'r rhain yn cynnwys unigolion o dan 18 oed, pobl ag anabledd neu gyflwr iechyd meddwl, perthnasau agos rhywun a fu farw oherwydd trosedd, pobl sydd wedi dioddef sawl gwaith (e.e. oherwydd stelciwr), dioddefwyr troseddau difrifol fel troseddau rhyw, a thystion troseddau gwn. (Gweler Testun 1.4 i gael rhagor o wybodaeth am dystion agored i niwed a thystion sy'n cael eu brawychu.)

Derbynioldeb tystiolaeth gan dyst

Mae rheolau tystiolaeth yn nodi pa fath o bethau y mae'n bosibl eu rhoi fel tystiolaeth ai peidio. Mae'n bosibl na fydd rhai mathau o dystiolaeth yn dderbyniol, a fydd dim caniatâd iddyn nhw gael eu hystyried wrth ddod i reithfarn. Mae hyn yn cynnwys:

- **Tystiolaeth ail-law** – er enghraifft pan mae tyst yn ailadrodd stori mae wedi ei chlywed yn hytrach na disgrifio rhywbeth mae wedi'i weld drosto'i hun.
- **Cyfaddefiad dan orfodaeth** – lle mae trais neu fygythiadau wedi cael eu defnyddio i orfodi'r diffynnydd i gyfaddef.

- **Entrapiad** – lle mae'r heddlu wedi ceisio twyllo'r diffynnydd i gyflawni trosedd neu gyfaddef iddo gyflawni trosedd, er mwyn iddyn nhw allu ei erlyn. Er enghraifft, oherwydd bod 'trap' wedi cael ei osod ar gyfer Colin Stagg gan yr heddlu, penderfynodd y barnwr bod y dystiolaeth hon yn annerbyniol (gweler Testun 1.2).

Astudiaeth achos Tystiolaeth gan dyst

Tystiolaeth arbenigwyr, datgeliad a'r achosion o farwolaethau yn y crud

Fel sydd i'w weld yn Nhestun 1.1, cafodd Sally Clark ei dyfarnu'n euog o lofruddio ei dau fab bach yn 1999, ond cafodd ei rhyddfarnu ar ôl ail apêl yn 2003. Roedd ei heuogfarn o ganlyniad i ddau wendid difrifol gan dystion arbenigol yn ei threial gwreiddiol.

Yn gyntaf, roedd Dr Alan Williams, patholegydd fforensig y Swyddfa Gartref a wnaeth gynnal yr archwiliadau post-mortem ar y ddau faban, wedi methu datgelu tystiolaeth allweddol i'r amddiffyniad. Nid oedd wedi datgelu tystiolaeth labordy a oedd yn dangos y gallai haint fod wedi achosi marwolaeth yr ail faban, a newidiodd ei farn wreiddiol am achos marwolaeth y baban cyntaf, o haint resbiradol i farwolaeth drwy fygu. Cafodd Williams ei feirniadu'n gryf gan y barnwyr yn yr ail apêl. Gwnaeth y llys ei wahodd i esbonio pam ei fod wedi peidio â datgelu canlyniadau'r labordy, ond gwrthododd wneud hynny.

Yn ail, roedd y dystiolaeth a gafodd ei rhoi gan y paediatregydd, yr Athro Syr Roy Meadow, yn ddiffygiol. Roedd yn honni bod y siawns y byddai'r ddau frawd bach ill dau wedi marw o farwolaeth yn y crud yn 1 mewn 73 miliwn. Yn ddiweddarach, gwnaeth y Gymdeithas Ystadegol Frenhinol gyhoeddi datganiad yn dweud 'nad oedd unrhyw sail ystadegol' i honiad Meadow, ac yn mynegi pryder am y camddefnydd o ystadegau yn y llysoedd.

Roedd Meadow wedi bod yn dyst arbenigol mewn achosion eraill yn ymwneud â marwolaethau yn y crud, ac roedd wedi gwneud yr un honiad. Roedd y rhain yn cynnwys treialon Donna Anthony yn 1998 ac Angela Cannings yn 2002, y ddwy wedi cael eu cyhuddo o lofruddio eu dau blentyn. Cafodd Cannings ei rhyddhau ar apêl yn 2003 ac Anthony yn 2005. Tynnwyd enw Meadow oddi ar y gofrestr feddygol am gamymddwyn proffesiynol difrifol yn 2005, ond cafodd ei roi yn ôl ar y gofrestr y flwyddyn ganlynol.

PARATOI AR GYFER YR ASESIAD DAN REOLAETH

Beth mae angen i chi ei wneud

Gan ddefnyddio eich nodiadau o Destun 1.3, esboniwch sut caiff tystiolaeth ei phrosesu. Dylech chi gael dealltwriaeth o'r mathau canlynol o dystiolaeth:

- tystiolaeth ffisegol
- tystiolaeth gan dyst.

Dylech chi ddeall sut y caiff tystiolaeth ei phrosesu, gan gynnwys:

- casglu
- storio
- y personél sy'n rhan o'r broses.
- trosglwyddo
- dadansoddi

Dylech chi ystyried sut cafodd mathau gwahanol o dystiolaeth eu prosesu mewn amrywiaeth o astudiaethau achos, fel Barry George, Sally Clark ac Angela Cannings.

Senario briff yr aseiniad

Lle bo'n berthnasol, dylech chi gyfeirio at y briff yn eich ateb.

Sut bydd yn cael ei farcio

4–6 marc: Esboniad clir a manwl o sut y caiff y ddau fath o dystiolaeth eu prosesu gan ddefnyddio enghreifftiau perthnasol.
1–3 marc: Ymateb sylfaenol gan o bosibl restru gweithdrefnau neu grybwyll astudiaethau achos yn unig.

Archwilio hawliau unigolion mewn ymchwiliadau troseddol

TESTUN 1.4

Man cychwyn

Gan weithio ar eich pen eich hun, ysgrifennwch pa hawliau sydd gan unigolyn, yn eich barn chi, pan fydd:

1. yn cael ei arestio gan yr heddlu
2. yn dyst i drosedd
3. yn ddioddefwr trosedd.

Rhannwch eich atebion gyda phartner. Ydych chi'n cytuno â'ch gilydd?

Ar gyfer 1–3 uchod, ystyriwch pa hawliau *ddylai* neu *na ddylai* unigolyn eu cael ym mhob un o'r sefyllfaoedd hyn, yn eich barn chi.

Yn y testun hwn, byddwn ni'n ystyried hawliau'r rhai a ddrwgdybir, y dioddefwyr a'r tystion a allai fod yn gysylltiedig ag ymchwiliad troseddol ac achos llys.

Hawliau y sawl a ddrwgdybir

Mae gan yr heddlu bwerau penodol i ddelio â'r rhai a ddrwgdybir, gan gynnwys hawliau i stopio a chwilio ac arestio rhywun.

Stopio a rhoi cyfrif – mae gan swyddog heddlu yr hawl i ofyn i chi esbonio neu roi cyfrif am eich gweithredoedd, pam rydych chi'n bresennol mewn lle cyhoeddus, a pham mae eitem benodol yn eich meddiant.

Stopio a chwilio – mae gan yr heddlu 19 o bwerau stopio a chwilio gwahanol, e.e. ar gyfer cyffuriau, arfau tanio a nwyddau wedi'u dwyn, ac er mwyn atal gweithredoedd terfysgol. Mae gan yr heddlu bwerau penodol i chwilio cerbydau ac eiddo hefyd. Mae'n rhaid defnyddio'r pwerau hyn mewn ffordd deg a chyfrifol a heb wahaniaethu yn erbyn unigolyn ar sail hil, rhywedd na chyfeiriadedd rhywiol, er enghraifft.

Pŵer yr heddlu i arestio

O dan adran 24 Deddf yr Heddlu a Thystiolaeth Droseddol 1984, gallai'r heddlu eich arestio chi'n gyfreithlon fel rhywun a ddrwgdybir, heb warant gan lys, o dan yr amgylchiadau canlynol:

- rydych chi wedi bod yn gysylltiedig â chyflawni trosedd, rydych chi wedi ceisio bod yn gysylltiedig â chyflawni trosedd neu rydych chi'n cael eich amau o fod yn gysylltiedig â chyflawni trosedd; *ac*
- mae gan y swyddog sail resymol dros gredu bod yr arestiad yn angenrheidiol.

Yna, mae'n rhaid i'r swyddog ddweud wrthoch chi eich bod chi'n cael eich arestio, beth yw'r rheswm dros eich arestio, a pham mae'n angenrheidiol eich arestio. Gall y swyddog ddefnyddio grym rhesymol i'ch cadw os oes angen.

Hawliau yng ngorsaf yr heddlu

Os byddwch chi'n cael eich arestio, byddwch chi'n cael eich cludo i orsaf yr heddlu, lle byddwch chi'n cael eich trosglwyddo i ofal swyddog y ddalfa (swyddog â safle rhingyll neu uwch), sy'n gyfrifol am ofalu am bobl sy'n cael eu harestio. Byddwch chi'n cael eich chwilio ac yna eich cadw mewn cell. Bydd swyddog y ddalfa yn gofalu am eich eiddo personol.

Mae'n rhaid i swyddog y ddalfa esbonio bod gennych chi'r hawl i wneud y canlynol:
- cael cyngor cyfreithiol am ddim drwy ymgynghori â chyfreithiwr
- rhoi gwybod i rywun eich bod chi wedi cael eich arestio a ble rydych chi'n cael eich cadw
- cael gweld y rheolau y mae'n rhaid i'r heddlu eu dilyn a gweld rhybudd ysgrifenedig sy'n esbonio eich hawliau i chi.

Os ydych chi o dan 18 oed neu'n oedolyn agored i niwed, mae'n rhaid i'r heddlu geisio cysylltu â'ch rhiant, gwarchodwr neu ofalwr. Mae'n rhaid iddyn nhw hefyd ddod o hyd i 'oedolyn priodol' i ddod i'r orsaf i'ch helpu chi a bod yn bresennol pan fyddwch chi'n cael eich holi a'ch chwilio. Gallai'r oedolyn hwn fod yn rhiant, gofalwr, perthynas neu ffrind, gweithiwr cymdeithasol neu wirfoddolwr.

Hawliau wrth gael eich holi

Mae'n bosibl y bydd yr heddlu yn eich holi chi am y drosedd rydych chi'n cael eich drwgdybio o'i chyflawni, ac mae gennych chi nifer o hawliau yn y sefyllfa hon.

Yr hawl i gadw'n dawel

Does dim rhaid i chi ateb cwestiynau'r heddlu, ond mae'n bosibl y bydd goblygiadau os na fyddwch chi'n gwneud hynny. Mae'n rhaid i'r heddlu esbonio hyn i chi drwy ddarllen rhybudd yr heddlu:

> *"Does dim rhaid i chi ddweud dim byd. Ond gall niweidio eich amddiffyniad os na fyddwch chi'n sôn, wrth gael eich holi, am rywbeth y byddwch chi'n dibynnu arno nes ymlaen yn y llys. Gall unrhyw beth yr ydych yn ei ddweud gael ei roi fel tystiolaeth."*

Os bydd eich achos yn mynd i dreial, a'ch bod chi'n defnyddio rhywbeth yn eich amddiffyniad na wnaethoch chi sôn amdano wrth yr heddlu yn eich cyfweliad, gall y ffaith eich bod chi wedi cadw'n dawel am y mater yn gynharach gael ei ddefnyddio fel rhan o'r achos yn eich erbyn. Fodd bynnag, dydy cadw'n dawel a gwrthod ateb cwestiynau'r heddlu ddim yn brawf o euogrwydd yn ei hun – mae'n rhaid i'r erlyniad gyflwyno tystiolaeth arall yn eich erbyn er mwyn eich dyfarnu'n euog.

Recordio – mae'n rhaid recordio pob cyfweliad ar dâp. Mae llawer o heddluoedd yn gwneud recordiadau fideo o gyfweliadau hefyd.

Yr hawl i gael cyngor cyfreithiol

Mae gennych chi'r hawl i gael cyngor cyfreithiol am ddim os byddwch yn cael eich holi gan yr heddlu, gan gynnwys yr hawl i gael cyfreithiwr yn bresennol yn ystod eich cyfweliad, i'ch cynrychioli a'ch cynghori chi. Mae'n rhaid i rywun ddweud wrthoch chi am eich hawl i gael cyngor cyfreithiol cyn i chi gael eich holi.

Ar ôl i chi ofyn am gyngor cyfreithiol, ni fydd yr heddlu yn gallu eich holi chi fel arfer nes i chi dderbyn y cyngor hwnnw. Fodd bynnag, mewn achosion difrifol, gall yr heddlu wneud i chi aros am gyngor cyfreithiol am hyd at 36 awr (48 awr yn achos troseddau terfysgol).

Bysbrintiau, ffotograffau a samplau

Mae gan yr heddlu yr hawl i dynnu ffotograffau ohonoch chi, yn ogystal â'r hawl i gymryd bysbrintiau a sampl DNA (e.e. o swab ceg), a gallan nhw swabio arwyneb y croen ar eich dwylo a'ch breichiau. Does dim rhaid iddyn nhw gael eich caniatâd i wneud hyn a gallan nhw ddefnyddio grym rhesymol os oes angen.

Mae'n rhaid i'r heddlu gael eich caniatâd chi ac awdurdod uwch swyddog heddlu i gymryd samplau gwaed neu wrin (ac eithrio mewn cysylltiad ag yfed a gyrru neu yrru ar gyffuriau).

Hawliau i wybodaeth

Bydd gwybodaeth sy'n deillio o fysbrintiau a samplau yn cael ei storio yng nghronfa ddata yr heddlu. Gallwch chi ofyn i'r heddlu dynnu eich gwybodaeth oddi ar y gronfa ddata, ond dim ond os nad oes trosedd yn bodoli bellach neu os oedd unrhyw beth anghyfreithlon wedi digwydd ym mhroses yr heddlu (e.e. sut cawsoch chi eich arestio) y byddan nhw'n fodlon gwneud hyn.

Pa mor hir gall yr heddlu eich cadw chi

Gall yr heddlu eich cadw yn y ddalfa am hyd at 24 awr. Ar ôl hynny, mae'n rhaid iddyn nhw naill ai ddwyn cyhuddiad o drosedd yn eich erbyn neu eich rhyddhau. Yn achos troseddau ditiadwy (troseddau difrifol) gallwch chi gael eich cadw am 36 awr. Ar ôl hynny, gall yr heddlu eich cadw am 96 awr yn ychwanegol (pedwar diwrnod) gyda chymeradwyaeth ynad. Fodd bynnag, os cewch chi eich arestio o dan y Ddeddf Terfysgaeth, gallwch chi gael eich cadw heb i gyhuddiad gael ei ddwyn yn eich erbyn am hyd at 14 diwrnod.

Mechnïaeth yr heddlu

Ystyr mechnïaeth yw rhyddhau'r sawl a ddrwgdybir dros dro. Gall yr heddlu eich rhyddhau ar fechnïaeth yr heddlu os ydych chi'n cael eich drwgdybio ond does dim digon o dystiolaeth i ddwyn cyhuddiad yn eich erbyn. Bydd rhaid i chi ddychwelyd i'r orsaf i gael eich holi ymhellach pan fydd gofyn i chi wneud hynny.

Mechnïaeth amodol – gallai'r heddlu ddwyn cyhuddiad yn eich erbyn a'ch rhyddhau o dan amodau penodol, e.e. gallan nhw osod cyrffyw arnoch neu fynnu eich bod chi'n cadw draw oddi wrth rai pobl neu leoedd. Maen nhw'n debygol o wneud hyn os ydyn nhw'n credu y byddwch chi, o bosibl, yn cyflawni trosedd arall, yn peidio ag ymddangos yn y llys, yn brawychu tystion neu'n rhwystro cyfiawnder.

GWEITHGAREDD / Clip fideo

Hawliau wrth gael eich arestio   Ewch i Hwb: www.hwb.gov.wales/

Hawliau apêl

Os byddwch chi'n cael eich dyfarnu'n euog o drosedd, mae gennych chi hawliau apêl penodol. Mae'r hawliau hyn yn amrywio yn dibynnu ar ddau ffactor:
- y math o lys – llys ynadon neu Lys y Goron
- a ydych chi'n apelio yn erbyn yr euogfarn (rydych chi'n dweud eich bod chi'n ddieuog), ynteu yn erbyn y ddedfryd (rydych chi'n derbyn eich bod yn euog ond rydych chi'n credu bod y ddedfryd yn annheg).

Os cafodd eich achos ei glywed mewn llys ynadon, gallwch chi apelio'n awtomatig:
- yn erbyn eich euogfarn, ar yr amod eich bod chi wedi pledio'n ddieuog yn eich treial
- yn erbyn eich dedfryd.

Os cafodd eich achos ei glywed yn Llys y Goron, does gennych chi ddim hawl awtomatig i apelio – bydd barnwr yn penderfynu a fydd yn caniatáu hyn ai peidio. (I gael rhagor o wybodaeth am apeliadau, gweler Testun 2.2.)

Hawliau dioddefwyr

Mae gan ddioddefwyr trosedd hawliau mewn perthynas ag ymchwiliadau troseddol a phrosesau'r llys. Mae'r rhain wedi'u nodi yn y Cod Ymarfer i Ddioddefwyr Trosedd (neu'r Cod Dioddefwyr) a gafodd ei sefydlu gan y Ddeddf Trais Domestig, Troseddu a Dioddefwyr (2004). Mae'r hawliau hyn hefyd yn berthnasol i berthnasau agos rhywun sydd wedi marw o ganlyniad i drosedd.

Hawliau wrth reportio trosedd

Os ydych chi'n ddioddefwr trosedd, pan fyddwch chi'n ei reportio i'r heddlu mae'n rhaid i'r heddlu roi cadarnhad ysgrifenedig i chi, rhif cyfeirnod y drosedd a manylion cyswllt y swyddog sy'n delio â'ch achos. Mae'n rhaid iddyn nhw wneud y canlynol hefyd:
- rhoi gwybod i chi beth fydd yn digwydd nesaf a pha mor aml y byddan nhw'n eich diweddaru am yr ymchwiliad
- asesu pa gymorth mae ei angen arnoch chi a gofyn i sefydliad cymorth i ddioddefwyr gysylltu â chi
- gofyn i chi a ydych chi eisiau ysgrifennu Datganiad Personol Dioddefwr yn esbonio sut mae'r drosedd wedi effeithio arnoch chi. Mae'n bosibl y cewch ei ddarllen yn y llys yn ddiweddarach.

UNED 3 O LEOLIAD Y DROSEDD I'R LLYS

Mae timau troseddau casineb Cymorth i Ddioddefwyr yn gweithio yn y gymuned i gynnig cymorth i ddioddefwyr.

Hawliau yn ystod yr ymchwiliad

Mae'n rhaid i'r heddlu roi diweddariadau i chi a dweud wrthoch chi pan fydd rhywun a ddrwgdybir yn cael ei arestio neu pan fydd cyhuddiad yn cael ei ddwyn yn ei erbyn, pan fydd yn cael ei ryddhau neu ei ryddhau ar fechnïaeth, neu pan fydd yn cael rhybudd. Os bydd yr heddlu neu'r CPS yn penderfynu gollwng y cyhuddiad sydd wedi'i ddwyn yn erbyn y sawl a ddrwgdybir, yna mae'n rhaid iddyn nhw roi gwybod i chi. Gallwch chi ofyn am adolygiad os ydych chi'n anghytuno â'r penderfyniad.

Yr hawl i breifatrwydd – os bydd yr heddlu'n rhoi gwybodaeth i'r cyfryngau er mwyn helpu'r ymchwiliad, byddan nhw fel arfer yn gofyn am ganiatâd y dioddefwr yn gyntaf. Mewn achosion sy'n ymwneud ag ymosodiadau rhyw neu dreisio, mae'n anghyfreithlon i unrhyw un gyhoeddi enw, ffotograff neu unrhyw beth a allai olygu bod modd adnabod y dioddefwr.

Hawliau yn ymwneud â threialon

Mewn perthynas ag achosion llys, mae gan ddioddefwyr nifer o hawliau.
- Mae'n rhaid i'r CPS ddweud wrthoch chi ble a phryd bydd y treial yn cael ei gynnal.
- Os oes rhaid i chi roi tystiolaeth, bydd Swyddog Gofal Tystion yn rhoi cymorth i chi cyn y treial ac yn ystod y treial.
- Os bydd y diffynnydd yn cael ei euogfarnu, mae'n bosibl y cewch chi ddarllen eich Datganiad Personol Dioddefwr i'r llys.
- Ar ôl i'r treial ddod i ben, mae'n rhaid i'ch Swyddog Gofal Tystion roi gwybod i chi beth oedd y rheithfarn cyn pen 24 awr, yn ogystal â pha ddedfryd gafodd y troseddwr, os cafodd ei ddyfarnu'n euog, ac a yw'r troseddwr yn mynd i apelio.
- Gallwch chi hawlio iawndal gan yr Awdurdod Digolledu am Anafiadau Troseddol (*CICA: Criminal Injuries Compensation Authority*) os oedd y drosedd yn un dreisgar. Gall y llys hefyd orchymyn i'r diffynnydd dalu iawndal i chi am anafiadau neu ddifrod i eiddo.
- Os ydych chi'n dymuno, gallwch chi hefyd gyfarfod â'r troseddwr drwy gynllun cyfiawnder adferol (*restorative justice*). Nod y cynllun hwn yw unioni'r niwed a gafodd ei achosi gan y drosedd.

Hawliau dioddefwyr agored i niwed

Mae gennych chi'r hawl i gael cymorth ychwanegol os ydych chi'n ddioddefwr agored i niwed. Mae dioddefwyr agored i niwed yn cynnwys y canlynol:

- pobl o dan 18 oed
- pobl sydd â chyflwr iechyd meddwl neu anabledd corfforol neu feddyliol
- pobl sy'n perthyn yn agos i rywun sydd wedi marw oherwydd trosedd
- pobl sydd wedi dioddef dro ar ôl tro, er enghraifft oherwydd aflonyddu neu stelcio.

Mae gennych chi'r hawl i gael cymorth ychwanegol hefyd os ydych chi'n ddioddefwr trosedd ddifrifol fel clwyfo, ymgais i lofruddio, camdriniaeth ddomestig, troseddau rhyw, herwgipio, troseddau casineb, masnachu pobl neu derfysgaeth.

Mae gan ddioddefwyr agored i niwed yr hawl i gael gwybodaeth yn gyflymach, i gael cyngor arbenigol ac – os ydyn nhw'n perthyn yn agos i'r dioddefwr – i gael cymorth gan Swyddog Cyswllt Teuluol dynodedig. Mae ganddyn nhw hefyd yr hawl i gael cymorth arbennig os oes rhaid iddyn nhw roi tystiolaeth fel tyst. (Gweler isod am fanylion y cymorth sydd ar gael i dystion agored i niwed a rhai sy'n cael eu brawychu.)

GWEITHGAREDD / Clip fideo

Cyfiawnder adferol   Ewch i Hwb: www.hwb.gov.wales/

Hawliau tystion

Gall tystion mewn achosion troseddol naill ai fod yn llygad-dyst i drosedd neu'n dyst cymeriad sy'n rhoi tystiolaeth am gymeriad diffynnydd. Gall tystion ymddangos ar ran yr erlyniad neu'r amddiffyniad. Wrth gwrs, mewn llawer o achosion, y tyst yw dioddefwr y drosedd hefyd.

Siarter y Tystion

Mae gan dyston nifer o hawliau. Mae Siarter y Tystion yn nodi safonau'r gofal a ddylai gael ei roi i dyston gan yr heddlu, Gwasanaeth Erlyn y Goron, staff y llys, y Gwasanaeth Tystion a chyfreithwyr yr amddiffyniad. Mae'r safonau hyn yn cynnwys y canlynol.

- Bydd gan dyston un prif gyswllt drwy gydol y broses a fydd yn rhoi gwybod iddyn nhw am unrhyw ddatblygiadau yn yr achos.
- Mesurau i sicrhau bod y llys yn lle diogel a bod tystion yr erlyniad a'r amddiffyniad yn aros mewn ardaloedd ar wahân.
- Gwybodaeth am broses y llys cyn rhoi tystiolaeth, fel bod tyston yn gwybod beth i'w ddisgwyl.
- Bydd tystion yr erlyniad yn cael gwybod am unrhyw apêl yn erbyn yr euogfarn neu'r ddedfryd.

Fodd bynnag, nid yw'r hawliau sydd wedi'u nodi yn y Siarter yn rhwym yn gyfreithiol. Yn hytrach, maen nhw'n nodi lefel y gwasanaeth y dylai tyston ei ddisgwyl. Gall tyston hefyd hawlio eu costau teithio yn ôl yn ogystal ag unrhyw enillion a gollwyd o ganlyniad i fynychu'r llys.

GWEITHGAREDD / Clip fideo

Bod yn dyst   Ewch i Hwb: www.hwb.gov.wales/

Tystion agored i niwed a thystion sy'n cael eu brawychu

Mae Siarter y Tystion hefyd yn cynnwys mesurau arbennig i roi cymorth i dystion agored i niwed a thystion sy'n cael eu brawychu.

- Mae **tystion agored i niwed** yn cynnwys pawb o dan 18 oed a phobl ag anableddau meddyliol neu gorfforol.
- Mae **tystion sy'n cael eu brawychu** yn cynnwys dioddefwyr trosedd rhyw neu fasnachu pobl, tystion i droseddau gwn neu gyllell, a thystion y mae ofn neu ofid ynglŷn â thystio yn y llys yn debygol o gael effaith ar eu tystiolaeth.

Mae'r **mesurau arbennig** ar gyfer tystion agored i niwed a thystion sy'n cael eu brawychu yn cynnwys:

- rhoi tystiolaeth o'r tu ôl i sgrin neu drwy gyswllt fideo, neu wneud recordiad fideo o'u datganiad er mwyn ei chwarae yn y llys rywbryd eto
- barnwyr a chyfreithwyr i dynnu eu wigiau a'u gynau i greu awyrgylch llai bygythiol
- cymorth gan arbenigwr cyfathrebu (o'r enw 'cyfryngwr cofrestredig') ar gyfer tystion sy'n ei chael yn anodd deall cwestiynau mewn cyfweliadau heddlu neu yn y llys.

PARATOI AR GYFER YR ASESIAD DAN REOLAETH

Beth mae angen i chi ei wneud

Gan ddefnyddio eich nodiadau o Destun 1.4, archwiliwch hawliau'r unigolion canlynol mewn ymchwiliadau troseddol:

- y rhai a ddrwgdybir
- dioddefwyr
- tystion.

Dylech chi ystyried hawliau pob unigolyn o'r ymchwiliad hyd at yr apêl.

Senario briff yr aseiniad

Lle bo'n berthnasol, dylech chi gyfeirio at y briff yn eich ateb.

Sut bydd yn cael ei farcio

4–6 marc: Caiff hawliau unigolion mewn ymchwiliadau troseddol yn amlwg eu harchwilio o'r ymchwiliad hyd at apêl.

1–3 marc: Rhestrir hawliau unigolion mewn ymchwiliadau troseddol neu o bosibl ceir disgrifiad cyfyngedig ohonynt.

Esbonio gofynion Gwasanaeth Erlyn y Goron (CPS) ar gyfer erlyn y sawl a ddrwgdybir

Man cychwyn

Gan weithio gyda phartner, a defnyddio'r hyn rydych chi wedi'i ddysgu yn y pedwar testun blaenorol, dychmygwch mai chi yw'r erlynydd sy'n gorfod penderfynu a ddylai achos fynd i'r llys.

1. Beth fyddai arnoch chi eisiau ei wybod am yr achos?
2. Ym mha ffyrdd gallai'r math o drosedd effeithio ar eich penderfyniad?

Rhannwch eich syniadau â gweddill y dosbarth.

TESTUN 2.1

Gwasanaeth Erlyn y Goron

Gwasanaeth Erlyn y Goron (*CPS: Crown Prosecution Service*) yw'r prif erlynydd cyhoeddus yng Nghymru a Lloegr. Cafodd ei sefydlu yn 1986 o dan Ddeddf Erlyn Troseddau 1985. Fel sydd i'w weld yn Nhestun 1.1, daeth y CPS i gymryd lle'r heddlu fel asiantaeth erlyn gan fod perygl o duedd drwy ganiatáu i'r heddlu ymchwilio i achosion a'u herlyn hefyd. Mae'r heddlu yn parhau i erlyn rhai mân-droseddau, ond y CPS sy'n erlyn pob achos difrifol neu gymhleth.

Mae'r CPS yn rhoi cyngor i'r heddlu o ran eu hymchwiliadau a pha dystiolaeth gallai fod ei hangen i adeiladu achos. Mae'n cynnal asesiad annibynnol o'r dystiolaeth sy'n cael ei chyflwyno gan yr heddlu, yn penderfynu a ddylid erlyn ac os felly, pa gyhuddiadau y dylid eu dwyn yn erbyn y rhai a ddrwgdybir. O dan Ddeddf Cyfiawnder Troseddol 2003, mae'r CPS wedyn yn cyflwyno cyhuddiad ysgrifenedig ynghyd â hysbysiad sy'n rhoi gwybod i'r diffynnydd pryd mae disgwyl iddo ymddangos yn y llys. Yna mae'n paratoi ac yn cyflwyno achos yr erlyniad yn y llys.

Er mwyn penderfynu a fydd yn erlyn ai peidio, mae'r CPS yn rhoi profion ar waith sydd wedi'u nodi yn y Cod ar gyfer Erlynwyr y Goron. Yn y testun hwn, byddwn yn canolbwyntio ar y Cod a'i brofion.

Fodd bynnag, nid bwriad y profion hyn yw penderfynu a yw rhywun yn euog o drosedd ai peidio – dyna rôl y llysoedd, nid y CPS. Maen nhw'n cael eu defnyddio'n syml iawn er mwyn penderfynu a oes achos i'r llys ei ystyried.

Y Prawf Cod Llawn

Er mwyn i'r CPS erlyn achos, fel arfer bydd rhaid i'r achos hwnnw basio'r Prawf Cod Llawn yn gyntaf. Mae'r prawf hwn yn cael ei roi ar waith ar ôl i'r heddlu ddilyn pob llwybr ymholiad rhesymol. Mae'r Prawf Cod Llawn yn cynnwys dau gam neu brawf ar wahân:

1. y prawf tystiolaeth
2. prawf lles y cyhoedd.

GWEITHGAREDD / **Clip fideo**

Y Prawf Cod Llawn

Ewch i Hwb: www.hwb.gov.wales/

Y Prawf Tystiolaeth

Cyn erlyn, mae'n rhaid i erlynwyr fod yn fodlon bod digon o dystiolaeth i sicrhau disgwyliad realistig o euogfarnu'r sawl a ddrwgdybir. Hynny yw, mae'n rhaid iddyn nhw benderfynu bod y dystiolaeth yn fwy tebygol na pheidio o fod yn ddigon i reithgor, ynad neu farnwr gwrthrychol, diduedd a rhesymol, ddyfarnu'r diffynnydd yn euog.

Os nad yw achos yn pasio'r cam tystiolaeth, ni ddylai fynd yn ei flaen, ni waeth pa mor ddifrifol neu sensitif yw'r achos dan sylw. Wrth benderfynu a oes digon o dystiolaeth i erlyn, mae'n rhaid i erlynwyr ofyn y cwestiynau canlynol.

A yw'r dystiolaeth yn dderbyniol mewn llys?

Mae'n rhaid i erlynwyr asesu a yw'r dystiolaeth yn debygol o gael ei gwrthod fel tystiolaeth annerbyniol gan y llys. Er enghraifft, a allai gael ei diystyru fel tystiolaeth ail-law (si yn hytrach na ffaith)?

A yw'r dystiolaeth yn ddibynadwy?

Mae'n rhaid i erlynwyr benderfynu a oes unrhyw resymau i amau dibynadwyedd y dystiolaeth, gan gynnwys cywirdeb neu uniondeb y dystiolaeth. Er enghraifft, a yw'r tystion yn bobl gonest ac o gymeriad da?

A yw'r dystiolaeth yn gredadwy?

Mae tystiolaeth gredadwy yn golygu tystiolaeth lle byddai'r ffeithiau sydd ar gael, o'u hystyried ar y cyd ag amgylchiadau'r achos, yn gwneud i unigolyn rhesymol gredu ei bod yn wir. Byddai'r 'unigolyn rhesymol' fel arfer yn golygu'r rheithwyr, y barnwr neu'r ynadon.

Mae'n rhaid i erlynwyr benderfynu bod y dystiolaeth yn dderbyniol, yn ddibynadwy ac yn gredadwy. Os nad yw'r dystiolaeth yn bodloni'r gofynion hyn, ni fydd erlyniad.

Gwasanaeth Erlyn y Goron yw erlynydd cyhoeddus annibynnol Cymru a Lloegr.

Prawf Lles y Cyhoedd

Os oes digon o dystiolaeth i sicrhau disgwyliad realistig o euogfarnu'r sawl a ddrwgdybir, mae'n rhaid i erlynwyr wedyn benderfynu a fyddai erlyn yn rhywbeth sydd er lles y cyhoedd. Er mwyn gwneud hyn, dylid ystyried pob un o'r cwestiynau isod. Efallai na fydd pob un o'r cwestiynau yn berthnasol i bob achos, a bydd pa mor bwysig yw pob cwestiwn yn amrywio hefyd yn ôl ffeithiau'r achos unigol.

1. **Pa mor ddifrifol yw'r drosedd?** Y mwyaf difrifol yw'r drosedd, y mwyaf tebygol yw hi y bydd y sawl a ddrwgdybir yn cael ei erlyn.

2. **Beth yw lefel beiusrwydd (*culpability*) y sawl a ddrwgdybir?** Y mwyaf yw ei feiusrwydd (bai neu gyfrifoldeb), y mwyaf tebygol yw hi y bydd yn cael ei erlyn.
   - I ba raddau roedd y sawl a ddrwgdybir yn gysylltiedig â'r drosedd? A oedd y drosedd wedi'i chynllunio ymlaen llaw? A wnaeth y sawl a ddrwgdybir elwa ar y drosedd?
   - A oes gan y sawl a ddrwgdybir euogfarnau blaenorol? A yw'n debygol o aildroseddu?
   - Os cafodd y sawl a ddrwgdybir ei ysgogi neu ei ecsbloetio, bydd ei lefel beiusrwydd fel arfer yn is.

3. **Pa fath o niwed gafodd ei achosi i'r dioddefwr?** Y mwyaf agored i niwed yw'r dioddefwr, y mwyaf tebygol yw hi y bydd angen erlyniad – er enghraifft:
   - os oes gan y sawl a ddrwgdybir safle o ymddiriedaeth neu awdurdod (e.e. gofalwr neu athro/athrawes)
   - os gwnaeth y sawl a ddrwgdybir dargedu neu ecsbloetio'r dioddefwr
   - os cafodd y drosedd ei hysgogi gan ragfarn yn erbyn y dioddefwr.

   Dylai erlynwyr hefyd ystyried safbwyntiau'r dioddefwr ynglŷn ag effaith y drosedd arno ef neu hi.

4. **Oed ac aeddfedrwydd y sawl a ddrwgdybir.** Y mwyaf ifanc yw'r sawl a ddrwgdybir, y lleiaf tebygol yw hi y bydd yn cael ei erlyn.
   - Mae'n rhaid i erlynwyr ystyried budd a lles gorau'r rhai o dan 18 – y nod yw cadw pobl ifanc allan o'r system cyfiawnder troseddol lle bynnag y bo hynny'n bosibl.
   - Fodd bynnag, gall erlyniad fod er lles y cyhoedd o hyd, er enghraifft os yw'r drosedd yn ddifrifol neu oherwydd cofnod troseddol blaenorol y sawl a ddrwgdybir.

5. **Beth yw effaith y drosedd ar y gymuned?** Y mwyaf yw'r effaith, y mwyaf tebygol yw hi y bydd erlyniad.
   - Gall y 'gymuned' olygu ardal neu gymdogaeth, a hefyd grŵp o bobl sy'n rhannu'r un nodweddion (fel rhywedd, ethnigrwydd neu rywioldeb).

6. **A yw erlyn yn ymateb cymesur i'r drosedd?** Er enghraifft, a yw'r gost o erlyn yn ormodol o ystyried y gosb debygol? Mewn achosion sy'n cynnwys nifer o bobl a ddrwgdybir, gall fod yn well erlyn yr arweinwyr yn unig i osgoi treialon hir a chymhleth.

7. **A oes angen diogelu ffynonellau gwybodaeth?** Efallai na fydd yn briodol erlyn os bydd angen i fanylion gael eu gwneud yn gyhoeddus a allai niweidio ffynonellau gwybodaeth neu ymchwiliadau eraill.

Y Prawf Trothwy

Mewn rhai achosion, gall cyhuddiad gael ei ddwyn yn erbyn y sawl a ddrwgdybir hyd yn oed os nad yw'n bosibl bodloni gofynion tystiolaeth y Prawf Cod Llawn. Yn yr achosion hyn, mae'n rhaid rhoi'r Prawf Trothwy ar waith. Mae'r Prawf Trothwy yn cynnwys pump o amodau, ac mae'n rhaid bodloni pob un o'r amodau hyn cyn gallu dwyn cyhuddiad yn erbyn y sawl a ddrwgdybir.

1. Mae'n rhaid bod sail resymol i gredu bod yr unigolyn wedi cyflawni'r drosedd.
2. Mae'n rhaid bod sail resymol i gredu bod modd cael rhagor o dystiolaeth a fydd yn cynnig disgwyliad realistig o euogfarn.
3. Mae'r drosedd yn ddigon difrifol i gyfiawnhau cyhuddo'r sawl a ddrwgdybir ar unwaith.

4. Mae'n rhaid bod sail sylweddol i wrthwynebu mechnïaeth – e.e. mae'r sawl a ddrwgdybir yn debygol o ymyrryd â thystion.
5. Mae'n rhaid bod dwyn cyhuddiad yn erbyn y sawl a ddrwgdybir yn rhywbeth sydd er lles y cyhoedd.

Mae'n rhaid i unrhyw benderfyniad i gyhuddo o dan y Prawf Trothwy gael ei adolygu'n barhaus, a dylai'r erlynydd ofyn i'r heddlu am y dystiolaeth ychwanegol. Mae'n rhaid rhoi'r Prawf Cod Llawn ar waith cyn gynted ag y bydd yr erlynydd yn cael y dystiolaeth hon.

GWEITHGAREDD / Ymchwil

Rhoi'r Prawf Trothwy ar waith Ewch i Hwb: www.hwb.gov.wales/

PARATOI AR GYFER YR ASESIAD DAN REOLAETH

Beth mae angen i chi ei wneud

Gan ddefnyddio eich nodiadau o Destun 2.1, esboniwch ofynion Gwasanaeth Erlyn y Goron (CPS) ar gyfer erlyn y sawl a ddrwgdybir, gan gynnwys:

- rôl cyhuddo
- Deddf Erlyn Troseddau 1985
- y Prawf Cod Llawn.

Dylech chi gael dealltwriaeth o rôl y CPS. Dylech chi esbonio rôl y prawf tystiolaeth a phrawf lles y cyhoedd wrth benderfynu erlyn ai peidio.

Senario briff yr aseiniad

Lle bo'n berthnasol, dylech chi gyfeirio at y briff yn eich ateb.

Sut bydd yn cael ei farcio

3–4 marc: Esboniad manwl gan gynnwys enghreifftiau clir a pherthnasol o ofynion (profion) Gwasanaeth Erlyn y Goron wrth erlyn y sawl a ddrwgdybir.

1–2 farc: Esboniad syml/sylfaenol o Wasanaeth Erlyn y Goron heb lawer o gyfeiriadau at y broses o erlyn y sawl a ddrwgdybir, os o gwbl.

Disgrifio prosesau treial

TESTUN 2.2

Man cychwyn
Gan weithio gyda phartner, ysgrifennwch ystyr y termau canlynol:
- ynad
- mechnïaeth
- remandio yn y ddalfa
- bargeinio ple
- apêl.

Gwiriwch eich atebion ar ôl i chi gyrraedd diwedd y testun hwn.

Mathau o droseddau

Gellir rhannu troseddau yn dri math o ran eu difrifoldeb a ble gallan nhw gael eu rhoi ar brawf.

- **Troseddau ditiadwy** (*indictable offences*), sef troseddau difrifol fel llofruddiaeth, brad, treisio, lladrad a niwed corfforol difrifol (*GBH: grevious bodily harm*). Mae'n rhaid iddyn nhw fynd ar brawf yn Llys y Goron, ond bydd y gwrandawiad cyntaf yn cael ei gynnal mewn llys ynadon.
- **Troseddau ynadol/diannod**, sef achosion llai difrifol fel troseddau moduro ac ymosodiadau heb anafiadau. Mae'r troseddau hyn fel arfer yn mynd ar brawf yn y llys ynadon.
- **Troseddau neillffordd** (sydd hefyd yn cael eu galw'n droseddau 'hybrid'). Maen nhw'n cynnwys dwyn, twyll, bwrgleriaeth, trin nwyddau wedi'u dwyn, ymosod gan achosi gwir niwed corfforol (*ABH: actual bodily harm*) a difrod troseddol. Gall y rhain gael eu rhoi ar brawf gerbron llys ynadon neu Lys y Goron.

Materion cyn y treial

Materion cyn y treial yw'r holl benderfyniadau y mae'r llys ynadon yn eu gwneud cyn cynnal treial. Mae'n rhaid delio â sawl mater cyn y treial.

Yr adolygiad cyn y treial – mae hwn fel arfer yn delio â phwyntiau cyfreithiol fel a yw tystiolaeth benodol yn dderbyniol.

Y ple

Cyn i'r treial ddechrau, bydd y cyhuddiad yn cael ei ddarllen i'r diffynnydd a gofynnir iddo bledio'n euog neu'n ddieuog.

- Yn achos **ple euog**, bydd yr ynadon yn clywed tystiolaeth o ffactorau gwaethygol a lliniarol (rhai sy'n gwneud y drosedd yn fwy difrifol neu'n llai difrifol). Yna, byddan nhw naill ai'n dedfrydu ar unwaith neu'n gohirio'r achos er mwyn cael adroddiadau (e.e. gan swyddog prawf) cyn dedfrydu rywbryd eto. Os yw'r drosedd yn rhy ddifrifol ar gyfer eu pwerau dedfrydu, byddan nhw'n anfon yr achos at Lys y Goron i gael ei ddedfrydu.
- Yn achos **ple dieuog**, mae'n rhaid i'r ynad wneud penderfyniadau o ran adroddiadau, cymorth cyfreithiol a mechnïaeth cyn gall y treial gael ei gynnal.

Bargeinio ple

Mae bargeinio ple yn golygu creu cytundeb rhwng yr erlynydd a'r diffynnydd (a'r barnwr hefyd weithiau), lle mae'r diffynnydd yn cytuno i bledio'n euog yn gyfnewid am ryw fath o gonsesiwn gan yr erlynydd. Felly mae'n bosibl bargeinio ple cyn i'r achos fynd i'r llys.

Mae tri phrif fath o fargeinio ple:

- **Bargeinio cyhuddiad** – lle mae'r diffynnydd yn pledio'n euog i gyhuddiad llai difrifol, ac felly'n derbyn dedfryd lai.
- **Bargeinio cownt** – lle mae'r diffynnydd yn pledio'n euog i un cyhuddiad, yn gyfnewid am ollwng cyhuddiadau eraill.
- **Bargeinio dedfryd** – lle mae'r diffynnydd yn pledio'n euog i'r cyhuddiad gwreiddiol, yn gyfnewid am ddedfryd fwy trugarog.

Gall bargeinio ple gynnig cymhelliant i'r diffynnydd bledio'n euog, a bydd yn osgoi treial a allai fod yn hir iawn. Fodd bynnag, mae beirniaid yn dadlau y gall bargeinio ple heb ei reoleiddio roi pwysau diangen ar ddiffynyddion a thanseilio eu hawl i gael treial teg. Er enghraifft, gall yr erlyniad gyflwyno cyhuddiadau ychwanegol neu fwy difrifol, gyda'r nod o herio'r diffynnydd neu godi ofn arno i gytuno i bledio'n euog i drosedd lai.

GWEITHGAREDD / Ymchwil

Bargeinio ple

Ewch i Hwb: www.hwb.gov.wales/

Mae toriadau i gymorth cyfreithiol yn golygu nad yw llawer o ddiffynyddion bellach yn gymwys i'w gael, er eu bod nhw'n ennill incwm cymharol isel.

Cymorth cyfreithiol

Egwyddor sylfaenol y system gyfreithiol yw mynediad cyfartal at gyfiawnder, ni waeth faint o gyfoeth sydd gan unigolyn. Mae cymorth cyfreithiol yn bodoli er mwyn galluogi unigolion i amddiffyn eu hunain os nad ydyn nhw'n gallu fforddio talu am gyfreithiwr. Mae'r Asiantaeth Cymorth Cyfreithiol yn helpu i dalu costau cyngor cyfreithiol a chynrychiolaeth gyfreithiol.

Yn achos troseddau ynadol/diannod, gall diffynyddion siarad â chyfreithiwr ar ddyletswydd i drafod eu ple a'r dystiolaeth yn eu herbyn. Ar gyfer plediau dieuog, bydd diffynyddion yn cael cymorth cyfreithiol a chynrychiolaeth gyfreithiol ym mhob gwrandawiad llys.

Mechnïaeth

Ystyr mechnïaeth yw rhyddhau'r cyhuddedig dros dro wrth iddo aros am ei dreial. Gan fod rhagdybiaeth bod pob diffynnydd yn ddieuog nes iddo gael ei brofi'n euog, mae adran 4 o Ddeddf Mechnïaeth 1976 yn rhagdybio'n gyffredinol bod gan bawb yr hawl i gael mechnïaeth.

Ar ôl cael ei arestio yn swyddfa'r heddlu, mae'n bosibl i'r cyhuddedig gael mechnïaeth yr heddlu a'i ryddhau. Gallai swyddog y ddalfa wrthod mechnïaeth os nad yw'n bosibl cadarnhau enw a chyfeiriad y cyhuddedig. Yn yr un modd, gall y llys ganiatáu mechnïaeth ar ôl i'r ple gael ei gyflwyno.

Mae dau fath o fechnïaeth:
- **Mechnïaeth ddiamod**, sef pan na fydd y llys yn gosod unrhyw amodau oni bai am fod yn bresennol yn y llys yn ôl yr angen.
- **Mechnïaeth amodol**, sef pan fydd y llys yn gosod amodau y mae'n rhaid i'r diffynnydd gytuno iddyn nhw cyn cael ei ryddhau, e.e. adrodd i orsaf yr heddlu bob dydd, peidio â chysylltu ag unigolion penodol, cydymffurfio â chyrffyw, ildio ei basbort neu fyw mewn hostel mechnïaeth.

Remandio yn y ddalfa – os bydd y llys yn gwrthod mechnïaeth neu'r diffynnydd yn torri'r amodau, mae'n bosibl ei remandio yn y ddalfa (ei anfon i'r carchar) nes ei dreial.

GWEITHGAREDD / **Ymchwil**

Mechnïaeth   Ewch i Hwb: www.hwb.gov.wales/

Gwrthod mechnïaeth

Gallai'r llys wrthod mechnïaeth o dan yr amgylchiadau canlynol:
- mae'r diffynnydd yn debygol o beidio ag ildio i fechnïaeth (h.y. peidio ag ymddangos yn y llys)
- gwrthodwyd mechnïaeth i'r diffynnydd yn y gorffennol, neu mae wedi methu bodloni amodau mechnïaeth yn y gorffennol
- mae'r diffynnydd yn debygol o gyflawni trosedd tra mae ar fechnïaeth
- gallai'r diffynnydd rwystro cyfiawnder (e.e. drwy ymyrryd â thyst)
- mae cyhuddiad o drosedd ddifrifol fel llofruddiaeth wedi'i ddwyn yn erbyn y diffynnydd
- mae angen cadw'r diffynnydd yn y ddalfa er mwyn ei amddiffyn.

Bydd yr ynadon hefyd yn ystyried ffactorau fel cymeriad y diffynnydd (gan gynnwys euogfarnau blaenorol), cefndir, cysylltiadau, defnydd o gyffuriau ac ati, yn ogystal â chryfder y dystiolaeth yn ei erbyn. Os bydd mechnïaeth yn cael ei gwrthod, mae'n rhaid i'r ynadon esbonio'r rhesymau dros hynny.

Anfon i dreial

Ar ddiwedd y cyfnod cyn y treial, os yw'r diffynnydd wedi pledio'n ddieuog, bydd yr ynad naill ai'n trefnu dyddiad i'r diffynnydd ymddangos mewn treial gerbron y llys ynadon (ar gyfer troseddau ynadol/diannod llai difrifol) neu gerbron Llys y Goron os yw'n drosedd ddifrifol (ditiadwy).

System y llysoedd troseddol

Trosolwg o'r llysoedd

Yn system gyfreithiol Cymru a Lloegr, mae dau brif fath o lys troseddol, sydd â rolau a phwerau gwahanol.

Llysoedd gwrandawiad cyntaf (*courts of the first instance*) – lle caiff treial gwreiddiol yr achos ei gynnal, sef:
- y llysoedd ynadon
- Llys y Goron.

Llysoedd apeliadol (*appellate courts*) – sy'n clywed apeliadau yn erbyn y rheithfarnau a/neu'r dedfrydau sy'n cael eu gosod gan y llysoedd isaf (llysoedd ynadon a Llysoedd y Goron). Mae dau lys apeliadol pwysig:
- y Goruchaf Lys – y llys uchaf yn y wlad
- y Llys Apêl (Adran Droseddol).

Y llys ynadon

Mae bron iawn pob achos troseddol yn cael ei glywed yn y llys ynadon yn y lle cyntaf, ac mae dros 95% o achosion yn cael eu penderfynu yno. Llysoedd lleol yw'r llysoedd ynadon ac maen nhw'n delio â'r troseddau lleiaf difrifol. Mae'n rhaid iddyn nhw drosglwyddo troseddau difrifol (ditiadwy) i Lys y Goron a gallan nhw hefyd ddewis trosglwyddo unrhyw droseddau neillffordd sydd ym marn y llys, yn rhy ddifrifol iddyn nhw ddelio â nhw, er enghraifft ymosodiadau difrifol neu achosion dwyn sylweddol.

Bydd llysoedd ynadon fel arfer yn eistedd gyda thri ynad, sy'n lleygwyr – hynny yw, aelodau o'r gymuned leol heb gymwysterau cyfreithiol. Ond weithiau, bydd Barnwr Rhanbarth â chymwysterau cyfreithiol yng ngofal y llys yn lle.

Mae ynadon yn cael cymorth gan glerc y llys, sydd â chymhwyster cyfreithiol ac sy'n gallu rhoi cyngor iddyn nhw ar y gyfraith lle bo angen. Mae'r diffynyddion fel arfer yn cael eu cynrychioli gan gyfreithiwr, yn aml gyda chymorth cyfreithiol. Bydd cynrychiolydd o'r CPS yn cyflwyno achos yr erlyniad.

Pwerau dedfrydu – bydd yr ynadon yn penderfynu a yw'r cyhuddedig yn euog ynteu'n ddieuog. Gallan nhw osod dirwyon o hyd at £5,000 a/neu chwe mis o garchar (neu £10,000 a 12 mis os oes mwy nag un drosedd dan ystyriaeth). Os ydyn nhw'n credu bod yr achos yn haeddu dedfryd fwy, gallan nhw ei anfon i Lys y Goron at ddibenion dedfrydu (gall Llys y Goron osod dedfrydau llawer mwy llym).

Llys y Goron

Mae Llys y Goron yn eistedd mewn tua 90 canolfan ar draws y wlad. Mae'n delio â'r canlynol:
- pob trosedd dditiadwy, e.e. llofruddiaeth, treisio a lladrad
- troseddau neillffordd lle mae'r diffynnydd wedi dewis cael ei dreial yn Llys y Goron, neu lle mae'r ynadon wedi anfon yr achos i Lys y Goron gan ei fod yn rhy ddifrifol iddyn nhw
- apeliadau o'r llys ynadon.

Mae'r amddiffyniad fel arfer yn cael ei gyflwyno gan fargyfreithiwr ac mae achos yr erlyniad yn cael ei gyflwyno gan gynrychiolydd o'r CPS.

Y rheithgor

Os bydd y diffynnydd yn pledio'n ddieuog, bydd yr achos yn cael ei glywed gan reithgor o 12 aelod o'r cyhoedd. Rôl y rheithgor yw gwrando ar yr holl dystiolaeth, ac ar ddadleuon yr amddiffyniad a'r erlyniad. Mae'n bosibl iddyn nhw archwilio gwrthrychau'r dystiolaeth ffisegol, gwneud nodiadau, a gofyn cwestiynau hefyd (drwy'r barnwr). Byddan nhw'n mynd i ystafell y rheithgor i ystyried eu rheithfarn yn gyfrinachol. Fel arfer, bydd disgwyl iddyn nhw roi rheithfarn unfrydol, ond gallai'r barnwr ddewis derbyn rheithfarn y mwyafrif (10–2).

Y barnwr

Barnwr sydd yng ngofal Llys y Goron. Ei rôl yw:
- sicrhau bod y treial yn deg ac amddiffyn hawliau dynol y diffynnydd
- cynghori'r rheithgor ar faterion cyfreithiol, gweithdrefn y llys a'u dyletswyddau
- gweithredu fel dyfarnwr rhwng yr erlyniad a'r amddiffyniad. Mae system gyfreithiol Cymru a Lloegr yn seiliedig ar yr egwyddor wrthwynebus (*adversarial principle*), lle mae'r ddwy ochr yn cyflwyno eu hachos gerbron y rheithgor, cyn i'r rheithgor ddod i benderfyniad
- gosod dedfryd os bydd y cyhuddedig yn cael ei ddyfarnu'n euog
- os oes perygl y bydd rheithwyr yn cael eu llwgrwobrwyo neu eu brawychu, mae Deddf Cyfiawnder Troseddol 2003 yn rhoi'r hawl i farnwr wrando ar achos heb reithgor.

GWEITHGAREDD / **Clip fideo**

Llys y Goron

Ewch i Hwb: www.hwb.gov.wales/

Apeliadau

Os byddwch chi'n cael eich dyfarnu'n euog o drosedd, mae eich hawl i apelio yn dibynnu ar y canlynol:
- y math o lys sydd wedi eich euogfarnu – y llys ynadon neu Lys y Goron
- a ydych chi'n apelio yn erbyn eich euogfarn neu yn erbyn eich dedfryd yn unig.

Apeliadau o'r llys ynadon

Os cawsoch chi eich euogfarnu yn y llys ynadon, mae gennych chi ddau hawl apêl awtomatig (h.y. does dim rhaid i chi gael caniatâd i apelio):
- yn erbyn eich euogfarn, ar yr amod eich bod chi wedi pledio'n ddieuog yn eich treial
- yn erbyn eich dedfryd.

Mae'n rhaid i chi apelio cyn pen 21 diwrnod ar ôl cael eich dedfrydu. Bydd eich apêl yn cael ei glywed fel aildreial yn Llys y Goron gan farnwr yn eistedd gyda dau ynad. Gall y llys wneud y canlynol:
- cadarnhau neu ddiddymu eich euogfarn, neu ei amrywio drwy eich dyfarnu'n euog o gyhuddiad llai neu fwy
- lleihau neu gynyddu eich dedfryd.

Os byddwch chi'n ennill, mae'n bosibl y bydd gennych chi hawl i gael iawndal a'ch costau cyfreithiol yn ôl. Os byddwch chi'n colli, mae'n bosibl y bydd yn rhaid i chi dalu costau. Os byddwch chi'n colli ac yn dymuno cyflwyno apêl arall, mae'n rhaid i chi gael caniatâd i wneud hynny, ac mae'n rhaid i'r apêl fod yn seiliedig ar bwynt cyfreithiol.

Y Llys Apêl

Mae apeliadau yn erbyn rheithfarnau Llys y Goron yn cael eu clywed gan y Llys Apêl (Adran Droseddol).

Does gan **ddiffynyddion** ddim hawl awtomatig i apelio yn erbyn penderfyniad Llys y Goron – bydd barnwr yn penderfynu a fydd yn caniatáu hyn ai peidio. Mae'n rhaid i chi ofyn am ganiatâd i apelio cyn pen 28 diwrnod. Gallwch chi geisio apelio yn erbyn eich euogfarn a'ch dedfryd. Yr unig reswm dros apelio yw bod yr euogfarn yn anniogel. Mae apeliadau yn cael eu clywed yn y Llys Apêl (Adran Droseddol) gan dri barnwr. Does dim rheithgor.

Gall yr **erlyniad** apelio o dan yr amgylchiadau canlynol yn unig:
- gwnaeth camgymeriad yn y gyfraith gan farnwr arwain at ryddfarn
- mae'r erlyniad yn credu bod rhyddfarn wedi cael ei roi o ganlyniad i ymyrryd â'r rheithgor (llwgrwobrwyo neu frawychu rheithgor)
- mae'r erlyniad yn credu bod y ddedfryd yn rhy drugarog

- mae tystiolaeth 'newydd a grymus' yn awgrymu bod diffynydd sydd wedi cael ei ryddfarnu yn euog. Dim ond i achosion difrifol iawn y mae hyn yn berthnasol, a gallai arwain at aildreial, fel yn achos llofruddwyr Stephen Lawrence.

Pwerau'r Llys Apêl

Ni all y Llys Apêl roi achos ar brawf unwaith eto, ond os bydd yn canfod bod y rheithfarn wreiddiol yn anniogel, gall orchymyn aildreial, amrywio'r cyhuddiad neu leihau'r ddedfryd. Byddai unrhyw apêl pellach yn cael ei wneud i'r Goruchaf Lys.

Apeliadau i'r Goruchaf Lys

Dyma'r llys uchaf yn y system gyfreithiol ac mae ei benderfyniadau yn rhwymo'r holl lysoedd eraill. Fel yn achos y Llys Apêl, mae'n rhaid cael caniatâd i apelio – does dim hawl awtomatig i apelio i'r Goruchaf Lys. Fel arfer, dim ond achosion lle mae pwynt cyfreithiol sydd o bwysigrwydd i'r cyhoedd yn y fantol y bydd y Goruchaf Lys yn eu clywed.

Cafodd y Goruchaf Lys ei sefydlu yn 2009. Cyn hynny, Tŷ'r Arglwyddi oedd yn cyflawni ei rôl, drwy'r deuddeg o Ustusiaid y Goruchaf Lys (barnwyr mwyaf profiadol y wlad) a oedd yn eistedd yn y Tŷ ac sydd bellach yn eistedd yn y Goruchaf Lys.

Y Goruchaf Lys: llys uchaf y wlad.

PARATOI AR GYFER YR ASESIAD DAN REOLAETH

Beth mae angen i chi ei wneud

Gan ddefnyddio eich nodiadau o Destun 2.2, disgrifiwch y prosesau treial canlynol:

- cyn y treial
- bargeinio ple
- mechnïaeth
- rolau
- llysoedd
- apeliadau.

Dylech chi feddu ar wybodaeth am bob un o'r camau sy'n rhan o broses treial, gan gynnwys rolau'r personél cysylltiedig.

Senario briff yr aseiniad

Lle bo'n berthnasol, dylech chi gyfeirio at y briff yn eich ateb.

Sut bydd yn cael ei farcio

3–4 marc: Yn disgrifio'n fanwl i raddau gamau proses treial, gan gynnwys y personél sy'n gysylltiedig â hynny.

1–2 farc: Disgrifiad syml/sylfaenol o brosesau treial a/neu'r personél sy'n rhan o'r broses. Gall fod ar ffurf rhestr yn unig.

Deall rheolau o ran defnyddio tystiolaeth mewn achosion troseddol

TESTUN 2.3

Man cychwyn

Gan weithio mewn grwpiau bach a defnyddio'r hyn rydych chi wedi'i ddysgu o'r testunau blaenorol, ystyriwch y dystiolaeth mae'r erlyniad yn mynd i'w defnyddio yn y llys. Ym mha ffyrdd y gallai'r dystiolaeth y mae'r erlyniad yn dymuno ei defnyddio fod yn annerbyniol? Gallech chi ystyried problemau fel:

- sut gwnaeth yr heddlu ymchwilio i'r drosedd
- sut cafodd tystiolaeth ffisegol ei chasglu
- problemau yn ymwneud â thystion a'u tystiolaeth.

Perthnasedd a derbynioldeb

Mewn treial troseddol, bydd yr erlyniad yn ceisio profi bod y diffynnydd wedi cyflawni'r drosedd dan sylw, a bydd yr amddiffyniad yn ceisio gwrthbrofi hyn. Er mwyn gwneud hynny, bydd y ddwy ochr yn cyflwyno tystiolaeth gerbron y llys, i'r rheithgor neu'r ynadon ei hystyried. Fodd bynnag, mae rhai darnau o dystiolaeth sydd ddim yn mynd i allu cael eu defnyddio. Mae'n rhaid i'r dystiolaeth fod yn ddibynadwy, yn berthnasol i'r achos ac yn dderbyniol yn y llys. Byddwn ni'n edrych ar bob un o'r materion hyn yn eu tro.

Dibynadwyedd tystiolaeth

Mae dibynadwyedd tystiolaeth yn ymwneud ag ystyried a all y llys ddibynnu ar y dystiolaeth i fod yn wir. Er mwyn i dystiolaeth fod yn ddibynadwy, mae'n rhaid iddi fodloni'r nodweddion canlynol:

- **Credadwy** – byddai unigolyn rhesymol yn ei chredu. Er enghraifft, a yw'r llys yn credu bod y tyst yn dweud y gwir pan ddywedodd ei bod hi wedi gweld y diffynnydd yn trywanu'r dioddefwr, neu a yw'n dod i'r amlwg ei bod hi'n un sy'n dweud celwyddau? Ond hyd yn oed os nad yw hi'n dweud celwydd, dydy'r ffaith ei bod hi'n onest ddim yn ddigon. Efallai bod yr amodau ar y pryd (wedi iddi nosi, er enghraifft) yn golygu ei bod yn amhosibl iddi weld yn glir, mewn gwirionedd.
- **Dilys** – tystiolaeth go iawn. Gallai dogfen sy'n cael ei chyflwyno fel tystiolaeth fod yn ffugiad (*forgery*) mewn gwirionedd.
- **Cywir** – mae pob manylyn yn gywir. Er enghraifft, a yw tystiolaeth arbenigwr yn cael ei chefnogi gan weddill y gymuned wyddonol, neu a yw hi'n ddi-sail? Fel sydd i'w weld yn Nhestun 1.3, roedd tystiolaeth paediatregydd, sef yr Athro Syr Roy Meadow, mewn sawl achos yn ymwneud â marwolaethau yn y crud yn anghywir ac yn annibynadwy.

Perthnasedd y dystiolaeth

Mae'r gyfraith yn gwahaniaethu rhwng dau fath o ffaith mewn treial: ffeithiau dan sylw a ffeithiau perthnasol.

Ffeithiau dan sylw

Y ffeithiau dan sylw (sydd weithiau'n cael eu galw'n 'brif ffeithiau') yw'r materion sy'n destun dadl mewn achos, ac y mae'n rhaid i'r llys ddod i benderfyniad ynglŷn â nhw. Dyma'r ffeithiau y mae'r erlyniad yn ceisio eu profi ac mae'r amddiffyniad yn ceisio eu gwrthbrofi. Er enghraifft, os yw David yn cael ei gyhuddo o lofruddio Jack drwy ei guro â phastwn, bydd y ffeithiau dan sylw yn cynnwys pethau fel a yw'n ffaith bod David wedi curo Jack â'r pastwn; a yw'n ffaith mai'r curo hwnnw wnaeth achosi marwolaeth Jack; a yw'n ffaith bod David wedi bwriadu achosi marwolaeth Jack, ac yn y blaen.

Ffeithiau perthnasol

Y ffeithiau perthnasol, ar y llaw arall, yw'r ffeithiau y mae eu hangen er mwyn profi neu wrthbrofi'r ffeithiau dan sylw.

Er enghraifft, byddai presenoldeb bysbrintiau David a gwaed Jack ar y pastwn yn ffeithiau perthnasol mewn cysylltiad â'r cwestiwn sy'n gofyn a yw'n ffaith bod David wedi curo Jack â'r pastwn. (Wrth gwrs, nid yw hyn ynddo'i hun yn *profi* bod David wedi curo Jack â'r pastwn – gallwn ddychmygu esboniadau eraill y gallai amddiffyniad David eu cyflwyno i'r rheithgor eu hystyried.)

GWEITHGAREDD / Ymchwil

Perthnasedd tystiolaeth

Ewch i Hwb: www.hwb.gov.wales/

Derbynioldeb tystiolaeth

Efallai na fydd pob darn o dystiolaeth yn dderbyniol yn y llys. Mae sawl math o dystiolaeth y mae'n bosibl na fydd y barnwr neu'r ynadon yn ei ganiatáu yn y llys, gan gynnwys y canlynol.

Tystiolaeth wedi'i chasglu yn anghyfreithlon neu'n anghywir

Ystyr tystiolaeth sydd wedi'i chasglu yn anghyfreithlon neu'n anghywir yw bod yr erlyniad wedi defnyddio dulliau annonest neu amhriodol i gael tystiolaeth sy'n cefnogi ei achos.

- **Tystiolaeth wedi'i chasglu'n anghyfreithlon** yw tystiolaeth sy'n cael ei chasglu drwy dorri'r gyfraith neu fynd yn groes i hawliau dynol unigolyn. Byddai hyn yn cynnwys tystiolaeth wedi'i chasglu yn ystod chwiliad anghyfreithlon a gafodd ei gynnal heb warant, ac arteithio neu drin rhywun yn ddiraddiol i gael cyfaddefiad.
- Mae **tystiolaeth wedi'i chasglu'n anghywir** yn cynnwys entrapio, lle mae'r heddlu yn defnyddio twyll i berswadio'r sawl a ddrwgdybir i gyflawni trosedd neu i gyfaddef i drosedd, fel yn achos y 'trap' a gafodd ei ddefnyddio yn erbyn Colin Stagg (gweler Testun 1.2). Gall hefyd ddigwydd o ganlyniad i ymgyrchoedd gan yr heddlu lle bydd swyddog cudd yn esgus bod yn droseddwr (e.e. mewnforiwr cyffuriau) ac yn cymell y sawl a ddrwgdybir i gyflawni trosedd.

Mewn gwirionedd, gall y llys ganiatáu tystiolaeth sydd wedi'i chasglu yn anghyfreithlon neu'n anghywir os yw'n helpu i ddatgelu'r gwirionedd. Fodd bynnag, os yw'n peryglu tegwch y treial, gall y barnwr ei diystyru fel tystiolaeth annerbyniol. Os yw gwerth tystiolaethol y dystiolaeth (pa mor werthfawr yw'r dystiolaeth er mwyn profi'r achos) yn fwy na'i effaith ragfarnus (y risg y bydd yn arwain at dreial annheg), bydd y barnwr fel arfer yn caniatáu iddi gael ei defnyddio.

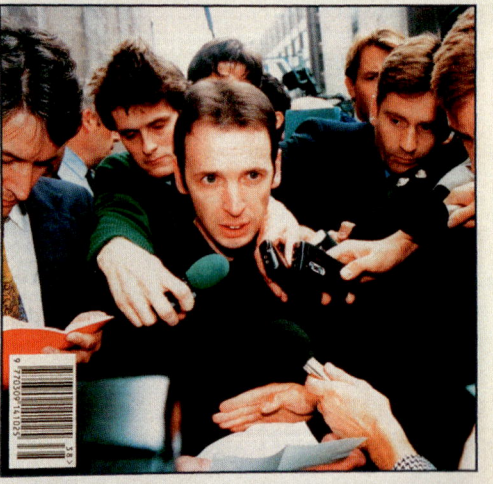

Colin Stagg, ar ôl i'r achos gael ei ollwng gan fod yr heddlu wedi defnyddio 'trap'.

Yr hawl i gadw'n dawel

Un o egwyddorion sylfaenol y gyfraith yw y dylid rhagdybio bod y cyhuddedig yn ddieuog nes bod yr erlyniad yn gallu profi ei fod yn euog o'r drosedd y mae wedi'i gyhuddo o'i chyflawni, y tu hwnt i bob amheuaeth resymol. Does dim rhaid i'r cyhuddedig brofi ei fod yn ddieuog, felly mewn egwyddor does dim rhaid iddo ddweud unrhyw beth i amddiffyn ei hun, naill ai cyn nac yn ystod y treial. Mae ganddo hawl dynol sylfaenol i gadw'n dawel. Fodd bynnag, mae Deddf Cyfiawnder Troseddol a Threfn Gyhoeddus 1994 yn rhoi'r hawl i'r rheithgor ddod i gasgliadau ynglŷn ag euogrwydd diffynnydd os yw'n cadw'n dawel o dan yr amgylchiadau canlynol:

- **Peidio ag ateb cwestiynau'r heddlu** – pan fydd y sawl a ddrwgdybir yn cael ei holi ar ôl cael rhybudd gan yr heddlu, gall y weithred o beidio ag ateb gael ei ddefnyddio fel tystiolaeth i ddod i'r casgliad bod y diffynnydd yn euog. Yn yr un modd, gall peidio ag esbonio pam mae eitem benodol yn ei feddiant (e.e. arf neu nwyddau wedi'u dwyn) neu beidio ag esbonio pam mae'n bresennol mewn lle penodol (e.e. lleoliad y drosedd) wrth gael ei holi gan yr heddlu, arwain at ddod i'r casgliad bod y diffynnydd yn euog.
- **Peidio â rhoi tystiolaeth yn y llys** – gall y weithred o wrthod rhoi tystiolaeth yn y llys gael ei ddefnyddio i ddod i'r casgliad bod y diffynnydd yn euog, oni bai y gall roi rheswm dros beidio â gwneud hynny, y mae'r rheithgor yn ei ystyried yn dderbyniol.

Fodd bynnag, ni all rheithgor euogfarnu ar sail casgliadau ynglŷn â phenderfyniad y cyhuddedig i gadw'n dawel yn y llys yn unig. Er mwyn sicrhau euogfarn, mae'n rhaid i'r erlyniad gyflwyno tystiolaeth arall.

Tystiolaeth o gymeriad gwael

Er mwyn asesu a yw tystiolaeth y diffynnydd yn gredadwy, gall fod o gymorth i'r llys wybod a yw ef neu hi o gymeriad gwael. Mae Deddf Cyfiawnder Troseddol 2003 yn diffinio cymeriad gwael fel 'tystiolaeth o gamymddwyn neu duedd i gamymddwyn'. Mae camymddwyn yn cynnwys euogfarnau a rhybuddion blaenorol yn ogystal â phethau fel hiliaeth, bwlio, cofnod disgyblaeth wael yn y gwaith, neu bod ei blentyn wedi cael ei roi mewn gofal. Fodd bynnag, er mwyn sicrhau na fydd hyn yn creu niwed annheg i enw da neu hygrededd y diffynnydd, dim ond o dan rai amgylchiadau penodol y bydd tystiolaeth o gymeriad yn cael ei chaniatáu, e.e. pan fydd yn dangos bod gan y diffynnydd duedd i ddweud celwydd, neu i gyflawni troseddau tebyg i'r rhai y mae wedi cael ei gyhuddo o'u cyflawni. Mae'r Ddeddf Cyfiawnder Troseddol hefyd yn caniatáu i'r amddiffyniad ddibynnu ar dystiolaeth o enw da i brofi cymeriad *da* y diffynnydd.

Yn gyffredinol, ni all tystiolaeth o gymeriad gael ei defnyddio mewn perthynas â phobl sydd ddim yn ddiffynyddion (fel dioddefwyr, swyddogion heddlu sy'n gysylltiedig â'r achos, a thystion yr amddiffyniad). Fodd bynnag, mae ffeministiaid wedi beirniadu tuedd cyfreithwyr yr amddiffyniad mewn achosion treisio i gyflwyno tystiolaeth am hanes rhywiol y dioddefwr.

Tystiolaeth wedi'i halogi – os bydd y barnwr yn penderfynu bod y dystiolaeth o gymeriad gwael y diffynnydd wedi'i halogi, gall roi cyfarwyddyd i'r rheithgor ei ryddfarnu, neu orchymyn aildreial.

GWEITHGAREDD / Clip fideo

Pam nad yw pobl yn reportio achosion o dreisio

Ewch i Hwb: www.hwb.gov.wales/

Datgelu tystiolaeth

Er mwyn i dreial fod yn deg, mae'n rhaid i'r diffynnydd allu gweld yr holl ddeunyddiau sy'n rhan o'r dystiolaeth yn ei erbyn. Oherwydd hyn, mae'r gyfraith yn gosod dyletswydd ar yr erlyniad i ddatgelu tystiolaeth i'r amddiffyniad, er mwyn i'r diffynnydd allu paratoi i ateb yr achos yn ei erbyn.

Dyletswydd yr erlyniad i ddatgelu

Mae gan yr erlyniad ddyletswydd i wneud y canlynol:
- rhoi gwybod i'r cyhuddedig am yr holl dystiolaeth y mae'n bwriadu dibynnu arni
- sicrhau bod yr amddiffyniad yn cael gweld unrhyw ddeunydd heb ei ddefnyddio sy'n berthnasol i'r achos, nad yw'n bwriadu ei gyflwyno gerbron y llys.

Mae **deunyddiau heb eu defnyddio** yn cynnwys unrhyw beth a allai danseilio achos yr erlyniad ei hun neu gynorthwyo achos yr amddiffyniad, fel unrhyw ddeunyddiau sy'n bwrw amheuaeth ar hygrededd tystion yr erlyniad neu ddibynadwyedd cyfaddefiad.

Peidio â datgelu

Mae nifer yr achosion lle mae cyhuddiadau wedi cael eu gollwng oherwydd i'r erlyniad beidio â datgelu wedi cynyddu dros y blynyddoedd diwethaf. Yn achos Liam Allan yn 2017, er enghraifft, cafodd ei dreial am dreisio ei atal pan ddaeth i'r amlwg bod tystiolaeth ar ddisg gyfrifiadurol yn dangos bod y dioddefwr honedig wedi bod yn ei blagio i gael rhyw achlysurol. Roedd yr heddlu wedi archwilio'r ddisg yn barod, ond doedden nhw ddim wedi datgelu hyn i'r amddiffyniad.

Gall hyn fod yn broblem gynyddol wrth i dystiolaeth ddigidol ddod yn fwyfwy pwysig. Er enghraifft, os yw ffôn y sawl a ddrwgdybir ym meddiant yr heddlu, ond dydy'r heddlu ddim yn darllen pob un o'r miloedd posibl o negeseuon testun, mae'n bosibl y bydd yr heddlu yn methu tystiolaeth sy'n tynnu'r bai oddi ar y sawl a ddrwgdybir, ac felly byddan nhw'n peidio â'i ddatgelu i'r amddiffyniad. Mae'r heddlu wedi dal tystiolaeth o'r fath yn ôl yn fwriadol ar adegau pan roedden nhw'n credu'n gryf bod y cyhuddedig yn euog. Mae hyn yn gyfystyr â gwyrdroi cwrs cyfiawnder ac mae'n drosedd yn ei hun.

Cyfyngiadau o ran datgelu: imiwnedd lles y cyhoedd

Mae'n bosibl na fydd yn rhaid i'r erlyniad ddatgelu rhai deunyddiau i'r diffynnydd. Gallai'r erlyniad ofyn am dystysgrif imiwnedd lles y cyhoedd (*PII: public interest immunity*) gan y llys. Mae hyn yn golygu nad oes rhaid i'r erlyniad ddatgelu deunyddiau sensitif sy'n achosi risg i fater pwysig sy'n ymwneud â lles y cyhoedd, e.e. peryglu diogelwch cenedlaethol neu ddatgelu hunaniaeth swyddogion cudd yr heddlu. (I gael rhagor o wybodaeth am dystysgrifau PII, gweler Testun 2.4.)

Dyletswydd yr amddiffyniad i ddatgelu

Mae'r prif faich o ran datgelu yn syrthio ar yr erlyniad, ond mae'n rhaid i'r amddiffyniad ddatgelu gwybodaeth benodol hefyd. Mae hyn yn cynnwys natur yr amddiffyniad mae'n bwriadu ei gynnig, unrhyw faterion ffeithiol y bydd yn dibynnu arnyn nhw neu yn eu herio ac unrhyw bwyntiau cyfreithiol. Yn wahanol i'r erlyniad, does dim rhaid iddyn nhw ddatgelu deunyddiau heb eu defnyddio.

Tystiolaeth ail-law

Mae tystiolaeth ail-law (*hearsay evidence*) yn golygu datganiad wedi cael ei wneud gan rywun y tu allan i'r llys i dyst sy'n ymddangos *yn* y llys, ac y mae'r tyst yn dymuno dibynnu arno fel tystiolaeth o ffaith.

Er enghraifft, mae Joan yn dyst mewn treial llofruddiaeth. Mae hi'n tystio bod Colin wedi dweud wrthi ei fod wedi gweld y diffynnydd yn saethu'r dioddefwr. Tystiolaeth ail-law yw datganiad Colin, oherwydd mae'n cael ei gyflwyno gan rywun (Joan) sydd ddim wedi gweld y digwyddiad ei hun, ond sydd wedi clywed amdano yn unig gan Colin. Eto i gyd, mae hi'n dibynnu ar y datganiad i brofi bod y diffynnydd wedi saethu'r dioddefwr.

Doedd Joan ddim wedi gweld y saethu ei hun, a dydy hi (na'r llys) ddim yn gwybod a yw Colin yn dweud y gwir, gan nad yw'n bresennol yn y llys i dyngu llw y bydd yn dweud y gwir, nac i'r amddiffyniad ei groesholi o flaen y rheithgor i brofi ei dystiolaeth. Am y rheswm hwn, nid yw tystiolaeth ail-law fel arfer yn cael ei derbyn yn y llys.

Eithriadau

Fodd bynnag, er nad yw tystiolaeth ail-law fel arfer yn dderbyniol, mae rhai eithriadau i'r rheol. Mae tystiolaeth ail-law yn dderbyniol o dan yr amgylchiadau canlynol:
- lle bydd yr holl bartïon (yr erlyniad, yr amddiffyniad a'r barnwr) yn cytuno
- lle mae'r barnwr yn penderfynu ei bod er lles cyfiawnder
- lle mae cyfraith gwlad/cyfraith gyffredin yn ei chaniatáu, e.e. yn achos gwybodaeth sydd ar gael yn gyhoeddus, enw da neu dystiolaeth arbenigwr
- lle mae tyst yn absennol dramor, wedi marw, ddim yn gallu tystio oherwydd ofn neu ei gyflwr corfforol neu feddyliol, neu wedi diflannu.

GWEITHGAREDD / Ymchwil

Tystiolaeth ail-law

Ewch i Hwb: www.hwb.gov.wales/

PARATOI AR GYFER YR ASESIAD DAN REOLAETH

Beth mae angen i chi ei wneud

Gan ddefnyddio eich nodiadau o Destun 2.3, dangoswch ddealltwriaeth fanwl o'r rheolau canlynol o ran defnyddio tystiolaeth mewn achosion troseddol:

- perthnasedd a derbynioldeb
- datgelu tystiolaeth
- rheol tystiolaeth ail-law ac eithriadau
- deddfwriaeth a chyfraith achosion.

Dylech chi gael dealltwriaeth o'r ffordd mae tystiolaeth yn cael ei defnyddio mewn llys.

Senario briff yr aseiniad

Lle bo'n berthnasol, dylech chi gyfeirio at y briff yn eich ateb.

Sut bydd yn cael ei farcio

3–4 marc: Dealltwriaeth fanwl o'r rheolau o ran defnyddio tystiolaeth mewn achosion troseddol.

1–2 farc: Dealltwriaeth syml/sylfaenol o'r rheolau o ran defnyddio tystiolaeth mewn achosion troseddol.

TESTUN 2.4

Asesu dylanwadau allweddol sy'n effeithio ar ganlyniadau achosion troseddol

Man cychwyn

Gan weithio mewn grwpiau bach, dychmygwch fod plentyn wedi cael ei gipio yn eich tref neu ddinas chi. Mae'r sawl a ddrwgdybir wedi cael ei arestio ac mae cyhuddiad wedi'i ddwyn yn ei erbyn. Rydych chi'n derbyn gwŷs i wasanaethu ar reithgor ar gyfer y treial.

Rhestrwch unrhyw ffactorau a allai ddylanwadu ar eich safbwynt chi am yr achos.

Cyflwynwch eich pwyntiau i weddill y dosbarth.

Fel dosbarth cyfan:

1. Penderfynwch pa un o'r dylanwadau hyn allai effeithio ar eich rheithfarn wrth wasanaethu ar y rheithgor.
2. Ystyriwch a allai eich safbwynt am yr achos newid, ac os felly pam.

Gall pob math o ffactorau ddylanwadu ar ganlyniad achosion troseddol. Yn y testun hwn byddwn ni'n ystyried y dylanwadau allweddol canlynol ar achosion:

- y dystiolaeth sy'n cael ei chyflwyno i'r llys
- tystion, gan gynnwys tystion arbenigol
- bargyfreithwyr a thimau cyfreithiol sy'n gysylltiedig ag achosion
- y farnwriaeth (barnwyr ac ynadon)
- ffactorau gwleidyddol
- y cyfryngau.

Tystiolaeth

Mae tystiolaeth wrth galon y broses mewn achosion troseddol. Wrth benderfynu ar reithfarn, mae'n rhaid i'r rheithgor neu'r ynadon ystyried yr holl dystiolaeth ffisegol a thystiolaeth gan dyston sy'n cael ei chyflwyno yn y llys, a'r dystiolaeth hon yn unig.

Cyn i achos allu mynd i'r llys, mae'n rhaid i'r heddlu neu ymchwilwyr eraill yn gyntaf ddarparu digon o dystiolaeth i argyhoeddi Gwasanaeth Erlyn y Goron bod gan y sawl a ddrwgdybir achos i'w ateb, ac mae'n rhaid i'r CPS fod yn hyderus bod disgwyliad realistig o gael erlyniad llwyddiannus. Hynny yw, mae'n rhaid iddyn nhw gredu eu bod yn fwy tebygol na pheidio o sicrhau euogfarn pan fydd yr achos yn mynd i dreial.

Pan fydd yr achos yn mynd i'r llys, bydd yr erlyniad yn cyflwyno tystiolaeth a dadleuon yn erbyn y diffynnydd. Bydd yr amddiffyniad yn herio achos yr erlyniad, gan groesholi tyston yr erlyniad ynglŷn â'u tystiolaeth, a chyflwyno ei dystiolaeth ei hun. Erbyn diwedd y treial, mae'n rhaid bod yr erlyniad wedi argyhoeddi'r rheithgor neu'r ynadon bod y cyhuddedig yn euog 'y tu hwnt i amheuaeth resymol' o bob agwedd ar y cyhuddiad sydd wedi'i ddwyn yn ei erbyn. Fel arall, mae'n rhaid rhyddfarnu'r diffynnydd.

Tystion

Mae gan y ddau barti – yr amddiffyniad a'r erlyniad – yr hawl i alw tystion i roi tystiolaeth. Fel arfer, mae'n rhaid i dyston fod yn bresennol yn y llys i roi tystiolaeth, gyda dau eithriad:

- os yw'r ddau barti yn cytuno ar dystiolaeth y tyst, gellir ei chyflwyno ar ffurf datganiad ysgrifenedig
- mae'n bosibl y bydd tystion agored i niwed neu rai sy'n cael eu brawychu (gweler Testun 1.4) yn cael rhoi eu tystiolaeth drwy gyswllt fideo byw neu recordiad fideo yn hytrach na dod i'r llys, neu o'r tu ôl i sgrin yn y llys os oes angen diogelu eu hunaniaeth.

Gall tystion gael eu galw gan y ddwy ochr i roi tystiolaeth i gefnogi eu hachos; yr enw ar hyn yw'r prif holiad (*examination-in-chief*). Er enghraifft, bydd yr erlyniad yn galw ar ei dystion ei hun i roi tystiolaeth drwy eu holi yn y blwch tystion. Yna gallai'r amddiffyniad ddewis eu croesholi drwy ofyn cwestiynau iddyn nhw am y dystiolaeth maen nhw wedi'i rhoi.

Gallai rheithwyr neu ynadon ddewis pa mor bwysig ai peidio yw tystiolaeth tystion. Gall ansawdd tystiolaeth tyst bennu canlyniad treial. Er enghraifft, os daw'n amlwg ei fod wedi dweud celwydd, neu os yw ei dystiolaeth yn ymddangos yn anghyson, yn annibynadwy neu ddim yn gredadwy, gallai hyn ddylanwadu ar y rheithfarn y naill ffordd neu'r llall.

Stereoteipio

Mae perygl y gallai rhagfarnau hiliol neu stereoteipiau rhywedd y rheithwyr ddylanwadu ar eu parodrwydd i gredu tystiolaeth tyst. Er enghraifft, yn ôl Kaufmann et al mae barn rheithwyr am ba mor gredadwy yw tystiolaeth dioddefwr mewn achos o dreisio yn dibynnu llawer iawn ar yr emosiynau y mae'r dioddefwr yn eu dangos wrth roi tystiolaeth, yn hytrach na chynnwys y dystiolaeth ei hun. Yn ôl Brodsky et al, mae barn rheithwyr am wybodaeth, hoffusrwydd, didwylledd a hyder tystion yn ffactorau allweddol wrth benderfynu credu eu tystiolaeth ai peidio.

Mae'n bosibl felly bod ffactorau fel rhywedd, ethnigrwydd, dosbarth neu oedran tyst, neu ei ymddangosiad, ei ymddygiad, ei acen neu ei bersonoliaeth, yn effeithio ar bwysigrwydd ei dystiolaeth ym marn y rheithgor, ac felly yn effeithio ar ganlyniad achos.

Llygad-dystion

Mae rheithgorau hefyd yn aml iawn yn barod i gredu llygad-dystion, er nad yw eu tystiolaeth bob amser yn gywir. Fel sydd i'w weld yn Nhestun 1.2, mae astudiaethau gan seicolegwyr yn dangos y gall cof llygad-dystion fod yn anghywir iawn. Yn yr un modd, canfu'r Innocence Project bod

Pete Williams, a gafodd ei garcharu ar sail tystiolaeth llygad-dyst, a'i ryddhau gan Georgia Innocence Project (UDA) gan ddefnyddio tystiolaeth DNA ar ôl bod yn y carchar am 21 o flynyddoedd.

camgymeriadau gan lygad-dystion wrth adnabod pobl wedi chwarae rôl wrth euogfarnu unigolyn dieuog mewn dros 70% o 352 achos o gameuogfarnu, a gafodd eu gwrthdroi yn ddiweddarach ar sail tystiolaeth DNA.

Arbenigwyr

Pobl sydd â gwybodaeth arbenigol nad oes gan aelodau cyffredin o'r cyhoedd yw tystion arbenigol. Yn wahanol i dystion eraill, sy'n gallu rhoi tystiolaeth ar sail yr hyn maen nhw'n ei wybod neu wedi ei weld yn unig, gall tystion arbenigol roi barn i'r llys yn seiliedig ar eu maes arbenigol.

Mewn achosion cymhleth sy'n dibynnu ar dystiolaeth dechnegol iawn, gall y dystiolaeth sy'n cael ei rhoi gan dyston arbenigol fod yn hollbwysig wrth bennu canlyniad achos. Fel aelodau cyffredin o'r cyhoedd, mae rheithwyr yn annhebygol o feddu ar wybodaeth arbenigol am batholeg fforensig, er enghraifft. Mae'n rhaid iddyn nhw felly ddibynnu llawer iawn ar gywirdeb tystiolaeth sy'n cael ei rhoi gan arbenigwyr.

Un perygl yw bod rheithwyr yn rhagdybio'n awtomatig bod yr arbenigwr yn gywir, neu'n camddeall beth mae'r arbenigwr yn ei ddweud wrthyn nhw. A gall rhai arbenigwyr fod yn well nag eraill am gyfathrebu eu gwybodaeth i leygwyr.

Camweinyddu cyfiawnder – hyd yn oed os yw'r rheithgor yn deall beth mae'r arbenigwr yn ei ddweud wrthyn nhw, maen nhw'n annhebygol o allu gwirio cywirdeb y wybodaeth honno. Gall hyn arwain at gamweinyddu cyfiawnder, fel yn achosion Sally Clark, Angela Cannings a Donna Anthony, a gafodd eu heuogfarnu o lofruddio eu plant yn seiliedig ar wybodaeth ystadegol anghywir am farwolaethau yn y crud a gafodd ei rhoi gan y paediatregydd Syr Roy Meadow (gweler Testun 1.3).

Fodd bynnag, mewn rhai achosion, bydd yr amddiffyniad a'r erlyniad yn galw ar dyston arbenigol, a allai anghytuno ar sut i ddehongli ffeithiau'r achos. Er y bydd yn rhaid i'r rheithwyr geisio gwneud synnwyr o'u tystiolaeth o hyd, bydd hyn o leiaf yn rhoi cyfle iddyn nhw ystyried esboniadau technegol eraill.

GWEITHGAREDD | Clip fideo

Camddefnyddio ystadegau

Ewch i Hwb: www.hwb.gov.wales/

Bargyfreithwyr a thimau cyfreithiol

Mae bargyfreithwyr a chyfreithwyr ill dau yn weithwyr cyfreithiol cymwysedig. Mae bargyfreithwyr yn gweithio mewn llysoedd uwch lle maen nhw'n gwasanaethu fel eiriolwyr, gan siarad ar ran eu cleientiaid. Gallan nhw weithredu ar ran yr amddiffyniad neu'r erlyniad. Yn y llys, byddan nhw fel arfer yn gwisgo wig a gŵn.

Bydd bargyfreithwyr yn aml yn cael eu briffio ar yr achos gan gyfreithwyr, a fydd yn paratoi papurau perthnasol ac yn casglu tystiolaeth i'r bargyfreithwyr ei defnyddio yn y llys. Er bod bargyfreithwyr yn gweithio yn y llys, mae cyfreithwyr yn bennaf yn gweithio y tu allan i'r llys (er y gallan nhw hefyd gynrychioli cleientiaid, yn bennaf yn y llysoedd is).

Gall ansawdd y bargyfreithiwr effeithio ar ganlyniad achos. Y rheswm dros hyn yw bod treialon yn gweithio ar sail system wrthwynebus lle mae'r ddau wrthwynebydd – yr erlyniad a'r amddiffyniad – yn ceisio perswadio'r rheithgor. Yn y sefyllfa hon, gallai bargyfreithiwr mwy huawdl, carismatig a llawn perswâd ddylanwadu ar benderfyniad rheithgor, lle gallai ei wrthwynebydd llai abl fethu gwneud hynny.

Cost

Mae bargyfreithwyr yn cael eu talu'n dda iawn a gall y goreuon ennill miloedd o bunnoedd y diwrnod. Golyga hyn y gall pobl gyfoethog fforddio gwell cynrychiolaeth yn y llys, ac mae gwell siawns y bydd y rheithfarn yn mynd o'u plaid.

Bargeinio ple

Mae timau cyfreithiol yn aml yn bargeinio ple – er enghraifft lle bydd y diffynnydd yn cytuno i bledio'n euog i drosedd llai difrifol a fydd yn arwain at ddedfryd lai, yn hytrach na phledio'n euog i drosedd fwy difrifol. Efallai y bydd tîm yr erlyniad yn cytuno i hyn, er enghraifft os yw'n teimlo y bydd yn arwain at well siawns o ennill yr achos. Bydd hyn yn amlwg yn dylanwadu ar y canlyniad. (I gael rhagor o wybodaeth am fargeinio ple, gweler Testun 2.2.)

Rheithwyr yn gwirioni â rhywun

Mae rhai adroddiadau wedi bod am reithwyr yn 'cwympo mewn cariad' â bargyfreithiwr ac o bosibl yn newid eu rheithfarn o ganlyniad. Yn 2001, gwnaeth pum swyddog heddlu o Hull gyflwyno cais i adolygu rheithfarn cwest. Y rheithfarn oedd bod cyn-filwr du o'r enw Christopher Alder wedi cael ei ladd yn anghyfreithlon pan oedd yn eu gofal yn y ddalfa. Roedd cwnsel cyfreithiol y swyddogion heddlu yn dadlau bod aelod benywaidd o'r rheithgor wedi gwirioni ar fargyfreithiwr y teulu yn ystod y cwest, a bod hyn wedi dylanwadu ar y rheithfarn. Fodd bynnag, gwrthodwyd eu cais.

Y farnwriaeth

Gall barnwyr gael effaith bwysig ar ganlyniad achos yn ystod camau gwahanol y treial.

Effaith ar y rheithfarn

Mae'r barnwr yn arbenigwr ar y gyfraith a'r drefn gyfreithiol. Yn ystod treial, mae gan y barnwr nifer o bwerau a chyfrifoldebau allweddol:

- egluro'r gyfraith i'r rheithgor a rhoi cyfarwyddyd iddyn nhw o ran sut dylai'r gyfraith gael ei chymhwyso at yr achos dan sylw
- penderfynu ar dderbynioldeb tystiolaeth ac a yw cwestiynau'r erlyniad neu'r amddiffyniad yn dderbyniol
- crynhoi prif faterion a thystiolaeth yr achos ar ran y rheithgor cyn iddyn nhw ymddeol i ystyried eu rheithfarn.

Gall y barnwr hefyd ddod â'r achos i ben, gorchymyn aildreial neu hyd yn oed roi cyfarwyddyd i'r rheithgor gyflwyno rheithfarn benodol. Fodd bynnag, mewn gwirionedd does dim rhaid i reithgorau ddilyn y cyfarwyddyd hwn ac mae ganddyn nhw hawl i wneud 'penderfyniad gwrthnysig' (*perverse decision*) sy'n mynd yn groes i'r gyfraith ond y mae'r rheithgor yn credu ei fod er budd cyfiawnder – mae hyn yn cael ei alw'n degwch neu 'ecwiti'r rheithgor'. (I gael rhagor o wybodaeth am benderfyniadau gwrthnysig ac ecwiti'r rheithgor, gweler Testun 2.5.)

Penderfynu ar y ddedfryd

Mae'r gyfraith yn pennu isafswm ac uchafswm o ran dedfrydau ar gyfer troseddau gwahanol, ac mae Canllawiau Dedfrydu hefyd ar gael yn nodi'r ddedfryd ddylai gael ei rhoi mewn achosion gwahanol. Fodd bynnag, o fewn y terfynau hyn, gall barnwyr ac ynadon benderfynu ar ddedfrydau yn ôl eu disgresiwn, a bydd hyn yn effeithio ar ganlyniad yr achosion sy'n dod ger eu bron.

Er enghraifft, yn dilyn terfysgoedd 2011, cyflwynodd y llysoedd ddedfrydau mwy llym. Gwnaeth ynadon anfon 37% o'r rhai a gafodd euogfarn i'r carchar, o'i gymharu â 12% yn unig am achosion tebyg yn 2010, ac roedd y ddedfryd gyfartalog bron i dair gwaith yn hirach. Mae beirniaid yn dadlau bod hyn o ganlyniad i banig moesol ynglŷn â'r terfysgoedd a phwysau gan y cyfryngau a gwleidyddion i drin troseddwyr yn llym a 'dysgu gwers iddyn nhw'.

Treialon heb reithgor

O dan Ddeddf Cyfiawnder Troseddol 2003, gall barnwr eistedd heb reithgor o dan yr amodau canlynol:

- lle mae perygl o ymyrryd â'r rheithgor (pan fydd rheithwyr yn cael eu llwgrwobrwyo neu eu brawychu i'w cymell i gyflwyno rheithfarn benodol)

- mewn achosion twyll cymhleth, lle gallai'r rheithgor ei chael yn anodd deall yr achos, neu ei chael yn anodd dod i'r llys am fisoedd lawer.

Yn yr achosion hyn, y barnwr yn unig fydd yn penderfynu ar ganlyniad yr achos. (I gael rhagor o wybodaeth am ymyrryd â'r rheithgor, gweler Testun 2.5.)

GWEITHGAREDD / Ymchwil

Treialon heb reithgor Ewch i Hwb: www.hwb.gov.wales/

Gall **barnwyr y Llys Apêl** benderfynu ar ganlyniad achos lle mae rheithfarn Llys y Goron yn destun apêl. Byddan nhw'n gwrando ar yr achos eto heb reithgor, a gallan nhw gadarnhau neu wrthod y rheithfarn wreiddiol.

Tuedd farnwrol

Fel sydd eisoes wedi'i grybwyll, gall barnwr ddylanwadu ar ganlyniad achos mewn sawl ffordd. Un perygl felly yw os yw barnwr yn dangos tuedd. Yn yr achos hwnnw, gallai'r ffordd mae'n arfer ei bwerau arwain at ganlyniad annheg. Gall tuedd ddigwydd am sawl rheswm.

Cefndir dosbarth

Mae barnwyr yn dod o'r dosbarthiadau cymdeithasol uwch yn bennaf. Er enghraifft, yn 2019:
- roedd 65% o uwch farnwyr wedi cael addysg breifat (o'i gymharu â 7% yn unig o'r boblogaeth gyffredinol)
- roedd 75% wedi bod i Brifysgolion Rhydychen neu Gaergrawnt (o'i gymharu â llai nag 1% o'r boblogaeth gyffredinol).

Gallai hyn olygu eu bod nhw'n tueddu i gydymdeimlo mwy â'r dosbarthiadau uwch. Fodd bynnag, dydy hi ddim bob amser yn hawdd gweld tystiolaeth glir o duedd ar sail dosbarth.

Rhywedd

Mae 68% o farnwyr llysoedd yn ddynion. Mae cynnydd wedi bod yn nifer y barnwyr benywaidd dros y blynyddoedd diwethaf, ond mae'r cynnydd wedi bod yn araf iawn: ar y gyfradd bresennol, ni fydd nifer cyfartal o farnwyr gwrywaidd a benywaidd tan y flwyddyn 2062.

Mewn achosion treisio yn enwedig, mae perygl y bydd gan farnwyr gwrywaidd ddiffyg cydymdeimlad â dioddefwyr benywaidd – gallai'r menywod hyn deimlo mai nhw yw'r rhai sydd ar dreial. Er enghraifft, mae Carol Smart yn dyfynnu un barnwr gwrywaidd a ddywedodd:

> *"Dydy menywod sy'n dweud 'na' ddim bob amser yn golygu 'na'. Mae'n fwy na dim ond y ffordd mae hi'n ei ddweud, y ffordd mae hi'n ei ddangos ac yn ei wneud yn amlwg. Os nad yw hi ei eisiau, y cyfan sydd angen iddi ei wneud yw cau ei choesau."*

Gwleidyddiaeth

Mae gan gyfraith trosedd ddwy brif ffynhonnell: cyfraith gwlad/cyfraith gyffredin, sy'n seiliedig ar gynsail (lle mae llysoedd yn dilyn dyfarniadau sydd wedi'u gwneud gan farnwyr mewn achosion blaenorol) a chyfraith statud, sy'n cael ei llunio wrth i Senedd San Steffan basio Deddfau neu statudau.

Mae gwleidyddiaeth yn chwarae rhan ganolog wrth greu cyfraith statud, gan mai'r gwleidyddion sy'n eistedd yn y Senedd sy'n pasio'r Deddfau Seneddol. Bydd y llywodraeth yn cynnig deddfwriaeth (deddfau), y bydd y Senedd wedyn yn eu trafod ac weithiau'n eu diwygio. Gan fod y llywodraeth yn cael ei ffurfio gan y blaid sydd â'r mwyafrif o ASau, bydd fel arfer yn gallu pasio ei deddfwriaeth yn y Senedd.

Gall gwleidyddion yn Senedd San Steffan felly effeithio ar gyfraith trosedd a chanlyniad achosion mewn tair ffordd:

- **Creu troseddau newydd** – er enghraifft, yn dilyn panig moesol a gafodd ei ysbrydoli gan y cyfryngau, pasiodd Senedd San Steffan Ddeddf Cŵn Peryglus 1991, yn gwneud rhai bridiau cŵn yn anghyfreithlon. Pasiwyd Deddf Arfau Tanio (Diwygio) 1997 a oedd yn gwahardd bod yn berchen ar wn llaw ar ôl llawer o brotestiadau gan y cyhoedd ar ôl cyflafan Dunblane.
- **Diddymu troseddau presennol** – gall Senedd San Steffan ddiddymu neu ddiwygio deddfau presennol a oedd yn gwneud rhywbeth yn drosedd yn y gorffennol. Er enghraifft, roedd Deddf Troseddau Rhyw 1967 yn dad-droseddoli gweithredoedd cyfunrywiol rhwng dynion 21 oed a throsodd.
- **Newid y cosbau ar gyfer troseddau penodol** – er enghraifft, cafodd y gosb eithaf ar gyfer llofruddio ei diddymu gan Senedd San Steffan yn 1965. Yn 1997, gwnaeth y Ddeddf Trosedd (Dedfrydau) gyflwyno dedfrydau lleiaf gorfodol ar gyfer ad-droseddwyr, fel dedfrydau awtomatig o garchar am oes am ail drosedd rywiol neu dreisgar ddifrifol.

Tystysgrifau imiwnedd lles y cyhoedd

Un ffordd arall y gall gwleidyddiaeth ddylanwadu ar ganlyniad achosion troseddol yw drwy dystysgrifau imiwnedd lles y cyhoedd (*PII: public-interest immunity*). Gall un o weinidogion y llywodraeth gyflwyno'r rhain er mwyn atal tystiolaeth sensitif fel cyfrinachau swyddogol rhag cael eu datgelu yn y llys. Mewn geiriau eraill, mae peidio â chaniatáu i dystiolaeth benodol ddod i'r amlwg yn rhywbeth sydd er lles y cyhoedd. Fodd bynnag, er mai gweinidog sy'n cyflwyno'r dystysgrif, y barnwr fydd yn penderfynu a ddylai'r dystiolaeth gael ei chadw allan o'r llys.

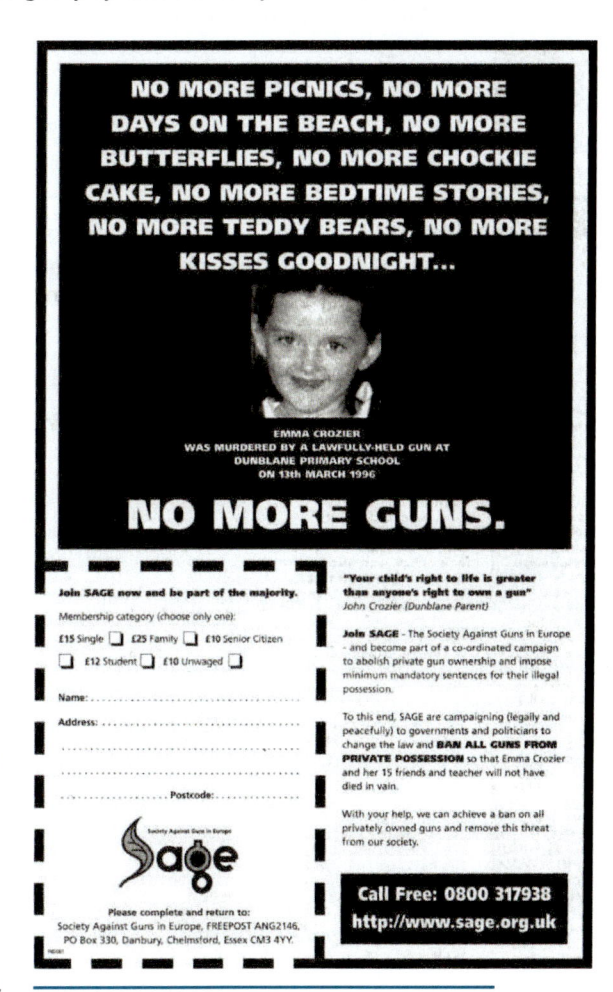

Hysbyseb ymgyrch yn mynnu bod y gyfraith yn gwahardd gynnau yn dilyn cyflafan Dunblane.

Achos 'arfau i Iraq' – yn 1991, cafodd cyfarwyddwyr cwmni awyrofod Matrix Churchill eu herlyn am allforio peiriannau a oedd yn cael eu defnyddio i gynhyrchu arfau i Iraq, heb gymeradwyaeth y llywodraeth yn ôl pob tebyg. Mewn gwirionedd, roedd y llywodraeth wedi rhoi cymeradwyaeth. Ond er mwyn osgoi embaras, gwnaeth y llywodraeth gyhoeddi tystysgrifau PII er mwyn atal hyn rhag cael ei ddatgelu yn y llys, drwy wrthod rhyddhau dogfennau a fyddai wedi profi bod y diffynyddion yn ddieuog. Yn y pen draw, fodd bynnag, gwnaeth y gweinidog a oedd yn gyfrifol gyfaddef nad oedd wedi bod yn gwbl onest. Gwnaeth y barnwr wrthod derbyn y tystysgrifau PII a gwnaeth yr achos fethu.

Y cyfryngau

Gall y cyfryngau ddylanwadu ar ganlyniad achosion troseddol mewn sawl ffordd. Er enghraifft, gall panig moesol effeithio ar ganlyniad achosion:

- drwy alw am ddedfrydau mwy llym ar gyfer troseddau neu droseddwyr penodol, fel y rhai a oedd yn gysylltiedig â therfysgoedd 2011
- drwy alw am ddeddfau newydd i ddelio â rhyw fath o 'fygythiad', fel yn achos Deddf Cŵn Peryglus 1991.

Treial gan y cyfryngau: y papurau newydd poblogaidd

Ym maes y gyfraith, mae'r cyhuddedig yn ddieuog nes iddo gael ei brofi'n euog ar ôl treial teg. Mewn treial teg, dim ond y dystiolaeth sy'n cael ei chyflwyno iddyn nhw yn y llys y caiff y rheithgor neu ynadon ei hystyried. Byddai'n annheg petai adroddiadau am yr achos yn y cyfryngau yn creu rhagfarn a fyddai'n effeithio ar reithfarn un o'r rheithwyr.

Mae rhai achosion proffil uchel yn denu llawer iawn o ddiddordeb, ac mae adroddiadau'n tueddu i gael eu gorliwio yn y cyfryngau. Yn aml, mae'r adroddiadau hyn yn cynnwys sylwadau negyddol iawn am gymeriad neu fywyd preifat y diffynnydd. Gall hyn olygu bod treial teg yn amhosibl.

I bob pwrpas, mae'r cyfryngau eisoes wedi dyfarnu'r cyhuddedig yn euog ac mae'n debygol y bydd y rheithwyr wedi gweld y sylw sydd wedi'i roi i'r achos cyn y treial, gan olygu, o bosibl, bod ganddyn nhw ragfarn yn erbyn y diffynnydd yn barod.

Er enghraifft, canfu Cheryl Thomas bod un o bob pump o reithwyr mewn achosion proffil uchel wedi ei chael yn anodd diystyru'r sylw a gafodd ei roi i'r achos yn y cyfryngau cyn y treial. Roedden nhw'n fwy tebygol o gofio'r diffynnydd yn cael ei bortreadu fel rhywun euog na rhywun dieuog.

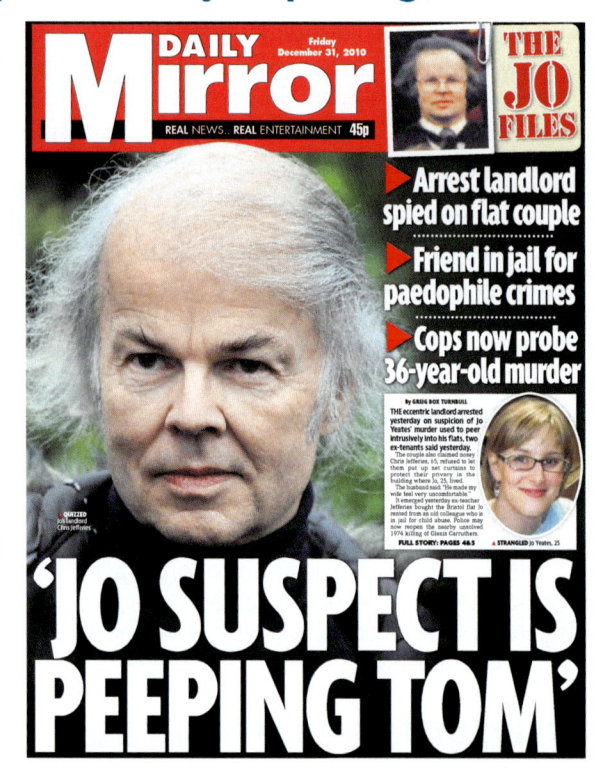

Gallai'r ffaith bod Christopher Jefferies wedi cael ei enllibio gan y papurau newydd poblogaidd fod wedi atal treial teg petai cyhuddiad wedi cael ei ddwyn yn ei erbyn.

Astudiaeth achos | Treial gan y cyfryngau

Yr ymosodiad ar gymeriad Christopher Jefferies

Enghraifft annymunol o dreial gan y cyfryngau yw achos yr athro wedi ymddeol, Christopher Jefferies, a gafodd ei arestio a'i holi gan yr heddlu ynglŷn ag achos llofruddio ei denant Joanna Yeates yn 2010.

Roedd y papurau newydd poblogaidd yn cyhoeddi erthyglau rhagfarnllyd iawn am Jefferies. Er enghraifft, honnodd *The Sun* fod ei gyn-ddisgyblion, ei gydweithwyr a'i gymdogion yn ei ystyried yn ddyn od, annymunol. Honnodd hefyd ei fod wedi gwahodd disgyblion i'w gartref, a'i fod yn ormesol ac yn hoyw yn ôl pob tebyg. Aeth y papur ymlaen i ddefnyddio'r geiriau canlynol i'w ddisgrifio:

> "WEIRD 'Strange talk, strange walk'; POSH 'Loved culture, poetry';
> LEWD 'Made sexual remarks'; CREEPY 'Loner with blue rinse hair'."

Ymunodd rhai o'r papurau eraill yn yr ymosodiad ar gymeriad Jefferies. Honnodd papur newydd *Daily Mirror* fod Jefferies yn sbeciwr (*peeping Tom*); ac roedd papur newydd *Daily Star* yn ei ddisgrifio fel unigolyn od, milain a blin. Roedd y rhan fwyaf o'r dyfyniadau amdano wedi dod o ffynonellau dienw. Roedd y papurau yn cyhoeddi ffotograffau ohono mewn dillad blêr â'i wallt yn anniben (mewn gwirionedd, roedd yr heddlu wedi rhoi'r dillad hyn iddo ar ôl cymryd ei ddillad ef i'w dadansoddi yn fforensig).

Fodd bynnag, gwnaeth ymchwiliadau diweddarach yr heddlu ddatgelu mai Vincent Tabak, cymydog i Yeates, oedd y llofrudd mewn gwirionedd. Cafodd *The Sun* a'r *Mirror* eu dyfarnu'n euog o ddirmyg llys am gyhoeddi erthyglau a allai fod wedi peryglu treial teg, oherwydd byddai wedi bod bron yn amhosibl dod o hyd i reithgor nad oedd wedi gweld yr ymosodiadau ar gymeriad Jefferies yn y papurau newydd poblogaidd. Cafodd Jefferies iawndal am enllib gan y papurau, ac ers hynny mae wedi ymgyrchu dros breifatrwydd.

Treial gan y cyfryngau cymdeithasol

Nid y papurau newydd poblogaidd (*tabloids*) traddodiadol yw'r unig gyfrwng sy'n gallu effeithio ar ganlyniad achosion troseddol: mae treial gan y cyfryngau cymdeithasol yn berygl cynyddol. Er enghraifft, roedd yn rhaid dod â threial dwy ferch yn eu harddegau a oedd wedi'u cyhuddo o lofruddio Angela Wrightson yn 2014 i ben, gan fod sylwadau am y diffynyddion ar Facebook yn golygu ei bod yn amhosibl sicrhau treial teg. Cynhaliwyd ail dreial, a chafodd y ddwy eu dyfarnu'n euog yn 2016.

Mae pryder hefyd bod rheithwyr yn defnyddio'r rhyngrwyd i ymchwilio i'r achosion maen nhw'n eu rhoi ar brawf. I gael rhagor o wybodaeth am reithwyr a'r rhyngrwyd, gweler Testun 2.5.

GWEITHGAREDD / Ymchwil

A yw adroddiadau'r cyfryngau yn dylanwadu ar reithgorau?

Ewch i Hwb: www.hwb.gov.wales/

PARATOI AR GYFER YR ASESIAD DAN REOLAETH

Beth mae angen i chi ei wneud

Gan ddefnyddio eich nodiadau o Destun 2.4, aseswch y dylanwadau allweddol canlynol sy'n effeithio ar ganlyniadau achosion troseddol:

- tystiolaeth
- tystion
- arbenigwyr
- bargyfreithwyr a thimau cyfreithiol
- y farnwriaeth
- gwleidyddiaeth
- y cyfryngau.

Dylech chi gael dealltwriaeth o'r ffactorau niferus a all ddylanwadu ar ganlyniad treial, a gallu asesu eu heffaith.

Senario briff yr aseiniad

Lle bo'n berthnasol, dylech chi gyfeirio at y briff yn eich ateb.

Sut bydd yn cael ei farcio

8–10 marc: Yn asesu'r amrywiaeth ofynnol o ddylanwadau allweddol sy'n effeithio ar ganlyniadau achosion troseddol. Ceir dealltwriaeth glir a manwl o'u heffaith.

4–7 marc: Dangosir rhywfaint o ddealltwriaeth o'r dylanwadau allweddol sy'n effeithio ar ganlyniadau achosion troseddol ac asesir eu heffaith i ryw raddau.

1–3 marc: Disgrifir dylanwadau allweddol sy'n effeithio ar ganlyniadau achosion troseddol i raddau helaeth.

TESTUN 2.5

Trafod y defnydd a wneir o leygwyr mewn achosion troseddol

Man cychwyn

Gan weithio gyda phartner, trafodwch ac atebwch y cwestiynau canlynol:

1. Beth yw'r manteision posibl sydd ynghlwm wrth gael aelodau o'r cyhoedd yn penderfynu ar eich achos yn hytrach na barnwr?
2. Pam byddai aelodau o'r cyhoedd yn peidio â bod yn deg, o bosibl, wrth benderfynu ar achos?
3. Allwch chi feddwl am unrhyw anfanteision eraill sydd ynghlwm wrth gael aelodau o'r cyhoedd yn penderfynu ar y rheithfarn mewn achosion troseddol?

Lleygwyr yn y system gyfreithiol

Pobl gyffredin yw lleygwyr, heb wybodaeth arbenigol na phroffesiynol am y gyfraith na'r drefn gyfreithiol. Yn system gyfreithiol Cymru a Lloegr, mae lleygwyr yn gwasanaethu mewn dwy rôl allweddol: fel aelodau o reithgorau, ac fel ynadon.

Rheithgorau

Mae rheithwyr yn eistedd yn y rhan fwyaf o achosion yn Llys y Goron ac mewn nifer o sefyllfaoedd eraill, fel rhai cwestau i farwolaethau sydyn.

Rôl y rheithgor

Yn y rhan fwyaf o dreialon yn Llys y Goron, mae'r rheithfarn fel arfer yn cael ei phenderfynu gan reithgor o 12 o leygwyr. Bydd y rheithgor yn clywed y dystiolaeth a'r dadleuon sy'n cael eu cyflwyno gan yr erlyniad a'r amddiffyniad. Os ydyn nhw'n dymuno, gallan nhw gymryd nodiadau a gofyn cwestiynau drwy'r barnwr. Bydd y barnwr yn rhoi cyngor iddyn nhw ar y gyfraith berthnasol.

Yna byddan nhw'n gadael y llys i benderfynu a ydyn nhw am ddyfarnu'r diffynnydd yn euog, yn ddieuog, neu'n euog o drosedd llai difrifol, fel dynladdiad yn hytrach na llofruddiaeth. Er mwyn rhoi rheithfarn euog, mae'n rhaid eu bod nhw wedi'u hargyhoeddi 'y tu hwnt i bob amheuaeth resymol'.

Bydd y rheithgor yn dod i benderfyniad yn gyfrinachol, ac mae Deddf Cyfiawnder Troseddol a'r Llysoedd 2015 yn ei gwneud yn drosedd i unrhyw un holi rheithwyr am eu rheithfarn neu sut gwnaethon nhw benderfynu arni. Does gan reithwyr ddim hawl i ddatgelu eu trafodaethau, oni bai am sefyllfaoedd fel rhoi gwybod am gamymddygiad rheithwyr eraill.

Dewis – mae rheithwyr yn cael eu dewis ar hap gan gyfrifiadur, o blith yr enwau sydd ar y gofrestr etholiadol. Bydd y rhai sy'n cael eu dewis yn derbyn gwŷs i ymddangos yn y llys. Mae gwasanaeth rheithgor yn para am bythefnos fel arfer, ond gall fod yn hirach os yw treial yn parhau y tu hwnt i'r cyfnod hwn.

Cymhwysedd – er mwyn bod yn gymwys i wasanaethu ar reithgor, mae Deddf Rheithgorau 1974 a Deddf Cyfiawnder Troseddol 2003 yn nodi bod yn rhaid i chi:

- fod rhwng 18 a 75 oed
- fod yn ddinesydd y DU, Gweriniaeth Iwerddon neu un o wledydd y Gymanwlad Brydeinig
- fod wedi byw yn y DU, Ynysoedd y Sianel neu Ynys Manaw am bum mlynedd.

Gwaharddiad – mae rhai pobl wedi'u gwahardd rhag gwasanaethu ar reithgor, gan gynnwys pobl sydd ar fechnïaeth a'r rhai sydd wedi cael dedfryd o garchar o bum mlynedd neu ragor. Mae unrhyw un sydd wedi derbyn dedfryd lai wedi'i wahardd rhag gwasanaethu am 10 mlynedd.

Eithriad – mae'n ofynnol yn ôl y gyfraith i'r rhai sy'n cael eu dewis i wasanaethu ar reithgor fynd i'r llys. Fodd bynnag, mae'n bosibl cael eich esgusodi am resymau meddygol neu resymau eraill, fel gwyliau rydych chi eisoes wedi talu amdano.

GWEITHGAREDD | Clip fideo

Rôl rheithiwr   Ewch i Hwb: www.hwb.gov.wales/

Cryfderau'r system reithgor

Ecwiti'r rheithgor

Yn wahanol i farnwyr, dydy rheithwyr ddim wedi'u rhwymo gan yr hyn mae'r gyfraith yn ei ddweud neu gan gynsail (rheithfarnau o achosion tebyg). Fel aelodau cyffredin o'r cyhoedd, maen nhw'n rhydd i benderfynu ar yr achos ar sail yr hyn maen nhw'n eu gredu sy'n deg neu'n foesol gywir, ni waeth beth yw'r gyfraith na beth yw cyfarwyddyd y barnwr o ran cymhwyso'r gyfraith at yr achos. Ecwiti'r rheithgor yw'r enw ar hyn.

Astudiaeth achos | Treial Clive Ponting

Enghraifft dda o ecwiti'r rheithgor yw rhyddfarnu'r uwch was sifil Clive Ponting. Yn ystod Rhyfel Falkland/Malvinas yn erbyn yr Ariannin yn 1982, gwnaeth llynges Prydain suddo un o longau rhyfel cyflym yr Ariannin, sef y General Belgrano, gan arwain at golli 323 o fywydau. Roedd Prydain wedi datgan ardal waharddedig o amgylch Ynysoedd Falkland/Malvinas a dywedodd y byddai'n ymosod ar unrhyw long o'r Ariannin a oedd yn yr ardal hon. Roedd y Belgrano y tu allan i'r ardal waharddedig pan gafodd ei suddo, ac ymosodwyd arni yn dilyn penderfyniad gan swyddogion lefel uchaf y llywodraeth i newid rheolau ymladd llynges Prydain.

Tair blynedd yn ddiweddarach, gwnaeth Ponting ryddhau dogfennau cyfrinachol y llywodraeth ynglŷn â'r suddo i Aelod Seneddol, a chafodd ei gyhuddo'n ddiweddarach o dorri Deddf Cyfrinachau Swyddogol 1911. Doedd Ponting ddim yn gwadu ei fod wedi rhyddhau'r dogfennau (roedd wedi cyfaddef hyd yn oed cyn iddo gael ei arestio) ond roedd yn dadlau yn ei amddiffyniad ei fod wedi gweithredu er lles y cyhoedd drwy ddatgelu'r ffeithiau.

Dyfarnodd y barnwr nad oedd gan Ponting unrhyw amddiffyniad, a rhoddodd gyfarwyddyd i'r rheithgor ei ddyfarnu'n euog gan ei fod yn amlwg wedi mynd yn groes i'r Ddeddf drwy ryddhau cyfrinachau swyddogol. Fodd bynnag, cafodd ei ryddfarnu gan y rheithgor.

1 Mai 1982: suddo'r General Belgrano. Achubwyd llawer gan rafftiau achub ond bu farw 323 yn sgil gweithred a gafodd ei disgrifio gan rai beirniaid fel trosedd ryfel.

Kay Gilderdale

Mewn achos yn 2010, cafodd Kay Gilderdale ei chyhuddo o geisio llofruddio ei merch 31 oed, Lynn, a oedd wedi bod yn ddifrifol wael am 17 mlynedd. Roedd y dystiolaeth yn dangos bod Kay yn fam ymroddedig a gofalgar. Roedd Lynn wedi ceisio lladd ei hun drwy chwistrellu morffin. Pan fethodd hyn, rhoddodd ei mam gyffuriau eraill iddi ac fe wnaeth hi farw rai oriau yn ddiweddarach. Gwnaeth Kay bledio'n euog i helpu Lynn ei lladd ei hun, ond dewisodd y CPS ei herlyn am ymgais i lofruddio. Fodd bynnag, cafodd ei rhyddfarnu gan y rheithgor.

Gweld cyfiawnder ar waith

Mae rheithgorau yn gwneud y system gyfreithiol yn fwy agored ac mae'n bosibl gweld cyfiawnder ar waith gan mai aelodau cyffredin o'r cyhoedd sy'n penderfynu ar y canlyniad. Hefyd, gan fod yn rhaid i'r barnwr esbonio pwyntiau'r gyfraith i'r rheithgor yn y llys ei hun, mae hyn yn galluogi'r diffynnydd a'r cyhoedd i ddeall yr achos yn well.

Didueddrwydd a threial tecach

Mae llawer o bobl yn credu bod treial gan reithgor yn fwy teg na threial gan farnwr neu ynadon. Rydych chi'n cael eich rhoi ar dreial gan eich cymheiriaid (yn llythrennol, pobl sy'n gydradd â chi) yn hytrach na barnwr unigol neu dri ynad nad ydyn nhw, o bosibl, yn gallu uniaethu â'ch amgylchiadau neu sydd â rhagfarnau penodol. Mae cael eich rhoi ar dreial gan drawstoriad o'r gymdeithas a ddewiswyd ar hap yn ei gwneud yn fwy tebygol y bydd rhagfarnau unigolion yn cael eu herio, gan arwain at reithgor diduedd.

Hefyd, gan fod rheithgor fel arfer yn eistedd am bythefnos yn unig ac yn gwrando ar rai achosion yn unig, nid yw'n 'caledu' i achosion. I'r gwrthwyneb, mae barnwyr ac ynadon wedi cael eu cyhuddo o fod o blaid yr erlyniad.

Cyfrinachedd

Gan fod trafodaethau'r rheithgor yn gyfrinachol yn ôl y gyfraith, mae rheithwyr wedi'u hamddiffyn rhag pwysau a dylanwadau allanol. Mae hyn yn caniatáu iddyn nhw gyflwyno rheithfarnau a allai fod yn amhoblogaidd gyda'r cyhoedd. Mae cyfrinachedd hefyd yn caniatáu iddyn nhw arfer ecwiti'r rheithgor, a chyflwyno rheithfarnau sydd ddim o reidrwydd yn dilyn y gyfraith yn llym. Gallai cyfrinachedd hefyd olygu bod pobl yn fwy parod i wasanaethu ar reithgor na phetaen nhw'n gwybod y gallai eu trafodaethau gael eu gwneud yn gyhoeddus.

Hyder y cyhoedd a democratiaeth

Mae'r rheithgor yn cael ei ystyried yn elfen allweddol mewn cymdeithas ddemocrataidd. Mae'r hawl i gael eich barnu gan eich cyd-ddinasyddion yn hytrach na'r wladwriaeth yn hanfodol er mwyn cadw grym y wladwriaeth dan reolaeth a sicrhau rhyddid. Fel y dadleuodd yr uwch farnwr yr Arglwydd Devlin, y rheithgor 'yw'r goleuni sy'n dangos bod rhyddid yn fyw' ac mae'n 'Senedd fach' – yn sefydliad democrataidd.

Mae'r hawl i gael eich rhoi ar dreial gan eich cymheiriaid yn hawl hen iawn, ac mae gan y cyhoedd hyder yn nhegwch a natur ddiduedd y drefn. Er enghraifft, mae ymdrechion y llywodraeth yn ystod y blynyddoedd diwethaf i gyfyngu ar yr hawl i gael treial gan reithgor, ar gyfer mân achosion yn ymwneud â dwyn ac achosion twyll cymhleth, wedi cael eu gwrthwynebu a'u trechu.

Mae'r system reithgor hefyd yn ddemocrataidd gan ei bod yn galluogi dinasyddion cyffredin i gymryd rhan yng ngweinyddiaeth cyfiawnder, yn hytrach na gadael y cyfan yn nwylo'r wladwriaeth.

Gwendidau'r system reithgor

Tuedd hiliol

Mae pryder bod gan rai rheithwyr duedd hiliol, ac y gallai hyn arwain at reithfarnau annheg. Yn achos Sander v United Kingdom (2000), a oedd yn ymwneud â threial dyn Asiaidd, Kuldip Sander, yn 1995, gwnaeth un aelod o'r rheithgor ysgrifennu at y barnwr i ddweud bod dau reithiwr arall wedi bod yn gwneud sylwadau a jôcs hiliol. Er bod y barnwr wedi caniatáu i'r treial barhau, gwnaeth Llys Hawliau Dynol Ewrop dderbyn apêl Sander nad oedd wedi cael treial teg – ond erbyn hynny roedd wedi treulio tair blynedd yn y carchar.

Fodd bynnag, nid yw'n glir i ba raddau mae tuedd hiliol yn effeithio ar reithfarnau rheithwyr. Yn ôl yr adolygiad annibynnol a gynhaliwyd gan yr AS du, David Lammy, i'r ffordd mae unigolion lleiafrifol ethnig yn cael eu trin gan y system gyfiawnder, *nid* yw'n ymddangos bod ethnigrwydd y rheithwyr na'r diffynnydd yn dylanwadu ar reithfarnau sy'n cael eu cyflwyno gan reithgorau.

Mae Lammy hefyd yn nodi bod diffynyddion du, Asiaidd a lleiafrifol ethnig yn fwy tebygol na diffynyddion gwyn o ddewis treial gan reithgor yn Llys y Goron lle bo'n bosibl. Mae hyn oherwydd eu bod yn credu y byddan nhw'n fwy tebygol o gael gwrandawiad teg yno nag yn y llys ynadon – er gwaethaf y risg y gallan nhw gael dedfryd fwy llym pe baen nhw'n cael eu heuogfarnu yn Llys y Goron.

Dylanwad y cyfryngau

Gall adroddiadau am achos yn y cyfryngau ddylanwadu ar reithwyr, yn enwedig mewn achosion proffil uchel sy'n cael llawer iawn o sylw yn y cyfryngau. Un enghraifft o hyn yw R v Taylor and Taylor (1993). Roedd y rheithgor wedi dyfarnu'r chwiorydd Taylor yn euog o lofruddiaeth, ond gwnaeth y Llys Apêl ddileu'r euogfarn oherwydd y risg bod adroddiadau 'helaeth, dramatig ac anghywir' am eu treial yn y wasg wedi creu rhagfarn ymhlith y rheithgor.

Treialon twyll

Yn aml, gall treialon twyll gynnwys tystiolaeth dechnegol gymhleth y bydd rheithwyr, fel aelodau cyffredin o'r cyhoedd, o bosibl yn cael trafferth ei deall. O ganlyniad, gallai eu rheithfarn fod yn anniogel.

Gall yr achosion hyn fod yn hir iawn hefyd ac mae'n bosibl y bydd angen i reithwyr fod i ffwrdd o'u gwaith am fisoedd. Mae treialon hir yn fwy costus i'r erlyniad a'r amddiffyniad hefyd.

Fodd bynnag, mae'n bosibl bod y broblem o ran diffyg dealltwriaeth rheithwyr yn mynd y tu hwnt i dreialon twyll yn unig. Gwnaeth Cheryl Thomas ddefnyddio treialon ffug yn cynnwys bron i 800 o reithwyr er mwyn astudio eu dealltwriaeth. Cafodd yr holl reithwyr yr un cyfarwyddyd ar y gyfraith gan y barnwr. Pan cawson nhw eu profi yn ddiweddarach, canfu bod dros ddau draean o'r rheithwyr heb ddeall y cyfarwyddyd yn llawn. Hyd yn oed ar ôl cael crynodeb ysgrifenedig o'r cyfarwyddyd, roedd dros eu hanner dal ddim yn ei ddeall yn llawn.

Ymyrryd â'r rheithgor

Mae ymyrryd â'r rheithgor yn golygu ceisio gwyrdroi cwrs cyfiawnder drwy lwgrwobrwyo neu frawychu rheithwyr, fel arfer er mwyn rhyddfarnu'r diffynnydd. O ganlyniad, mae adran 44 Deddf Cyfiawnder Troseddol 2003 yn caniatáu i'r erlyniad wneud cais am dreial gan farnwr yn unig mewn achosion lle mae ymdrech wedi bod i ymyrryd â'r rheithgor.

Y treial cyntaf i gael ei gynnal gan farnwr yn unig oedd un R v Twomey and others yn 2009, pan amcangyfrifwyd y byddai wedi costio £6m ac y byddai angen 82 o swyddogion heddlu i amddiffyn rheithgor yn ystod y treial cyfan. Roedd cyhuddiad o ladrad arfog o warws yn Heathrow wedi cael ei wneud yn erbyn y diffynyddion. Roedd tri threial blaenorol eisoes wedi methu, ac yn ystod y treial olaf roedd ymgais ddifrifol wedi bod i ymyrryd â'r rheithgor. Dyfarnwyd y diffynyddion i gyd yn euog gan y barnwr.

Cyfraddau rhyddfarnu uchel

Mae rheithgorau weithiau'n cael eu beirniadu am ryddfarnu gormod o ddiffynyddion – mae tua 60% o'r rhai sy'n pledio'n ddieuog yn Llys y Goron yn cael eu rhyddfarnu. Fodd bynnag, mae'r rhan fwyaf yn achosion lle mae'r barnwr wedi dod â'r achos i ben heb i reithgor dyngu llw hyd yn oed, neu lle mae'r barnwr wedi rhoi cyfarwyddyd i'r rheithgor ryddfarnu'r diffynnydd – fel arfer oherwydd diffyg tystiolaeth yn ei erbyn. O blith yr achosion sy'n weddill, mae rheithgorau yn euogfarnu dros 60% ohonyn nhw.

Penderfyniadau gwrthnysig

Gan fod rheithgorau'n rhydd i anwybyddu'r hyn maen nhw'n ei ystyried yn gyfraith annheg, gallai hyn arwain at benderfyniad gwrthnysig sy'n mynd yn groes i ffeithiau'r achos. Er enghraifft, yn achos R v Randle and Pottle yn 1991, cafod cyhuddiad o helpu'r ysbïwr Sofietaidd George Blake i ddianc o'r carchar ei wneud yn erbyn y ddau ddiffynnydd tua 25 mlynedd yn ddiweddarach. Cawson nhw eu herlyn dim ond ar ôl iddyn nhw ysgrifennu am eu rôl yn y ddihangfa. Gwnaeth y rheithgor eu dyfarnu'n ddieuog, efallai mewn protest yn erbyn yr amser a oedd wedi mynd heibio rhwng y drosedd a'r erlyniad.

Gwnaeth y rheithgor hefyd ryddfarnu diffynyddion mewn achos arall lle'r oedd y ffeithiau yn amlwg yn awgrymu eu bod nhw'n euog. Yn achos R v Kronlid and others yn 1996, gwnaeth y diffynyddion gyfaddef eu bod nhw wedi achosi gwerth £1.5 miliwn o ddifrod troseddol i awyren ryfel, ond gwnaethon nhw bledio'n ddieuog ar y sail eu bod yn atal yr awyren rhag cael ei hanfon i Indonesia lle byddai'r llywodraeth yn ei defnyddio i ymosod ar bobl Dwyrain Timor a oedd yn ceisio ennill annibyniaeth oddi ar Indonesia.

Cyfrinachedd

Mae cyfrinachedd ystafell y rheithgor yn golygu nad oes rhaid rhoi unrhyw resymau dros reithfarn, felly does dim ffordd o wybod a oedd y rheithgor wedi deall yr achos ac wedi penderfynu ar y rheithfarn am y rhesymau cywir. O ganlyniad, mae apeliadau yn erbyn rheithfarn ar sail gwybodaeth am drafodaethau'r rheithgor fel arfer yn methu.

Er enghraifft, yn 2004 gwnaeth Ustusiaid y Goruchaf Lys (*Law Lords*) bennu nad oedden nhw'n gallu ymholi i drafodaethau yn ystafell y rheithgor. Gwnaethon nhw ystyried y ddau achos canlynol yn yr apêl.

R v Mirza

Roedd y diffynnydd yn ddyn o Pakistan a oedd wedi defnyddio gwasanaeth cyfieithydd yn ystod y treial. Roedd y barnwr wedi rhoi cyfarwyddyd na ddylai'r rheithgor ddod i unrhyw gasgliadau negyddol ar sail hyn. Dyfarnwyd Mirza yn euog gan fwyafrif o 10–2. Chwe diwrnod ar ôl y rheithfarn, gwnaeth un rheithiwr honni bod rheithwyr eraill wedi dweud bod defnyddio cyfieithydd yn 'gynllwyn cyfrwys'. Roedd yn ymddangos felly bod tuedd hiliol yn eu rheithfarn, a hefyd nad oedden nhw wedi dilyn cyfarwyddyd y barnwr.

R v Connor and Rollock

Yn yr achos hwn, gwnaeth rheithiwr ysgrifennu at y llys ar ôl i'r rheithfarn gael ei chyflwyno. Dywedodd bod y rheithwyr wedi anghytuno ynglŷn â pha un o'r ddau ddiffynnydd oedd wedi trywanu'r dioddefwr, ond wedi penderfynu euogfarnu'r ddau, 'er mwyn dysgu gwers iddyn nhw'. Dywedodd hefyd bod y rheithwyr eisiau 'penderfyniad cyflym' a'u bod wedi gwrthod treulio amser yn penderfynu pwy oedd yn euog.

Yn y ddau achos, gwnaeth Ustusiad y Goruchaf Lys wrthod yr apeliadau, ar y sail bod y gyfraith yn gwahardd datgelu'r hyn sy'n digwydd yn ystafell y rheithgor.

GWEITHGAREDD / Clip fideo

Y system reithgor   Ewch i Hwb: www.hwb.gov.wales/

Rheithwyr a'r rhyngrwyd

Mae Deddf Cyfiawnder Troseddol a'r Llysoedd 2015 yn ei gwneud yn drosedd i reithwyr chwilio ar y rhyngrwyd am wybodaeth sy'n berthnasol i'r achos, ac yn drosedd datgelu gwybodaeth o'r fath i reithiwr arall. Mae barnwyr hefyd yn rhoi cyfarwyddyd i reithwyr beidio ag ymchwilio i'w hachosion ar y rhyngrwyd. Fodd bynnag, canfu Cheryl Thomas bod 12% o reithwyr yn cyfaddef eu bod wedi edrych ar y rhyngrwyd i gael gwybodaeth am yr achosion roedden nhw'n gwrando arnyn nhw.

Gallai gwybodaeth o'r fath effeithio ar ganlyniad y treial. Er enghraifft, pe bai rheithwyr yn darllen am gofnod troseddol blaenorol y diffynnydd neu am gymeriad y dioddefwr, gallai hyn greu rhagfarn yn eu rheithfarn. Cafodd Dr Theodora Dallas yn 2011 a Lionel Tweed yn 2017 eu carcharu am ymchwilio ar y rhyngrwyd i'r achosion roedden nhw'n gwrando arnyn nhw ac am rannu eu canfyddiadau â'u cyd-reithwyr. Yn achos Dallas, roedd yn rhaid diswyddo'r rheithgor a chynnal aildreial.

GWEITHGAREDD / Ymchwil

Rheithwyr a'r rhyngrwyd   Ewch i Hwb: www.hwb.gov.wales/

Ynadon

Fel rheithwyr, aelodau cyffredin o'r cyhoedd yw ynadon yn hytrach na phobl gyfreithiol broffesiynol. Mae tua 13,000 o ynadon, yn eistedd mewn tua 160 o lysoedd ynadon lleol ledled y wlad.

Rôl yr ynadon

Gwirfoddolwyr rhan amser, di-dâl yw ynadon ac maen nhw'n aelodau o'r gymuned leol. Mae pobl weithiau'n cyfeirio atyn nhw fel Ynadon Heddwch neu YH. Mae ynadon yn derbyn hyfforddiant ond does ganddyn nhw ddim cymwysterau cyfreithiol. Yn hytrach, maen nhw'n cael cymorth gan glerc sydd wedi cymhwyso yn y gyfraith ac sy'n rhoi cyngor iddyn nhw ar y gyfraith a'r drefn. Mae'n rhaid i ynadon fod rhwng 18 a 65 oed pan maen nhw'n cael eu penodi a gallan nhw wasanaethu nes eu bod nhw'n 70.

Fel sydd i'w weld yn Nhestun 2.2, mae bron pob achos troseddol yn cael ei glywed mewn llys ynadon yn gyntaf ac mae dros 95% ohonyn nhw yn cael eu penderfynu yno. Mae panel o dri ynad fel arfer yn gwrando ar bob achos. Maen nhw'n ymdrin ag achosion llai difrifol, fel troseddau moduro, dwyn o siopau, difrod troseddol ac anrhefn cyhoeddus. Mae ynadon sydd wedi derbyn hyfforddiant arbenigol hefyd yn eistedd mewn llysoedd ieuenctid.

Os bydd diffynnydd yn pledio'n ddieuog, bydd treial yn cael ei gynnal gerbron yr ynadon. Os byddan nhw'n dyfarnu'r diffynnydd yn euog, gallan nhw roi dirwy o hyd at £5,000 neu hyd at 6 mis o garchar (£10,000 a 12 mis am ddwy neu ragor o droseddau).

Fodd bynnag, yn achos troseddau mwy difrifol, bydd ynadon yn trosglwyddo achosion i Lys y Goron, naill ai ar gyfer eu dedfrydu os yw'r diffynnydd wedi'i ddyfarnu'n euog yn y llys ynadon, neu os yw'r diffynnydd wedi pledio'n ddieuog, bydd yn wynebu treial yn Llys y Goron gerbron barnwr a rheithgor.

Cryfderau ynadon

Democratiaeth

Mae defnyddio lleygwyr i wrando ar achosion llai difrifol yn dod ag elfen o ddemocratiaeth i'r system cyfiawnder troseddol. Mae'n galluogi dinasyddion lleol cyffredin i gymryd rhan yng ngweinyddiaeth cyfiawnder, yn hytrach na bod y cyfan yn nwylo barnwyr cyflogedig y wladwriaeth.

Gwybodaeth leol

Mae ynadon yn gwasanaethu yn eu llys lleol ac mae ganddyn nhw wybodaeth am yr ardal leol y gallan nhw ei chymhwyso at achosion, gan ystyried anghenion a blaenoriaethau lleol wrth ddedfrydu troseddwyr.

Er enghraifft, yn achos Paul v DPP (1989), roedd yn rhaid i'r ynadon benderfynu a oedd unigolyn a oedd yn hel puteiniaid o gerbyd (*kerb crawler*) yn debygol o beri niwsans i bobl eraill. Gan fod yr ynadon yn gyfarwydd â'r ardal, roedden nhw'n gwybod bod hel puteiniaid o gerbyd yn broblem fawr. Dywedodd y cyn-Arglwydd Brif Ustus, yr Arglwydd Woolf, mai dyna'r union fath o achos lle mae gwybodaeth leol ynadon yn bwysig.

Fodd bynnag, mae llawer o lysoedd ynadon wedi cau yn ystod y blynyddoedd diwethaf, gan olygu bod ynadon bellach yn delio ag achosion o ardaloedd pellach i ffwrdd lle nad oes ganddyn nhw wybodaeth leol.

Cynrychioladol o'r boblogaeth

Mae ynadon yn eithaf cynrychioladol o'r boblogaeth o ran rhywedd ac ethnigrwydd.
Er enghraifft, yn 2019:
- roedd 13% o ynadon o gefndiroedd du, Asiaidd neu leiafrifol ethnig (y ffigur ar gyfer y DU yn ei gyfanrwydd yw 14%)
- roedd 56% o ynadon yn fenywod (51% yw'r ffigur ar gyfer poblogaeth gyfan y DU).

Mae hyn yn cymharu'n ffafriol â barnwyr: yn 2019, dim ond 32% oedd yn fenywod a dim ond 7% oedd o gefndiroedd du, Asiaidd neu leiafrifol ethnig.

Gan fod ynadon yn eistedd fel panel o dri, mae'n bosibl sicrhau cymysgedd o ran rhywedd, ethnigrwydd ac oedran i gyd-fynd ag amrywiaeth y boblogaeth leol.

Nifer cyfyngedig o apeliadau

Mae ynadon yn delio â nifer mawr iawn o achosion (tua 1.5 miliwn yn 2019) ond nifer bach iawn o'r rhain sy'n cael apêl (tua 5,000 y flwyddyn). Mae'r rhan fwyaf o'r rhain yn apeliadau yn erbyn dedfryd, nid yn erbyn euogfarn. Mae llai na hanner yr apeliadau yn llwyddiannus. Mae hyn yn awgrymu bod ynadon yn gwneud pethau'n iawn y rhan fwyaf o'r amser o ran eu rheithfarnau a'r dedfrydau maen nhw'n eu rhoi.

Cost

Dydy ynadon ddim yn cael eu talu (dim ond hawlio eu costau yn ôl maen nhw'n cael ei wneud), felly mae'n ffordd economaidd o weinyddu cyfiawnder. Mae un amcangyfrif yn awgrymu y byddai'n costio tua £100m y flwyddyn petai'n rhaid defnyddio barnwyr proffesiynol cyflogedig yn lle ynadon.

Gwendidau ynadon

Anghynrychioladol o'r boblogaeth

Oedran – er bod ynadon yn eithaf cynrychioladol o'r boblogaeth o ran rhywedd ac ethnigrwydd, maen nhw'n anghynrychioladol iawn o ran eu proffil oedran. Er enghraifft, yn 2020:
- dim ond 1% o ynadon oedd o dan 30 oed (tua 25% yw'r ffigur ar gyfer y DU yn ei gyfanrwydd)
- roedd 49% o ynadon dros 60 oed (o'i gymharu â dim ond 25% ar gyfer y DU yn ei gyfanrwydd)
- ar yr un pryd, mae mwyafrif helaeth y diffynyddion o dan 25 oed.

Dosbarth cymdeithasol – mae ynadon yn anghynrychioladol o ran dosbarth cymdeithasol hefyd. Daw'r mwyafrif helaeth o gefndir proffesiynol a rheolaethol dosbarth canol. Mae hyn yn rhannol oherwydd ei bod yn aml yn haws i bobl mewn swyddi o'r fath gymryd amser o'u gwaith i gyflawni eu dyletswyddau fel ynadon. Mae eu hincwm uwch hefyd yn golygu eu bod nhw'n fwy tebygol o allu fforddio ymgymryd â rôl ddi-dâl fel ynad. Gallai eu cefndir dosbarth olygu bod ganddyn nhw ddiffyg dealltwriaeth o'r gymuned leol, yn enwedig pobl sy'n byw mewn ardaloedd tlotach.

Anghysondeb o ran dedfrydu: loteri cod post

Mae ynadon yn cael eu hyfforddi i ddilyn Canllawiau Dedfrydu swyddogol i sicrhau bod achosion yn cael eu trin yn gyson a bod achosion tebyg sy'n cael eu clywed mewn llysoedd ynadon gwahanol yn derbyn dedfrydau tebyg. Er gwaethaf hyn, fodd bynnag, mae pryder nad yw hyn yn digwydd a bod dedfrydau yn aml yn anghyson.

Er enghraifft, yn 2010 gwnaeth ynadon ym Mryste roi dedfrydau carcharol (*custodial sentences*) i 11.1% o droseddwyr a dedfrydau cymunedol i 32.2%. Fodd bynnag, dim ond i 6.8% o droseddwyr y cafodd dedfrydau carcharol eu rhoi yn Coventry, lle'r oedd nifer y troseddwyr yn debyg i Fryste, a dedfrydau cymunedol i 14.4%.

Mae beirniaid yn dadlau felly bod dedfrydu mewn llysoedd ynadon yn 'loteri cod post' a bod lle mae troseddwr yn byw yn cael cymaint o ddylanwad ar ei ddedfryd â'r drosedd mae wedi'i chyflawni.

GWEITHGAREDD / Clip fideo

Ynadon

Ewch i Hwb: www.hwb.gov.wales/

Tuedd

Mae ynadon yn euogfarnu dros 90% o'r holl achosion maen nhw'n gwrando arnyn nhw, ac mae beirniaid wedi awgrymu mai'r rheswm dros hyn yw eu bod wedi 'caledu' at achosion ac yn dangos tuedd o blaid credu'r heddlu a'r erlyniad.

Er enghraifft, yn achos R v Bingham Justices (1974), a oedd yn ymwneud ag euogfarn am oryrru lle'r oedd tystiolaeth y gyrrwr a'r swyddog heddlu yn gwrthddweud ei gilydd, dywedodd cadeirydd yr ynadon, 'Fy egwyddor mewn achosion o'r fath bob amser yw credu'r swyddog heddlu'. Cafodd yr euogfarn ei dileu ar apêl oherwydd tuedd amlwg yr ynad.

Gallai tuedd o'r fath fod yn seiliedig yn rhannol ar y ffaith bod llysoedd ynadon yn llysoedd lleol, felly mae'r ynadon yn debygol o weld yr un swyddogion heddlu ac erlynwyr CPS dro ar ôl tro. Mae perygl y bydd perthynas glos yn datblygu rhyngddyn nhw gan arwain at ddiffyg didueddrwydd.

Fodd bynnag, mae ynadon wedi cael eu cyhuddo o ddangos tuedd hiliol hefyd. Fel sydd wedi'i grybwyll yn barod, canfu Lammy bod diffynyddion du, Asiaidd a lleiafrifol ethnig yn fwy tebygol na diffynyddion gwyn o ddewis treial yn Llys y Goron gerbron rheithgor o'u cymheiriaid, am eu bod nhw'n ofni tuedd hiliol ynadon.

Gorddibyniaeth ar ymgynghorwyr cyfreithiol

Mae beirniaid yn dadlau bod ynadon yn dibynnu gormod ar ymgynghorydd cyfreithiol y llys. Mewn egwyddor, does gan yr ymgynghorydd cyfreithiol ddim hawl i'w helpu i benderfynu ar ddedfryd, ond gallai ynadon – sy'n lleygwyr, nid cyfreithwyr – ildio i farn yr ymgynghorydd cyfreithiol, sy'n arbenigwr proffesiynol.

Gorddefnydd o ddedfrydau byr o garchar

Mae ynadon wedi cael eu beirniadu am orddefnyddio dedfrydau carcharol cymharol fyr (gallan nhw ddedfrydu troseddwyr i hyd at 12 mis o garchar mewn rhai achosion). Mae dedfrydau o'r fath yn gostus, yn cyfrannu'n enfawr at gostau carchardai ac at orlenwi mewn carchardai, ac mae rhai yn dadlau nad ydyn nhw'n gwneud llawer i atal troseddu yn y dyfodol.

PARATOI AR GYFER YR ASESIAD DAN REOLAETH

Beth mae angen i chi ei wneud

Gan ddefnyddio eich nodiadau o Destun 2.5, trafodwch y defnydd o'r lleygwyr canlynol mewn achosion troseddol:

- rheithgorau
- ynadon.

Dylech chi allu trafod cryfderau a gwendidau rheithgorau ac ynadon lleyg.

Senario briff yr aseiniad

Lle bo'n berthnasol, dylech chi gyfeirio at y briff yn eich ateb.

Sut bydd yn cael ei farcio

4–6 marc: Trafodir y defnydd o leygwyr (rheithgorau ac ynadon) yn llawn mewn perthynas â'u cryfderau a'u gwendidau mewn achosion troseddol.
1–3 marc: Disgrifiad sylfaenol/syml o reithgorau ac ynadon.

TESTUN 3.1

Archwilio gwybodaeth i sicrhau ei bod yn ddilys

Man cychwyn

Gan weithio mewn grwpiau bach a defnyddio'r wybodaeth rydych chi wedi'i dysgu o'r Uned hon hyd yma, trafodwch y cwestiwn hwn.

I ba raddau gallwn ni ddibynnu ar y ffynonellau gwybodaeth canlynol am droseddau a'r rhai a ddrwgdybir?

- **a.** tystiolaeth arbenigwyr
- **b.** tystiolaeth
- **c.** y papurau newydd poblogaidd
- **ch.** y cyfryngau cymdeithasol
- **d.** llygad-dystion
- **dd.** yr heddlu
- **e.** dyfarniadau'r farnwriaeth.

Efallai yr hoffech chi gyfeirio at unrhyw achosion perthnasol rydych chi'n gwybod amdanyn nhw.

Meddyliwch am y ffynonellau hyn yn nhermau materion fel y canlynol:

- A yw'r wybodaeth yn gywir neu'n anghywir?
- A yw'n ffeithiol neu ai barn yn unig sy'n cael ei chyflwyno?
- A yw'n dangos tuedd neu a yw'n ddiduedd?

Ffynonellau gwybodaeth

Yn y testun hwn, byddwn ni'n archwilio'r ffynonellau gwybodaeth canlynol mewn perthynas â chyfiawnder troseddol: tystiolaeth, trawsgrifiadau treialon, y cyfryngau, dyfarniadau llysoedd ac adroddiadau'r gyfraith.

Ym mhob achos, byddwn ni'n edrych ar ba mor ddilys yw'r ffynhonnell wybodaeth. Hynny yw, i ba raddau mae'n rhoi gwybodaeth wir a chywir i ni – a allwn ni ddibynnu arni? A oes gan y ffynhonnell rym ac awdurdod cyfreithiol?

Er enghraifft, mae'r papurau newydd poblogaidd yn aml yn cael eu cyhuddo o gyflwyno safbwynt sy'n dangos tuedd ac o stereoteipio'r sawl a ddrwgdybir fel anghenfil drwg neu greadur od. Gallai'r sylw hwn greu rhagfarn ymysg rheithwyr yn erbyn y diffynnydd ac arwain at reithfarn annilys – un sydd ddim yn seiliedig ar y ffeithiau gwir a llawn a gafodd eu cyflwyno i'r llys. Yn yr un modd, dydy tystiolaeth pob tyst ddim yn ddilys a gall rhai mathau o dystiolaeth (fel tystiolaeth ail-law) gael ei hystyried yn annerbyniol yn y llys.

Tystiolaeth

Bydd yr erlyniad a'r amddiffyniad yn cyflwyno tystiolaeth mewn treial troseddol, a'r rheithgor neu'r ynadon fydd yn penderfynu pa mor ddilys yw'r dystiolaeth honno wrth iddyn nhw benderfynu ar eu rheithfarn.

Fel sydd i'w weld yn Nhestun 2.1, cyn symud ymlaen ag erlyniad, mae'r CPS yn ei gwneud yn ofynnol i dystiolaeth fodloni'r meini prawf canlynol:

- **Derbyniol** – er enghraifft, ni fydd tystiolaeth ail-law na chyfaddefiadau a gafwyd drwy fygwth yn ddilys ym marn y llys.
- **Dibynadwy** – a yw'r dystiolaeth yn gywir; a yw'r tyst yn anonest neu o gymeriad gwael? A yw dogfen yn ddilys neu a yw'n ffug?

- **Credadwy** – a yw'r dystiolaeth yn gredadwy, o ystyried yr amgylchiadau? Hyd yn oed os yw'r tyst yn onest, a fyddai mewn gwirionedd wedi gallu gweld yn glir yr hyn mae'n honni iddo ei weld?

Mae'r ffaith bod yn rhaid i dystiolaeth yr erlyniad yn y llys argyhoeddi'r CPS yn y lle cyntaf yn awgrymu ei fod yn ddilys, ond nid yw'n bosibl gwarantu hyn. Er enghraifft, efallai bydd yr amddiffyniad yn gallu dangos gwendidau neu anghysonderau yn nhystiolaeth tyst pan fydd yn cael ei groesholi.

Tystiolaeth llygad-dyst

Fel sydd i'w weld yn Nhestun 1.2, er bod rheithgorau yn tueddu i roi llawer o bwys ar dystiolaeth llygad-dyst, nid yw bob amser yn ddilys. Mae nifer o euogfarnau yn seiliedig ar dystiolaeth llygad-dyst wedi cael eu gwrthdroi ar ôl i dystiolaeth fwy cywir a dibynadwy ddod i'r amlwg, fel DNA.

Mae ymchwil gan seicolegwyr fel Loftus et al yn dangos bod llawer o ffactorau yn gallu effeithio ar gof tystion a'r dystiolaeth maen nhw'n ei rhoi, er enghraifft:

- amser y digwyddiad
- a ydyn nhw wedi trafod yr hyn a welson nhw gyda phobl eraill
- faint o amser yn ôl y gwnaethon nhw weld y digwyddiad
- sut mae cwestiynau am y digwyddiad yn cael eu gofyn iddyn nhw yn y llys.

Mae hyn oll yn awgrymu y gall tystiolaeth llygad-dyst fod yn annilys. Er enghraifft, os yw'r treial yn cael ei gynnal ar ôl i amser hir fynd heibio ers y digwyddiad, nid yw'r wybodaeth yn gyfredol iawn ac mae gallu pobl i alw digwyddiad i gof yn mynd yn llai cywir dros amser. Yn yr un modd, gall yr amgylchiadau wrth ffurfio atgof danseilio dilysrwydd. Er enghraifft, canfu Loftus et al bod tystion yn 'canolbwyntio ar yr arf' mewn achosion yn cynnwys arf, ac oherwydd hyn, ddim yn creu atgof manwl o agweddau eraill, fel disgrifiad da o'r troseddwr.

Tystiolaeth gan arbenigwyr

Mewn achosion technegol gymhleth, mae'r rheithfarn yn aml yn dibynnu ar dystiolaeth arbenigwr fel arbenigwr meddygol neu wyddonydd fforensig. Yn amlwg, mae disgwyl i'r arbenigwr wybod mwy am bwnc penodol na gweithwyr cyfreithiol proffesiynol a lleygwyr (e.e. rheithwyr).

O ganlyniad, mae statws arbennig yn cael ei roi i dystiolaeth tystion arbenigol. Yn wahanol i dystion eraill, mae ganddyn nhw hawl i roi eu barn fel arbenigwyr ar y mater dan sylw. Mae'n bosibl y bydd rheithwyr yn ystyried bod barn yr arbenigwr yn hynod o gredadwy, ac yn rhoi pwys mawr ar y farn hon wrth benderfynu ar eu rheithfarn.

Camweinyddu cyfiawnder

Mae dibynnu ar arbenigwyr yn golygu bod perygl o gamweinyddu cyfiawnder os yw'r dystiolaeth honno yn anghywir, neu os byddan nhw'n rhoi eu barn gan honni eu bod yn cyflwyno ffaith wyddonol. Mae sawl enghraifft o hyn i'w weld mewn mannau eraill yr yr Uned hon.

Er enghraifft, fel sydd i'w weld yn Nhestun 1.3, cafodd Sally Clark, Donna Anthony ac Angela Cannings eu dyfarnu'n euog o ladd eu plant ar sail tystiolaeth arbenigol gan Syr Roy Meadow. Ym mhob un o'r achosion hyn, dywedodd wrth y llys, a hynny yn anghywir, mai dim ond un mewn 73 miliwn oedd y siawns o ddwy farwolaeth yn y crud (syndrom marwolaeth sydyn babanod) yn digwydd yn yr un teulu ar hap.

Gall tystiolaeth gan arbenigwyr sy'n dangos tuedd neu sy'n anghymwys danseilio dilysrwydd y wybodaeth hefyd. Er enghraifft, roedd y gwyddonydd fforensig Dr Frank Skuse yn gysylltiedig â sawl achos o gamweinyddu cyfiawnder yn ymwneud â diffynyddion a gyhuddwyd o droseddau terfysgaeth yr IRA, gan gynnwys "Chwech Birmingham" a gafodd eu dyfarnu'n euog ar gam o fomio dwy dafarn yn Birmingham yn 1974.

Syr Roy Meadow yn cyrraedd gwrandawiad y Cyngor Meddygol Cyffredinol, wedi'i gyhuddo o gamymddwyn proffesiynol difrifol.

Tystiolaeth fforensig

Mae tystiolaeth arbenigwyr yn aml yn cynnwys dehongli tystiolaeth fforensig fel DNA. Er bod DNA pob unigolyn yn unigryw ac felly'n gallu cynnig gwybodaeth hynod o ddilys am y sawl a ddrwgdybir neu'r dioddefwr, gall gael ei halogi ac arwain at gyhuddo rhywun o drosedd nad ydyw wedi ei chyflawni, fel yn achos Adam Scott (gweler Testun 1.1).

Trawsgrifiadau o'r treial

Mae trawsgrifiad o dreial yn gofnod ysgrifenedig cyflawn a manwl gywir o bob gair sy'n cael ei lefaru yn y llys gan y barnwr, y cyfreithwyr, y tystion a'r diffynnydd.

Yn wreiddiol, roedd trawsgrifiadau yn cael eu llunio yn y llys gan stenograffyddion y llys a oedd yn defnyddio math o ysgrifennu llaw-fer, ac yna peiriannau stenoteip arbennig yn ddiweddarach. Heddiw, mae llysoedd yn cofnodi trafodion y llys yn ddigidol, gan ddefnyddio system Darts (*Digital Audio Recording Transcription and Storage*).

Gall unrhyw un wneud cais i gael trawsgrifiad o wrandawiad llys os cafodd y gwrandawiad ei recordio, ond gall y llys wrthod darparu recordiad (er enghraifft, os oedd y gwrandawiad yn gyfrinachol). Mae gwrandawiadau yn Llys y Goron bob amser yn cael eu recordio, ond dydy gwrandawiadau llysoedd ynadon byth yn cael eu recordio. Mae'n rhaid talu am y trawsgrifiad fel arfer.

Defnydd o drawsgrifiadau

Mae trawsgrifiadau o dreialon yn bwysig i sicrhau cyfiawnder am ddau reswm:
- Maen nhw'n dystiolaeth y gall diffynnydd ei defnyddio mewn apêl, er enghraifft i ddangos anghysonderau yn y trafodion neu duedd gan y barnwr wrth grynhoi'r achos.
- Maen nhw'n cael eu defnyddio gan y Bwrdd Parôl wrth ystyried cais carcharor i gael ei ryddhau ar barôl. Gall y Bwrdd ddarllen y sylwadau dedfrydu a gafodd eu gwneud gan y barnwr yn y treial gwreiddiol. Er enghraifft, mae'n bosibl bod y barnwr wedi gwneud sylwadau am berygl y troseddwr i'r cyhoedd, a bydd hyn yn effeithio ar benderfyniad y Bwrdd.

Pa mor ddilys yw trawsgrifiadau?

Mae trawsgrifiadau o dreialon yn cael eu cydnabod fel ffynonellau gwybodaeth dilys gan eu bod yn cael eu hystyried yn gofnodion hynod o gywir a diduedd o'r geiriau a gafodd eu llefaru yn y llys. Maen nhw hefyd yn gofnodion cyfredol o'r geiriau ar yr adeg pan gawson nhw eu llefaru, yn hytrach nag ail-greu'r hyn a gafodd ei ddweud yn y llys yn ddiweddarach. Oherwydd y rhesymau hyn, mae trawsgrifiadau yn cael eu derbyn fel cofnodion gwir mewn apeliadau a gan y Bwrdd Parôl.

Fodd bynnag, er bod system Darts yn hynod o ddibynadwy, mae risg bach bob amser na fydd y dechnoleg yn gweithio'n iawn. Mae'n bosibl hefyd na fydd rhai o'r geiriau sy'n cael eu llefaru yn cael eu recordio'n glir. Pan oedd stenograffyddion yn cael eu defnyddio, roedd risg bach o gamgymeriadau dynol wrth gamglywed neu gamdeipio'r geiriau llafar. Gall yr amgylchiadau yn ystafell y llys (lefelau sŵn, er enghraifft) effeithio ar y recordiad neu'r trawsgrifiad hefyd.

Y cyfryngau

Tuedd wleidyddol

Mae gwahanol gyfryngau yn dangos tueddiadau gwleidyddol gwahanol. Mae papurau newydd yn tueddu i gefnogi un blaid neu'i gilydd. Er enghraifft, mae papur newydd *Daily Mirror* yn tueddu i fod yn fwy adain chwith ac yn cefnogi'r Blaid Lafur, ond mae *The Sun* yn tueddu i fod yn fwy adain dde ac yn cefnogi'r Ceidwadwyr. I'r gwrthwyneb, mae gan y radio a'r teledu ddyletswydd i gyflwyno materion gwleidyddol mewn ffordd gytbwys. Er enghraifft, mae'n ofynnol i'r BBC ddangos 'diduedddrwydd dyledus' wrth ymdrin â phynciau dadleuol yn hytrach na chymryd ochr.

Mae'r gwahaniaethau hyn yn golygu bod y sylw sy'n cael ei roi i faterion yn ymwneud â throsedd a chyfiawnder yn amrywio o un cyfrwng i'r llall. Er enghraifft, mae papurau newydd adain dde yn tueddu i ffafrio deddfau mwy llym a mwy o ddedfrydau o garchar i fynd i'r afael â throsedd. Gall hyn effeithio ar ddilysrwydd eu hadroddiadau wrth iddyn nhw gyflwyno darlun unochrog sy'n dethol gwybodaeth o blaid y safbwynt hwnnw. Mae papurau newydd hefyd yn rhydd i fynegi eu barn, ac mae hyn yn debygol o liwio'r wybodaeth maen nhw'n ei chyflwyno.

Mae'n rhaid i ni fod yn ofalus felly wrth ymdrin â'r cyfryngau, a rhoi ystyriaeth lawn i dueddiadau gwleidyddol y cyfrwng penodol wrth asesu pa mor ddilys neu wir yw'r wybodaeth o'r ffynhonnell honno.

Panig moesol

Mae angen i'r cyfryngau ddenu cynulleidfa er mwyn gwneud elw neu ddod yn fwy poblogaidd. Gallai hyn arwain at adroddiadau sy'n gorliwio'r sefyllfa, er enghraifft terfysgoedd 2011, cŵn peryglus yn 1991, neu'r mods a'r rocers yn yr 1960au. Mae adroddiadau camarweiniol sydd wedi'u gorliwio o ddigwyddiadau yn rhoi gwybodaeth sydd ddim yn rhoi darlun cywir na dilys o wir nifer y troseddau sy'n cael eu cyflawni, a'u difrifoldeb.

Stereoteipio

Fel sydd i'w weld yn achos Christopher Jefferies yn Nhestun 2.4, mae'r papurau newydd poblogaidd yn aml yn portreadu'r rhai a ddrwgdybir yn ymchwiliadau'r heddlu mewn ffordd negyddol iawn. Yn aml, mae'r portread yn seiliedig ar safbwyntiau ystrydebol am y ffordd mae troseddwr yn edrych ac yn ymddwyn: unigolyn sy'n rhywiol wyrdroëdig, sy'n hoffi bod ar ei ben ei hun, sydd â phatrymau ymddygiad od ac yn y blaen. Mae ffotograffau od neu anffafriol yn aml yn cael eu defnyddio i atgyfnerthu'r ddelwedd, ynghyd â dyfyniadau gan gymdogion a chydweithwyr dienw, ac ati.

Pa mor wrthrychol a dibynadwy yw adroddiadau'r cyfryngau fel ffynhonnell wybodaeth am drosedd ac anrhefn?

Mae adroddiadau o'r fath yn gyfystyr â threial gan y cyfryngau ac, fel mae achos Jefferies yn ei ddangos, mae'r wybodaeth sy'n cael ei chreu gan y ffynonellau hyn yn aml yn llawn gwallau a thuedd, heb ddim neu fawr ddim dilysrwydd.

Un broblem ychwanegol sy'n gysylltiedig â rhai adroddiadau yn y cyfryngau am drosedd yw stereoteipio hiliol. Er enghraifft, mae Hall et al yn disgrifio sut gwnaeth y cyfryngau yn yr 1970au bortreadu 'mygio' fel trosedd a oedd yn cael ei chyflawni gan bobl ifanc du yn unig.

Dyfarniadau

Dydy dyfarniadau'r llysoedd ddim bob amser yn ddilys. Gall hyn fod am sawl rheswm, er enghraifft tuedd anfwriadol a stereoteipio anymwybodol, tuedd wleidyddol, a dyfarniadau anghywir gan farnwyr a chrwneriaid.

Tuedd anfwriadol mewn dyfarniadau

Mae dyfarniad diduedd yn hanfodol er mwyn i ddiffynyddion gael treial teg, ond mae ymchwil yn dangos y gall tuedd anymwybodol ddylanwadu ar ddyfarniadau rheithwyr. Er enghraifft, mae ffug dreialon wedi dangos bod rheithwyr sy'n credu bod y system gyfiawnder yn rhy drugarog yn fwy tebygol o ddyfarnu diffynnydd yn euog.

Hil

Gall stereoteipiau hiliol anymwybodol ddylanwadu ar ddyfarniadau a phenderfyniadau. Er enghraifft, canfu Plant a Peruche bod swyddogion heddlu o UDA, wrth chwarae gêm fideo efelychiadol sy'n chwilio am bobl a ddrwgdybir, yn fwy tebygol o saethu pobl ddu heb arfau na phobl wyn heb arfau. 'Tuedd arfau' yw'r enw ar yr effaith hon. Mae astudiaethau eraill yn UDA wedi dangos bod gan farnwyr treialon a chyfreithwyr y gosb eithaf duedd yn erbyn pobl ddu.

Rhywedd

Yn ôl Ellison a Munro, mewn treialon ffug yn ymwneud ag achosion o dreisio, roedd rheithwyr yn defnyddio diffyg arwyddion o anafiadau corfforol neu ymateb emosiynol y dioddefwyr ac unrhyw oedi cyn reportio'r ymosodiad, fel rhesymau dros gyflwyno rheithfarnau dieuog. Mae'r rhesymau hyn yn seiliedig ar ragdybiaethau a stereoteipiau anymwybodol am ddioddefwyr treisio.

Tuedd wleidyddol mewn dyfarniadau

Mae gan farnwyr eu safbwyntiau gwleidyddol eu hunain felly mae perygl y bydd y rhain yn dylanwadu ar eu dyfarniadau. Un achos lle gallai hyn fod wedi digwydd oedd un y cyn-unben o Chile, y Cadfridog Pinochet.

Yn 1973 roedd Pinochet wedi cipio grym mewn coup d'état gwaedlyd a wnaeth ddymchwel llywodraeth etholedig ddemocrataidd yr Arlywydd Salvador Allende. Yn 1998, roedd Pinochet yn ymweld â Phrydain pan gafodd ei arestio ar gais estraddodi gan lywodraeth Sbaen, a oedd eisiau ei roi ar dreial am droseddau yn erbyn y ddynoliaeth.

Fel cyn-bennaeth gwladwriaeth, roedd Pinochet yn honni bod ganddo imiwnedd rhag ei arestio. Ond gwnaeth Tŷ'r Arglwyddi bennu nad oedd ganddo imiwnedd o'r fath. Fodd bynnag, cafodd y penderfyniad hwn ei wrthdroi yn ddiweddarach ar sail tuedd. Doedd yr Arglwydd Hoffman, un o farnwyr yr achos, ddim wedi datgelu ei gysylltiadau â'r mudiad hawliau dynol Amnest Rhyngwladol (roedd yn gadeirydd ei gorff codi arian), a oedd wedi cefnogi estraddodi Pinochet.

Ni wnaeth yr Arglwyddi awgrymu bod Hoffman wedi dangos tuedd. Yn hytrach, gwnaethon nhw ddadlau 'nid yn unig bod yn rhaid sicrhau cyfiawnder, mae'n rhaid gweld cyfiawnder ar waith' a gallai cysylltiadau agos Hoffman ag Amnest Rhyngwladol arwain at amheuaeth o duedd yn ei reithfarn. Yn y pen draw, does dim ffordd o wybod i sicrwydd a oedd rheithfarn Hoffman yn dangos tuedd, neu a oedd yn seiliedig ar safbwynt gwrthrychol o'r ffeithiau yn unig.

Chile, 2016. Protestwyr yn cario lluniau o bobl ar goll, y maen nhw'n credu iddyn nhw gael eu llofruddio gan y fyddin yn ystod coup d'état 1973. Mae llun o Allende, a gafodd ei ladd yn y coup d'état, i'w weld yng nghanol y llun.

Cwestau

Pan fydd rhywun yn marw'n sydyn oherwydd gweithredoedd sefydliadau cyhoeddus fel yr heddlu, bydd y sefydliadau hynny yn derbyn cynrychiolaeth gyfreithiol wedi'i hariannu gan y wladwriaeth yn y cwest. Fodd bynnag, does gan deuluoedd y sawl sydd wedi marw ddim hawl awtomatig i gael cymorth cyfreithiol. Mae'r carfan bwyso INQUEST yn dadlau bod hyn yn fath o duedd sefydliadol sy'n tanseilio'r hawl i gael triniaeth deg. Gall fod yn anodd iawn i deuluoedd herio rheithfarn sy'n annilys yn eu barn nhw, fel mae trychineb Hillsborough yn ei ddangos.

Trychineb Hillsborough

Ar 15 Ebrill 1989, bu farw 96 o gefnogwyr Lerpwl ac anafwyd 766 mewn gwasgfa ar y terasau yn Stadiwm Hillsborough a oedd yn eiddo i Glwb Pêl-droed Sheffield Wednesday, ar ddechrau gêm gynderfynol Cwpan FA. Digwyddodd y wasgfa ar ôl i bennaeth heddlu'r gêm, Y Prif Arolygydd David Duckenfield, roi gorchymyn i agor gât allanfa, gan olygu bod ton o gefnogwyr wedi llifo i mewn i ardaloedd wedi'u ffensio y tu ôl i'r goliau a oedd eisoes yn orlawn. Cafodd y gêm ei hatal am 3.05 pm, pum munud ar ôl y gic gyntaf.

Roedd yr ymdrechion achub yn anhrefnus, ac i ddechrau, roedd rhai o'r heddweision yn ceisio atal cefnogwyr rhag dianc o'r ardaloedd caeëdig, gan gredu eu bod nhw'n ceisio rhedeg ar y cae. Yn yr wythnosau dilynol, gwnaeth yr heddlu fwydo straeon ffug i'r cyfryngau gan roi'r bai ar gefnogwyr Lerpwl am fod yn feddw ac ymddwyn fel hwliganiaid.

Y cwest cyntaf

Gwnaeth adroddiad gan yr Arglwydd Ustus Taylor feio'r heddlu, ond yn 1990 cyhoeddodd y Cyfarwyddwr Erlyniadau Cyhoeddus na fyddai cyhuddiadau'n cael eu dwyn yn erbyn unrhyw swyddogion. Yn 1991, daeth cwest i'r casgliad bod y marwolaethau yn ddamweiniol. Dywedodd y crwner fod pob un o'r 96 wedi marw cyn 3.15 pm, gan olygu nad oedd yn bosibl archwilio ymateb y gwasanaethau brys ar ôl yr amser hwnnw.

Yn 2000, gwnaeth teuluoedd y 96 ddwyn erlyniad preifat yn erbyn Duckenfield ac un swyddog arall. Er i Duckenfield gyfaddef ei fod wedi dweud celwydd, ni wnaeth y rheithgor lwyddo i gytuno ar reithfarn.

Yn 2009, cafodd Panel Annibynnol Hillsborough ei sefydlu gan y llywodraeth. Gwnaeth y panel gyhoeddi ei adroddiad ym mis Medi 2012 – yr ymchwiliad trylwyr cyntaf i'r drychineb. Daeth i'r casgliadau canlynol:

- doedd y cefnogwyr ddim yn gyfrifol; y prif achos oedd diffyg rheolaeth yr heddlu
- mae'n bosibl y byddai hyd at 41 o'r cefnogwyr marw wedi goroesi petai ymateb y gwasanaethau brys wedi bod yn well
- roedd yr heddlu wedi cuddio ffeithiau, gan gynnwys newid 116 o ddatganiadau i ddileu sylwadau negyddol am eu rôl
- roedd yr heddlu wedi beio'r cefnogwyr a cheisio pardduo enw'r rhai a fu farw (e.e. cynnal profion alcohol ar eu cyrff).

Yr ail gwest

Ym mis Rhagfyr 2012, cafodd y rheithfarnau o farwolaethau damweiniol eu dileu gan yr Uchel Lys. Yn 2016, daeth cwest newydd i'r casgliadau canlynol:

- roedd pob un o'r 96 wedi cael eu lladd yn anghyfreithlon
- roedd gweithredoedd Duckenfield yn gyfystyr ag 'esgeuluster difrifol'
- roedd yr heddlu a'r gwasanaeth ambiwlans wedi cyfrannu at y marwolaethau
- roedd gwendidau yn nylunaid y stadiwm wedi cyfrannu at y marwolaethau (doedd dim tystysgrif diogelwch ddilys gan y stadiwm).

Yn dilyn rheithfarnau'r cwest, cafodd cyhuddiad o ddynladdiad drwy esgeuluster difrifol ei ddwyn yn erbyn Duckenfield, a chyhuddiad o dorri deddfau diogelwch caeau chwarae ei ddwyn yn erbyn cyn-ysgrifennydd y clwb pêl-droed, Graham Mackrell.

Wrth edrych ar stori'r drychineb, sy'n cwmpasu bron i 20 mlynedd, mae'n amlwg bod nifer o bobl mewn awdurdod wedi camfarnu yn ddifrifol, gan gynnwys:

- yr heddlu a'r gwasanaeth ambiwlans ar y diwrnod
- y Cyfarwyddwr Erlyniadau Cyhoeddus yn 1990 yn penderfynu peidio ag erlyn neb

- rheithfarn marwolaethau damweiniol llys y crwner yn 1991
- y llys a wnaeth roi Duckenfield ar dreial yn 2000.

Yn yr un modd, mae celwyddau'r heddlu a'u hymdrechion i guddio'r ffeithiau, i feio'r dioddefwyr a ffugio tystiolaeth, yn golygu nad yw eu hadroddiadau o'r digwyddiadau a'u rôl ynddyn nhw yn ddilys.

GWEITHGAREDD — Clip fideo

Hillsborough   Ewch i Hwb: www.hwb.gov.wales/

Hillsborough, 15 Ebrill 1989. Cafodd rhai cefnogwyr eu hachub o'r wasgfa ond bu farw 96 o rai eraill.

Cwest Mark Duggan

Mae'r dyfarniadau mewn cwestau i farwolaethau amheus wedi cael eu herio'n aml. Er enghraifft, gwnaeth teulu Mark Duggan, a gafodd ei saethu gan yr heddlu gan sbarduno terfysgoedd 2011, geisio gwrthdroi rheithfarn y cwest o ladd cyfreithlon.

Cafodd Duggan ei ladd gan swyddog arfau tanio'r heddlu a oedd yn credu, yn anghywir, bod Duggan yn cario gwn llaw. Yn y cwest, gwnaeth y crwner roi cyfarwyddyd i'r rheithgor gyflwyno rheithfarn o ladd cyfreithlon os oedden nhw'n derbyn bod y swyddog yn credu'n onest ei fod mewn perygl a'i fod yn gweithredu i amddiffyn ei hun. Dyna oedd eu rheithfarn yn y pen draw.

Yn yr apêl, gwnaeth teulu Duggan ddadlau bod y crwner wedi camarwain y rheithgor. Dylai fod wedi dweud wrthyn nhw bod yn rhaid iddyn nhw hefyd ystyried a oedd cred y swyddog yn seiliedig ar sail resymol ac os nad oedd, y dylid cyflwyno rheithfarn o ladd anghyfreithlon.

Fodd bynnag, gwnaeth y Llys Apêl wrthod apêl y teulu ar y sail ei bod yn synnwyr cyffredin y byddai'r rheithgor wedi ystyried hyn, ac y byddai derbyn cyfarwyddyd manwl gan y crwner wedi gallu eu drysu.

Mae'n bosibl dadlau ynghylch dilysrwydd y dyfarniad gwreiddiol a dyfarniad y Llys Apêl, ac mae anghytuno o hyd ynglŷn â dealltwriaeth y rheithgor ei bod yn bosibl cyflwyno rheithfarn o ladd anghyfreithlon.

GWEITHGAREDD — Clip fideo

Achos Mark Duggan   Ewch i Hwb: www.hwb.gov.wales/

Gwylnos y tu allan i orsaf heddlu Tottenham ar ôl i'r cwest benderfynu bod Mark Duggan wedi cael ei ladd yn gyfreithlon.

Adroddiadau'r gyfraith

Adroddiadau am benderfyniadau sy'n cael eu gwneud gan lysoedd yw adroddiadau'r gyfraith. Maen nhw'n cael eu cyhoeddi'n rheolaidd – llawer ohonyn nhw yn wythnosol. Eu diben yw rhoi gwybod i gyfreithwyr a barnwyr am ddyfarniadau pwysig yn y llysoedd ac er mwyn atal dau lys rhag dod i benderfyniadau gwahanol ar sail yr un ffeithiau.

Mae adroddiad yn cynnwys yr adrannau canlynol:

- pennawd yr achos – enwau'r partïon dan sylw, y dyddiad, y llys a'r barnwr
- y geiriau allweddol yn ymwneud â'r achos (e.e. tystiolaeth ail-law) a'r materion allweddol dan sylw
- y pennawd (*headnote*) – crynodeb o'r ffeithiau, penderfyniad y llys ac unrhyw gyfraith achosion a gafodd ei hystyried
- y dyfarniad – trawsgrifiad o'r union eiriau a gafodd eu defnyddio gan y barnwr i esbonio ei resymau.

Egwyddor cynsail

Dim ond tua 2% o achosion sy'n cael eu hadrodd yn adroddiadau'r gyfraith. Y rhain yw'r achosion sy'n gosod cynsail – hynny yw, maen nhw'n gosod egwyddor newydd o ran y gyfraith.

Yng Nghymru a Lloegr, yr egwyddor cynsail sy'n pennu sut mae llysoedd yn gwneud llawer o'u penderfyniadau. Mae cynsail yn golygu dilyn penderfyniadau sydd wedi cael eu gwneud mewn achosion tebyg yn y gorffennol. Os yw pwynt y gyfraith yn yr achos presennol ac mewn achos blaenorol yr un fath, dylai'r llys ddilyn penderfyniad yr achos blaenorol.

Mae dilyn cynsail yn annog cysondeb a thegwch rhwng achosion tebyg, ac mae hefyd yn darparu sicrwydd – mae pobl yn gwybod beth i'w ddisgwyl mewn achos, o ystyried y penderfyniad a wnaethpwyd mewn achos blaenorol tebyg.

Pam mae adroddiadau'r gyfraith yn bwysig?

Dim ond os ydyn nhw'n gwybod yn union beth oedd y penderfyniad blaenorol a'r rheswm drosto y gall y llysoedd ddilyn cynsail. Mae'n hollbwysig cael manylion yr achos blaenorol felly, a dyma rôl adroddiadau'r gyfraith.

Mae adroddiad yn rhoi cofnod llawn a chywir o'r holl wybodaeth berthnasol. Mae hyn yn golygu y gall y llys ddibynnu arno fel datganiad awdurdodol o'r egwyddor gyfreithiol a oedd yn sail i'r penderfyniad yn yr achos hwnnw. Mae hyn yn galluogi'r llys i weld a yw'r achos blaenorol yn gosod cynsail ar gyfer yr achos maen nhw'n delio ag ef ar y pryd.

Pa mor ddilys yw adroddiadau'r gyfraith?

Gall adroddiadau swyddogol y gyfraith gael eu hystyried yn ffynonellau gwybodaeth dilys ac awdurdodol am y gyfraith.

- **Cywir** – maen nhw'n adroddiadau cywir am achosion, gyda thrawsgrifiad manwl gywir o'r dyfarniad, a manylion allweddol am achosion pwysig wedi'u hysgrifennu mewn fformat safonol.
- **Cyfredol** – maen nhw'n gyfredol a chyfoes. Mae llawer o adroddiadau yn cael eu cyhoeddi yn wythnosol.
- **Diduedd** – maen nhw'n adroddiadau gwrthrychol, diduedd o ffeithiau achosion.
- **Barn berthnasol** – maen nhw'n cynnwys barn y llys, gan fod hyn yn hanfodol er mwyn i lysoedd eraill ddeall y rhesymau dros y dyfarniad. Dydyn nhw ddim yn cynnwys barn y sawl sy'n ysgrifennu'r adroddiad.

PARATOI AR GYFER YR ASESIAD DAN REOLAETH

Beth mae angen i chi ei wneud

Gan ddefnyddio eich nodiadau o Destun 3.1, archwiliwch y wybodaeth ganlynol o ran ei dilysrwydd:

- tystiolaeth
- trawsgrifiadau o dreialon
- adroddiadau yn y cyfryngau
- dyfarniadau
- adroddiadau'r gyfraith.

Dylech chi archwilio pa mor ddilys yw'r wybodaeth uchod o ran:

- tuedd
- barn
- amgylchiadau
- pa mor gyfredol
- cywirdeb.

Dylech chi ddangos y gallu i adolygu'r ffynonellau gwybodaeth a llunio barn am ba mor addas yw'r cynnwys maen nhw'n ei ddarparu yn erbyn nifer o feini prawf.

Senario briff yr aseiniad

Lle bo'n berthnasol, dylech chi gyfeirio at y briff yn eich ateb. Er mwyn cyrraedd y band marciau uchaf, mae'n rhaid i chi gynnwys cyfeiriad at y briff.

Sut bydd yn cael ei farcio

11–15 marc: Archwiliad manwl o amrywiaeth berthnasol o ffynonellau gwybodaeth (gan gynnwys cyfeirio at y briff). Cynhelir adolygiad clir o'u haddasrwydd o ran dilysrwydd.

6–10 marc: Caiff amrywiaeth o ffynonellau gwybodaeth eu harchwilio a'u hadolygu o ran eu dilysrwydd. Ar y pen isaf, bydd amrywiaeth y ffynonellau gwybodaeth a/neu'r adolygiad yn gyfyngedig.

1–5 marc: Disgrifir ffynonellau gwybodaeth cyfyngedig (cânt eu rhestru yn y pen isaf). Ar y pen uchaf, trafodir rhai ffynonellau gwybodaeth mewn perthynas â dilysrwydd.

TESTUN 3.2

Tynnu casgliadau ar sail y wybodaeth

Man cychwyn

Gan weithio gyda phartner, ystyriwch yr hyn rydych chi wedi'i astudio hyd yma yn yr Uned hon ac atebwch y cwestiynau canlynol:

1. Pa ffactorau allai arwain at dreial annheg?
2. Pam gallai mwy o reithfarnau dieuog gael eu cyflwyno mewn achosion sy'n cael eu penderfynu gan reithgorau yn hytrach na rhai sy'n cael eu penderfynu gan farnwyr neu ynadon?

Rheithfarnau diogel

Rheithfarn ddiogel yw un sy'n cael ei chyflwyno yn seiliedig ar holl ffeithiau perthnasol y mater ar ôl treial teg. Er mwyn cael rheithfarn ddiogel, mae angen dau beth:

- **mae'n rhaid i'r dystiolaeth** fod yn dderbyniol, yn ddibynadwy ac yn gredadwy, yn ogystal ag yn ddigonol i gyfiawnhau'r rheithfarn
- **mae'n rhaid i weithdrefnau'r llys** fod wedi cael eu dilyn yn gywir yn ystod y treial.

Rheithfarnau anniogel a chamweinyddu cyfiawnder

Mae rheithfarnau anniogel a chamweinyddu cyfiawnder fel arfer yn digwydd pan fydd naill ai problemau â'r dystiolaeth neu broblemau â phroses y treial ei hun. Mewn achosion o'r fath, gall y diffynnydd geisio apelio yn erbyn y rheithfarn 'euog'.

Camweinyddu cyfiawnder

Os yw'r apelydd (y sawl sy'n apelio) wedi gallu profi ei fod yn ddieuog, mae hyn yn achos o gamweinyddu cyfiawnder. Mae'r achosion hyn fel arfer yn seiliedig ar dystiolaeth newydd. Er enghraifft, gallai fod o ganlyniad i dechnegau fforensig newydd fel datblygiadau mewn dadansoddi DNA nad oedden nhw ar gael ar adeg y treial gwreiddiol.

Os bydd y Llys Apêl yn penderfynu bod euogfarn yn achos o gamweinyddu cyfiawnder, yna fel arfer ni fydd angen aildreial. Bydd yr achos yn erbyn yr apelydd yn cael ei ollwng, gan fod y dystiolaeth newydd yn profi ei fod yn ddieuog.

GWEITHGAREDD / Ymchwil

The Innocence Project · Ewch i Hwb: www.hwb.gov.wales/

Euogfarnau anniogel neu gameuogfarnau

Mae rheithfarnau anniogel fel arfer yn cael eu galw'n euogfarnau anniogel neu'n gameuogfarnau. Mae camweinyddu cyfiawnder yn un math o gameuogfarn (mae'r achosion hyn yn anghywir gan fod y cyhuddedig yn ddieuog mewn gwirionedd). Fodd bynnag, gall cameuogfarn hefyd ddigwydd pan nad yw'n amlwg a oedd y cyhuddedig yn ddieuog ynteu'n euog.

Yn yr achosion hyn, bydd yr euogfarn fel arfer yn cael ei gwrthdroi gan fod rhywbeth o'i le ar broses y treial. Mae hyn yn golygu na chafodd y cyhuddedig dreial teg, felly gallwn ni ddim bod yn sicr y tu hwnt i amheuaeth resymol ei fod yn euog.

Gall **gwallau yng ngweithdrefn y treial**, fel y rhai canlynol, arwain at gameuogfarnau:

- y barnwr yn camarwain y rheithgor
- y barnwr yn gwneud camgymeriadau yn ei ddyfarniadau cyfreithiol, fel eithrio neu gynnwys tystiolaeth ar gam, e.e. caniatáu tystiolaeth ail-law
- peidio â galw tystion perthnasol neu beidio â chyflwyno tystiolaeth berthnasol
- anghysonderau yn ymwneud â'r rheithgor, e.e. ymyrryd, rheithwyr yn ymchwilio i'r achos ar y rhyngrwyd ac ati.

Mae'n bosibl na fydd y gwallau hyn yn dangos bod yr apelydd yn ddieuog, ond byddan nhw'n bwrw amheuaeth ar ei euogrwydd. Yn yr achosion hyn, bydd y Llys Apêl yn dileu'r euogfarn wreiddiol ond mae'n bosibl y bydd yn gorchymyn aildreial.

"Chwech Birmingham"

Mae sawl achos proffil uchel o gamweinyddu cyfiawnder wedi bod yn ystod y 50 mlynedd diwethaf. Un o'r rhai mwyaf adnabyddus yw achos "Chwech Birmingham".

Arestio a threial

Ar 21 Tachwedd 1974, cafodd dwy dafarn yn Birmingham eu bomio. Yr IRA oedd yn gyfrifol yn ôl pob tebyg, a lladdwyd 21 o bobl. Yn fuan wedyn, arestiwyd chwech o ddynion Catholig o Ogledd Iwerddon a oedd yn byw yn Birmingham. Pan oedden nhw yn y ddalfa, chawson nhw ddim bwyd na chwsg, a chawson nhw eu holi'n ddwys am hyd at 12 awr heb seibiant, eu bygwth a'u curo, a'u gorfodi i gymryd rhan mewn dienyddiad ffug. Roedd pedwar o'r dynion wedi llofnodi cyfaddefiad.

Ar 12 Mai 1975 cafodd cyhuddiad o lofruddio a chynllwynio i achosi ffrwydriadau ei ddwyn yn erbyn y chwech. Gwnaeth y barnwr bennu bod y cyfaddefiadau yn dderbyniol fel tystiolaeth. Wrth roi tystiolaeth ar ran yr erlyniad, gwnaeth y gwyddonydd fforensig Dr Frank Skuse honni ei fod yn 99% sicr bod olion ffrwydron ar ddwylo dau o'r dynion. Roedd arbenigwr yr amddiffyniad, Dr Hugh Black, cyn-Brif Arolygydd Ffrwydron y Swyddfa Gartref, yn anghytuno. Dyfarnwyd y chwech yn euog ar 15 Awst 1975, a rhoddwyd 21 dedfryd o garchar am oes i bob un ohonyn nhw.

Apeliadau

Ym mis Mawrth 1976, gwrthodwyd cais y dynion i apelio a gwnaethon nhw aros yn y carchar. Yn 1985, darlledwyd y gyntaf o sawl rhaglen deledu *World in Action* a oedd yn bwrw amheuaeth ar eu heuogfarnau. Yn 1986, gwnaeth llyfr gan Chris Mullin AS gyflwyno'r achos dros eu dieuogrwydd, gan gynnwys honiad Mullin ei fod wedi cyfarfod rhai o'r bobl a oedd wir yn gyfrifol am y bomio.

Yn 1988, ar ôl yr apêl droseddol hiraf erioed, gwnaeth y Llys Apêl ddyfarnu bod yr euogfarnau yn ddiogel a gwrthodwyd yr apeliadau. Dros y tair blynedd nesaf, gwnaeth newyddiadurwyr ac ymgyrchwyr gyflwyno tystiolaeth newydd a oedd yn bwrw amheuaeth ar ba mor ddiogel oedd yr euogfarnau.

Rhyddid

Yn ystod apêl newydd yn 1990, cyflwynwyd tystiolaeth newydd o ffugio gan yr heddlu, eithrio tystiolaeth ar gam gan farnwr y treial, a heriau i'r cyfaddefiadau a'r dystiolaeth fforensig. Yn sgil hyn penderfynodd yr erlyniad beidio â chyflwyno achos.

Dywedodd y Llys Apêl: 'yng ngoleuni'r dystiolaeth wyddonol newydd, sy'n bwrw amheuaeth ddifrifol ar dystiolaeth Dr. Skuse, os nad yw'n ei dinistrio'n gyfan gwbl, mae'r euogfarnau hyn yn anniogel ac yn anfoddhaol'. Cafodd y chwech eu rhyddhau ar 14 Mawrth 1991.

GWEITHGAREDD | **Clip fideo**

"Chwech Birmingham" — Ewch i Hwb: www.hwb.gov.wales/

Roedd **Adran Troseddau Difrifol Heddlu Gorllewin Canolbarth Lloegr** yn weithredol rhwng 1974 ac 1989. Daeth i ben yn dilyn ymchwiliad i honiadau o gamymddwyn difrifol a oedd wedi arwain at gameuogfarnau, gan gynnwys yn achos "Chwech Birmingham". Gwnaeth dros 100 o achosion eraill naill ai fethu neu gael eu dileu ar apêl. Roedd camymddygiad y swyddogion yn cynnwys cam-drin carcharorion yn gorfforol (fel rhoi bagiau plastig dros eu pennau), ffugio cyfaddefiadau a phlannu tystiolaeth ddamniol.

GWEITHGAREDD / Ymchwil

Camweinyddu cyfiawnder Ewch i Hwb: www.hwb.gov.wales/

Rhai o aelodau "Chwech Birmingham" gyda Chris Mullin (yn gwisgo sbectol), ar ôl iddyn nhw gael eu rhyddhau gan y Llys Apêl.

Rheithfarnau cyfiawn

Rheithfarn gyfiawn yw un sy'n haeddiannol, yn gyfreithiol ac yn gywir. Mae'n rheithfarn sy'n gwneud cyfiawnder â ffeithiau'r achos, gan ddyfarnu pobl euog yn euog a phobl ddieuog yn ddieuog. Dydy'r system cyfiawnder troseddol ddim bob amser wedi arwain at reithfarnau cyfiawn, fel yn achos y rheol erlyniad dwbl.

Erlyniad dwbl

Tan i'r rheol erlyniad dwbl gael ei newid yn 2003, doedd hi ddim yn bosibl i rywun a oedd wedi'i ryddfarnu o drosedd gael ei erlyn unwaith eto am y drosedd honno. Yn y rhan fwyaf o achosion mae hyn yn gyfiawn ac yn deg, oherwydd mae'n atal camddefnyddio grym y wladwriaeth. Mae'n atal erlynwyr rhag erlyn rhywun dro ar ôl tro am yr un drosedd nes eu bod nhw'n llwyddo i gael euogfarn, sef rhywbeth a fyddai'n cael ei ystyried yn fath o ormes.

Fodd bynnag, mewn rhai achosion, daw'n amlwg bod rheithfarn 'ddieuog' yn y treial gwreiddiol yn annheg. Gall hyn ddigwydd pan fydd y diffynnydd, ar ôl cael ei ryddfarnu o drosedd, yn cyfaddef yn ddiweddarach ei fod wedi'i chyflawni. Gall cyfiawnder rheithfarn gael ei gwestiynu hefyd pan ddaw tystiolaeth newydd i law ar ôl y rhyddfarn.

Yn *Troseddeg Llyfr Un*, archwiliwyd achos Billy Dunlop. Ar ôl sefyll treial, cafodd Dunlop ei ryddfarnu o lofruddio Julie Hogg, ond gwnaeth gyfaddef yn ddiweddarach ei fod yn euog. Gwnaeth mam Julie, Ann Ming, ymgyrchu yn llwyddiannus i newid y rheol erlyniad dwbl er mwyn i Dunlop gael aildreial a chael ei euogfarnu.

Stephen Lawrence

Rhoddodd llofruddiaeth hiliol Stephen Lawrence yn 1993 hwb i'r ymgyrch i newid y rheol erlyniad dwbl hefyd. Roedd ymchwiliad yr heddlu wedi bod yn anghymwys ac yn hiliol, ac ni chafodd yr un o'r pump o bobl a ddrwgdybir eu herlyn (cafodd cyhuddiad ei ddwyn yn erbyn dau ohonyn nhw i ddechrau, ond gollyngwyd y cyhuddiadau yn ddiweddarach).

Daeth rhieni Stephen ag erlyniad preifat yn erbyn tri o'r rhai a ddrwgdybir. Fodd bynnag, cawson nhw eu rhyddfarnu ar ôl i'r barnwr benderfynu bod tystiolaeth Duwayne Brooks a oedd wedi adnabod y tri yn annerbyniol. Roedd Duwayne gyda Stephen pan gafodd ei lofruddio.

Adroddiad Macpherson

Yn 1999 gwnaeth Adroddiad Macpherson i achos Stephen Lawrence alw am ddileu'r rheol erlyniad dwbl. Yn 2003 gwnaeth y Ddeddf Cyfiawnder Troseddol newid y gyfraith fel bod modd caniatáu ail erlyniad yn achos troseddau difrifol iawn os oedd tystiolaeth 'newydd a grymus' yn dod i'r amlwg. Hyd yn oed wedyn, mae'n rhaid i'r Cyfarwyddwr Erlyniadau Cyhoeddus (pennaeth y CPS) gytuno bod ailagor yr achos yn rhywbeth sydd er lles y cyhoedd. Dim ond un aildreial sy'n cael ei ganiatáu.

'Tystiolaeth newydd a grymus': Cafodd fflawiau bach iawn o waed Stephen Lawrence eu darganfod ar siaced Dobson.

Rheithfarnau cyfiawn – yn achos Stephen Lawrence, arweiniodd y newid at aildreial, ac yn 2012 cafodd Gary Dobson, un o'r pump a ddrwgdybir, ei ddyfarnu'n euog. Cafodd un arall o'r rhai gwreiddiol a ddrwgdybir, David Norris, nad oedd wedi cael ei roi ar dreial o'r blaen, ei euogfarnu hefyd. Byddai'n bosibl dweud felly bod rheithfarn gyfiawn wedi cael ei chyflwyno o'r diwedd, ond roedd hynny ar ôl 19 mlynedd, ac yn achos dau o'r rhai a ddrwgdybir yn unig.

GWEITHGAREDD / Clip fideo

Achos Stephen Lawrence   Ewch i Hwb: www.hwb.gov.wales/

Ecwiti'r rheithgor neu ddirymiad gan y rheithgor

Mewn amgylchiadau eithriadol, gall y gyfraith ymddangos yn annheg. Yn y sefyllfaoedd hyn, er mwyn cyflwyno rheithfarn gyfiawn, gallai'r rheithgor wrthod y dystiolaeth yn fwriadol a phenderfynu rhyddfarnu diffynnydd sydd wedi torri'r gyfraith – hyd yn oed pan fydd barnwr wedi rhoi cyfarwyddyd iddyn nhw gyflwyno rheithfarn euog. Yr enw ar hyn yw ecwiti'r rheithgor (gweler Testun 2.5) neu ddirymiad gan y rheithgor (*jury nullification*), gan fod y rheithgor yn dirymu'r gyfraith. Hynny yw, maen nhw'n anwybyddu'r gyfraith i raddau, er mwyn cyflwyno rheithfarn sydd yn gyfiawn neu'n deg yn eu barn nhw.

Bydd rheithgorau'n gwneud hyn weithiau pan maen nhw'n credu bod deddf bresennol neu'r gosb ar gyfer ei thorri yn annheg, yn greulon neu'n anfoesol. Gallan nhw wneud hyn gan fod rheithfarn rheithgor i ryddfarnu yn ddiymwad (nid yw'n bosibl ei herio). Os bydd rheithgorau yn gyson yn gwrthod euogfarnu diffynyddion sydd wedi'u cyhuddo o dan ddeddf benodol, gall hyn awgrymu i'r rhai sy'n llunio deddfau bod angen newid y gyfraith.

Mae rhai achosion enwog o reithgorau yn dirymu deddf ac yn rhyddfarnu diffynyddion er budd cyfiawnder.

Y gosb eithaf

Ddechrau'r bedwaredd ganrif ar bymtheg yng Nghymru a Lloegr, roedd dwyn eitemau â'u gwerth dros 40 swllt (dwy bunt) yn arwain at y gosb eithaf, ond roedd rheithgorau yn aml yn amharod i gondemnio mân-ladron i farwolaeth. Bydden nhw naill ai'n cyflwyno rheithfarnau dieuog neu hyd yn oed – mewn un achos yn ymwneud â dwyn £20 – yn dyfarnu'r diffynnydd yn euog o ddwyn 39 swllt yn unig (£1.95) yn lle, gan ei achub o'r crocbren.

Caethweision ar ffo

Yn UDA yn yr 1850au, roedd rheithgorau yn nhaleithiau'r gogledd, lle'r oedd caethwasiaeth yn anghyfreithlon, yn dirymu er mwyn protestio yn erbyn y Ddeddf Caethweision ar Ffo. Roedd y Ddeddf yn ei gwneud yn ofynnol i ddychwelyd caethweision ar ffo a oedd yn cael eu dal yn nhaleithiau'r gogledd i'w perchnogion yn y de, lle'r oedd caethwasiaeth yn gyfreithlon. Ar draws y gogledd, roedd rheithgorau'n aml yn rhyddfarnu diffynyddion a oedd wedi'u cyhuddo o gynnig lloches i gaethweision ar ffo.

Protestiadau gwrth-ryfel

Yn 2000 cafodd dwy brotestiwr gwrth-ryfel, Rosie James a Rachel Wenham, eu rhyddfarnu ddwywaith o achosi difrod troseddol drwy chwistrellu'r geiriau 'Death Machine' ac 'Illegal' mewn paent ar ochr y llong danfor niwclear HMS Vengeance. Yn ogystal, yn y treial cyntaf ac mewn ail dreial, doedd y rheithgor ddim yn gallu cytuno ar gyhuddiad pellach o ddifrodi offer y llong danfor.

Roedd James a Wenham wedi cyfaddef eu bod wedi cyflawni'r gweithredoedd hyn ond gwnaethon nhw bledio'n ddieuog, gan ddadlau eu bod nhw'n gweithredu er mwyn atal trosedd ryfel a bod eu gweithredoedd wedi'u cyfiawnhau o dan gyfraith ryngwladol. Dywedodd llefarydd ar ran y protestwyr: 'Roedd ein hachos yn amlwg wedi achosi cyfyng-gyngor difrifol i'r rheithgor, sy'n dangos bod moesoldeb greddfol yn fyw ac yn iach'.

Mae achos James a Wenham yn debyg i un y gwas sifil Clive Ponting, a gafodd ei ryddfarnu gan reithgor am ryddhau cyfrinachau swyddogol yn ymwneud â suddo llong y General Belgrano, er iddo gyfaddef yn agored ei fod wedi gwneud hynny (gweler Testun 2.5).

Deddfau canabis

Yn 1998 cafodd cyhuddiad o dyfu canabis gyda'r bwriad o'i gyflenwi ei ddwyn yn erbyn Alan Blythe, sef trosedd sydd fel arfer yn arwain at ddedfryd o garchar. Gwnaeth bledio 'gorfodaeth amgylchiadau' (bod amgylchiadau wedi'i orfodi i gyflawni trosedd), gan esbonio ei fod wedi tyfu canabis a'i gyflenwi i'w wraig, a oedd yn dioddef o sglerosis gwasgaredig (*multiple sclerosis*), sef afiechyd marwol. Dyma'r unig beth a oedd yn lleddfu ei phoen ac roedd yn ofni y byddai hi'n lladd ei hun hebddo.

Dywedodd y barnwr nad oedd gorfodaeth yn amddiffyniad cyfreithlon a dywedodd wrth y rheithgor am ddyfarnu Blythe yn euog. Fodd bynnag, gwnaeth y rheithgor gyflwyno rheithfarnau dieuog ar gyfer pob cyhuddiad, ac eithrio bod â chanabis yn ei feddiant, gan arwain at ddirwy o £100 yn hytrach na chyfnod yn y carchar. Mae rhywfaint o debygrwydd rhwng achos Blythe ac un Kay Gilderdale (gweler Testun 2.5).

Dirymiad fel achos anghyfiawnder

Er y gallen ni gytuno bod rhai o'r uchod, neu bob un ohonyn nhw, yn rheithfarnau cyfiawn, gall dirymiad gan y rheithgor arwain at ganlyniad i'r gwrthwyneb hefyd. Er enghraifft, yn UDA mae achosion wedi bod yn y gorffennol o reithgorau gwyn yn unig yn gwrthod euogfarnu aelodau o'r Ku Klux Klan (sef grŵp goruchafol wyn hiliol a threisgar) am lynsio dynion du, er gwaethaf tystiolaeth aruthrol bod y diffynnydd yn euog.

Dedfrydu cyfiawn

Elfen bwysig o system gyfiawnder deg yw dedfrydu teg neu gyfiawn – sef bod y rhai sy'n cael eu heuogfarnu yn cael dedfryd briodol a chyfreithlon. Pan fydd barnwyr ac ynadon yn dedfrydu troseddwr, maen nhw'n cael eu harwain gan ddau ffactor:

- **y gyfraith** sy'n nodi'r dedfrydau posibl sy'n gallu cael eu rhoi am drosedd benodol
- **y Canllawiau Dedfrydu** sy'n cael eu cyhoeddi gan y Cyngor Dedfrydu.

Er enghraifft, ar gyfer y drosedd o ddwyn, mae'r gyfraith (Deddf Dwyn 1968) yn caniatáu sawl dedfryd bosibl, o ryddhad (*discharge*) i saith mlynedd yn y carchar. Mae'r Canllawiau Dedfrydu yn helpu'r llys i benderfynu pa ddedfryd ddylai gael ei rhoi o fewn yr ystod hon. Mae'r Canllawiau yn ei gwneud yn ofynnol i'r llys ystyried ffactorau fel beiusrwydd (e.e. a oedd y drosedd wedi'i chynllunio ymlaen llaw), niwed i'r dioddefwr, euogfarnau blaenorol, oedran neu aeddfedrwydd, a wnaeth y troseddwr bledio'n euog ac ati.

Ar y sail hon, byddai rhywun ag anawsterau dysgu sydd wedi troseddu am y tro cyntaf wrth ddwyn bar siocled yn y fan a'r lle, ac wedi cyfaddef ei fod yn euog ar y cyfle cyntaf, yn disgwyl derbyn dedfryd lai – rhyddhad amodol o bosibl. Ar y llaw arall, byddai rhywun 30 oed sydd â rhestr hir o euogfarnau blaenorol, a oedd yn dwyn yn ôl y galw oddi wrth oedolyn agored i niwed, yn debygol o gael dedfryd llawer mwy – dedfryd garcharol o bosibl.

Disgresiwn barnwrol

Fel mae'r enghreifftiau uchod yn ei ddangos, mae'n rhaid i farnwyr neu ynadon bwyso a mesur pwysigrwydd cymharol llawer o ffactorau wrth benderfynu ar y ddedfryd ac mae ganddyn nhw rywfaint o hawl i ddefnyddio eu disgresiwn (dewis) o ran sut maen nhw'n gwneud hyn. O ganlyniad, gall dau achos tebyg iawn arwain at ddedfrydau sydd ychydig yn wahanol.

Yn rhannol oherwydd y disgresiwn hwn, mae achosion yn codi lle mae'r ddedfryd yn ymddangos yn rhy drugarog neu'n rhy llym, o ystyried amgylchiadau penodol y drosedd neu'r troseddwr. Byddwn ni'n edrych ar bob un o'r rhain yn ei dro.

Dedfrydau rhy drugarog

Mewn rhai achosion lle mae dioddefwyr, erlynwyr neu aelodau o'r cyhoedd yn credu bod dedfryd yn rhy drugarog, gallan nhw wneud cais i'r Twrnai Cyffredinol neu'r Cyfreithiwr Cyffredinol (gweinidogion y llywodraeth sy'n ymwneud â'r gyfraith), i adolygu'r ddedfryd o dan y cynllun Dedfrydau Rhy Drugarog (*ULS: Unduly Lenient Sentences*). Os byddan nhw'n cytuno bod y barnwr wedi gwneud camgymeriad difrifol wrth ddedfrydu, byddan nhw'n gofyn i'r Llys Apêl adolygu'r ddedfryd a'i chynyddu os oes angen. Bydd y llys yn cynyddu'r ddedfryd dim ond os yw'n sylweddol llai na'r ddedfryd y dylai'r barnwr fod wedi'i rhoi – mae'n rhaid bod y ddedfryd nid yn unig yn drugarog, ond yn *rhy* drugarog.

Dim ond i droseddau difrifol y mae'r cynllun ULS yn berthnasol. Mae'r rhain yn cynnwys achosion o lofruddiaeth, dynladdiad, treisio, lladrad, masnachu pobl, troseddau rhyw yn erbyn plant, rhai troseddau twyll a chyffuriau, rhai troseddau yn gysylltiedig â therfysgaeth, a throseddau gwaethygedig hiliol neu grefyddol. Yn 2018, cafodd 140 o achosion eu cyfeirio at y Llys Apêl a chafodd 99 o ddedfrydau eu cynyddu.

Roedd yr achosion canlynol ymhlith y dedfrydau a gafodd eu cynyddu am fod yn rhy drugarog:

- **Joshua Gardner** – cafodd ymosodwr 'cyllell sombi' Croydon ddedfryd ohiriedig yn wreiddiol am geisio malu ffenestri car er mwyn ymosod ar y gyrrwr. Yn 2019, cafodd ei ddedfryd ei chynyddu i dair blynedd a hanner mewn sefydliad i droseddwyr ifanc.
- **John Dennis** – cafodd ei ddedfryd o garchar ei dyblu yn 2015 o 10 mlynedd i 20 mlynedd am dreisio pedair menyw. Gwnaeth y Llys Apêl ei ddisgrifio fel unigolyn ysglyfaethus iawn yr oedd ei droseddau yn 'gronicl o ddiraddio rhywiol oer a dideimlad'. Roedd ei ddioddefwr ieuengaf yn ferch agored i niwed 15 oed.
- **Mohammed Ghani** – cafodd ei ddedfryd o garchar ei chynyddu o ddwy flynedd i bum mlynedd yn 2018 am ymosod yn rhywiol ar ferch dros gyfnod o saith mlynedd yn ystod 'ymweliadau proffesiynol' (roedd yn imam) i'w chartref. Roedd y ferch o dan 14 oed ar y pryd.
- **Robert Brown** – cafodd ei ddedfryd o garchar ei chynyddu o naw mlynedd i ddeng mlynedd a hanner yn 2018 am ladd dau frawd, dwy oed a chwe oed, ar ôl eu taro â cherbyd a ffoi. Roedd wedi cymryd coctêl o gyffuriau ac roedd yn gyrru ar gyflymder o 60mya mewn parth 30mya.

Dedfrydau rhy llym

Gall rhai dedfrydau gael eu hystyried yn rhy llym. Er enghraifft, yn 2011 doedd gan y llysoedd fawr o feddwl o unrhyw un a oedd yn gysylltiedig â throseddoldeb yn ystod y terfysgoedd a ddigwyddodd y flwyddyn honno, ac roedd y dedfrydau a gafodd eu rhoi yn llawer mwy llym nag y bydden nhw fel arfer. Er enghraifft:

- Cafodd mam i ddau o blant a oedd yn cysgu yn ei chartref yn ystod y terfysgoedd ym Manceinion ei charcharu am chwe mis am dderbyn pâr o siorts gan ffrind a oedd wedi cael eu dwyn yn ystod y terfysgoedd.
- Cafodd dyn o Brixton ei garcharu am chwe mis am ddwyn cas o ddŵr gwerth £3.50 o siop Lidl a oedd wedi'i malu.
- Cafodd dau ddyn yn Swydd Gaer eu carcharu am bedair blynedd yr un am ddefnyddio Facebook i annog terfysg na ddigwyddodd.

Nid oedd gan yr un o'r rhain euogfarnau blaenorol.

Panig moesol

Un rheswm posibl dros y dedfrydau llymach yw'r panig moesol ynghylch y terfysgoedd, a'r galw eang gan y cyfryngau a gwleidyddion i drin y rhai a oedd yn gysylltiedig â'r terfysgoedd yn llym. Er enghraifft, yn dilyn y terfysgoedd, gwnaeth Gwasanaeth Llysoedd a Thribiwnlysoedd Ei Mawrhydi, sy'n goruchwylio'r llysoedd, gynghori ynadon i ystyried dedfrydau carcharol ar gyfer troseddau yn gysylltiedig â'r terfysgoedd, a fyddai fel arfer yn cael eu cosbi'n llai llym.

Mae patrwm tebyg o ddedfrydu llym wedi cyd-fynd ag enghreifftiau eraill o banig moesol hefyd, fel y mods a'r rocers yn yr 1960au. Dywedodd Stanley Cohen bod ynadon wedi gwrthod rhoi mechnïaeth yn aml, gan olygu bod pobl ifanc heb euogfarnau blaenorol a oedd wedi'u cyhuddo o fân-droseddau yn cael eu hanfon i'r carchar ar remánd, a hynny am sawl wythnos mewn rhai achosion. Roedd ynadon hefyd yn dedfrydu mwy o bobl i ganolfannau cadw am droseddau cyntaf.

Poblyddiaeth gosbol

Mae beirniaid yn dadlau bod dedfrydu wedi mynd yn fwyfwy gwleidyddol: mae gwleidyddion wedi argymell dedfrydu llymach fel ffordd o ddod yn fwy poblogaidd gyda'r pleidleiswyr. Yr enw ar hyn yw 'poblyddiaeth gosbol' (*penal populism*) ac mae wedi arwain at ddedfrydau hirach.

Er enghraifft, gwnaeth Deddf Trosedd (Dedfrydau) 1997 gyflwyno dedfrydau lleiaf gorfodol ar gyfer rhai troseddau penodol. Un o effeithiau dedfrydau mwy llym yw cynnydd mawr ym mhoblogaeth carchardai dros y 30 mlynedd diwethaf, ar adeg pan mae cyfraddau troseddu wedi bod yn gostwng ar y cyfan. (I gael rhagor o wybodaeth am boblyddiaeth gosbol a'r carchar, gweler *Troseddeg Llyfr Un*, Uned 2, Testun 4.1.)

PARATOI AR GYFER YR ASESIAD DAN REOLAETH

Beth mae angen i chi ei wneud

Gan ddefnyddio eich nodiadau o Destun 3.2, tynnwch gasgliadau gwrthrychol ar sail y wybodaeth am achosion troseddol mewn perthynas â'r canlynol:

- rheithfarn ddiogel
- camweinyddu cyfiawnder
- rheithfarn gyfiawn
- dedfrydu cyfiawn.

Dylech chi ddangos y sgiliau sydd eu hangen i ddadansoddi'r wybodaeth er mwyn tynnu casgliadau yn seiliedig ar dystiolaeth resymegol.

Senario briff yr aseiniad

Lle bo'n berthnasol, dylech chi gyfeirio at y briff yn eich ateb. Er mwyn cyrraedd y band marciau uchaf, mae'n rhaid i chi gynnwys cyfeiriad at y briff.

Sut bydd yn cael ei farcio

11–15 marc: Yn tynnu casgliadau gwrthrychol ar achosion troseddol (gan gynnwys cyfeirio at y briff), gan ddefnyddio tystiolaeth a rhesymu/dadleuon clir i ategu'r casgliadau.

6–10 marc: Yn tynnu rhai casgliadau gwrthrychol ar achosion troseddol, gan ddefnyddio rhywfaint o dystiolaeth a rhesymu i ategu'r casgliadau.

1–5 marc: Yn tynnu casgliadau ar achosion troseddol. Gall y casgliadau fod yn rhai goddrychol yn bennaf, gyda thystiolaeth gyfyngedig i'w hategu.

Paratoi ar gyfer asesiad dan reolaeth Uned 3

Ar ôl i chi gwblhau Uned 3, byddwch chi'n gwneud yr asesiad dan reolaeth. Bydd yr adran hon yn rhoi rhywfaint o arweiniad i chi ar sut i baratoi ar gyfer yr asesiad.

Beth fydd trefn yr asesiad?

Mae'r asesiad dan reolaeth yn cynnwys cyfres o dasgau sy'n ymdrin ag 11 Maen Prawf Asesu (MPA) Uned 1, a rhaid i chi roi sylw iddyn nhw i gyd yn eich atebion i'r tasgau. Mae'r 11 testun yn y llyfr hwn yn trafod y meini prawf hyn.

Defnyddio'r briff – byddwch chi'n cael briff, sef senario sy'n disgrifio achos troseddol. Meddyliwch am hwn fel sbardun i'ch atgoffa am rai o'r MPA mae angen i chi roi sylw iddyn nhw yn eich ateb. Dylech chi gyfeirio at y briff yn eich atebion, ond dim ond pan mae'n berthnasol iawn gwneud hynny. Fodd bynnag, ar gyfer MPA 3.1 a MPA 3.2, mae'n *rhaid* i chi gyfeirio at y briff er mwyn cyrraedd y band marciau uchaf.

Paratoi eich ffeil ymlaen llaw

Cyn i chi wneud yr asesiad, mae'n hanfodol eich bod chi wedi paratoi eich nodiadau'n fanwl ar gyfer pob un o'r MPA, oherwydd bydd angen i chi fynd â'r nodiadau gyda chi i'r asesiad.

Ar y dudalen nesaf mae rhestr wirio sy'n nodi'r hyn mae angen i chi ei wneud ar gyfer pob MPA. Defnyddiwch y rhestr hon i sicrhau eich bod wedi ysgrifennu nodiadau ar bob un ohonyn nhw ac wedi paratoi'n llawn *cyn* i chi wneud yr asesiad. I gael help i wneud nodiadau ar gyfer pob MPA, cyfeiriwch yn ôl at y testun â'r un rhif.

Ar ddiwrnod yr asesiad

Ar ddiwrnod yr asesiad dan reolaeth, gwnewch yn siŵr eich bod chi'n dod â'ch holl ddeunyddiau Uned 3 gyda chi a bod eich ffeil yn drefnus.

Cewch chi ddefnyddio eich nodiadau dosbarth a ffynonellau gwybodaeth, ond chewch chi ddim defnyddio'r rhyngrwyd. Chewch chi ddim mynd ag unrhyw ddogfennau a dyfeisiau electronig i'r asesiad. Rhaid i bopeth sydd ei angen arnoch chi fod ar bapur, felly os oes gennych chi unrhyw nodiadau electronig mae'n rhaid i chi eu hargraffu os ydych chi eisiau mynd â nhw i mewn i'r asesiad.

Defnyddiwch eich penawdau!

Wrth gwblhau eich tasg asesiad dan reolaeth, mae'n syniad da defnyddio'r 11 MPA fel penawdau ac ysgrifennu am bob un yn ei dro, er mwyn i chi sicrhau eich bod chi wedi sôn am bopeth a chael y marciau gorau.

MPA	Beth mae angen i chi ei wneud	Marc uchaf
	Ym mhob MPA, cysylltwch eich ateb â'r briff lle bo'n berthnasol.	
1.1	Gwerthuso effeithiolrwydd rolau personél sy'n cymryd rhan mewn ymchwiliadau troseddol. Mae angen rhoi gwerthusiad clir a manwl o amrywiaeth o bersonél. Dylech gynnwys cryfderau a chyfyngiadau a rhoi enghreifftiau o achosion perthnasol. Dylech ystyried cost, arbenigedd ac argaeledd wrth werthuso effeithiolrwydd pob rôl.	10
1.2	Asesu defnyddioldeb technegau ymchwiliol mewn ymchwiliadau troseddol. Dylech gynnwys amrywiaeth o dechnegau a rhoi asesiad clir a manwl o bob un. Rhowch enghreifftiau o achosion lle bo'n bosibl a chanolbwyntiwch ar ba mor effeithiol neu aneffeithiol y cafodd y technegau eu defnyddio yn yr achosion hynny.	20
1.3	Esbonio sut y caiff tystiolaeth ei phrosesu. Dylech gynnwys tystiolaeth ffisegol a thystiolaeth gan dyst. Rhowch esboniad clir a manwl o sut mae tystiolaeth yn cael ei phrosesu. Dylech gynnwys y broses o gasglu, trosglwyddo, storio a dadansoddi tystiolaeth, a'r personél sy'n gysylltiedig â hynny, e.e. mae ymchwilwyr lleoliad y drosedd (CSIs) yn casglu ac yn trosglwyddo tystiolaeth o leoliad y drosedd; mae gwyddonwyr fforensig yn ei dadansoddi. Dylech gynnwys enghreifftiau o dystiolaeth ffisegol o'r briff ac achosion eraill.	6
1.4	Archwilio hawliau unigolion mewn ymchwiliadau troseddol. Dylech gynnwys hawliau y rhai a ddrwgdybir, dioddefwyr a thystion. Rhowch esboniad clir o bob un.	6
2.1	Esbonio gofynion Gwasanaeth Erlyn y Goron (CPS) ar gyfer erlyn y sawl a ddrwgdybir. Rhowch esboniad manwl o rôl y CPS wrth erlyn y sawl a ddrwgdybir mewn treialon troseddol. Esboniwch y profion y mae'n rhaid eu pasio er mwyn gwneud penderfyniad i erlyn. Defnyddiwch enghreifftiau i gefnogi eich pwyntiau.	4
2.2	Disgrifio prosesau treial. Rhowch ddisgrifiad manwl o bob cam o broses treial, gan gynnwys rolau'r personél gwahanol sy'n gysylltiedig.	4
2.3	Deall rheolau o ran defnyddio tystiolaeth mewn achosion troseddol. Esboniwch y rheolau o ran defnyddio tystiolaeth mewn llys. Cyfeiriwch at enghreifftiau ac achosion.	4
2.4	Asesu dylanwadau allweddol sy'n effeithio ar ganlyniadau achosion troseddol. Aseswch y dylanwadau canlynol: tystiolaeth, tystion, timau cyfreithiol, y farnwriaeth, ffactorau gwleidyddol a'r cyfryngau. Rhowch enghreifftiau o achosion.	10
2.5	Trafod y defnydd a wneir o leygwyr mewn achosion troseddol. Trafodwch yn fanwl gryfderau a gwendidau defnyddio rheithgorau ac ynadon mewn treialon troseddol. Rhowch enghreifftiau o achosion.	6
3.1	Archwilio gwybodaeth i sicrhau ei bod yn ddilys. Archwiliwch y ffynonellau gwybodaeth canlynol yn fanwl: tystiolaeth, trawsgrifiadau treialon, adroddiadau'r cyfryngau, dyfarniadau ac adroddiadau'r gyfraith. Ystyriwch ddilysrwydd y ffynonellau hyn o ran tuedd, barn, amgylchiadau, cywirdeb a pha mor gyfredol ydyn nhw. Lluniwch farn am ddilysrwydd pob ffynhonnell. Cefnogwch eich pwyntiau gan roi enghreifftiau o reithfarnau dilys ac annilys mewn achosion troseddol. Cyfeiriwch at y briff yn eich ateb.	15
3.2	Tynnu casgliadau ar sail y wybodaeth. Tynnwch gasgliadau gwrthrychol ar achosion troseddol, gan ddefnyddio tystiolaeth a rhesymu/dadleuon clir i ategu'r casgliadau. Ystyriwch reithfarn ddiogel, camweinyddu cyfiawnder, rheithfarn gyfiawn a dedfrydu cyfiawn. Cyfeiriwch at y briff yn eich ateb.	15
CYFANSWM		**100**

UNED 4

TROSEDD A CHOSB

Trosolwg

Mae'r Uned hon yn ymwneud â rheolaeth gymdeithasol – hynny yw, sut mae cymdeithas yn ceisio rheoli ein hymddygiad a sicrhau ein bod ni'n ufuddhau i'r gyfraith. Mae'n canolbwyntio ar y system cyfiawnder troseddol a'i hymdrechion i sicrhau rheolaeth gymdeithasol.

Byddwn ni'n dechrau drwy edrych ar sut mae cyfraith trosedd yn cael ei llunio gan Senedd San Steffan a gan benderfyniadau barnwyr. Yna byddwn ni'n archwilio sut mae'r system cyfiawnder troseddol yn cael ei threfnu i gynnal y gyfraith a chosbi'r rhai sy'n ei thorri. Mae hyn yn golygu edrych ar y ffordd mae asiantaethau fel yr heddlu, Gwasanaeth Erlyn y Goron, y llysoedd, carchardai a'r gwasanaeth prawf i gyd yn chwarae eu rhan.

Byddwn ni hefyd yn edrych ar y gwerthoedd gwahanol y gall system cyfiawnder troseddol fod yn seiliedig arnyn nhw. Er enghraifft, gall bwysleisio'r angen i amddiffyn hawliau'r cyhuddedig yn erbyn grym y wladwriaeth, fel yr egwyddor eich bod chi'n ddieuog nes i chi gael eich profi'n euog. Neu gall ganolbwyntio ar amddiffyn y cyhoedd drwy atal trosedd, hyd yn oed os yw hynny'n golygu bod rhai pobl ddieuog yn cael eu heuogfarnu ar gam.

Nesaf, byddwn ni'n edrych ar gosb a beth yw diben cosbi. Er enghraifft, ai unig nod carcharu ddylai fod i amddiffyn y cyhoedd drwy fynd â throseddwyr oddi ar y stryd? Neu a ddylai gynnwys adsefydlu troseddwyr fel eu bod nhw'n dilyn y 'llwybr cywir' ac yn byw bywydau di-drosedd? Fel y byddwn ni'n ei weld, mae'r system gyfiawnder yn cosbi er mwyn ceisio sicrhau sawl nod gwahanol.

Ond a yw'r carchardai, yr heddlu ac asiantaethau eraill y system cyfiawnder troseddol yn llwyddo i gyflawni eu nodau mewn gwirionedd? Er enghraifft, a yw cyfnod yn y carchar yn llwyddo i atal pobl rhag aildroseddu? Ar ôl i chi gwblhau'r Uned hon, byddwch chi'n gallu gwerthuso pa mor effeithiol yw'r asiantaethau gwahanol wrth sicrhau rheolaeth gymdeithasol a sicrhau bod aelodau'r gymdeithas yn ufuddhau i'r gyfraith.

Disgrifio prosesau a ddefnyddir ar gyfer deddfu

TESTUN 1.1

Man cychwyn
Gan weithio gyda phartner, cwblhewch y canlynol:
1. Ar sail yr hyn rydych chi wedi'i astudio hyd yma ar y cwrs neu ar sail eich gwybodaeth eich hun, ysgrifennwch bopeth rydych chi'n ei wybod am sut mae deddfau yn cael eu llunio. Er enghraifft, pwy sy'n gyfrifol am ddeddfu?
2. Ystyriwch y ddeddf i wneud stelcio yn drosedd (gweler *Troseddeg Llyfr Un*, tudalen 160). Pwy wnaeth ymgyrchu o blaid y ddeddf newydd a pham roedd yr ymgyrch yn un llwyddiannus?

Rhannwch eich atebion â gweddill y dosbarth.

Mae'r testun hwn yn ymdrin â'r bobl sy'n deddfu. Yng Nghymru a Lloegr, mae dwy brif ffynhonnell sy'n gyfrifol am gyfraith trosedd:
- **y llywodraeth**, drwy Senedd San Steffan
- **y farnwriaeth.**

Byddwn ni'n edrych ar y ddwy ffynhonnell hyn a sut maen nhw'n deddfu.

Prosesau'r llywodraeth (seneddol) ar gyfer deddfu

Senedd San Steffan
Mae'r Deyrnas Unedig yn ddemocratiaeth seneddol. Mae hyn yn golygu bod y rhan fwyaf o ddeddfau'r wlad yn cael eu llunio drwy basio Deddfau Seneddol. Mae deddfau sy'n cael eu llunio gan Senedd hefyd yn cael eu galw'n 'statudau' neu'n 'ddeddfwriaeth'.

Mae Senedd San Steffan yn cynnwys tri sefydliad:
- **y frenhiniaeth** (sef y brenin neu'r frenhines gyfredol)
- **Tŷ'r Arglwyddi**
- **Tŷ'r Cyffredin**.

Dim ond rôl ffurfiol/symbolaidd sydd gan **y frenhiniaeth** yn y broses ddeddfu. Mae'r brenin neu'r frenhines yn rhoi Cydsyniad Brenhinol – ei gytundeb ef neu hi i'r ddeddf newydd.

Yr Arglwyddi
Arglwyddi (*peers*) yw'r enw sy'n cael ei roi i aelodau Tŷ'r Arglwyddi. Mae tua 800 o arglwyddi. Yn y gorffennol, roedd yr holl arglwyddi yn bendefigion (fel dugiaid a barwniaid) ac roedden nhw'n rolau etifeddol a oedd yn cael eu trosglwyddo o'r tad i'r mab hynaf. Fodd bynnag, dim ond 92 o arglwyddi etifeddol sydd erbyn heddiw. Mae 26 o'r arglwyddi yn esgobion ac archesgobion Eglwys Loegr hefyd. Mae gweddill yr aelodau yn arglwyddi oes a dydyn nhw ddim yn gallu trosglwyddo eu rôl i'w plant. Prif swydd yr Arglwyddi yw 'ail wirio' deddfau newydd.

Tŷ'r Cyffredin

Tŷ'r Cyffredin yw rhan bwysicaf Senedd San Steffan oherwydd mae'n cynnwys cynrychiolwyr etholedig y bobl: 650 o Aelodau Seneddol (ASau). Mae pob AS yn cael ei ethol mewn etholiad cyffredinol i gynrychioli etholaeth (ardal ddaearyddol o'r wlad).

GWEITHGAREDD / Clip fideo

Democratiaeth seneddol · Ewch i Hwb: www.hwb.gov.wales/

Y llywodraeth

Gwaith y Senedd yw cynrychioli'r bobl, ond gwaith y llywodraeth yw rhedeg y wlad. Mae'r llywodraeth yn cael ei ffurfio gan y blaid wleidyddol sydd â mwyafrif o blith y 650 o ASau. Y prif weinidog yw arweinydd y blaid fwyafrifol. Y llywodraeth sy'n cyflwyno'r rhan fwyaf o gynigion ar gyfer deddfau newydd. Yr enw ar gynnig ar gyfer deddf newydd yw Bil.

Mae'n rhaid i ddau Dŷ'r Senedd gytuno ar Fil, ac mae'n rhaid iddo dderbyn Cydsyniad Brenhinol cyn troi yn Ddeddf Seneddol (cyfraith).

Papur Gwyrdd – cyn i Fil fynd gerbron y Senedd, mae'r llywodraeth fel arfer yn cyhoeddi Papur Gwyrdd. Adroddiad cychwynnol yw hwn i ysgogi trafodaeth gyhoeddus ar y pwnc. Mae'n aml yn cynnwys cwestiynau y gall unigolion a sefydliadau sydd â diddordeb ymateb iddyn nhw.

Papur Gwyn – ar ôl yr ymgynghoriad, bydd y llywodraeth yn cyhoeddi Papur Gwyn, sef dogfen sy'n nodi ei chynlluniau manwl ar gyfer deddfwriaeth. Mae'n aml yn cynnwys fersiwn drafft o'r Bil y mae'n bwriadu ei gyflwyno gerbron y Senedd.

Y Frenhines yn agor Senedd San Steffan, sef prif gorff deddfu'r DU.

Camau seneddol Bil

Er mwyn i Fil ddod yn ddeddf, mae'n rhaid iddo fynd drwy gyfres o gamau yn y Senedd.

Y darlleniad cyntaf

Bydd y llywodraeth yn cyflwyno'r Bil i Dŷ'r Cyffredin yn gyntaf (neu weithiau i Dŷ'r Arglwyddi), lle bydd yn cael darlleniad cyntaf. Cyhoeddiad ffurfiol o'r Bil yw hwn ac mae'n cael ei ddilyn gan bleidlais er mwyn iddo allu symud ymlaen i'r cam nesaf.

Yr ail ddarlleniad

Ar ail ddarlleniad y Bil, bydd y prif egwyddorion yn cael eu hystyried a'u trafod gan holl aelodau Tŷ'r Cyffredin, a bydd pleidlais yn cael ei chynnal. Gan fod gan y llywodraeth gefnogaeth mwyafrif yr ASau, bydd fel arfer yn ennill y bleidlais hon. Os felly, bydd y Bil yn symud ymlaen i'r cyfnod pwyllgor.

Y cyfnod pwyllgor

Bydd y Bil yn cael ei archwilio'n fanwl, fesul llinell, gan bwyllgor bach yn cynnwys ASau o bleidiau gwahanol. Bydd y pwyllgor yn adrodd yn ôl i'r Tŷ cyfan ac yn aml yn argymell diwygiadau (newidiadau) i'r Bil.

Y cyfnod adrodd

Mae'r cyfnod adrodd yn rhoi cyfle i ASau ystyried adroddiad y pwyllgor, a thrafod a phleidleisio ar unrhyw ddiwygiadau maen nhw'n dymuno eu gwneud i'r Bil. Gallai'r trafodaethau bara sawl diwrnod yn achos Biliau pwysig.

Y trydydd darlleniad

Bydd trydydd darlleniad y Bil fel arfer yn dilyn yn syth ar ôl y cyfnod adrodd. Dyma'r cyfle olaf i Dŷ'r Cyffredin drafod cynnwys y Bil. Does dim diwygiadau yn cael eu caniatáu ar y cam hwn – bydd y Tŷ yn pleidleisio naill ai i basio'r Bil neu ei wrthod.

Yr Arglwyddi

Ar ôl y trydydd darlleniad, bydd y Bil yn mynd i Dŷ'r Arglwyddi, lle bydd yn mynd drwy'r un camau ag yn Nhŷ'r Cyffredin. Os bydd yr Arglwyddi yn gwneud unrhyw newidiadau i'r Bil, bydd yn rhaid iddo ddychwelyd i Dŷ'r Cyffredin er mwyn i ASau benderfynu derbyn neu wrthod newidiadau'r Arglwyddi. Tŷ'r Cyffredin sydd â'r gair olaf gan fod ei aelodau yn gynrychiolwyr etholedig y bobl.

Cydsyniad Brenhinol

Ar ôl i'r Bil gael ei basio gan y ddau Dŷ, bydd y brenin neu'r frenhines gyfredol yn ei lofnodi. Enw'r broses hon yw Cydsyniad Brenhinol. Mae hyn yn golygu bod y frenhiniaeth yn cytuno y dylai'r Bil ddod yn Ddeddf Seneddol neu'n gyfraith. Proses symbolaidd ydyw yn unig.

Bydd y ddeddf newydd yn dod i rym ar unwaith, oni bai fod y Ddeddf yn nodi y bydd ddim ond yn berthnasol o ryw ddyddiad penodol ymlaen (yr enw ar hyn yw gorchymyn cychwyn).

GWEITHGAREDD / **Clip fideo**

Sut mae deddfau'n cael eu llunio   Ewch i Hwb: www.hwb.gov.wales/

UNED 4 TROSEDD A CHOSB

> **Blwch** Rhai enghreifftiau o statudau trosedd
>
> Dyma rai o'r deddfau trosedd sydd wedi'u cyflwyno gan y llywodraeth a'u pasio gan Senedd San Steffan, rydych chi eisoes wedi eu hastudio ar y cwrs.
>
> **Y Ddeddf Cyfiawnder Troseddol (2003):** Cyflwynodd y ddeddf hon newid yn y rheol erlyniad dwbl yn dilyn ymgyrch lwyddiannus Ann Ming ac argymhellion Adroddiad Macpherson ar lofruddiaeth Stephen Lawrence. Roedd y newid yn golygu bod modd galw ar laddwr merch Ann Ming ac un o'r rhai a ddrwgdybir o ladd Stephen Lawrence i sefyll treial am yr ail waith. Cafodd y ddau eu dyfarnu'n euog.
>
> **Y Ddeddf Trosedd (Dedfrydau) (1997):** Gwnaeth y ddeddf hon gyflwyno dedfrydau lleiaf gorfodol ar gyfer amrywiaeth o ail droseddau, fel dedfryd oes awtomatig am ail drosedd rywiol neu dreisgar ddifrifol.
>
> **Y Ddeddf Cŵn Peryglus (1991):** Mae'r rhan fwyaf o ddeddfau yn destun craffu manwl, a bydd fel arfer yn cymryd misoedd iddyn nhw ddod yn gyfraith. Ond cafodd y Ddeddf hon ei rhuthro drwy Senedd San Steffan mewn ychydig wythnosau yn unig, mewn gorymateb difeddwl i banig moesol a gafodd ei arwain gan y cyfryngau. O ganlyniad, ni chafodd unrhyw ystyriaeth ddyledus a daeth llawer o ddiffygion i'r amlwg, fel y ffaith ei bod yn 'rhoi bai ar y brîd, nid y weithred'. Mewn gwirionedd, dydy'r rhan fwyaf o ymosodiadau gan gŵn ddim yn cael eu cyflawni gan y pedwar brîd sydd wedi'u gwahardd gan y Ddeddf.

Prosesau barnwrol ar gyfer deddfu

Yn ogystal â'r llywodraeth a Senedd San Steffan, gall barnwyr greu cyfraith trosedd hefyd. Mae hyn yn cael ei wneud drwy ddwy broses: cynsail farnwrol a dehongliad statudol. Byddwn ni'n edrych ar bob un o'r rhain yn ei dro.

Cynsail farnwrol

Mae cynsail farnwrol yn golygu bod penderfyniadau barnwyr yn y gorffennol yn creu cyfraith i farnwyr y dyfodol ei dilyn.

Mae'n seiliedig ar yr egwyddor o gefnogi neu ddilyn yr hyn mae barnwyr wedi'i benderfynu mewn achosion blaenorol. (Mae'r syniad hwn o gefnogi penderfyniad, neu gadw ato, hefyd yn cael ei adnabod yn ôl ei enw Lladin, *stare decisis*.)

Fel sydd i'w weld yn Uned 3, Testun 3.1, mae hyn yn golygu y dylai'r barnwr ddilyn y penderfyniad a wnaethpwyd yn yr achos blaenorol os yw pwynt cyfreithiol mewn achos heddiw yr un peth ag yn yr achos blaenorol. Mae trin achosion tebyg yn yr un ffordd yn creu sicrwydd, cysondeb a thegwch yn y system gyfreithiol.

Mae llawer o gyfraith y wlad wedi cael ei ddatblygu drwy ddilyn penderfyniadau mewn achosion cynharach. Mae hyn wedi helpu i greu set o ddeddfau cyffredin ar gyfer y wlad gyfan, felly mae'r system yn cael ei galw'n gyfraith gwlad, neu cyfraith gyffredin.

Hierarchaeth y llysoedd

Mae gan y system gyfreithiol hierarchaeth o lysoedd, gyda'r Goruchaf Lys ar y brig a'r llysoedd ynadon ar y gwaelod. Bydd penderfyniad a wnaethpwyd mewn achos yn un o'r llysoedd uwch yn creu cynsail wreiddiol neu rwymol awtomatig ar gyfer yr holl lysoedd is – ac mae'n rhaid iddyn nhw ei dilyn wrth ddelio ag achosion tebyg.

Eithriadau i gynsail

Mae dwy brif sefyllfa lle nad oes yn rhaid i lys ddilyn cynsail: gwahaniaethu a goruwchreoli.
- **Gwahaniaethu** – bydd cynsail o achos cynharach ddim ond yn rhwymo achos presennol os yw'r egwyddor gyfreithiol dan sylw yr un fath *ac* os yw'r ffeithiau yn debyg yn y ddau achos.

Ystyr 'gwahaniaethu' yw bod y barnwr yn ystyried bod ffeithiau'r achos presennol yn ddigon gwahanol i rai'r achos cynharach i'w alluogi i ddod i benderfyniad gwahanol ac i beidio â gorfod dilyn cynsail yr achos blaenorol.

- **Goruwchreoli** – pan fydd llys o statws uwch yn yr hierarchaeth yn nodi bod penderfyniad cyfreithiol mewn achos cynharach yn anghywir ac yn gwrthdroi'r penderfyniad hwnnw. Er enghraifft, gall y Goruchaf Lys oruwchreoli penderfyniad llys is pan fydd yn gwrando ar apêl.

Mae'r **gyfraith ar dreisio o fewn priodas** yn enghraifft o oruwchreoli cynsail. Yn achos R v R (1992), roedd gŵr wedi'i ddyfarnu'n euog o geisio treisio ei wraig. Gwnaeth y gŵr apelio ar y sail bod cynsail sydd ganrifoedd oed yn bodoli na allai gŵr fod yn euog o dreisio ei wraig gan fod y contract priodas yn golygu bod y wraig yn rhoi 'cydsyniad diwrthdro' (*irrevocable consent*) i gael rhyw. Ond gwnaeth y llys apêl oruwchreoli'r cynsail hwn ar y sail bod y syniad o gydsyniad diwrthdro yn annerbyniol heddiw, gan fod pâr priod bellach yn cael eu hystyried yn bartneriaid cyfartal mewn priodas.

Dehongliad statudol

Yn ogystal â deddfu drwy greu cynseiliau er mwyn i eraill eu dilyn, gall barnwyr ddeddfu wrth ddehongli'r statudau neu'r Deddfau Seneddol. Cyfraith ysgrifenedig yw statud, felly mae angen i farnwyr ddehongli ystyr y geiriau a'u cymhwyso at yr achos maen nhw'n ei farnu.

Mae barnwyr yn dilyn tair prif reol dehongli i'w helpu i wneud hyn: y rheol lythrennol, y rheol aur a'r rheol drygioni.

Y rheol lythrennol

Yn ôl y rheol hon, dylai barnwyr ddefnyddio ystyr cyffredin, pob dydd, y geiriau mewn statud. Fodd bynnag, un broblem sy'n codi gyda'r dull hwn yw y gallai sawl ystyr llythrennol fod yn berthnasol i un gair yn y geiriadur. Er enghraifft, yn R v Maginnis (1987), achos a oedd yn ymwneud â chyffuriau anghyfreithlon, roedd barnwyr gwahanol wedi rhoi ystyr gwahanol i'r gair '*supply*'.

Y rheol aur

Weithiau, gall y rheol lythrennol arwain at ganlyniad hurt ac mae'r rheol aur yn caniatáu'r llys i addasu'r ystyr llythrennol i osgoi hyn.

Er enghraifft, o dan y Ddeddf Cyfrinachau Swyddogol (1920), roedd yn drosedd rhwystro Lluoedd Arfog Ei Mawrhydi 'yng nghyffiniau' (h.y. gerllaw) lle gwaharddedig, fel canolfan llynges. Yn achos Adler v George (1964), gwnaeth Adler ddadlau nad oedd wedi torri'r gyfraith gan nad oedd yn llythrennol yng nghyffiniau lle gwaharddedig, gan ei fod mewn gwirionedd *yn* y lle gwaharddedig. Dewisodd y llys roi'r rheol aur ar waith i osgoi canlyniad hurt, a chafodd Adler ei ddyfarnu'n euog.

Y rheol drygioni

Mae'r rheol drygioni yn caniatáu'r llys i orfodi'r hyn roedd y statud yn *bwriadu* ei gyflawni, yn hytrach na'r hyn mae'r geiriau wir yn ei ddweud.

Er enghraifft, mae'r Ddeddf Trwyddedu (1872) yn ei gwneud yn drosedd i fod yn feddw yng ngofal 'cerbyd' ar y briffordd. Yn Corkery v Carpenter (1951), cafodd Corkery ei ddyfarnu'n euog er ei fod yng ngofal beic, yn hytrach na cherbyd. Defnyddiodd y llys y rheol drygioni i'w euogfarnu, gan ddadlau mai diben y Ddeddf oedd atal pobl rhag defnyddio *unrhyw* fath o drafnidiaeth ar briffordd gyhoeddus pan yn feddw – nid cerbydau yn unig.

GWEITHGAREDD / **Clip fideo**

Dehongliad statudol   Ewch i Hwb: www.hwb.gov.wales/

PROFI EICH HUN

Cwestiwn Enghreifftiol

Sut mae'r llywodraeth yn deddfu yn y Deyrnas Unedig?

Ateb gan Sophie

Mae'r llywodraeth yn llunio deddfau drwy'r Senedd. Mae'r rhain yn cael eu galw'n Ddeddfau Seneddol neu'n statudau. Mae hyn yn cynnwys sawl cam. Yn gyntaf, bydd yn cyhoeddi Papur Gwyrdd i annog trafodaeth am y materion y bydd y ddeddf yn ymdrin â nhw, e.e. troseddau cyllell. Yna, bydd Papur Gwyn yn dilyn sy'n cynnwys cynigion manwl ar gyfer y ddeddf newydd, e.e. er mwyn atal gwerthu cyllyll i bobl dan 16 oed.

Nesaf bydd cyfres o gamau yn Nhŷ'r Cyffredin. Mae darlleniad cyntaf y bil (y ddeddf sy'n cael ei chynnig) yn gyhoeddiad ffurfiol. Yr ail ddarlleniad yw pan fydd ASau yn trafod prif egwyddorion y bil. Os byddan nhw'n pleidleisio o blaid y bil, bydd yn symud ymlaen i'r cam pwyllgor, lle bydd pwyllgor bach o ASau yn ei archwilio fesul llinell, a gallan nhw gynnig diwygiadau ar gyfer y bil. Bydd y pwyllgor yn adrodd yn ôl i'r Tŷ cyfan a bydd ASau yn trafod ac yn pleidleisio ar unrhyw ddiwygiadau, e.e. efallai y byddan nhw'n codi'r isafswm oedran ar gyfer prynu cyllyll i 18. Bydd y trydydd darlleniad fel arfer yn dilyn yn syth wedyn, lle bydd ASau yn trafod y bil cyfan ac yn pleidleisio i'w basio neu ei wrthod.

Mae'n bwysig nodi y gall y llywodraeth fel arfer gael mwyafrif yr ASau i gefnogi ei biliau. Mae hyn oherwydd bod mwyafrif yr ASau fel arfer yn perthyn i'r un blaid â'r llywodraeth. Ond os yw'n llywodraeth leiafrifol, fel llywodraeth Geidwadol Mrs May ar ôl 2017, gall Tŷ'r Cyffredin wrthod rhai o'i biliau, e.e. bil Mrs May i adael yr UE.

Ar ôl i Dŷ'r Cyffredin basio bil, bydd yn mynd drwy broses debyg yn Nhŷ'r Arglwyddi. Yn olaf, bydd yn mynd at y brenin neu'r frenhines gyfredol i gael ei lofnodi – mae hyn yn cael ei alw'n Gydsyniad Brenhinol. Ar y pwynt hwn daw'n Ddeddf Seneddol – mae'r llywodraeth wedi ei wneud yn un o ddeddfau'r wlad.

Cwestiynau

Gan ddefnyddio ateb Sophie a'r deunydd yn y testun hwn, atebwch y cwestiynau canlynol.

1. Beth yw bil? Sawl cam (darlleniad) y mae'n rhaid i fil fynd drwyddo yn Nhŷ'r Cyffredin?
2. Ar ba gam mae Tŷ'r Cyffredin yn cynnal trafodaeth am brif egwyddorion bil?
3. Pam bydd llywodraeth fel arfer yn gallu pasio ei biliau yn Nhŷ'r Cyffredin?
4. Ar ba egwyddor y mae cynsail farnwrol yn seiliedig?
5. Beth yw'r ddau eithriad i gynsail?
6. Beth yw'r rheol lythrennol a pham gallai achosi problemau?
7. Beth mae'r rheol drygioni yn caniatáu i'r llysoedd ei wneud?

Disgrifio trefniadaeth y system cyfiawnder troseddol yng Nghymru a Lloegr

TESTUN 1.2

Man cychwyn

Gan weithio gyda phartner, cwblhewch y canlynol:

1. Gan ddefnyddio Uned 3 Testun 1.1, ysgrifennwch grynodeb byr o rôl yr heddlu yn y system cyfiawnder troseddol.
2. Gan ddefnyddio Uned 3 Testun 2.2, ysgrifennwch grynodeb byr o gamau proses treial, gan gynnwys rolau'r personél cysylltiedig.

Byddwch yn gweld bod yr hyn rydych chi wedi ei ddysgu yn Uned 3 am amrywiol gamau proses y treial, a'r asiantaethau sy'n gysylltiedig â threial fel yr heddlu, y CPS a'r llysoedd, yn berthnasol i'r testun hwn.

Trosolwg o'r system cyfiawnder troseddol

Mae system cyfiawnder troseddol Cymru a Lloegr yn cynnwys nifer o sefydliadau ac asiantaethau rhyng-gysylltiedig. Fel man cychwyn, gallwn ni rannu'r system yn ôl y prif rannau canlynol:

- **deddfu a gweinyddu'r gyfraith** – sut mae Senedd San Steffan yn pasio deddfau trosedd a sut mae adrannau'r llywodraeth yn rhedeg y system gyfiawnder
- **gorfodi'r gyfraith** – sut mae'r heddlu yn gwneud hyn
- **y llysoedd** (gan gynnwys yr erlyniad a'r amddiffyniad) – sut maen nhw'n penderfynu ar ganlyniad achosion troseddol
- **cosbi troseddwyr sydd wedi'u heuogfarnu** – sut mae'r carchardai a'r gwasanaeth prawf yn gwneud hyn.

Ar sail y trosolwg hwn o'r system, gallwn ni edrych yn fwy manwl ar yr holl rannau a sut maen nhw'n gweithio. Byddwn ni'n gwneud hyn drwy fynd ar daith drwy'r system, o'r broses o greu deddfau trosedd i gosbi troseddwyr.

Prif asiantaethau'r system cyfiawnder troseddol

Deddfu

Fel sydd i'w weld yn Nhestun 1.1, Senedd San Steffan a barnwyr sy'n llunio'r deddfau sy'n ymwneud â throsedd.

- Bydd **Senedd San Steffan** yn pasio Deddfau (deddfwriaeth neu gyfraith statud).
- Bydd **barnwyr** yn deddfu drwy osod cynseiliau barnwrol y mae'n rhaid i lysoedd eraill eu dilyn, a thrwy ddehongli ystyr statudau (dehongliad statudol).

Gweinyddiaeth y system – mae dwy o adrannau'r llywodraeth yn goruchwylio'r rhan fwyaf o'r system gyfiawnder, ac yn gyfrifol am sicrhau ei bod yn rhedeg yn llyfn. Y rhain yw y Weinyddiaeth Gyfiawnder a'r Swyddfa Gartref.

Yr heddlu

Mae'r heddlu yn gyfrifol am orfodi cyfraith trosedd. Maen nhw'n ymchwilio i droseddau, yn casglu tystiolaeth ac yn arestio, yn cadw ac yn holi'r rhai a ddrwgdybir. Gyda mân achosion, gallan nhw roi rhybudd neu hysbysiad cosb benodedig. Ond gyda bron iawn pob achos arall, byddan nhw'n anfon y ffeiliau at Wasanaeth Erlyn y Goron a fydd yn penderfynu a ddylid erlyn ai peidio. Mae 43 o heddluoedd rhanbarthol yng Nghymru a Lloegr.

Gwasanaeth Erlyn y Goron

Mae'r CPS yn wasanaeth erlyn annibynnol ar gyfer Cymru a Lloegr ac mae'n delio â tua hanner miliwn o achosion bob blwyddyn.

- Mae'n rhoi cyngor i'r heddlu o ran eu hymchwiliadau a pha dystiolaeth sydd ei hangen i adeiladu achos.
- Mae'n asesu'r dystiolaeth mae'r heddlu yn ei chyflwyno i'r gwasanaeth ac yn penderfynu a ddylid erlyn a beth fydd y cyhuddiad.
- Mae ei benderfyniadau yn seiliedig ar gymhwyso'r Prawf Cod Llawn at yr achos (gweler Uned 3, Testun 2.1).
- Mae'n paratoi ac yn cyflwyno achos yr erlyniad yn y llys.

Gwasanaeth Llysoedd a Thribiwnlysoedd EM

Mae Gwasanaeth Llysoedd a Thribiwnlysoedd EM yn gyfrifol am weinyddiaeth y llysoedd a'r tribiwnlysoedd yng Nghymru a Lloegr.

Y llysoedd

Ar ôl i gyhuddiad gael ei ddwyn yn erbyn y sawl a ddrwgdybir, bydd yn mynd gerbron y llys ynadon. Bydd y diffynnydd yn pledio'n euog neu'n ddieuog, a bydd materion cyn y treial fel mechnïaeth a chymorth cyfreithiol yn cael eu penderfynu. Bydd pledio'n euog yn arwain at wrandawiad dedfrydu. Bydd pledio'n ddieuog yn arwain at drefnu treial.

- Mae **llysoedd ynadon** yn ymdrin â throseddau llai difrifol (tua 95% o'r holl achosion).
- Mae **Llys y Goron** yn ymdrin â throseddau difrifol, sy'n golygu treial gerbron barnwr a rheithgor.

Bydd yr erlyniad (y CPS) a chyfreithwyr yr amddiffyniad yn cyflwyno dadleuon a thystiolaeth o blaid ac yn erbyn y diffynnydd. Bydd y dystiolaeth yn cynnwys tystiolaeth gan dystion (datganiadau gan dystion), tystiolaeth ffisegol (e.e. arfau, nwyddau wedi'u dwyn), neu'r ddau.

Y rheithgor (yn Llys y Goron) neu'r ynadon fydd yn penderfynu ar y rheithfarn. Os byddan nhw'n dyfarnu'r diffynnydd yn euog, bydd y barnwr neu'r ynadon yn penderfynu ar y gosb. Gallai hyn fod yn ddedfryd garcharol neu gymunedol, yn ddirwy neu'n ryddhad (*discharge*). Bydd y gosb yn seiliedig ar y statud perthnasol a'r Canllawiau Dedfrydu sy'n cael eu cyhoeddi gan y Cyngor Dedfrydu. Mae'n bosibl i droseddwyr apelio yn erbyn eu heuogfarn a/neu ddedfryd. (I gael rhagor o wybodaeth am rôl y llysoedd, gweler Uned 3, Testun 2.2.)

Gwasanaeth Carchardai a Phrawf EM

Gwasanaeth Carchardai a Phrawf EM sy'n gweithredu'r dedfrydau y mae'r llysoedd yn eu rhoi i droseddwyr.

- **Gwasanaeth Carchardai EM** sy'n goruchwylio troseddwyr yn y carchar.
- **Y Gwasanaeth Prawf Cenedlaethol** sy'n goruchwylio troseddwyr sy'n bwrw eu dedfryd yn y gymuned, gan gynnwys carcharorion sydd wedi'u rhyddhau ar drwydded i fwrw rhan o'u dedfryd y tu allan i'r carchar.

Yn ogystal â goruchwylio'r gwaith o reoli a chosbi troseddwyr, mae'r gwasanaeth carchardai a'r gwasanaeth prawf yn ceisio adsefydlu troseddwyr er mwyn iddyn nhw fyw bywyd di-drosedd.

GWEITHGAREDD / **Clip fideo**

Y gwasanaeth prawf

Ewch i Hwb: www.hwb.gov.wales/

Y berthynas rhwng yr asiantaethau cyfiawnder

Mae rhannau gwahanol y system gyfiawnder yn rhyng-gysylltiedig. Yn yr adran hon, byddwn ni'n archwilio sut maen nhw'n gysylltiedig â'i gilydd.

Yr heddlu

Mae gan yr heddlu berthynas â'r canlynol.

- **Y llysoedd**: rhoi tystiolaeth fel tyston yr erlyniad; amddiffyn tystion agored i niwed; cadw diffynyddion yng nghelloedd yr heddlu a'u cludo i'r llys ac yn ôl.
- **Gwasanaeth Erlyn y Goron**: darparu tystiolaeth er mwyn erlyn troseddwyr; dwyn cyhuddiadau yn erbyn troseddwyr yn unol â chyfarwyddiadau'r CPS.
- **Gwasanaeth Carchardai a Phrawf EM**: bydd yr heddlu yn arestio carcharorion sydd wedi cael eu galw'n ôl i'r carchar am dorri amodau eu trwydded. O ganlyniad i Ddeddf Sarah, mae'r heddlu hefyd yn cydweithio â'r gwasanaeth carchardai a'r gwasanaeth prawf i reoli'r rhestr o droseddwyr rhyw yn erbyn plant sy'n byw yn eu hardal.
- **Mudiadau gwirfoddol**: e.e. cyfeirio dioddefwyr a thystion trosedd at Gymorth i Ddioddefwyr, llochesi i fenywod, y Gwasanaeth Tystion ac ati.

Gwasanaeth Erlyn y Goron

Mae gan y CPS berthynas â'r canlynol.

- **Yr heddlu**: rhoi cyngor ar ymchwiliadau a chasglu tystiolaeth er mwyn adeiladu achos; rhoi cyfarwyddiadau ar y cyhuddiad i'w ddwyn yn erbyn y sawl a ddrwgdybir.
- **Y llysoedd**: paratoi a chyflwyno achos yr erlyniad yn erbyn troseddwyr; paratoi apeliadau yn erbyn dedfrydau sy'n rhy drugarog.

Adrannau'r llywodraeth

Mae gan adrannau'r llywodraeth berthynas â'r canlynol.

- **Y llysoedd, y gwasanaeth carchardai a'r gwasanaeth prawf**: drwy Wasanaeth Llysoedd a Thribiwnlysoedd EM a Gwasanaeth Carchardai a Phrawf EM. Y Weinyddiaeth Gyfiawnder yw'r adran sy'n gyfrifol am hyn.
- **Yr heddlu**: y Swyddfa Gartref yw'r adran sy'n gyfrifol am hyn, e.e. am osod y blaenoriaethau plismona cenedlaethol.

Mae adrannau'r llywodraeth yn rhoi arian i'r rhannau hyn o'r system gyfiawnder. Daw'r arian o drethi cyffredinol.

Gwasanaeth Llysoedd a Thribiwnlysoedd EM

Mae gan y gwasanaeth hwn berthynas â'r canlynol.

- **Llysoedd a barnwyr**: goruchwylio'r gwaith o sicrhau bod y system lysoedd yn rhedeg yn llyfn; ariannu'r llysoedd unigol.
- **Gwasanaeth Carchardai EM**: cadw carcharorion sy'n mynd i'r llys, wrth iddyn nhw aros i gael eu trosglwyddo/dychwelyd i'r carchar; trefnu recordiadau fideo a chysylltiadau byw ar gyfer carcharorion sy'n rhoi tystiolaeth o'r carchar.

Y Gwasanaeth Prawf Cenedlaethol (*NPS: National Probation Service*)

Mae gan yr NPS berthynas â'r canlynol.

- **Gwasanaeth Carchardai EM a'r Bwrdd Parôl**: goruchwylio carcharorion sy'n cael eu rhyddhau ar drwydded.
- **Y llysoedd**: paratoi adroddiadau cyn-dedfrydu am droseddwyr; goruchwylio troseddwyr sydd wedi cael dedfryd gymunedol gan y llys; goruchwylio profion cyffuriau o dan orchmynion y llys.

> **GWEITHGAREDD** / Clip fideo
>
> Y berthynas rhwng asiantaethau Ewch i Hwb: www.hwb.gov.wales/

Gwasanaeth Carchardai EM

Mae gan y Gwasanaeth Carchardai berthynas â'r canlynol.

- **Y llysoedd**: gweithredu'r dedfrydau carcharol mae'r llys wedi'u rhoi i droseddwyr; goruchwylio diffynyddion sydd wedi'u remandio yn y ddalfa gan y llys (h.y. gwrthodwyd mechnïaeth iddyn nhw); hwyluso ymweliadau gan gyfreithwyr yr amddiffyniad â'u cleientiaid yn y carchar.
- **Yr heddlu**: hwyluso cyfweliadau â charcharorion sy'n gysylltiedig ag ymchwiliadau'r heddlu.
- **Gwasanaeth Prawf Cenedlaethol**: bod yn gyswllt pan fydd carcharor yn cael ei ryddhau o'r carchar ar drwydded.

Mae rhannau eraill o'r system gyfiawnder yn cynnwys:

Mudiadau gwirfoddol: e.e. mae Cymorth i Ddioddefwyr yn elusen sy'n cysylltu â'r heddlu, y llysoedd a'r CPS i gefnogi dioddefwyr drwy holl gamau ymchwiliad a threial. Mae mudiadau gwirfoddol eraill yn cynnwys Nacro, Women in Prison a Cymorth i Fenywod.

Ymgyrchoedd i newid y system gyfiawnder: e.e. mae gan fudiadau fel Cynghrair Howard er Diwygio'r Deddfau Cosbi (*Howard League for Penal Reform*), Ymddiriedolaeth Diwygio'r Carchardai ac INQUEST i gyd berthynas â'r llysoedd, y carchardai, yr heddlu, y Weinyddiaeth Gyfiawnder a'r Swyddfa Gartref.

> **GWEITHGAREDD** / Ymchwil
>
> Gwaith INQUEST Ewch i Hwb: www.hwb.gov.wales/

PROFI EICH HUN

Cwestiwn Enghreifftiol

Disgrifiwch y berthynas rhwng y gwasanaeth carchardai ac asiantaethau eraill y system cyfiawnder troseddol. (6 marc)

Ffynhonnell: Arholiad CBAC Troseddeg Uned 4 2017

Cyngor

Mae angen i chi ddisgrifio'r berthynas rhwng y gwasanaeth carchardai ac asiantaethau fel y canlynol.

- Y llysoedd: mae carchardai yn cadw carcharorion sy'n mynd i'r llys, wrth iddyn nhw aros i gael eu trosglwyddo/dychwelyd i'r carchar. Maen nhw'n trefnu cysylltiadau fideo ar gyfer carcharorion sy'n rhoi tystiolaeth o'r carchar.
- Yr heddlu: maen nhw'n cadw carcharorion ar ôl eu harestio ac yn eu cludo i'r carchar os bydd y llys yn eu remandio yn y ddalfa. Maen nhw'n arestio ac yn dychwelyd carcharorion sy'n cael eu galw'n ôl i'r carchar. Mae carchardai yn hwyluso cyfweliadau'r heddlu â charcharorion. Mae'r heddlu yn gweithio gyda charchardai i reoli troseddwyr rhyw yn erbyn plant.
- Barnwyr: maen nhw'n penderfynu ar y ddedfryd, gan gynnwys cyfnod y carcharu ac a fydd y ddedfryd yn cael ei bwrw'n gydamserol (*concurrent*), h.y. un cyfnod yn dilyn y llall, ynteu'n ddilynol (*consecutive*), h.y. dau gyfnod yn cael eu bwrw ar yr un pryd.
- Y gwasanaeth prawf: mae'r gwasanaeth hwn yn gweithio gyda charchardai i baratoi carcharorion ar gyfer eu rhyddhau, i sicrhau proses bontio lwyddiannus i'r byd ar y tu allan, ac mae'n eu goruchwylio ar ôl iddyn nhw gael eu rhyddhau. Mae'n cysylltu â'r carchar os oes rhaid galw troseddwr yn ôl oherwydd ei fod wedi torri ei orchymyn.
- Elusennau: mae'r mudiadau hyn yn gweithio gyda charchardai i gynnig gwasanaethau cymorth ar gyfer carcharorion yn y carchar ac ar ôl iddyn nhw gael eu rhyddhau.
- Cyfreithwyr yr amddiffyniad: maen nhw'n ymweld â charchardai i ymgynghori â'u cleientiaid.
- Y Weinyddiaeth Gyfiawnder: mae'n ariannu'r carchardai, drwy Wasanaeth Carchardai a Phrawf EM.

Disgrifio modelau cyfiawnder troseddol

TESTUN 1.3

Man cychwyn

Gan weithio mewn grŵp bach, ystyriwch y ddau safbwynt canlynol:

A. Er mwyn amddiffyn y gymdeithas, dylai troseddwyr gael eu dal a'u cadw dan glo cyn gynted â phosibl. Mae'n werth cymryd y risg y bydd rhai pobl ddieuog yn mynd i'r carchar os yw hyn yn ein helpu ni i ddal y rhan fwyaf o'r rhai euog.

B. Er mwyn amddiffyn yr unigolyn, ni ddylai fod yn hawdd dyfarnu rhywun yn euog o drosedd. Mae'n well cymryd y risg y bydd rhai pobl euog yn mynd yn rhydd nag anfon rhywun dieuog i'r carchar.

Trafodwch pa safbwynt rydych chi'n cytuno fwyaf ag ef. Ar sail eich trafodaeth, nodwch unrhyw broblemau rydych chi'n sylwi arnyn nhw mewn perthynas â phob safbwynt. Ydych chi'n cytuno fel grŵp?

Dau fodel o gyfiawnder troseddol

Yn 1968 gwnaeth Herbert Packer, sef athro cyfraith a throseddeg o America, ddisgrifio dwy set gyferbyniol o werthoedd sy'n llunio'r ffordd mae'r system cyfiawnder troseddol yn gweithio. Gwnaeth grynhoi'r rhain mewn dau fodel cyfiawnder troseddol cyferbyniol:

- **y model cyfiawnder rheoli troseddu**
- **y model cyfiawnder trefn briodol.**

Y model rheoli troseddu

- Mae trosedd yn bygwth rhyddid pobl ac felly nod y model rheoli troseddu yw atal trosedd. Mae'n rhoi blaenoriaeth i ddal a chosbi troseddwyr er mwyn eu hatal rhag cyflawni rhagor o droseddau.
- Mae'r model yn dechrau gyda rhagdybiaeth o euogrwydd. Mae'n ymddiried yn yr heddlu i ddod o hyd i'r sawl sy'n euog, yn ôl pob tebyg, drwy eu ymchwiliadau a'u ymholiadau.
- Dylai'r heddlu fod yn rhydd rhag manylion technegol cyfreithiol diangen sy'n eu hatal rhag ymchwilio i drosedd.
- Pan fydd y bobl sy'n 'euog yn ôl pob tebyg' yn cael eu hadnabod, mae'n ffafrio system gyfiawnder tebyg i gludfelt neu linell gydosod, sy'n erlyn, yn cyhuddo ac yn cosbi'r bobl hyn yn gyflym.
- Os bydd rhai pobl ddieuog yn cael eu heuogfarnu ar ddamwain o bryd i'w gilydd, mae'r model yn dadlau bod hynny'n bris y mae'n werth ei dalu am euogfarnu llawer iawn o bobl euog.
- Mae'n rhoi pwyslais ar hawliau'r gymdeithas a dioddefwyr i gael eu hamddiffyn rhag trosedd, yn hytrach na hawliau'r rhai a ddrwgdybir.

> **Cwestiwn**
> Pa fath o 'fanylion cyfreithiol technegol' y mae'n bosibl y byddai ar gefnogwyr y model rheoli troseddu eisiau eu dileu er mwyn i'r heddlu allu cynnal ymchwiliadau yn fwy effeithiol?

97

Y model trefn briodol

- Grym y wladwriaeth yw'r bygythiad mwyaf i ryddid yr unigolyn ac felly nod y model trefn briodol yw amddiffyn y cyhuddedig rhag gormes y wladwriaeth a'i hasiantiaid, sy'n cynnwys yr heddlu, erlynwyr a barnwyr.
- Mae'r model yn dechrau gyda rhagdybiaeth o ddieuogrwydd. Mae'r cyhuddedig yn ddieuog nes y bydd yn cael ei brofi'n euog ar ôl treial teg.
- Mae'n rhoi llai o ffydd yng ngallu'r heddlu i gynnal ymchwiliadau boddhaol. Mae anallu, anonestrwydd ac ati, yn golygu bod angen diogelu hawliau'r rhai a ddrwgdybir a diffynyddion drwy gyfrwng set o reolau trefn briodol y mae'n rhaid i ymchwiliadau a threialon eu dilyn. Mae'r rhain yn cynnwys rheolau yn ymwneud ag arestio, cynrychiolaeth gyfreithiol, derbynioldeb tystiolaeth a datgeliad tystiolaeth, croesholi tystion, dim treialon cyfrinachol ac ati.
- Yn hytrach na chludfelt sy'n cludo'r cyhuddedig yn gyflym at ei gosb, mae'r rheolau a'r gweithdrefnau sy'n amddiffyn ei hawliau yn ffurfio rhwystrau angenrheidiol y mae'n rhaid i erlynwyr eu gorchfygu cyn gallu sicrhau euogfarn.
- Mae hyn yn golygu bod pobl euog weithiau'n mynd yn rhydd oherwydd manylyn 'technegol' (e.e. lle mae'r erlyniad wedi dibynnu ar dystiolaeth a gafodd ei chasglu'n anghyfreithlon). Fodd bynnag, mae'r model yn dadlau bod hyn yn well nag euogfarnu pobl ddieuog.
- Mae'r model yn rhoi pwyslais ar hawliau'r unigolyn sydd wedi'i gyhuddo yn hytrach na hawliau'r dioddefwr neu'r gymdeithas.

> **Cwestiwn**
> Pa fathau o dystiolaeth mae'r llysoedd yn debygol o'u diystyru fel mathau annerbyniol, a pham?

Cysylltiadau â damcaniaethau

Mae gan y ddau fodel cyfiawnder gysylltiadau â damcaniaethau trosedd gwahanol.

Y model a'r ddamcaniaeth rheoli troseddu

Realaeth y dde – mae'r model rheoli troseddu yn ymagwedd adain dde, ceidwadol tuag at gyfiawnder ac mae ganddo lawer yn gyffredin â damcaniaethau trosedd realaeth y dde. Er enghraifft, yn debyg i strategaethau plismona goddef dim, mae'n ffafrio rhoi mwy o bwerau i'r heddlu i ymchwilio i droseddau a'u hatal.

Swyddogaetholdeb – mae cysylltiad hefyd rhwng y model rheoli troseddu a damcaniaeth swyddogaetholdeb Durkheim, sef bod cosb yn atgyfnerthu ffiniau moesol y gymdeithas. Gan mai prif swyddogaeth cyfiawnder yw cosbi'r rhai sy'n euog, mae hyn yn galluogi'r gymdeithas i fynegi ei dicter moesol a chryfhau cydlyniad cymdeithasol.

Y model a'r ddamcaniaeth trefn briodol

Damcaniaeth labelu – mae'r model trefn briodol yn ymagwedd ryddfrydol. Ei nod yw ceisio atal asiantaethau'r wladwriaeth fel yr heddlu rhag gormesu pobl. O ganlyniad, mae gan y model gysylltiadau â'r ddamcaniaeth labelu. Gallai'r heddlu gael eu temtio i weithredu'n anghyfreithlon, ac aflonyddu ar grwpiau y maen nhw'n eu labelu'n negyddol fel 'troseddwyr nodweddiadol'. Mae'r model trefn briodol yn cynnig rhywfaint o amddiffyniad yn erbyn hyn oherwydd mae'n ei gwneud yn ofynnol i'r heddlu ddilyn gweithdrefnau cyfreithlon a pheidio â gweithredu y tu hwnt i'w pwerau.

Realaeth y chwith – mae realaeth y chwith yn dadlau bod 'plismona militaraidd' gormesol mewn ardaloedd tlawd yn ysgogi gwrthdaro ac yn golygu bod preswylwyr yn amharod i helpu'r heddlu. Yn ôl safbwynt realaeth y chwith, mae'n rhaid i'r heddlu ddilyn trefn briodol drwy weithredu mewn ffordd gyfreithlon nad yw'n gwahaniaethu, os ydyn nhw am daclo trosedd yn effeithiol, gan fod hyn yn dibynnu ar gydweithrediad y gymuned.

GWEITHGAREDD | **Clip fideo**

Rheoli troseddu a threfn briodol — Ewch i Hwb: www.hwb.gov.wales/

Y ddau fodel a system gyfiawnder y DU

I ba raddau mae'r ddau fodel yn disgrifio system gyfiawnder Cymru a Lloegr? Gallwn weld enghreifftiau o'r ddau fodel drwy edrych ar ddau faes:

- **Y rheolau sy'n llywodraethu'r system gyfiawnder** – a yw'r rheolau yn amddiffyn hawliau'r cyhuddedig, neu a ydyn nhw'n ffafrio'r erlyniad?
- **Y ffordd mae'r system yn gweithio yn ymarferol** – a yw'r heddlu, erlynwyr a barnwyr wir yn dilyn y rheolau a'r gweithdrefnau fel y dylen nhw?

Rheolau sy'n llywodraethu'r system gyfiawnder

Mae nifer o reolau trefn briodol ar waith i amddiffyn hawliau'r unigolyn yn ystod ymchwiliad a threial. Er enghraifft, mae'n nodi yn Uned 3, Testun 2.3 y gallai tystiolaeth a gafodd ei chasglu'n anghyfreithlon gael ei hystyried yn annerbyniol yn y llys. Mae hyn yn cynnwys pethau fel cyfaddefiad a gafodd ei roi yn sgil defnyddio artaith neu driniaeth ddiraddiol. Gellir dweud bod hyn yn cefnogi'r model trefn briodol, oherwydd mae'n amddiffyn hawliau'r diffynnydd.

Fodd bynnag, mae gan y barnwr y pŵer i ganiatáu tystiolaeth a gafodd ei chasglu'n anghyfreithlon (er enghraifft tystiolaeth a gafodd ei chasglu wrth chwilio heb warant) os yw'n credu y bydd yn helpu i ddarganfod y gwirionedd. Gellir dweud bod hyn yn cefnogi'r model rheoli troseddu, oherwydd gallai arwain at euogfarn.

Yn y tabl isod, gallwn weld sut mae rhai rheolau o fewn system gyfreithiol Cymru a Lloegr yn cefnogi'r model trefn briodol a hawliau unigolion, a sut mae eraill o bosibl yn cefnogi'r model rheoli troseddu drwy helpu i sicrhau euogfarnau.

Rhai rheolau sy'n llywodraethu'r system gyfiawnder	
Rheolau sy'n ffafrio trefn briodol	**Rheolau sy'n ffafrio rheoli troseddu**
Hawl y sawl a ddrwgdybir i wybod pam ei fod yn cael ei arestio.	Hawliau'r heddlu i stopio, holi, chwilio ac arestio. Yr hawl i stopio a chwilio heb roi rheswm mewn rhai amgylchiadau.
Yr hawl i gadw'n dawel wrth gael eich holi gan yr heddlu ac yn y llys – yn seiliedig ar yr egwyddor mai gwaith yr erlyniad yw profi euogrwydd, yn hytrach na gwaith y cyhuddedig i brofi ei fod yn ddieuog.	Gallai'r llys ddod i gasgliadau negyddol os bydd y diffynnydd yn cadw'n dawel pan fydd yn cael ei holi gan yr heddlu neu os bydd yn peidio â thystio yn y llys, a hynny heb reswm da.
Yr hawl i beidio â chadw rhywun am gyfnod amhenodol heb ei gyhuddo.	Mae gan yr heddlu yr hawl i gadw rhywun am gyfnod hirach i'w holi ar amheuaeth o droseddau ditiadwy (36 + 96 awr) ac am droseddau terfysgaeth (14 diwrnod).
Yr hawl i gael cynrychioliaeth gyfreithiol wrth gael eich holi gan yr heddlu ac yn y llys.	Cyfnod estynedig cyn caniatáu mynediad at gyfreithiwr (yn achos troseddau difrifol). Cyfyngiadau ar argaeledd cymorth cyfreithiol.
Yr hawl i gael treial gan reithgor o gymheiriaid.	Dim ond ar gyfer achosion difrifol y mae treial gan reithgor yn digwydd. Mae ynadon yn fwy tebygol o ddyfarnu pobl yn euog na rheithgorau. Mae treialon heb reithgor yn cael eu caniatáu os oes amheuaeth o ymyrryd â'r rheithgor.
Yr hawl i apelio yn erbyn euogfarn neu ddedfryd.	Dydy hawliau apelio ddim bob amser yn awtomatig. Dim ond ar sail pwynt cyfreithiol y mae rhai yn cael eu caniatáu, nid ar sail tystiolaeth.
Yr hawl i beidio â chael eich rhoi ar dreial eto am yr un drosedd ar ôl cael eich rhyddfarnu.	Mae newid i'r rheol erlyniad dwbl yn caniatáu ail erlyniad os daw tystiolaeth 'newydd a grymus' i'r amlwg (yn achos troseddau difrifol yn unig).
Rheolau yn ymwneud â derbynioldeb tystiolaeth yn y llys; e.e. dydy tystiolaeth ail-law, entrapiad a chyfaddefiadau dan orfodaeth ddim yn cael eu caniatáu.	Mae tystiolaeth o gymeriad gwael/euogfarnau blaenorol yn cael ei chaniatáu mewn rhai amgylchiadau.
Mae gan yr erlyniad ddyletswydd i ddatgelu tystiolaeth yn erbyn y diffynnydd cyn y treial.	Gallai tystysgrifau imiwnedd lles y cyhoedd alluogi'r erlyniad i osgoi datgelu tystiolaeth.

Trefn briodol a rheoli troseddu ar waith

Gallwn weld o'r tabl sut gallai rheolau gwahanol y system gyfiawnder gefnogi'r ddau fodel. Ond mae angen i ni edrych ar sut mae'r system yn gweithio yn ymarferol hefyd. Er enghraifft, a yw'r rheolau sy'n amddiffyn hawliau'r rhai a ddrwgdybir a'r diffynyddion yn cael eu dilyn mewn gwirionedd, yng ngorsaf yr heddlu ac yn y llys?

Mae'n bosibl bod yr heddlu, erlynwyr a barnwyr yn parchu hawliau trefn briodol y cyhuddedig yn y rhan fwyaf o achosion ac yn dilyn y weithdrefn gywir. Er enghraifft, cyfran fach yn unig o ddiffynyddion sydd wedi'u heuogfarnu o droseddu sy'n ceisio apelio naill ai yn erbyn yr euogfarn neu'r ddedfryd. Gallai hyn awgrymu bod y mwyafrif yn eithaf bodlon â'r ffordd y cafodd eu hachos ei brosesu gan y system gyfiawnder.

Camweinyddu cyfiawnder

Fodd bynnag, mae achosion o gamweinyddu cyfiawnder wedi bod hefyd pan nad yw'r heddlu, yr erlyniad neu'r barnwr wedi dilyn y gweithdrefnau cywir ac, mewn rhai achosion, wedi torri'r gyfraith eu hunain hyd yn oed. Mae'r achosion hyn yn pwyntio at y ffaith nad yw'r system gyfiawnder bob amser yn gweithredu yn ôl egwyddorion y model trefn briodol. Dyma rai achosion perthnasol.

Colin Stagg: roedd yn ddioddefwr ymgais i'w entrapio yn dilyn llofruddiaeth Rachel Nickell. Er nad oedd unrhyw dystiolaeth yn ei erbyn, roedd yr heddlu wedi'u hargyhoeddi mai Stagg oedd y lladdwr, a gwnaethon nhw geisio defnyddio 'trap' i'w dwyllo i gyfaddef i'r drosedd.

Sally Clark: cafodd ei charcharu ar gam am lofruddio ei dau fab bach yn rhannol oherwydd na wnaeth patholegydd y Swyddfa Gartref a thyst yr erlyniad, Alan Williams, ddatgelu gwybodaeth berthnasol i gyfreithwyr yr amddiffyniad.

"Chwech Birmingham": cafodd y dynion hyn eu heuogfarnu ar gam am lofruddio 21 o bobl ar ôl i'r heddlu ffugio tystiolaeth yn eu herbyn, eu hamddifadu o gwsg a bwyd, a defnyddio trais a bygythiadau i'w gorfodi i gyfaddef. Gwnaeth y barnwr bennu, a hynny yn anghywir, bod y cyfaddefiadau yn dderbyniol fel tystiolaeth. Ar yr un pryd, gwnaeth y barnwr wrthod derbyn tystiolaeth yr amddiffyniad. Gwnaeth yr erlyniad gyflwyno tystiolaeth fforensig amheus ac annibynadwy yn erbyn y chwech.

Mae gan yr heddlu y pŵer i stopio, chwilio ac arestio. Ydyn nhw'n defnyddio'r pŵer hwn yn deg?

Adran Troseddau Difrifol Heddlu Gorllewin Canolbarth Lloegr: roedd yr adran hon yn gyfrifol am dros 100 o achosion troseddol (gan gynnwys achos "Chwech Birmingham") a oedd yn cynnwys camymddwyn gan ei swyddogion, gan gynnwys anudoniaeth (dweud celwydd o dan lw, neu *perjury*), ymosod ar garcharorion, ffugio cyfaddefiadau a phlannu tystiolaeth ddamniol ar y sawl a ddrwgdybir.

Bingham Justices: roedd yr achos hwn yn 1974 yn cynnwys tuedd gan ynad. Roedd tystiolaeth diffynnydd yn gwrthddweud tystiolaeth y swyddog heddlu mewn achos yn ymwneud â goryrru, a dywedodd cadeirydd yr ynadon, 'Fy egwyddor mewn achosion o'r fath bob amser yw credu'r swyddog heddlu'.

Yn yr holl enghreifftiau uchod, gwnaeth yr achosion naill ai fethu yn y llys neu cafodd euogfarnau eu dileu ar apêl. Fodd bynnag, roedd yn rhaid cael ail apêl mewn rhai achosion, gan arwain at gyfnod hirach yn y carchar – 16 mlynedd yn achos "Chwech Birmingham" a thair blynedd yn achos Sally Clark.

GWEITHGAREDD / Clip fideo

Camweinyddu cyfiawnder   Ewch i Hwb: www.hwb.gov.wales/

PROFI EICH HUN

Cwestiwn Enghreifftiol

1. Nodwch **dair** o nodweddion y model cyfiawnder rheoli troseddu. (3 marc)
2. Nodwch **dair** o nodweddion y model cyfiawnder trefn briodol. (3 marc)

Ffynhonnell: Arholiad CBAC Troseddeg Uned 4 2020

Cyngor

Dylech chi nodi tair o nodweddion y model rheoli troseddu ar gyfer Cwestiwn 1 a thair o nodweddion y model trefn briodol ar gyfer Cwestiwn 2.

Dylech chi ymdrin â phob model ar wahân. Ar gyfer pob model, dylech chi ystyried tri mater, er enghraifft:

- beth mae'r model yn ei ystyried yw'r bygythiad mwyaf i ryddid
- a yw'n rhagdybio bod y cyhuddedig yn ddieuog ai peidio
- a oes ganddo ffydd yn yr heddlu a'r erlyniad
- hawliau pwy mae'n rhoi'r flaenoriaeth iddyn nhw: y cyhuddedig neu'r gymdeithas.

Defnyddiwch eirfa arbenigol lle bo'n bosibl.

- Ar gyfer y model rheoli troseddu, gallai hyn gynnwys termau fel atal troseddu, rhagdybiaeth o euogrwydd, cludfelt, a hawliau'r gymdeithas a dioddefwyr.
- Ar gyfer y model trefn briodol, gallai hyn gynnwys termau fel amddiffyn y cyhuddedig rhag gormes/hawliau'r cyhuddedig, rhagdybiaeth o ddieuogrwydd, rhwystrau i'w goresgyn a rheolau trefn briodol (fel hawliau'n ymwneud ag arestio neu dderbynioldeb tystiolaeth).

TESTUN 2.1

Esbonio mathau o reolaeth gymdeithasol

Man cychwyn

Gan weithio mewn grŵp bach, cwblhewch y canlynol:

1. Beth yw normau, gwerthoedd a chodau moesol? (Os nad ydych chi'n siŵr, edrychwch eto ar *Lyfr Troseddeg Un*, Uned 2, Testun 1.1.)
2. Pa sancsiynau sy'n bodoli i reoli ein hymddygiad yn unol â normau'r gymdeithas? Er enghraifft, sut mae ein hymddygiad yn cael ei reoli yn yr ysgol gan gyfoedion ac athrawon?
3. Yn eich barn chi, pam mae pobl yn dilyn normau a gwerthoedd y gymdeithas?

Rhannwch eich atebion â gweddill y dosbarth. Fel dosbarth cyfan, gwnewch restr o'r ffyrdd mae ein hymddygiad yn cael ei reoli yn y gymdeithas.

Beth yw rheolaeth gymdeithasol?

Er mwyn i gymdeithas weithio'n iawn, mae angen i bobl ymddwyn fwy neu lai fel mae pobl eraill yn disgwyl iddyn nhw ei wneud. Dychmygwch yr anhrefn, er enghraifft, pe bai gyrrwr y bws yn penderfynu mynd â'r bws i lan y môr, ynghyd â'r holl deithwyr, yn hytrach na mynd y ffordd arferol a chludo pobl i'r gwaith, i'r ysgol neu i'r siopau. Neu pe bai'r postmon yn penderfynu danfon yr holl bost i un cyfeiriad yn unig ar bob stryd.

Mae rheolaeth gymdeithasol yn golygu perswadio neu gymell pobl i gydymffurfio â normau, deddfau a disgwyliadau'r gymdeithas. Mae gan y gymdeithas amrywiol ffyrdd o sicrhau rheolaeth dros ymddygiad ei haelodau. Gallwn ni grwpio'r rhain yn ddau brif fath:

- mathau mewnol o reolaeth gymdeithasol
- mathau allanol o reolaeth gymdeithasol.

Mathau mewnol o reolaeth gymdeithasol

Rheoliadau dros ein hymddygiad yw'r rhain, sy'n dod o'r tu mewn i ni ein hunain – o'n personoliaethau neu ein gwerthoedd. O'r herwydd, maen nhw'n fathau o hunanreolaeth hefyd. Maen nhw'n ein harwain ni i gydymffurfio â rheolau'r gymdeithas a'r grwpiau rydyn ni'n perthyn iddyn nhw gan ein bod ni'n teimlo'n fewnol mai dyna'r peth cywir i'w wneud.

Cydwybod moesol neu uwch-ego

Yn ôl damcaniaeth seicdreiddiol Freud, rydyn ni'n cydymffurfio â disgwyliadau'r gymdeithas ac yn ufuddhau i'w rheolau gan fod ein uwch-ego yn dweud wrthon ni i wneud hynny. Ynghyd â'r id a'r ego, mae'r uwch-ego yn rhan o'n personoliaeth. Mae ein uwch-ego yn dweud wrthon ni beth sy'n gywir a beth sy'n anghywir, ac mae'n gwneud i ni deimlo'n euog os na fyddwn ni'n gwneud yr hyn mae'n ein hannog i'w wneud.

Mae ein uwch-ego yn datblygu o ganlyniad i gymdeithasoli cynnar yn y teulu, fel rhyw fath o 'riant mewnol' sy'n swnian arnon ni ac yn dweud wrthon ni sut dylen ni ymddwyn. Ei swyddogaeth yw atal greddf hunanol, 'anifeilaidd' yr id. Pe baem yn gweithredu ar sail y reddf hon, byddai'n aml yn ein harwain at ymddygiad troseddol a gwrthgymdeithasol. Mae'r uwch-ego yn ein galluogi ni i arfer hunanreolaeth ac ymddwyn mewn ffyrdd sy'n dderbyniol yn gymdeithasol.

Traddodiad a diwylliant

Mae'r diwylliant rydyn ni'n perthyn iddo yn dod yn rhan ohonon ni drwy broses cymdeithasoli. Rydyn ni'n dod i dderbyn ei werthoedd, ei normau a'i draddodiadau fel rhan o'n hunaniaeth. Er enghraifft, mae credinwyr yn dilyn y traddodiadau crefyddol maen nhw wedi cael eu magu ynddyn nhw, fel y traddodiad Mwslimaidd o ymprydio yn ystod Ramadan neu'r traddodiad Iddewig o rannu pryd nos y Shabbat. Mae cydymffurfio â thraddodiadau o'r fath yn ffordd bwysig o gadarnhau hunaniaeth yr unigolyn a chael eich derbyn fel rhan o gymuned benodol.

Mewnoli rheolau a moesoldeb cymdeithasol

Mae ein uwch-ego a'r traddodiadau rydyn ni'n eu dilyn yn dod yn rhan o'n hunan mewnol neu ein personoliaeth. Eto i gyd, mae'r ddau yn dechrau fel pethau y tu allan i ni – naill ai fel rheolau a gwerthoedd ein rhieni yn achos yr uwch-ego, neu fel rhai ein diwylliant neu ein grŵp cymdeithasol yn achos traddodiad.

Cymdeithasoli – yn y ddau achos, rydyn ni'n mewnoli'r rheolau hyn drwy broses o'r enw cymdeithasoli – boed hynny drwy ein rhieni neu drwy grwpiau a sefydliadau cymdeithasol ehangach fel crefydd, ysgol a grwpiau cyfoedion. Drwy gymdeithasoli, bydd rheolau a chod moesol y gymdeithas yn dod yn rheolau a chod moesol personol i ni. O ganlyniad, byddwn ni'n cydymffurfio o wirfodd â normau cymdeithasol.

'Ideoleg resymegol' – dyma derm sydd wedi cael ei ddefnyddio i ddisgrifio'r ffaith ein bod ni'n mewnoli rheolau cymdeithasol ac yn eu defnyddio i ddweud wrthon ni beth sy'n gywir ac yn anghywir. Mae hyn yn ein galluogi ni i weithredu o fewn y gyfraith.

GWEITHGAREDD / **Clip fideo**

Cymdeithasoli   Ewch i Hwb: www.hwb.gov.wales/

Mathau allanol o reolaeth gymdeithasol

Yn ogystal â ffurfiau mewnol o reolaeth fel ein cydwybod, mae gan y gymdeithas ffurfiau allanol o reolaeth sy'n ceisio sicrhau ein bod ni'n cydymffurfio â'i disgwyliadau ac yn cadw at ei rheolau. Mae'r gymdeithas yn gwneud hyn drwy asiantaethau rheolaeth gymdeithasol.

Asiantaethau rheolaeth gymdeithasol

Dyma'r mudiadau neu'r sefydliadau sy'n gosod rheolau arnon ni mewn ymdrech i wneud i ni ymddwyn mewn ffordd benodol. Maen nhw'n cynnwys y teulu, grŵp cyfoedion a'r system addysg. Er enghraifft, efallai bydd rhieni yn anfon plentyn drwg i'r gwely, gallai ffrindiau anwybyddu rhywun sy'n cario clecs, ac mae'n bosibl y bydd athrawon yn cadw disgybl trafferthus i mewn ar ôl ysgol.

Mae'r rhain oll yn sancsiynau negyddol (cosbau), ond gall asiantaethau rheolaeth gymdeithasol roi sancsiynau cadarnhaol (gwobrau) i'r rhai sy'n cydymffurfio. Er enghraifft, efallai y bydd myfyriwr sy'n gweithio'n galed yn ennill canmoliaeth, sêr aur ac ati, gan yr athro. Mae sancsiynau cadarnhaol a negyddol yn helpu i orfodi rheolaeth gymdeithasol. Mae hyn yn adleisio damcaniaeth dysgu gweithredol Skinner o atgyfnerthu ymddygiad – mae cosbau yn atal ymddygiad annymunol ac mae gwobrau yn annog ymddygiad derbyniol.

Y system cyfiawnder troseddol

Mae'r system cyfiawnder troseddol yn cynnwys sawl asiantaeth rheolaeth gymdeithasol, ac mae gan bob un y pŵer i ddefnyddio sancsiynau cyfreithiol ffurfiol yn erbyn unigolion mewn ymgais i wneud iddyn nhw gydymffurfio â deddfau'r gymdeithas. Mae'r asiantaethau hyn a'u pwerau yn cynnwys y canlynol.

- **Yr heddlu** – mae ganddyn nhw bwerau i stopio, chwilio, arestio, cadw a holi'r rhai a ddrwgdybir.
- **Y CPS** – gall y gwasanaeth hwn ddwyn cyhuddiad yn erbyn y sawl a ddrwgdybir a'i erlyn yn y llys.

- **Barnwyr ac ynadon** – mae ganddyn nhw bwerau i roi mechnïaeth i'r cyhuddedig neu ei remandio yn y ddalfa, ac i ddedfrydu pobl euog i amrywiaeth o gosbau.
- **Y gwasanaeth carchardai** – gall y gwasanaeth hwn gadw carcharorion yn erbyn eu hewyllys am gyfnod eu dedfryd, a chosbi carcharorion sy'n camymddwyn (e.e. cellgyfyngiad unigol, neu *solitary confinement*).

Mae'r rhain oll yn sancsiynau negyddol, ond mae gan y system gyfiawnder sancsiynau cadarnhaol (gwobrau) hefyd y gall eu defnyddio i reoli ymddygiad. Er enghraifft, mae helpu'r erlyniad yn debygol o arwain at ddedfryd lai i'r troseddwr, a drwy ymddwyn yn dda gall carcharorion ennill rhagor o freintiau a pharôl cynharach.

Gorfodaeth

Mae gorfodaeth (*coercion*) yn golygu defnyddio neu fygwth defnyddio grym er mwyn gwneud i rywun wneud rhywbeth (neu ei atal rhag gwneud rhywbeth). Gall grym olygu trais corfforol neu seicolegol, neu fathau eraill o roi pwysau ar rywun. Mae sancsiynau negyddol y system cyfiawnder troseddol yn enghreifftiau o orfodaeth: mae anfon rhywun i'r carchar am ddwyn yn fath o orfodaeth, a'r nod yw atal rhagor o droseddu (hyd yn oed os yw hynny am y cyfnod y bydd y lleidr yn y carchar yn unig).

Ofn cael eich cosbi

Mae ofn cael eich cosbi yn un ffordd o geisio sicrhau rheolaeth gymdeithasol a gwneud i bobl gydymffurfio â'r gyfraith. I bob pwrpas, mae ofn cael eich cosbi yn fath o orfodaeth, oherwydd mae'n cynnwys y bygythiad y bydd grym yn cael ei ddefnyddio yn eich erbyn os na fyddwch chi'n ufuddhau i'r gyfraith. Er enghraifft, os byddwch chi'n cyflawni trosedd gallech chi gael eich arestio, eich cyhuddo, eich euogfarnu a'ch carcharu – a'r cyfan yn erbyn eich ewyllys.

Ataliaeth – mae rhai damcaniaethwyr, fel realyddion y dde, yn dadlau mai ofn cael eu dal a'u cosbi yw'r hyn sy'n sicrhau bod llawer o ddarpar-droseddwyr yn dal i ufuddhau i'r gyfraith. Mewn geiriau eraill, mae ofn yn gweithredu fel ataliad (*deterrent*). Byddwn ni'n edrych ar gosb ac ataliaeth yn fwy manwl yn Nhestun 2.2.

Damcaniaeth rheolaeth

Mae'r rhan fwyaf o ddamcaniaethau troseddegol yn gofyn pam mae pobl yn cyflawni troseddau, ond mae damcaniaethwyr rheolaeth yn gofyn y cwestiwn gwrthgyferbyniol: pam mae pobl yn ufuddhau i'r gyfraith? Yr ateb sy'n cael ei roi gan ddamcaniaethwyr rheolaeth fel Travis Hirschi yw bod pobl yn cydymffurfio oherwydd eu bod yn cael eu rheoli gan eu bondiau â'r gymdeithas, sy'n eu hatal rhag ymddwyn yn wyrdroëdig. Mae Hirschi yn dadlau bod 'gweithredoedd tramgwyddus yn digwydd pan fydd bond yr unigolyn â'r gymdeithas yn wan neu wedi torri'.

Yn ôl Hirschi, mae bond yr unigolyn â'r gymdeithas yn cynnwys pedair elfen:

1. **Ymlyniad** – y mwyaf o ymlyniad sydd gennyn ni i eraill, y mwyaf y byddwn ni'n poeni beth maen nhw'n ei feddwl ohonon ni, a'r mwyaf y byddwn ni'n parchu eu normau ac yn llai tebygol o'u torri. Mae hyn yn arbennig o wir yn achos ymlyniad at rieni ac athrawon.
2. **Ymroddiad** – pa mor ymroddedig ydyn ni i gyflawni nodau confensiynol fel llwyddo ym maes addysg a chael swydd dda? Y mwyaf ymroddedig rydyn ni i ffordd gonfensiynol o fyw, y mwyaf sydd gennyn ni i'w golli drwy ymwneud â throsedd, felly rydyn ni'n fwy tebygol o gydymffurfio.
3. **Cyfranogiad** – y mwyaf rydyn ni'n cymryd rhan mewn gweithgareddau confensiynol, sy'n ufuddhau i'r gyfraith, fel astudio neu gymryd rhan mewn chwaraeon, y lleiaf o amser ac egni fydd gennyn ni i ddechrau ymwneud â gweithgareddau troseddol. Mae hyn yn rhan o'r cyfiawnhad dros glybiau ieuenctid: maen nhw'n cadw pobl ifanc oddi ar y strydoedd ac yn brysur â gweithgareddau cyfreithlon.
4. **Credoau** – os ydyn ni wedi cael ein cymdeithasoli i gredu mai'r peth cywir yw ufuddhau i'r gyfraith, rydyn ni'n llai tebygol o dorri'r gyfraith.

GWEITHGAREDD / Clip fideo

Bondiau cymdeithasol — Ewch i Hwb: www.hwb.gov.wales/

Rhianta – mae llawer o ddamcaniaethwyr rheolaeth yn pwysleisio rôl rhianta wrth greu bondiau sy'n atal pobl ifanc rhag troseddu. Er enghraifft, roedd Gottfredson a Hirschi yn dadlau bod hunanreolaeth isel yn un o brif ffactorau tramgwyddaeth (*delinquency*), a bod hyn yn deillio o ddiffyg cymdeithasoli a disgyblaeth anghyson neu absennol gan rieni.

Mae damcaniaethwyr rheolaeth eraill yn cyflwyno syniadau tebyg. Canfu Riley a Shaw bod diffyg goruchwyliaeth gan rieni yn ffactor pwysig o ran tramgwyddaeth. Maen nhw'n dadlau y dylai rhieni wneud y canlynol:

- cymryd rhan ym mywyd eu plant a threulio amser gyda nhw
- cymryd diddordeb yn yr hyn maen nhw'n ei wneud yn yr ysgol a sut maen nhw'n treulio amser gyda'u ffrindiau
- dangos anghymeradwyaeth gryf ar gyfer ymddygiad troseddol ac esbonio canlyniadau troseddu.

Mae **Walter Reckless** hefyd yn cyfeirio at bwysigrwydd rhianta a chymdeithasoli. Mae gennyn ni dueddiadau seicolegol a all arwain at droseddoldeb, ond gall cymdeithasoli effeithiol ddarparu 'cyfyngiant mewnol' drwy feithrin yr hunanreolaeth i wrthsefyll y temtasiwn i droseddu. Mae'n dadlau hefyd bod rheolaethau allanol fel disgyblaeth rhieni yn gallu cynnig 'cyfyngiant allanol'.

Mae **ffeminstiaid** hefyd wedi defnyddio damcaniaeth rheolaeth i esbonio cyfradd troseddu isel menywod. Mae Frances Heidensohn yn dadlau bod cymdeithas batriarchaidd (lle mae dynion yn dominyddu) yn rheoli menywod yn fwy agos, gan olygu ei bod yn anoddach iddyn nhw droseddu. Er enghraifft, mae menywod yn treulio mwy o amser ar ddyletswyddau domestig, sy'n rhoi llai o gyfle iddyn nhw gymryd rhan mewn troseddoldeb y tu allan i'r cartref. Canfu Pat Carlen bod menywod sy'n troseddu yn aml wedi methu ffurfio ymlyniad at eu rhieni gan eu bod wedi cael eu cam-drin yn y teulu neu wedi cael eu magu yn y system gofal.

GWEITHGAREDD / Clip fideo

Mathau o reolaeth gymdeithasol   Ewch i Hwb: www.hwb.gov.wales/

Gallai diddordebau a gweithgareddau chwaraeon helpu i gadw pobl ifanc rhag ymwneud â throsedd.

PROFI EICH HUN

Cwestiwn Enghreifftiol

Trafodwch resymau unigolion dros ufuddhau i'r gyfraith. (9 marc)

Ffynhonnell: Arholiad CBAC Troseddeg Uned 4 2018

Ateb gan Anthony

Mae pobl yn ufuddhau i'r gyfraith oherwydd effeithiau rheolaeth gymdeithasol. Mae dau fath o reolaeth gymdeithasol: mewnol ac allanol. Rheolaeth fewnol yw pan fyddwn ni'n dewis ufuddhau i'r gyfraith heb gael ein gorfodi i wneud hynny, e.e. mae ein cydwybod yn dweud wrthon ni beth sy'n iawn. Yn ôl Freud, mae ein cydwybod neu uwch-ego yn debyg i 'riant mewnol' sy'n swnian arnon ni ac sy'n gwneud i ni deimlo'n euog os ydyn ni hyd yn oed yn ystyried mynd yn groes i'r normau.

> Dechrau da – mae'n diffinio rheolaeth fewnol. Cysylltiad da â damcaniaeth.

Rydyn ni'n datblygu ein cydwybod drwy gymdeithasoli, ond rydyn ni'n dysgu cod moesol y gymdeithas gan sefydliadau fel y teulu a chrefydd. Er enghraifft, mae'r Deg Gorchymyn yn dysgu credinwyr bod dwyn yn bechod. Rydyn ni'n dysgu ein traddodiadau diwylliannol a'r ymddygiad disgwyliedig drwy gymdeithasoli hefyd, e.e. mae'n rhaid i bob Mwslim ymprydio yn ystod Ramadan. Rydyn ni'n mewnoli rheolau a thraddodiadau fel rhan o'n personoliaeth a'n cydwybod. Yna gallwn ni benderfynu droston ni ein hunain beth sy'n gywir ac yn anghywir, a beth mae'r gymdeithas yn ei ystyried sy'n dderbyniol, a gweithredu yn unol â hynny.

> Wedi defnyddio enghreifftiau a thystiolaeth berthnasol.

Mae pobl yn ufuddhau i'r gyfraith oherwydd rheolaeth gymdeithasol allanol hefyd, lle mae asiantaethau tebyg i'r rhai yn y system cyfiawnder troseddol yn defnyddio gorfodaeth (grym neu'r bygythiad ohono) i wneud i ni ufuddhau i'r gyfraith, e.e. gall yr heddlu ein harestio a'n cadw, gall ynadon roi dirwy i ni, gall carchardai ein cadw dan glo. Yn yr un modd, mae rhieni, cyfoedion ac athrawon yn defnyddio sancsiynau negyddol (cosbau) i wneud i ni gydymffurfio â'u rheolau. Mae rheolaeth allanol yn gweithio drwy wneud i rywun fod ofn cael ei gosbi (ataliaeth). Rydyn ni'n ufuddhau i'r gyfraith gan ein bod ni'n ofni mynd i'r carchar ac ati. Gall ataliaeth fod yn unigol (lle mae profi'r gosb yn atal y troseddwr rhag aildroseddu) neu'n gyffredinol. Mae ataliaeth gyffredinol yn cyd-fynd â damcaniaeth dysgu cymdeithasol Bandura; mae gweld pobl eraill yn cael eu cosbi am ymddygiad gwyrdroëdig yn ein hatal ni rhag ymddwyn fel hynny.

> Esboniad clir o reolaeth allanol, ynghyd â rhagor o gysyniadau, enghreifftiau a damcaniaeth.

Mae damcaniaethwyr rheolaeth fel Reckless yn ystyried bod rheolaeth fewnol ac allanol yn angenrheidiol er mwyn sicrhau bod pobl yn ufuddhau i'r gyfraith. Mae'n dadlau bod cymdeithasoli yn cynhyrchu 'cyfyngiant mewnol' drwy ddysgu hunanreolaeth i ni fel y gallwn ni wrthsefyll y demtasiwn i droseddu, ac mae rheolaethau fel disgyblaeth rhieni yn cynhyrchu 'cyfyngiant allanol'. Mae ffeministiaid fel Heidensohn yn dadlau mai rheolaeth allanol cymdeithas batriarchaidd sy'n gyfrifol am gyfradd troseddu isel menywod.

> Yn defnyddio damcaniaeth i gloi'r ateb.

Sylwadau cyffredinol

Dyma ymateb Band Tri (band uchaf). Mae Anthony yn ymdrin â nifer o resymau pam mae pobl yn ufuddhau i'r gyfraith, ac mae'n eu trefnu yn fathau o reolaeth gymdeithasol mewnol ac allanol. Mae'n defnyddio geirfa arbenigol berthnasol, gan gynnwys cymdeithasoli, uwch-ego, cod moesol, normau, traddodiadau diwylliannol, mewnoli, gorfodaeth, sancsiynau, ataliaeth, a chyfyngiant mewnol ac allanol. Mae'n cysylltu rhai o'r syniadau hyn â damcaniaethau (Freud, Bandura, Heidensohn a Reckless) ac mae'n defnyddio enghreifftiau i egluro ei bwyntiau.

Trafod nodau cosbi

TESTUN 2.2

Man cychwyn
Gan weithio gyda phartner, trafodwch y canlynol:
1. Pam mae cymdeithas yn cosbi troseddwyr? Awgrymwch gynifer o resymau â phosibl.
2. Ar sail yr hyn rydych chi wedi ei ddysgu am ddamcaniaethau troseddegol yn Uned 2, pa fathau o gosbau fyddai'r canlynol yn eu ffafrio, yn eich barn chi?
   a) damcaniaethau biogemegol
   b) damcaniaethau gwybyddol
   c) realaeth y dde.

Beth yw nodau cosbi?

Mae llawer o bobl yn credu bod cosbi yn ffordd effeithiol o atal neu leihau trosedd. Mae eraill yn dadlau bod troseddwyr yn haeddu cael eu cosbi beth bynnag, ni waeth a yw hyn yn lleihau trosedd ai peidio.

Yn y testun hwn, byddwn ni'n trafod nodau neu ddibenion gwahanol cosbi, sef:
- **ad-daledigaeth** – mynegi dicter y gymdeithas ynglŷn â throsedd
- **adsefydlu** – gwneud i droseddwyr newid eu hymddygiad
- **ataliaeth** – annog pobl i beidio â throseddu yn y dyfodol
- **amddiffyn** – amddiffyn y cyhoedd rhag troseddwyr
- **gwneud iawn** – gwneud iawn am y niwed sy'n cael ei achosi gan drosedd.

Damcaniaethau – byddwn ni hefyd yn edrych ar sut mae'r nodau cosbi hyn yn cysylltu â rhai o'r damcaniaethau troseddegol y gwnaethoch chi eu hastudio yn Uned 2.

Ad-daledigaeth

Ystyr llythrennol ad-daledigaeth (*retribution*) yw talu'n ôl. Mae'n golygu cosbi troseddwr i ddial am gamwedd neu weithred droseddol.

Haeddiant

Mae ad-daledigaeth yn seiliedig ar y syniad y dylai troseddwyr gael eu haeddiant – mae troseddwyr yn haeddu cael eu cosbi ac mae gan y gymdeithas hawl foesol i ddial arnyn nhw. Dylai'r troseddwr orfod dioddef am dorri cod moesol y gymdeithas.

Cymesuredd

Dylai'r gosb fod yn briodol i'r drosedd – dylai fod yn gyfartal neu'n gymesur i'r niwed a gafodd ei wneud, er enghraifft y syniad o 'llygad am lygad, dant am ddant, bywyd am fywyd'. Dyma pam mae rhai pobl yn dadlau y dylai pobl sy'n llofruddio wynebu'r gosb eithaf.

Mae'r syniad o gymesuredd yn arwain at system 'dariff' neu raddfa sefydlog o gosbau gorfodol am droseddau gwahanol. Hynnyw yw, hyn a hyn o flynyddoedd am ladrad arfog, hyn a hyn o ddirwy am oryrru ac ati.

Mynegi dicter moesol – efallai y gallai ad-daledigaeth arwain at effaith dda (fel atal darpar-droseddwyr), ond nid dyna ei ddiben. Yn hytrach, dyma'n syml ffordd i gymdeithas fynegi ei dicter moesol tuag at y troseddwr. Mae cosbi yn rhywbeth sy'n dda yn foesol, ni waeth a yw'n newid ymddygiad y troseddwr yn y dyfodol ai peidio. Mae ad-daledigaeth yn gyfiawnhad dros gosbi troseddau sydd wedi'u cyflawni'n barod, yn hytrach na bod yn ffordd o atal troseddau yn y dyfodol.

Gallwn ni weld hyn ar waith yn achos troseddau gwaethygedig hiliol sy'n arwain at 'ymestyn' y ddedfryd neu roi dedfryd tariff uwch. Er enghraifft, y gosb fwyaf ar gyfer niwed corfforol difrifol yw pum mlynedd yn y carchar, ond mae'n bosibl cynyddu hyn i saith mlynedd os oes prawf bod cymhelliant hiliol i'r ymosodiad. Mae'r 'ymestyniad' hwn yn adlewyrchu'r ffaith bod y gymdeithas yn teimlo'n fwy dig ynglŷn â'r drosedd.

Carcharorion yn gwneud llafur caled yn y carchar. A ddylai cymdeithas fynnu'r math hwn o ad-daledigaeth?

Damcaniaeth

Mae ad-daledigaeth yn gysylltiedig â damcaniaethau troseddoldeb realaeth y dde fel damcaniaeth dewis rhesymegol. Fel y damcaniaethau hyn, mae ad-daledigaeth yn rhagdybio bod troseddwyr yn weithredwyr rhesymegol sy'n gwneud dewis ymwybodol i gyflawni eu troseddau, ac sy'n gwbl gyfrifol am eu gweithredoedd. Maen rhaid iddyn nhw felly ddioddef dicter y gymdeithas am yr hyn maen nhw wedi dewis ei wneud.

I gymdeithasegwyr swyddogaethol fel Durkheim, mae'r dicter moesol sy'n cael ei fynegi drwy ad-daledigaeth yn cyflawni swyddogaeth cynnal ffiniau. Mae cosbi'r troseddwr yn atgoffa pawb arall o'r gwahaniaeth rhwng yr hyn sy'n gywir ac yn anghywir.

Beirniadaethau

- Mae'n bosibl dadlau bod troseddwyr yn haeddu maddeuant, trugaredd neu gyfle i wneud iawn, ac nid cael eu cosbi yn unig.
- Os oes tariff sefydlog o gosbau, mae'n rhaid cosbi hyd yn oed pan na fydd unrhyw fantais o wneud hynny, er enghraifft yn achos troseddwr edifar na fydd yn cyflawni rhagor o droseddau.
- Sut rydyn ni'n penderfynu beth sy'n gosb gymesur neu a yw'r troseddwr yn 'cael ei haeddiant' am bob trosedd? Mae pobl yn anghytuno ynglŷn â pha droseddau sy'n fwy difrifol nag eraill.

GWEITHGAREDD / **Clip fideo**

Problemau cyfiawnder dialgar   Ewch i Hwb: www.hwb.gov.wales/

Adsefydlu

Adsefydlu yw'r syniad bod modd defnyddio cosb i ddiwygio neu newid troseddwyr fel nad ydyn nhw'n troseddu mwyach, ac yn gallu byw bywyd di-drosedd. Yn hytrach na chanolbwyntio ar gosbi troseddau'r gorffennol, fel yn achos ad-daledigaeth, mae adsefydlu yn defnyddio rhaglenni triniaeth gwahanol i newid ymddygiad y troseddwr yn y dyfodol drwy fynd i'r afael â'r materion wnaeth arwain at ei ymddygiad troseddol.

Mae polisïau adsefydlu yn cynnwys:

- **rhaglenni addysg a hyfforddiant** ar gyfer carcharorion fel y gallan nhw osgoi diweithdra ac 'ennill bywoliaeth gonest' ar ôl cael eu rhyddhau
- **cyrsiau rheoli dicter** ar gyfer troseddwyr treisgar, fel Hyfforddiant Disodli Ymosodedd (*ART: Aggression Replacement Training*) a rhaglenni therapi ymddygiadol gwybyddol eraill
- **Gorchmynion Trin a Phrofi Cyffuriau**, a rhaglenni i drin caethiwed i alcohol.

Mae dedfrydau cymunedol yn aml yn ei gwneud yn ofynnol i droseddwyr gymryd rhan mewn rhaglenni o'r fath fel rhan o'u dedfryd. (I gael rhagor o wybodaeth am ddedfrydau cymunedol, gweler Testun 2.3.)

Cymorth – mae polisïau adsefydlu fel arfer yn golygu bod angen i droseddwyr eu hunain fod eisiau newid eu bywyd. Ond maen nhw hefyd yn gofyn am lawer o fewnbwn gan adnoddau, a chymorth proffesiynol gan therapyddion, swyddogion prawf neu bobl eraill i helpu'r troseddwyr i newid. Mae hyn yn arbennig o wir os yw'r troseddwr wedi cael ei allgáu o'r gymdeithas brif-ffrwd oherwydd ei drosedddu, ac mae angen iddo gael ei ailintegreiddio i'r gymuned, er enghraifft pan fydd yn cael ei ryddhau o'r carchar.

Damcaniaeth

Mae **damcaniaethau unigolyddol** o droseddoldeb yn ystyried adsefydlu fel un o brif nodau cosbi. Maen nhw'n argymell amrywiol ffyrdd o newid ymddygiad troseddwyr.

- Mae **damcaniaethau gwybyddol** yn ffafrio therapïau ymddygiadol gwybyddol (*CBT: cognitive behavioural therapies*) er mwyn addysgu troseddwyr i gywiro'r gwallau a'r tueddiadau yn eu ffordd o feddwl sy'n arwain at ymddygiad ymosodol neu droseddol.
- Mae **damcaniaeth personoliaeth Eysenck** yn ffafrio'r defnydd o therapi anghymell (*aversion therapy*) i atal ymddygiad troseddol.
- Mae **damcaniaeth dysgu gweithredol Skinner** yn cefnogi'r defnydd o raglenni atgyfnerthu â thalebau i annog carcharorion i ymddwyn mewn ffordd fwy derbyniol.

Mae **damcaniaethau cymdeithasegol** fel realaeth y chwith yn ffafrio adsefydlu hefyd oherwydd maen nhw'n ystyried bod ffactorau cymdeithasol fel diweithdra, tlodi a chyfleoedd addysgiadol gwael yn achosi trosedd. Felly, bydd mynd i'r afael â'r anghenion hyn ymhlith troseddwyr yn helpu i leihau troseddu.

Beirniadaethau

- Mae **realyddion y dde** yn dadlau mai dim ond llwyddiant cyfyngedig sydd i adsefydlu, gan fod llawer o droseddwyr yn aildroseddu hyd yn oed ar ôl cymryd rhan mewn rhaglenni sy'n ceisio newid eu hymddygiad.
- Mae **Marcswyr** yn beirniadu rhaglenni adsefydlu am symud y cyfrifoldeb dros droseddu i fethiannau'r troseddwr unigol, yn hytrach na chanolbwyntio ar y ffordd mae cyfalafiaeth yn arwain rhai pobl i gyflawni trosedd.

Ataliaeth

Nod ataliaeth yw ceisio annog rhywun i beidio â gwneud rhywbeth, h.y. ei atal. Gall yr ofn o gael ei ddal a'i gosbi atal rhywun rhag cyflawni trosedd. Gall ataliaeth fod naill ai'n unigol neu'n gyffredinol.

Hunanataliaeth

Mae hunanataliaeth (neu ataliaeth benodol) yn defnyddio cosb i atal y troseddwr unigol rhag aildroseddu. Gall y gosb argyhoeddi'r troseddwr nad yw'n werth ailadrodd y profiad.

Er enghraifft, mae'r ddadl bod 'y carchar yn gweithio' yn rhannol seiliedig ar y syniad na fydd troseddwyr eisiau dychwelyd i'r carchar byth eto os bydd dedfrydau yn ddigon llym. Yn y DU yn yr 1980au, gwnaeth llywodraeth Margaret Thatcher gyflwyno system newydd llym mewn canolfannau cadw troseddwyr ifanc, a oedd yn cael ei disgrifio fel 'sioc fach sydyn' i atal pobl ifanc rhag troseddu. Gwnaeth yr Unol Daleithiau gyflwyno gwersylloedd hyfforddiant milwrol eu naws, o'r enw 'boot camps', tua'r un pryd er mwyn cyflawni'r un nod.

Ataliaeth gyffredinol

Nod ataliaeth gyffredinol yw atal y gymdeithas yn gyffredinol rhag torri'r gyfraith. Os bydd y cyhoedd yn gweld troseddwr unigol yn cael ei gosbi, byddan nhw'n gweld beth fydd yn rhaid iddyn nhw ei ddioddef os byddan nhw'n cyflawni trosedd debyg. Bydd gwneud esiampl o'r unigolyn yn cael effaith gyffredinol ac yn addysgu gwers i bawb arall.

Yn y gorffennol, roedd hyn yn cael ei wneud drwy gosbi pobl yn gyhoeddus fel eu dienyddio neu eu chwipio, neu roi troseddwyr mewn cyffion, fel bod pawb yn gallu gweld canlyniadau troseddu drostyn nhw eu hunain. Heddiw, mae'r cyhoedd yn fwy tebygol o ddysgu am ganlyniadau troseddu o adroddiadau yn y cyfryngau.

Difrifoldeb yn erbyn sicrwydd

Mae'n bwysig gwahaniaethu rhwng difrifoldeb y gosb a sicrwydd y gosb. Er enghraifft, ni waeth pa mor ddifrifol yw'r gosb am drosedd benodol, os nad oes fawr o siawns o gael eu dal a'u dyfarnu'n euog, yna bydd yn annhebygol o atal llawer o ddarpar-droseddwyr.

Er enghraifft, er bod dedfryd leiaf orfodol o dair blynedd yn y carchar am gyflawni bwrgleriaeth am y trydydd tro, dim ond tua 5% o fwrgleriaethau a reportiwyd sy'n arwain at euogfarn lwyddiannus. Felly mae'r tebygolrwydd o wynebu'r gosb hon yn isel iawn ac mae'n bosibl nad yw'n ataliad.

Ar y llaw arall, os yw troseddwr yn debygol iawn o gael ei ddal, yna gall cosb gymharol ysgafn fod yn ataliad effeithiol.

Damcaniaeth

Mae **realaeth y dde** yn ffafrio ataliaeth fel ffordd o atal troseddu.

- Mae **damcaniaeth dewis rhesymegol** yn gweld unigolion fel gweithredwyr rhesymegol sy'n pwyso a mesur y canlyniadau a'r manteision cyn penderfynu troseddu ai peidio. Felly, bydd cosbau difrifol a siawns uchel o gael eu dal yn atal troseddu.
- Mae **strategaethau atal troseddu sefyllfaol** fel caledu targedau yn ei gwneud yn anoddach cyflawni trosedd yn llwyddiannus ac felly maen nhw'n gweithredu fel ataliad.

Mae **damcaniaeth dysgu cymdeithasol** yn berthnasol i ddeall ataliaeth gyffredinol. Os bydd darpar-droseddwyr yn gweld model (un o'u cyfoedion, er enghraifft) yn cael ei gosbi am droseddu, yna byddan nhw'n llai tebygol o ddynwared yr ymddygiad hwnnw.

Beirniadaethau

- Prin iawn yw'r dystiolaeth bod 'sioc fach sydyn' neu *boot camps* wedi lleihau troseddu ymhlith pobl ifanc, yn y DU nac yn UDA.
- Mae'r ffaith bod tua hanner yr holl garcharorion yn aildroseddu cyn pen blwyddyn ar ôl cael eu rhyddhau yn awgrymu nad yw'r carchar yn ataliad effeithiol.
- Sut rydyn ni'n penderfynu pa mor ddifrifol mae angen i gosb fod er mwyn atal darpar-droseddwyr?
- Mae ataliaeth yn rhagdybio bod darpar-droseddwyr yn gwybod beth yw'r cosbau, ond mae'n bosibl nad ydyn nhw'n gwybod mewn gwirionedd.
- Mae ataliaeth yn rhagdybio bod troseddwyr yn gweithredu'n rhesymegol, gan bwyso a mesur y risgiau yn ofalus. Ond mae rhai yn gweithredu'n afresymegol, ac yn cael eu hysgogi gan eu hemosiynau heb ystyried y gosb debygol.
- Mae pobl sy'n torri cyfreithiau maen nhw'n eu hystyried yn annheg yn annhebygol o gael eu hatal gan gosb. (Gweler Testun 3.3 am wybodaeth am droseddau sy'n cael eu cyflawni gan bobl gyda chymhelliant moesol.)

> **GWEITHGAREDD / Ymchwil**
> *Boot camps*
> Ewch i Hwb: www.hwb.gov.wales/

Amddiffyn y cyhoedd

Analluogi – gallai cosb gael ei defnyddio i amddiffyn y cyhoedd rhag troseddu pellach drwy analluogi troseddwyr. Ystyr analluogi yw defnyddio cosb i ddileu capasiti (gallu) corfforol y troseddwr i droseddu eto.

Polisïau – mae sawl math o bolisïau analluogi wedi bodoli yn ystod cyfnodau a lleoedd gwahanol, fel y canlynol:

- **dienyddio** troseddwyr, i'w hatal rhag cyflawni unrhyw droseddau eraill o gwbl
- **torri dwylo** lladron
- **sbaddu cemegol** ar gyfer troseddwyr rhyw
- **alltudiaeth** e.e. ar ddechrau'r bedwaredd ganrif ar bymtheg, roedd carcharorion yn aml yn cael eu hallgludo i Awstralia
- **gwaharddiadau ar deithio tramor** i atal hwliganiaid pêl-droed rhag mynd i gemau dramor
- **cyrffyw a thagio electronig** i atal troseddu pellach drwy gyfyngu ar symudiadau troseddwyr.

Carcharu

Carcharu yw'r prif ddull o analluogi yn y gymdeithas heddiw. Mae'n rhan bwysig o'r honiad bod 'y carchar yn gweithio' – drwy gymryd troseddwyr allan o'r gymdeithas, mae'n eu hatal rhag cyflawni rhagor o droseddau yn erbyn y cyhoedd.

Mae analluogi er mwyn amddiffyn y cyhoedd wedi dylanwadu ar ddeddfau dedfrydu. Er enghraifft, gwnaeth Deddf Troseddu (Dedfrydau) 1997 gyflwyno dedfrydau lleiaf gorfodol o garchar ar gyfer ad-droseddwyr:

- dedfrydau oes awtomatig am ail drosedd rywiol neu dreisgar ddifrifol

Cadair drydan o'r 1930au a oedd yn cael ei defnyddio yng ngharchar New Jersey. Mae'r gosb eithaf yn gyfreithlon mewn 27 o daleithiau yn UDA.

- o leiaf saith mlynedd am drydedd trosedd o fasnachu cyffuriau Dosbarth A
- o leiaf tair blynedd am drydedd euogfarn o fwrgleriaeth o dŷ.

Yn yr un modd, gwnaeth Deddf Cyfiawnder Troseddol 2003 gyflwyno'r syniad o 'garcharu i amddiffyn y cyhoedd' (*IPP: imprisonment for public protection*). Roedd hyn yn galluogi'r llysoedd i roi dedfryd benagored (dedfryd heb ddyddiad rhyddhau penodol) i droseddwr 'peryglus' sy'n cael ei euogfarnu am rai troseddau treisgar neu droseddau rhyw difrifol. (Fodd bynnag, yn 2012, cafodd dedfrydau penagored eu dileu ar gyfer achosion newydd.)

Yn UDA cafodd y deddfau 'tri rhybudd a dyna ni' eu cyflwyno yn yr 1990au. Mae'r rhain yn rhoi dedfrydau hir o garchar i droseddwyr (gan gynnwys dedfrydau oes) am drydedd trosedd, ni waeth pa mor fân ydyw), os oedd unrhyw un o'r ddwy drosedd flaenorol yn drosedd ddifrifol. Er enghraifft, yn 1995 cafodd Jerry Williams ddedfryd o 25 mlynedd i oes heb barôl, am ddwyn pizza (cafodd y ddedfryd ei lleihau i chwe blynedd ar apêl).

Damcaniaeth

Damcaniaethau biolegol – gwnaeth Lombroso ddadlau bod troseddwyr yn fiolegol wahanol i weddill y boblogaeth, ac nad yw'n bosibl eu newid nac eu hadsefydlu. Roedd yn ffafrio alltudio'r rhai sy'n troseddu dro ar ôl tro, er enghraifft drwy eu cadw ar ynysoedd ar wahân i'r cyhoedd. Mae damcaniaethau biolegol eraill o droseddoldeb wedi ffafrio sbaddu cemegol neu lawfeddygol i analluogi troseddwyr rhyw.

Mae **realyddion y dde** yn gweld analluogi fel ffordd o amddiffyn y cyhoedd rhag troseddu. Nifer bach o bobl sy'n troseddu dro ar ôl tro yw'r rhai sy'n gyfrifol am y rhan fwyaf o droseddau, felly byddai analluogi'r rhai hyn drwy roi dedfrydau hir o garchar iddyn nhw yn lleihau'r gyfradd troseddu yn sylweddol.

Beirniadaethau

- Mae analluogi yn arwain at ddedfrydau hirach a chadw troseddwyr mewn 'warws' i bob pwrpas, heb lawer o obaith o gael eu rhyddhau. Mae hyn yn arwain at gynnydd parhaus ym mhoblogaeth carchardai a chostau cysylltiedig.
- Mae analluogi yn strategaeth o gyfyngiant (*containment*) neu reoli risg. Nid yw'n gwneud dim i ymdrin ag achosion troseddu na newid troseddwyr yn ddinasyddion sy'n ufudd i'r gyfraith.
- Mae'r egwyddor 'tri rhybudd a dyna ni' yn cosbi unigolion eto am eu troseddau blaenorol.
- Mae'n anghyfiawn oherwydd mae'n carcharu troseddwyr am droseddau y mae'r gyfraith yn rhagdybio y gallan nhw eu cyflawni yn y dyfodol.

Gwneud iawn

Mae gwneud iawn yn golygu bod y troseddwr yn gwneud iawn am rywbeth drwg mae wedi ei wneud, boed hynny i ddioddefwr unigol, i'r gymdeithas yn gyffredinol, neu'r ddau. Gall y niwed sy'n cael ei wneud fod yn faterol ac yn gymdeithasol.

Gall gwneud iawn am ddifrod materol gynnwys:

- **Iawndal ariannol** i'r dioddefwr, e.e. talu am gost atgyweirio difrod a gafodd ei wneud i eiddo rhywun. Mae gan y llysoedd bwerau i roi gorchmynion iawndal i droseddwyr.
- **Gwaith di-dâl** i wneud iawn i'r gymdeithas drwy gynllun Gwneud Iawn â'r Gymuned (*Community Payback*), er enghraifft glanhau graffiti oddi ar adeiladau cyhoeddus. Mae hyn yn cael ei orfodi gan y llys fel rhan o Orchymyn Cymunedol.

Cyfiawnder adferol

Mae gwneud iawn am y difrod cymdeithasol a wnaethpwyd yn golygu bod y troseddwr yn cydnabod bod ei weithredoedd yn anghywir. Gellir gwneud hyn drwy gynlluniau cyfiawnder adferol, sy'n dod â'r troseddwr a'r dioddefwr ynghyd, yn aml gyda chymorth cyfryngwr.

Mae hyn yn galluogi'r dioddefwr i esbonio'r effaith mae'r drosedd wedi'i chael arno. Gall y troseddwr ddod i werthfawrogi'r niwed mae wedi ei achosi, mynegi ei edifeirwch a gofyn am faddeuant. Gall cyfiawnder adferol helpu i ddod â'r mater i ben i'r dioddefwr ac ailintegreiddio'r troseddwr i'r gymdeithas.

GWEITHGAREDD / **Clip fideo**

Cyfiawnder adferol

Ewch i Hwb: www.hwb.gov.wales/

Damcaniaeth

Mae **damcaniaeth labelu** yn ffafrio cyfiawnder adferol fel ffordd o ailintegreiddio troseddwyr i'r gymdeithas brif-ffrwd. Trwy eu galluogi i ddangos gwir edifeirwch, mae'n caniatáu iddyn nhw gael eu hailintegreiddio ac yn eu hatal rhag cael eu gwthio i wyredd eilaidd (*secondary deviance*).

Mae **swyddogaethwyr** fel Durkheim yn dadlau bod cyfiawnder atgyweiriol (*restitutive justice*) – sef gwneud iawn er mwyn rhoi pethau'n ôl fel roedden nhw cyn i'r drosedd gael ei chyflawni – yn hanfodol er mwyn i gymdeithasau modern cymhleth weithredu'n llyfn.

Beirniadaethau

- Mae'n bosibl nad yw gwneud iawn yn gweithio ar gyfer pob math o drosedd. Gallai iawndal ar gyfer difrod i eiddo neu fân-droseddau fod yn eithaf syml, ond a yw'n bosibl gwneud iawn am droseddau rhyw neu droseddau treisgar? Efallai na fydd rhywun sydd wedi cael ei dreisio yn dymuno wynebu'r treisiwr na maddau iddo. Ac mae gwneud iawn i ddioddefwyr lladdiad yn amhosibl.
- Mae rhai yn ystyried gwneud iawn fel math o gosb sy'n rhy drugarog ac sy'n caniatáu i'r troseddwr ddianc heb fawr dim canlyniadau.

PROFI EICH HUN

Cwestiwn Enghreifftiol

Trafodwch ad-daledigaeth ac adsefydlu fel nodau dedfrydu. (9 marc)

Ffynhonnell: Arholiad CBAC Troseddeg Uned 4 2018

Cyngor

Dylech chi ymdrin â'r ddau nod ar wahân. Rhannwch eich amser yn eithaf cyfartal rhwng y ddau.

Yn gyntaf diffiniwch ad-daledigaeth, gan ddefnyddio termau allweddol fel cymesuredd, cosb sy'n addas i'r drosedd, 'cael haeddiant', 'llygad am lygad' neu ddial. Sylwch, yn wahanol i wneud iawn, dydy ad-daledigaeth ddim yn ceisio newid ymddygiad y troseddwr yn y dyfodol, ond yn hytrach mae'n rhoi cosb iddo sy'n gymesur â difrifoldeb y drosedd. Rhowch enghreifftiau o ddedfrydau sy'n ceisio sicrhau ad-daledigaeth. Gallai'r rhain gynnwys y gosb eithaf ar gyfer llofruddiaeth, y syniad o 'ymestyn' dedfryd (dedfryd hirach) os oes cymhelliant hiliol i'r drosedd, a'r syniad o dariff sefydlog o gosbau penodol ar gyfer troseddau penodol. Cysylltwch ad-daledigaeth â damcaniaeth fel swyddogaetholdeb (Durkheim). Sylwch ar y beirniadaethau ynghylch ad-daledigaeth fel nod, e.e. mae carcharu llawer iawn o droseddwyr yn gostus; mae cyfraddau atgwympo (*recidivism rates*) yn uchel.

Yna diffiniwch adsefydlu, gan ddefnyddio termau allweddol fel diwygio/diwygiad, newid ffordd o feddwl/meddylfryd y troseddwr, neu ddileu'r ffactorau sy'n achosi'r troseddwr i droseddu (e.e. diweithdra, caethiwed). Sylwch, yn wahanol i ad-daledigaeth, sy'n cosbi camymddygiad yn y gorffennol, mae adsefydlu yn edrych i'r dyfodol, ac yn ceisio gwella ymddygiad yn y dyfodol. Rhowch enghreifftiau o ddedfrydau sy'n ceisio adsefydlu, e.e. gall carchardai a dedfrydau cymunedol gynnig cyrsiau rheoli dicter; addysg a hyfforddiant er mwyn i droseddwyr ddod o hyd i waith; a Gorchmynion Trin a Phrofi Cyffuriau i drin caethiwed. Gall adsefydlu fod yn fwy effeithiol wrth drin troseddwyr ifanc neu rai sy'n troseddu am y tro cyntaf. Cysylltwch adsefydlu â damcaniaeth fel realaeth y chwith neu ddamcaniaethau gwybyddol. Sylwch ar y beirniadaethau ynghylch adsefydlu, e.e. mae rhaglenni yn aml yn gostus a gallan nhw gael eu gweld fel 'dewis hawdd'.

TESTUN 2.3

Asesu sut mae mathau o gosbau yn cyflawni nodau cosbi

Man cychwyn

1. Mewn grŵp bach, gan ddefnyddio'r hyn rydych chi'n ei wybod yn barod am garcharu, trafodwch i ba raddau rydych chi'n credu ei fod yn cyflawni pob un o'r pump nod cosbi a gafodd eu disgrifio yn y testun blaenorol. (Y rhain oedd ad-daledigaeth, adsefydlu, ataliaeth, amddiffyn y cyhoedd (analluogi) a gwneud iawn.)
2. Gwnewch nodiadau cryno o'ch casgliadau a'u hadrodd yn ôl i weddill y dosbarth.
3. Fel dosbarth cyfan, trafodwch pa mor ddefnyddiol yw carcharu fel math o gosb. Efallai yr hoffech chi feddwl am hyn mewn perthynas â mathau gwahanol o droseddau neu droseddwyr.

Nodau dedfrydu

Fel sydd i'w weld yn y testun blaenorol, gall sawl nod gwahanol fod yn berthnasol i gosbi. Yn y testun hwn, rydyn ni'n ystyried i ba raddau mae'r dedfrydau sy'n cael eu rhoi gan y llysoedd yn cyflawni'r nodau cosbi gwahanol hyn.

Mae Deddf Cyfiawnder Troseddol 2003 yn nodi pum nod dedfrydu:

- cosbi troseddwyr (ad-daledigaeth)
- lleihau trosedd, gan gynnwys drwy ataliaeth
- adsefydlu troseddwyr
- amddiffyn y cyhoedd (analluogi)
- gwneud iawn i ddioddefwyr.

Gall un o'r nodau hyn, neu bob un ohonyn nhw, fod yn berthnasol mewn achos penodol a'r barnwr neu'r ynad fydd yn penderfynu sut maen nhw'n berthnasol.

Y fframwaith dedfrydu

Mae pedwar math sylfaenol o ddedfryd y gall y llysoedd eu defnyddio i gosbi troseddwyr: carcharu, dedfrydau cymunedol, dirwyon a rhyddhau. Byddwn ni'n edrych ar bob un o'r rhain yn ei dro.

GWEITHGAREDD Ymchwil

Math o ddedfryd   Ewch i Hwb: www.hwb.gov.wales/

Carcharu

Mae dedfrydau o garchar yn cael eu rhoi gan y llysoedd ar gyfer y troseddau mwyaf difrifol, neu pan fydd y llys yn credu bod yn rhaid amddiffyn y cyhoedd drwy dynnu'r troseddwr o'r gymdeithas. Er enghraifft, mae bron i hanner y carcharorion yn y DU wedi'u dyfarnu'n euog o droseddau rhyw neu droseddau treisgar.

Mae tri phrif fath o ddedfryd o garchar: dedfrydau penagored ac oes, dedfrydau penderfynedig, a dedfrydau gohiriedig.

Dedfrydau oes

Dedfryd oes yw'r gosb fwyaf ddifrifol y gall llysoedd y DU ei rhoi. Bydd y barnwr yn pennu'r amser lleiaf y mae'n rhaid i'r troseddwr ei dreulio yn y carchar cyn i'r Bwrdd Parôl allu ystyried ei ryddhau. Yna, bydd y Bwrdd yn asesu a yw'n ddiogel ac yn addas ei ryddhau. Os yw'r Bwrdd yn credu y dylai gael ei ryddhau, bydd y troseddwr yn cael ei ryddhau ar drwydded a bydd yn rhaid iddo ddilyn rheolau neu amodau penodol a chael ei oruchwylio gan y gwasanaeth prawf. Bydd y troseddwr yn parhau i fod ar drwydded am weddill ei fywyd. Os bydd yn torri telerau'r drwydded ar unrhyw adeg, bydd yn cael ei alw'n ôl i'r carchar.

Mae'n rhaid rhoi **dedfrydau oes gorfodol** i droseddwyr sy'n cael eu dyfarnu'n euog o lofruddiaeth. Gall dedfrydau oes yn ôl disgresiwn gael eu rhoi hefyd ar gyfer troseddau difrifol eraill fel treisio. Mewn rhai achosion difrifol iawn, gall barnwr roi dedfryd oes gyfan i droseddwr. Mae hyn yn golygu na fydd byth yn cael ei ryddhau.

Dedfrydau penagored

Mae'r rhain yn pennu isafswm y cyfnod mae'n rhaid i'r troseddwr ei dreulio yn y carchar. Does gan droseddwyr ddim hawl awtomatig i gael eu rhyddhau ar ôl iddyn nhw dreulio'r cyfnod lleiaf hwn yn y carchar. Yn hytrach, bydd y Bwrdd Parôl yn penderfynu a yw'r troseddwr yn addas i gael ei ryddhau ar drwydded.

Yn 2018 roedd tua 10,000 o garcharorion yn bwrw dedfrydau penagored. Mae dedfrydau penagored yn cyfrif am tua 14% o boblogaeth y carchardai — y ffigur uchaf yn Ewrop.

Mae rhai o'r rhain yn garcharorion sy'n cael eu carcharu i amddiffyn y cyhoedd. Roedd Deddf Cyfiawnder Troseddol 2003 yn rhoi caniatâd i barhau i gadw troseddwyr am gyfnod amhenodol ar ôl iddyn nhw fwrw eu dedfryd leiaf, os oedden nhw'n cael eu hystyried yn rhy beryglus, o bosibl, i gael eu rhyddhau. Fodd bynnag, cafodd dedfrydau carcharu i amddiffyn y cyhoedd eu dyfarnu'n anghyfreithlon yn 2012, a chafodd y ddedfryd ei dileu ar gyfer achosion newydd. Yn 2019 roedd tua 2,200 o garcharorion a oedd yn cael eu carcharu i amddiffyn y cyhoedd o hyd.

GWEITHGAREDD / Clip fideo

Dedfrydau penagored — Ewch i Hwb: www.hwb.gov.wales/

Dedfrydau penderfynedig

Dedfryd benderfynedig yw un sydd â hyd penodol. Mae mwyafrif y carcharorion yn y DU yn bwrw dedfrydau penderfynedig (tua 65,000–70,000 yn 2021). Yn y rhan fwyaf o achosion, nid yw'r ddedfryd gyfan yn cael ei bwrw yn y carchar.

- Os yw'r ddedfryd yn llai na 12 mis, bydd y troseddwr fel arfer yn cael ei ryddhau hanner ffordd drwy'r ddedfryd.
- Os yw'r ddedfryd yn 12 mis neu ragor, bydd y troseddwr yn treulio'r hanner cyntaf yn y carchar a'r ail hanner yn y gymuned ar drwydded. Bydd y drwydded yn cael ei goruchwylio gan y gwasanaeth prawf a bydd yn cynnwys yr amodau y mae'n rhaid i'r troseddwr eu bodloni (e.e. dilyn gorchymyn trin a phrofi cyffuriau). Os bydd yn torri unrhyw un o amodau'r drwydded, gallai'r troseddwr gael ei alw'n ôl i'r carchar am gyfnod y ddedfryd gyfan neu ran ohoni.
- Bydd troseddwyr sy'n cael dedfryd o lai na dwy flynedd yn cael eu rhyddhau ar oruchwyliaeth ôl-ddedfryd am 12 mis, sy'n golygu dilyn gofynion penodol a chael cyfarfodydd rheolaidd gyda swyddog prawf.

Dedfrydau gohiriedig

Ystyr dedfryd ohiriedig yw bod y troseddwr yn cael dedfryd o garchar, ond ni fydd yn mynd yn syth i'r carchar. Mae'n bosibl y bydd yn derbyn dedfryd ohiriedig pe bai fel arall yn cael dedfryd o garchar am 12 mis neu lai. Gall dedfrydau gael eu gohirio am hyd at ddwy flynedd. Gallai'r llys hefyd orfodi gofynion fel bod yn atebol i'r gwasanaeth prawf neu gael triniaeth am gaethiwed i gyffuriau.

Mae'n rhaid i'r troseddwr fodloni'r gofynion hyn a pheidio â chyflawni unrhyw drosedd arall yn ystod cyfnod y gohiriad. Os bydd yn aildroseddu, gall y llys ei anfon i'r carchar i fwrw'r ddedfryd wreiddiol. Yn 2019, rhoddwyd dedfryd ohiriedig o garchar i 15% o'r rhai a gafodd eu dyfarnu'n euog o drosedd ddifrifol (ditiadwy).

A yw carcharu yn cyflawni ei nodau cosbi?

A yw cosbi troseddwyr drwy eu carcharu yn gweithio yn nhermau'r pum nod cosbi sydd wedi'u cynnwys yn Neddf Cyfiawnder Troseddol 2003?

Ad-daledigaeth

Dyma'r syniad bod troseddu yn haeddu cael ei gosbi ac y dylai'r gosb fod yn addas i'r drosedd.

Mae'r carchar yn cosbi pobl am eu troseddau drwy gymryd eu rhyddid (ac mae hefyd yn aml yn gosod amodau byw annymunol arnyn nhw).

Fodd bynnag, mae'n anodd dweud a yw carcharu yn golygu bod troseddwyr yn cael eu haeddiant. Er enghraifft, sut rydyn ni'n penderfynu yn union pa fath o ddedfryd sy'n 'addas' ar gyfer troseddau gwahanol? Mae cymdeithas yn anghytuno ynglŷn â hyd dedfrydau (ydyn nhw'n rhy hir neu'n rhy fyr), ac ynglŷn â pha droseddau neu droseddwyr sy'n haeddu cael eu hanfon i'r carchar.

Ataliaeth

Mae rhai pobl yn dadlau bod y risg o fynd i'r carchar yn atal darpar-droseddwyr rhag cyflawni troseddau, ac yn atal troseddwyr rhag cyflawni rhagor o droseddau. Fodd bynnag, mae cyfraddau aildroseddu uchel cyn-garcharorion yn awgrymu nad yw'r carchar yn ataliad effeithiol i lawer. Er enghraifft, mae bron hanner y carcharorion sy'n oedolion yn cael eu heuogfarnu eto cyn pen blwyddyn ar ôl cael eu rhyddhau o'r carchar.

Er mwyn i ataliaeth weithio, mae'n rhaid i ddarpar-droseddwyr allu meddwl a gweithredu'n rhesymegol. Ond mae llawer o droseddau yn cael eu cyflawni o dan ddylanwad cyffuriau neu alcohol, ac mae llawer o droseddwyr nad ydyn nhw wedi cael llawer o addysg, neu sydd â phroblemau iechyd meddwl. O dan yr amgylchiadau hyn, mae'n bosibl na fyddan nhw'n ystyried yn ofalus y risg o gael eu hanfon i'r carchar pan fyddan nhw'n cyflawni trosedd.

Amddiffyn y cyhoedd (analluogi)

Un ddadl o blaid carcharu yw ei fod yn amddiffyn y cyhoedd drwy dynnu troseddwyr o'r gymdeithas: os ydyn nhw yn y carchar, gallan nhw ddim achosi niwed i'r cyhoedd (er wrth gwrs, gallan nhw niweidio eu hunain, a niweidio carcharorion eraill neu'r staff). Mewn geiriau eraill, mae'r carchar 'yn gweithio' oherwydd mae'n analluogi troseddwyr – mae'n golygu nad ydyn nhw'n gallu troseddu yn ystod cyfnod eu dedfryd.

Gall carcharu amddiffyn y cyhoedd mewn sawl ffordd:

- Mae dedfrydau 'oes gyfan' yn cadw troseddwyr oddi ar y strydoedd yn barhaol.

Gall dysgu sgìl yn y carchar leihau aildroseddu.

- Mae'n bosibl cadw carcharorion sydd wedi cael dedfrydau penagored yn y carchar cyhyd ag y maen nhw'n cael eu hystyried yn berygl i'r cyhoedd.
- Mae tuedd wedi bod i roi dedfrydau hirach, er mwyn amddiffyn y cyhoedd rhag troseddwyr am gyfnod hirach. Mae hyn yn cynnwys dedfrydau lleiaf gorfodol, e.e. am drydedd trosedd o fasnachu cyffuriau neu fwrgleriaeth.
- Mae'r rhan fwyaf o garcharorion yn cael eu rhyddhau ar drwydded a'u goruchwylio. Os byddan nhw'n dod yn berygl i'r cyhoedd yn ystod cyfnod eu trwydded, mae'n bosibl eu galw'n ôl i'r carchar.

Fodd bynnag, gall y carchar fod yn 'ysgol troseddu', lle mae carcharorion yn dysgu sgiliau ac agweddau, ac yn gwneud cysylltiadau sy'n eu harwain i droseddu ar ôl cael eu rhyddhau, ac o bosibl i gyflawni troseddau mwy difrifol. Mae'r rhan fwyaf o garcharorion yn cael eu rhyddhau yn y pen draw, felly er bod y carchar yn amddiffyn y cyhoedd dros dro, gall arwain at fwy o niwed yn y pen draw.

Hefyd, mae cadw pobl yn y carchar yn gostus iawn. Mae beirniaid yn dadlau y gallai'r arian hwn gael ei ddefnyddio i dalu am ffyrdd eraill o amddiffyn y cyhoedd.

Gwneud iawn

Un nod cosbi yw bod y troseddwr yn cywiro'r difrod a gafodd ei achosi gan y drosedd, o ran y dioddefwr a'r gymdeithas yn ehangach. O dan Ddeddf Enillion Carcharorion 2011, gellir gorfodi carcharorion sydd wedi cael caniatâd i weithio y tu allan i'r carchar er mwyn paratoi ar gyfer cael eu rhyddhau yn y pen draw, i dalu cyfran o'u henillion tuag at gost gwasanaethau cymorth i ddioddefwyr. Mae hyn yn gorfodi carcharorion i gymryd cyfrifoldeb dros y niwed maen nhw wedi'i achosi.

Fodd bynnag, nifer bach iawn o garcharorion sy'n cael cyfle i ennill arian fel hyn mewn gwirionedd. Yn gyffredinol, nid yw carcharu pobl yn llwyddo i gyflawni'r nod o wneud iawn.

Adsefydlu

Mae adsefydlu yn golygu newid troseddwr fel na fydd yn troseddu mwyach, ac yn hytrach yn byw bywyd di-drosedd. Er bod adsefydlu yn un o nodau carcharu, nid oes gan garchardai gofnod da o leihau aildroseddu, fel y mae'r ffigurau hyn yn ei awgrymu.

- Mae 48% o oedolion yn aildroseddu cyn pen blwyddyn ar ôl cael eu rhyddhau.
- Yn achos y rhai sydd wedi bwrw dedfryd o lai na 12 mis, mae'r ffigur yn codi i 64%.
- Cafodd 6,789 o garcharorion eu galw'n ôl i'r carchar am dorri amodau eu trwydded yn 2019.

Dedfrydau byr – mae dedfrydau byr yn un rheswm dros y methiant hwn. Mae bron i hanner yr holl ddedfrydau yn rhai chwe mis neu lai. Nid oes digon o amser felly i roi sylw i broblemau hirdymor sy'n achosi troseddu, fel problemau iechyd meddwl neu gaethiwed. Fel y dywedodd y cyn-Ysgrifennydd Cyfiawnder Kenneth Clarke, mae 'bron iawn yn amhosibl gwneud unrhyw beth cynhyrchiol gyda throseddwyr sy'n bwrw dedfrydau byr.' Canfu bod dedfrydau byr yn llai effeithiol na dedfrydau cymunedol am leihau aildroseddu.

Addysg a hyfforddiant – hyd yn oed yn achos carcharorion sy'n bwrw dedfrydau hirach, mae'r cyfleoedd i fynd i'r afael ag achos eu troseddu, a'u paratoi ar gyfer bywyd di-drosedd, yn aml yn gyfyngedig iawn. Er enghraifft, dim ond chwarter y carcharorion sydd â swydd yn barod at pan fyddan nhw'n cael eu rhyddhau. Mae hyn yn rhannol oherwydd nad oes gan lawer ohonyn nhw yr addysg na'r sgiliau angenrheidiol – mae gan dros hanner y carcharorion sgiliau llythrennedd plentyn 11 oed.

Eto i gyd, mae cyfleoedd ar gyfer addysg, hyfforddiant galwedigaethol neu waith ystyrlon yn gyfyngedig. Er enghraifft, gall rhyddhau ar drwydded dros dro (*ROTL: release on temporary license*) alluogi carcharorion i fynd allan o'r carchar am y dydd i fynychu gwaith neu hyfforddiant a gwella eu rhagolygon swydd yn y dyfodol. Ond mae'r cyfle hwn yn cael ei roi i lai na 400 (0.5%) y mis.

Mynd i'r afael ag ymddygiad troseddol – mae prinder lleoedd ar raglenni sy'n mynd i'r afael ag ymddygiad troseddol, fel rhaglenni rheoli dicter. Mae llawer o garcharorion ar ddedfrydau penagored 'amddiffyn y cyhoedd' yn gorfod aros yn y carchar oherwydd diffyg rhaglenni a allai fynd i'r afael â'u hymddygiad treisgar.

Dedfrydau cymunedol

Mae dedfrydau cymunedol yn cael eu rhoi am droseddau sy'n rhy ddifrifol ar gyfer rhyddhad neu ddirwy, ond sydd ddim yn ddigon difrifol ar gyfer dedfryd o garchar. Bydd Gorchymyn Cymunedol sy'n cael ei roi gan y llys yn cynnwys un neu ragor o ofynion, er enghraifft:

- goruchwyliaeth gan swyddog prawf
- rhwng 40 a 300 o oriau o waith di-dâl (Gwneud Iawn â'r Gymuned)
- cyrffyw neu orchymyn gwahardd
- gofyniad preswylio, e.e. gorfod byw dan oruchwyliaeth mewn hostel sydd wedi'i gymeradwyo gan y gwasanaeth prawf
- rhaglen grŵp, e.e. rheoli dicter, yfed a gyrru ac ati
- triniaeth ar gyfer caethiwed i gyffuriau neu alcohol (gan gynnwys profion), neu ar gyfer problemau iechyd meddwl.

A yw dedfrydau cymunedol yn cyflawni eu nodau cosbi?

Mae gan ddedfrydau cymunedol sawl nod – cosb (ad-daledigaeth) gan y gymdeithas am wneud drygioni; gwneud iawn i ddioddefwyr unigol a/neu'r gymuned; ac adsefydlu er mwyn atal atgwympo (aildroseddu).

Ad-daledigaeth

Mae'n rhaid i bob dedfryd gymunedol gynnwys elfen o gosb neu ad-daledigaeth. Er enghraifft, mae cyrffyw a gorchmynion gwahardd yn cyfyngu ar symudiadau troseddwyr o ran amseroedd a lleoedd penodol. Mae hyn yn fath o ad-daledigaeth, gan wneud i'r troseddwr ddioddef cyfyngiadau ar ei ryddid.

Yn yr un modd, mae'n rhaid i'r rhai sy'n gwneud gwaith di-dâl wisgo festiau gwelededd uchel â'r geiriau 'Ad-dalu Cymuned/Community Payback' ar y cefn. Mae hyn yn fath o enwi a chodi cywilydd ar bobl yn gyhoeddus, sydd hefyd yn fath o ad-daledigaeth.

Gwaith di-dâl yn y gymuned: ffordd o wneud iawn?

Gwneud iawn

Gall gwneud iawn gynnwys gwneud gwaith di-dâl i drwsio'r difrod sydd wedi'i wneud i eiddo'r dioddefwr. Ar yr un pryd, gall olygu gwneud iawn i'r gymuned gyfan drwy wneud gwaith di-dâl ar gynllun Gwneud Iawn â'r Gymuned, e.e. glanhau graffiti, clirio tir diffaith neu baentio adeilad cyhoeddus fel canolfan gymunedol.

Amddiffyn y cyhoedd

Mae'n rhaid i bob dedfryd gynnwys amddiffyn y cyhoedd fel un o'i nodau. Gan nad yw dedfrydau cymunedol yn cadw troseddwyr dan glo, dydyn nhw ddim yn cyflawni'r nod o analluogi troseddwyr. Fodd bynnag, gall torri dedfryd gymunedol arwain at anfon y troseddwr i'r carchar.

Adsefydlu

Yn aml bydd gan droseddwyr lawer o anghenion cymhleth fel digartrefedd, camddefnyddio cyffuriau, problemau iechyd meddwl, diweithdra ac anghenion addysgiadol. Yr anghenion hyn yw achosion sylfaenol eu troseddu yn aml iawn.

Gallai dedfrydau cymunedol geisio adsefydlu troseddwyr drwy roi sylw i'r anghenion hyn. Er enghraifft, gallan nhw fynnu bod troseddwyr yn cael triniaeth ar gyfer eu problemau caethiwed, neu eu bod nhw'n cymryd rhan mewn gweithgareddau fel hyfforddiant i wella eu rhagolygon swydd.

Mae astudiaethau wedi dangos bod dedfrydau cymunedol yn fwy effeithiol wrth adsefydlu troseddwyr ac atal atgwympo na dedfrydau byr o garchar (y prif ddewis arall yn lle dedfrydau cymunedol). Er enghraifft:

- Yn ôl astudiaeth gan y Weinyddiaeth Gyfiawnder, gwnaeth 34% aildroseddu cyn pen 12 mis ar ôl dechrau eu dedfryd gymunedol. Mae hyn yn cymharu â 64% yn achos y rhai a oedd yn bwrw dedfryd o garchar o lai na 12 mis.
- Canfu Ymddiriedolaeth Diwygio'r Carchardai bod dedfrydau cymunedol yn hynod o effeithiol ar gyfer pobl sydd wedi troseddu sawl gwaith yn y gorffennol. Ar gyfer pobl â dros 50 o euogfarnau blaenorol, mae aildroseddu dros draean yn uwch ymhlith y rhai a gafodd ddedfryd byr o garchar na'r rhai a gafodd ddedfryd gymunedol.

Er gwaethaf hyn, fodd bynnag, mae'r defnydd o ddedfrydau cymunedol wedi lleihau. Rhwng 2007 a 2020, gwnaeth cyfran y troseddwyr a oedd yn cael Gorchmynion Cymunedol ostwng o 14% i 7%.

GWEITHGAREDD / Ymchwil

Dewisiadau ar wahân i'r carchar   Ewch i Hwb: www.hwb.gov.wales/

Dirwyon

Cosbau ariannol am droseddu yw dirwyon. Maen nhw fel arfer yn cael eu rhoi am droseddau llai difrifol ac felly maen nhw'n aml iawn yn cael eu defnyddio gan lysoedd ynadon. Ond hyd yn oed yn achos y troseddau mwyaf difrifol (ditiadwy), mae tua 15% o'r rhai sy'n cael eu heuogfarnu yn derbyn dirwy.

Mae maint y ddirwy yn dibynnu ar y ffactorau canlynol:

- **y drosedd ei hun** – mae'r gyfraith yn pennu dirwy fwyaf ar gyfer trosedd benodol
- **amgylchiadau'r drosedd** – mae'r Canllawiau Dedfrydu yn rhoi amrywiaeth o ddewisiadau, gan ddibynnu ai hon oedd trosedd gyntaf yr unigolyn, faint o niwed gafodd ei achosi ac ati
- **gallu'r troseddwr i dalu** – bydd diffynnydd fwy tlawd fel arfer yn derbyn dirwy lai, a/neu bydd yn cael yr hawl i dalu mewn rhandaliadau
- **pa lys sy'n gwrando ar yr achos** – er enghraifft, dim ond dirwyon o hyd at £5,000 y gall ynadon eu rhoi (neu £10,000 yn achos dwy neu ragor o droseddau).

A yw dirwyon yn cyflawni eu nodau cosbi?

Mae dau brif nod i ddirwyon:

Ad-daledigaeth – gall cosb ariannol fod yn ffordd dda o wneud i rywun ddioddef am y niwed mae wedi'i achosi.

Ataliaeth – gall dirwy olygu bod troseddwr yn amharod i aildroseddu gan ei fod yn ofni cael cosb arall. Gan fod y defnydd o ddirwy yn ffordd gyffredin o ymdrin â phobl sy'n troseddu am y tro cyntaf, gallai dirwyon gael eu defnyddio fel arwydd y bydd gwaeth i ddod os byddan nhw'n aildroseddu.

Peidio â thalu

Gallai troseddwr sy'n peidio â thalu dirwy heb reswm da gael ei anfon i'r carchar. Gall llysoedd dynnu dirwyon o fudd-daliadau'r troseddwr neu anfon beili i hawlio ei eiddo os na fydd yn talu. Fodd bynnag, mae llawer o ddirwyon sydd ddim yn cael eu talu. Er enghraifft, erbyn 2019 roedd cyfanswm y dirwyon a'r taliadau llys ychwanegol a oedd heb eu talu wedi cyrraedd £623m. Mae llawer o'r taliadau hyn yn cael eu dileu gan nad yw'n bosibl eu casglu. Mae hyn yn awgrymu nad yw dirwyon bob amser yn cyflawni eu nodau cosbi.

Rhyddhau

Pan fydd y llys yn dyfarnu rhywun yn euog o fân-drosedd (trosedd gyntaf fel arfer) ond yn penderfynu peidio â dwyn euogfarn droseddol, bydd yr unigolyn yn cael rhyddhad (*discharge*).

Mae dau fath o ryddhad:

- Mae **rhyddhad amodol** yn golygu na fydd y troseddwr yn cael ei gosbi oni bai ei fod yn cyflawni trosedd arall mewn cyfnod penodol o amser sy'n cael ei bennu gan y llys (hyd at dair blynedd). Os bydd yn cyflawni trosedd arall, gall y llys ei ddedfrydu am y drosedd wreiddiol a'r un newydd. Bydd hyn yn arwain at gofnod troseddol.

- Mae **rhyddhad absoliwt (neu ddiamod)** yn golygu nad oes unrhyw gosb. Gall y llys ganiatáu rhyddhad diamod os yw'r diffynnydd yn euog yn dechnegol, ond lle byddai ei gosbi yn amhriodol, fel arfer gan nad oes bai moesol ar y diffynnydd. Nid yw'n cael ei ystyried yn euogfarn.

Mae rhyddhad diamod fel arfer yn cael ei ddefnyddio ar gyfer mân-droseddau yn unig. Ond yn achos damwain rheilffordd Thirsk yn 1892 pan lladdwyd deg o bobl, cafodd signalwr ei ddyfarnu'n euog o ddynladdiad, ond rhoddwyd rhyddhad diamod iddo oherwydd amgylchiadau anghyffredin iawn yr achos.

GWEITHGAREDD / Ymchwil a thrafodaeth

Damwain rheilffordd Thirsk Ewch i Hwb: www.hwb.gov.wales/

A yw rhyddhad yn cyflawni ei nodau cosbi?

Nod sylfaenol rhyddhad yw ataliaeth. Dyma'r lefel isaf o gosb ac i bob pwrpas mae'n rhoi rhybudd i'r unigolyn o ran ei ymddygiad yn y dyfodol. Yn gyffredinol, mae'r gyfradd aildroseddu yn isel ar ôl rhyddhad, yn enwedig yn achos trosedd gyntaf – i lawer o bobl sy'n troseddu am y tro cyntaf, mae'n debyg bod y profiad o fynd i'r llys ynddo'i hun yn ddigon i wneud iddyn nhw newid eu hymddygiad. Mae'n ymddangos felly bod rhyddhad yn cyflawni ei nod o ran cosbi.

PROFI EICH HUN

Cwestiwn Enghreifftiol

Esboniwch sut gallai barnwr sicrhau ei fod yn amddiffyn y cyhoedd drwy osod dedfrydau. (6 marc)

Ffynhonnell: Arholiad CBAC Troseddeg Uned 4 2018

Cyngor

Mae angen i chi ystyried amrywiol fathau o ddedfrydau y gallai barnwr eu gosod i amddiffyn y cyhoedd. Yr un mwyaf amlwg yw dedfryd garcharol (carcharu), gan fod cadw'r troseddwr dan glo yn ei analluogi – ni fydd yn gallu niweidio'r cyhoedd yn ystod cyfnod ei ddedfryd. Gallwch gyfeirio at ddedfrydau carcharol gwahanol, e.e. pŵer y barnwr i argymell dedfryd 'oes gyfan', neu bod isafswm cyfnod yn cael ei fwrw cyn cael parôl. Hyd at 2012, roedd barnwyr hefyd yn gallu gosod dedfrydau 'carcharu i amddiffyn y cyhoedd' penagored o dan rai amgylchiadau.

Mae angen i chi hefyd esbonio sut gallai dedfrydau angharcharol amddiffyn y cyhoedd. Gall amrywiol ddedfrydau cymunedol gael eu rhoi, e.e. gorchmynion yn cyfyngu ar symudiad troseddwr fel cyrffyw sy'n cyfyngu ar yr amseroedd y gall fod mewn cysylltiad â'r cyhoedd, neu orchmynion yn ei wahardd o rai ardaloedd neu gyfeiriadau penodol (e.e. cyfeiriad ei ddioddefwr). Gallai tagio electronig gael ei ddefnyddio i fonitro a yw'r troseddwr yn cydymffurfio â'r gorchmynion hyn. Gall gwahardd rhag gyrru hefyd amddiffyn y cyhoedd rhag gyrwyr peryglus.

TESTUN 3.1

Esbonio rôl asiantaethau o ran rheolaeth gymdeithasol

Man cychwyn

1. Gan weithio gyda phartner, gwnewch restr o'r asiantaethau cyfiawnder troseddol gwahanol rydych chi'n gwybod amdanyn nhw. Ar gyfer pob un, rhestrwch y ffyrdd maen nhw'n gysylltiedig â rheoli ymddygiad pobl. (Er enghraifft, mae gan yr heddlu y pŵer i arestio'r rhai a ddrwgdybir.)
2. Rhannwch eich atebion â gweddill y dosbarth.
3. Fel dosbarth, gwnewch restr llawn o'r asiantaethau cyfiawnder troseddol a'r ffyrdd gwahanol maen nhw'n rheoli ymddygiad pobl.

Asiantaethau sy'n gysylltiedig â rheolaeth gymdeithasol

Fel sydd i'w weld yn Nhestun 2.1, mae rheolaeth gymdeithasol yn ymwneud â chael pobl i gydymffurfio â normau a deddfau'r gymdeithas. Mae amrywiaeth o asiantaethau yn gysylltiedig â chynnal rheolaeth gymdeithasol. Mae rhai yn cael eu noddi a'u rheoli gan y llywodraeth. Mae'r rhain yn cynnwys yr heddlu, Gwasanaeth Erlyn y Goron (CPS), y farnwriaeth, y carchardai a'r gwasanaeth prawf.

Mae eraill yn gorwedd y tu hwnt i reolaeth y llywodraeth, gan gynnwys mudiadau gwirfoddol fel elusennau a charfanau pwyso (mudiadau ac ymgyrchoedd sy'n ceisio newid polisïau'r llywodraeth). Hefyd, mae nifer bach o garchardai yn cael eu rhedeg yn breifat.

Yn y testun hwn byddwn ni'n edrych ar rôl yr asiantaethau gwahanol hyn o ran rheolaeth gymdeithasol. Rydyn ni wedi archwilio agweddau ar rai o'r asiantaethau hyn yn Uned 3, fel yr heddlu, y CPS a'r farnwriaeth, a bydd yr hyn rydych chi wedi ei ddysgu yn berthnasol yma.

Yr heddlu

Athroniaeth

Cafodd athroniaeth yr heddlu ei chrynhoi gan Syr Robert Peel, a wnaeth sefydlu yr Heddlu Metropolitan yn 1829, sef yr heddlu proffesiynol modern cyntaf ym Mhrydain. Yn ôl Peel:

- Cenhadaeth sylfaenol yr heddlu yw atal trosedd ac anhrefn.
- Mae gallu'r heddlu i gyflawni ei ddyletswyddau yn dibynnu ar gydweithrediad a chymeradwyaeth y cyhoedd.
- Dewis olaf yw'r defnydd o rym corfforol.
- Dyletswydd yr heddlu yw gwasanaethu'r gyfraith yn ddiduedd.
- Yr heddlu yw'r cyhoedd a'r cyhoedd yw'r heddlu. Dinasyddion mewn gwisg arbennig yw'r heddlu, sy'n cael eu talu yn amser llawn i wneud yr hyn mae'n rhaid i bob dinesydd ei wneud, sef cynnal y gyfraith.

Yn ôl athroniaeth Peel, gweision y cyhoedd a'r gyfraith yw'r heddlu. Mae plismona yn dibynnu ar gydsyniad y cyhoedd ac mae hyn yn cael ei gyflawni drwy gynnal y gyfraith gan ddefnyddio cyn lleied o rym â phosibl. Mae egwyddorion Peel wedi'u gwreiddio yng Nghod Moeseg yr Heddlu, sy'n pwysleisio bod yr heddlu yn weision cyhoeddus y mae angen iddyn nhw sicrhau parch a chefnogaeth y cyhoedd er mwyn cyflawni eu dyletswyddau.

> **GWEITHGAREDD** / **Clip fideo**
>
> Cod Moeseg yr Heddlu
>
> Ewch i Hwb: www.hwb.gov.wales/

Nodau ac amcanion

Yn ôl Cymdeithas Prif Swyddogion yr Heddlu, nodau'r heddlu yw:

- cadw'r heddwch a chynnal trefn
- amddiffyn bywyd ac eiddo
- atal, canfod ac ymchwilio i droseddau
- dod â throseddwyr o flaen eu gwell.

Mae'r heddlu yn ceisio cyflawni'r nodau hyn drwy ddefnyddio'r pwerau sydd wedi'u nodi yn Uned 3, Testun 1.4. Mae ganddyn nhw bwerau cyfreithiol penodol i stopio, holi, chwilio, arestio a chadw aelod o'r cyhoedd mewn gorsaf heddlu, a'i gyfweld mewn perthynas â throsedd. Mae'r rhan fwyaf o'r pwerau hyn yn cael eu rhoi o dan Ddeddf yr Heddlu a Thystiolaeth Droseddol 1984.

Cyllid

Yn 2020/21, cyfanswm cyllideb yr heddlu oedd £15.2 biliwn. Daw'r arian hwn o dair ffynhonnell:

- tua dwy ran o dair gan y llywodraeth ganolog
- y rhan fwyaf o'r gweddill gan y dreth gyngor leol
- swm bach drwy godi tâl am wasanaethau fel plismona gemau pêl-droed.

Gwelwyd cwymp o 19% yng nghyllid yr heddlu rhwng 2010 a 2018. Arweiniodd hyn at leihad o 20,000 yn nifer y swyddogion heddlu yn ystod yr un cyfnod. Erbyn 2020, roedd 123,000 o swyddogion heddlu yng Nghymru a Lloegr.

Mae plismona drwy gydsyniad yn gofyn am berthynas dda gyda'r cyhoedd.

Arferion gwaith

Cyrhaeddiad cenedlaethol a lleol

Yn y DU heddiw mae:
- 39 heddlu rhanbarthol yn Lloegr a phedwar yng Nghymru, e.e. yr Heddlu Metropolitan, Heddlu De Cymru
- un heddlu ar gyfer yr Alban ac un ar gyfer Gogledd Iwerddon.

Mae sefydliadau heddlu arbenigol hefyd yn gweithredu ar draws y DU, fel yr Asiantaeth Troseddu Cenedlaethol, yr Heddlu Trafnidiaeth Prydeinig a Llu Ffiniau'r DU.

Mathau o droseddau a throseddwyr

Mae'r heddlu yn ymdrin â bron iawn pob math o drosedd a throseddwr, er bod rhai asiantaethau gorfodi'r gyfraith arbenigol yn ymdrin â mathau penodol o drosedd a throseddwr. Er enghraifft, mae Cyllid a Thollau EM yn ymdrin ag achosion o efadu trethi a thwyll trethi.

Dyletswyddau'r heddlu

Mae gan y rhan fwyaf o'r heddlu ddyletswyddau cyffredinol, gan gynnwys patrolio ardal benodol, gweithio gyda'r gymuned leol, ymateb i alwadau gan y cyhoedd am gymorth (galwadau bob dydd a rhai brys), diogelu lleoliad troseddau, casglu tystiolaeth gan dystion a dal troseddwyr.

Plismona arbenigol

Mae adrannau sydd â dyletswyddau arbenigol hefyd, gan gynnwys gwaith ditectifs yn yr adran ymchwiliadau troseddol (*CID: criminal investigations department*), sgwadiau twyll a chyffuriau, a'r Gangen Arbennig. Mae'r rhain i'w cael yn y rhan fwyaf o heddluoedd. Mae gan rai heddluoedd unedau arbenigol eraill hefyd, fel timau gweithrediadau cudd a gwyliadwriaeth, heddlu traffig a heddlu ar geffylau, timau cymorth awyr, heddlu'r afon, timau chwilio tanddwr ac unedau cŵn.

Mae rhai arbenigwyr plismona eraill yn gweithredu'n genedlaethol fel rhan o'r Asiantaeth Troseddu Cenedlaethol, e.e. tîm ecsbloetio plant ac amddiffyn ar-lein (*CEOP: child exploitation and online protection*), neu fel rhan o'r Heddlu Metropolitan, fel SO15, yr uned rheoli gwrthderfysgaeth (ystyr 'SO' yw *Special Operations*).

Plismona heb arfau – heblaw am rai unedau arbenigol, nid yw'r heddlu ym Mhrydain yn cario arfau ar y cyfan. Mae hyn yn cyd-fynd ag athroniaeth Peel mai'r dewis olaf wrth gynnal y gyfraith yw defnyddio grym. Mae hyn yn wahanol i sefyllfa'r heddlu yn y rhan fwyaf o wledydd eraill, sydd fel arfer yn cario arfau.

Cwnstabliaid Arbennig – gwirfoddolwyr rhan amser a di-dâl yw Cwnstabliaid Arbennig. Maen nhw'n cael yr un hyfforddiant â swyddogion cyflogedig, ac mae ganddyn nhw yr un pwerau cyfreithiol.

Swyddogion Cymorth Cymunedol yr Heddlu (*PCSOs: Police Community Support Officers*) – mae gan y swyddogion hyn bwerau fwy cyfyngedig, ac maen nhw'n aml yn ymdrin ag ymddygiad gwrthgymdeithasol ar y stryd, e.e. rhoi hysbysiadau cosb benodedig am daflu sbwriel neu gymryd alcohol oddi ar bobl sy'n yfed dan oed. Gallan nhw hefyd ofyn i swyddog heddlu arestio rhywun.

Comisiynwyr Heddlu a Throseddu (*PCCs: Police and Crime Commissioners*) – Cynrychiolwr etholedig y bobl mewn ardal y mae'r heddlu yn gyfrifol amdani yw PCC (e.e. Swydd Bedford, Gorllewin Swydd Efrog, Gogledd Cymru). Mae'n rhoi llais i'r boblogaeth leol ar faterion sy'n ymwneud â phlismona oherwydd mae'n uniongyrchol atebol i'r etholwyr. Nod PCCs yw lleihau troseddu a sicrhau plismona effeithlon ac effeithiol. Maen nhw'n gosod blaenoriaethau plismona a chyllideb yr heddlu lleol, ac yn dal y Prif Gwnstabl i gyfrif am berfformiad yr heddlu (gan gynnwys ei ddiswyddo lle bo angen).

Gwasanaeth Erlyn y Goron

Gwnaethon ni edrych yn fanwl ar waith Gwasanaeth Erlyn y Goron yn Uned 3, Testun 2.1, felly byddai'n syniad da i chi ailedrych ar y testun hwnnw i atgoffa eich hun o'r wybodaeth.

Nodau ac amcanion

Gwasanaeth Erlyn y Goron (CPS) yw'r prif erlynydd cyhoeddus yng Nghymru a Lloegr. Cafodd ei sefydlu yn 1986 o dan Ddeddf Erlyn Troseddau 1985. Yr heddlu oedd arfer bod yn gyfrifol am erlyniadau, ond cafodd y rôl ei rhoi i'r CPS gan fod risg o duedd wrth ganiatáu i'r heddlu ymchwilio i achosion a'u herlyn hefyd. Mae'r heddlu yn dal i erlyn rhai mân-droseddau, ond y CPS sy'n erlyn pob achos difrifol neu gymhleth.

Mae rôl y CPS yn cynnwys y canlynol:
- Rhoi cyngor i'r heddlu o ran eu hymchwiliadau a pha dystiolaeth sydd ei hangen i adeiladu achos.
- Cynnal asesiad annibynnol o'r dystiolaeth sy'n cael ei chyflwyno gan yr heddlu ac adolygu achosion yn barhaus.
- Penderfynu a ddylid erlyn ai peidio, ac os felly, pa gyhuddiadau ddylai gael eu dwyn yn erbyn y rhai a ddrwgdybir.
- Paratoi achos yr erlyniad a'i gyflwyno yn y llys, gan ddefnyddio ei gyfreithwyr ei hun ac arbenigwyr hunangyflogedig.
- Cynorthwyo a chefnogi dioddefwyr a thystion yr erlyniad, a rhoi gwybodaeth iddyn nhw.

Athroniaeth a gwerthoedd

Yn ôl y CPS, mae ei waith yn seiliedig ar y gwerthoedd canlynol:
- **annibyniaeth a thegwch** – erlyn yn ddiduedd a cheisio sicrhau cyfiawnder bob amser
- **bod yn onest ac yn agored**
- **trin pawb â pharch**
- **ymddwyn yn broffesiynol ac ymdrechu at ragoriaeth**
- **cydraddoldeb a chynhwysiant** – er mwyn annog mwy o hyder yn y CPS gan ddioddefwyr a thystion.

Cyllid

Daw'r rhan fwyaf o gyllid y CPS gan y llywodraeth, gyda chyllideb o tua hanner biliwn o bunnoedd y flwyddyn. Yn ogystal, mae'r CPS yn adennill rhyfaint o'i gostau pan fydd y llysoedd yn dyfarnu costau yn erbyn diffynyddion, ac mae hefyd yn adennill asedau sy'n cael eu cymryd oddi ar droseddwyr.

Fodd bynnag, mae'r CPS wedi dioddef oherwydd toriadau cyllid arwyddocaol. Yn 2018, dywedodd pennaeth y CPS ar y pryd, Alison Saunders, bod cyllideb y gwasanaeth wedi gostwng 25% a'i fod wedi colli traean o'i staff. Mae hyn wedi arwain at bryderon nad yw'n gallu cyflawni ei rôl yn effeithiol.

Arferion gwaith

Mathau o droseddau a throseddwyr – heblaw am rai mân-droseddau, mae'r CPS yn ymdrin â'r amrediad llawn o droseddau a throseddwyr. Mae'n cymryd cyfrifoldeb am bob achos difrifol.

Cyrhaeddiad cenedlaethol a lleol – mae'r CPS yn gorff cenedlaethol sy'n gweithredu ar draws Cymru a Lloegr, gyda 14 tîm ardal rhanbarthol yn erlyn achosion yn lleol. Mae pob un yn cael ei arwain gan Brif Erlynydd y Goron ac mae'n gweithio'n agos gyda heddluoedd lleol a phartneriaid cyfiawnder troseddol eraill. Mae CPS Direct yn 15fed ardal 'rithiol', sy'n darparu penderfyniadau cyhuddo i'r heddlu ledled y wlad, 24 awr y dydd, 7 diwrnod yr wythnos, 365 diwrnod y flwyddyn.

Pennaeth y CPS yw'r Cyfarwyddwr Erlyniadau Cyhoeddus. Cafodd Max Hill ei benodi yn Gyfarwyddwr Erlyniadau Cyhoeddus yn 2018.

Penderfyniadau i erlyn

Mae'r Cod ar gyfer Erlynwyr y Goron yn ganolog i arferion gwaith y CPS. Mae'r Cod yn nodi dau brawf y mae'n rhaid i erlynwyr eu rhoi ar waith wrth benderfynu a ddylid erlyn achos ai peidio:
1. y prawf tystiolaeth
2. prawf lles y cyhoedd.

Y prawf tystiolaeth

Mae'n rhaid bod erlynwyr yn fodlon bod digon o dystiolaeth i gynnig disgwyliad realistig o euogfarn yn erbyn y sawl a ddrwgdybir. Yn benodol, mae'n rhaid iddyn nhw benderfynu bod y dystiolaeth yn dderbyniol (e.e. ddim yn dystiolaeth ail-law), yn ddibynadwy ac yn gredadwy. Os nad yw'r dystiolaeth yn bodloni'r meini prawf hynny, mae'n methu'r prawf tystiolaeth ac ni all yr erlyniad barhau.

Prawf lles y cyhoedd

Nesaf, mae'n rhaid i erlynwyr benderfynu a yw'r erlyniad er lles y cyhoedd. I wneud hyn, mae'n rhaid iddyn nhw ystyried y saith cwestiwn canlynol. Mae'n bosibl na fydd pob cwestiwn yn berthnasol i achos penodol.

1. Pa mor ddifrifol yw'r drosedd?
2. Beth yw lefel beiusrwydd y sawl a ddrwgdybir?
3. Pa fath o niwed gafodd ei achosi i'r dioddefwr?
4. Oed ac aeddfedrwydd y sawl a ddrwgdybir.
5. Beth yw effaith y drosedd ar y gymuned?
6. A yw erlyn yn ymateb cymesur i'r drosedd?
7. A oes angen diogelu ffynonellau gwybodaeth, e.e. mewn perthynas ag ymchwiliadau eraill?

Y Prawf Trothwy

Hyd yn oed os nad oes digon o dystiolaeth ar gael i erlyn ar unwaith, mae'n dal yn bosibl dwyn cyhuddiad yn erbyn y sawl a ddrwgdybir o dan amgylchiadau penodol. Yn yr achosion hyn, mae'n rhaid i'r CPS roi'r Prawf Trothwy ar waith.

- Mae'n rhaid bod sail resymol i gredu bod y sawl a ddrwgdybir yn euog a bod modd casglu digon o dystiolaeth ychwanegol yn nes ymlaen i sicrhau euogfarn.
- Mae'r drosedd yn ddigon difrifol i gyfiawnhau dwyn cyhuddiad ar unwaith, a byddai'n ormod o risg caniatáu mechnïaeth. Rhaid parhau i adolygu unrhyw benderfyniad i ddwyn cyhuddiad yn erbyn y sawl a ddrwgdybir.

Y farnwriaeth

Mae'r farnwriaeth yn cynnwys yr holl farnwyr yn llysoedd y wlad. Mae dros 3,000 o farnwyr llys yng Nghymru a Lloegr.

Athroniaeth

Mae athroniaeth y farnwriaeth wedi'i chrynhoi mewn chwe egwyddor yn y Canllaw i Ymddygiad Barnwrol (2016). Mae'r egwyddorion hyn yn nodi'r safonau ar gyfer ymddygiad moesegol barnwyr. Y chwe egwyddor yw:

1. **Annibyniaeth farnwrol** – dylai barnwyr fod yn annibynnol ac yn rhydd rhag ymyrraeth y llywodraeth yn eu penderfyniadau. Mae hyn yn eu galluogi i gynnal y gyfraith a diogelu hawliau dinasyddion yn erbyn grym y llywodraeth.
2. **Didueddrwydd** – peidio â dangos ffafriaeth i'r naill ochr neu'r llall.
3. **Uniondeb** – bod yn onest a gweithredu ag egwyddorion moesol cadarn.
4. **Priodoldeb** – cynnal y safonau ymddygiad a'r moesau sy'n ddisgwyliedig gan y gymdeithas.
5. **Triniaeth gyfartal** – sicrhau triniaeth gyfartal i bawb sy'n dod gerbron y llysoedd.
6. **Cymhwysedd** – y wybodaeth a'r gallu i wneud y swydd.

Pan fyddan nhw'n cael eu penodi, bydd barnwyr yn tyngu dau lw:
- **Llw teyrngarwch** (ffyddlondeb) i'r Frenhines, ei hetifeddion a'i holynwyr.

- **Llw barnwriaethol** i wneud 'iawn i bob math o bobl yn ôl deddfau ac arferion y Deyrnas hon, heb ofn na ffafr, hoffter na drwgdeimlad' – mewn geiriau eraill, i drin pawb yn gyfartal, yn ddiduedd ac yn unol â'r gyfraith.

Nodau ac amcanion

Rôl sylfaenol y farnwriaeth yw dehongli a chymhwyso'r gyfraith at yr achosion sy'n dod ger ei bron yn y llysoedd.

- **Yn Llys y Goron** mae'n rhaid i'r barnwr reoli'r treial, gan sicrhau tegwch i'r holl bartïon, esbonio'r materion a'r gweithdrefnau cyfreithiol i aelodau'r rheithgor, crynhoi'r dystiolaeth, a phasio'r ddedfryd os yw'r diffynnydd yn cael ei euogfarnu.
- **Yn y llysoedd apêl** (y Llys Apêl a'r Goruchaf Lys), y barnwyr sy'n penderfynu ar yr apeliadau sy'n dod ger eu bron o lysoedd is yr hierarchaeth. Gall hyn gynnwys creu cynsail drwy egwyddor cynsail farnwrol (gweler Testun 1.1), a fydd wedyn yn rhwymo penderfyniadau'r llysoedd is yn y dyfodol.

Cyllid

Mae cyflogau'r farnwriaeth yn seiliedig ar gyngor corff annibynnol, Corff Adolygu Cyflogau Uwch-swyddogion, sy'n gwneud argymhellion i'r Prif Weinidog a'r Arglwydd Ganghellor ynghylch faint dylai barnwyr gael eu talu (ynghyd â chyflogau pobl eraill fel ASau ac uwch weision sifil). Er enghraifft, yn 2020 gwnaeth y barnwr uchaf un, yr Arglwydd Brif Ustus, ennill £262,000, a gwnaeth barnwyr rhanbarth (rheng isaf y farnwriaeth) ennill £112,000.

Fodd bynnag, er bod barnwyr yn cael eu talu'n dda yn ôl safonau llawer o bobl, gall rhai uwch gyfreithwyr ennill llawer mwy na barnwyr. Er enghraifft, mae rhai bargyfreithwyr profiadol sy'n gweithio ym maes cyfraith masnachol yn ennill dros £1m (er bod cyfreithwyr sy'n gweithio yn y llysoedd troseddol fel arfer yn ennill llawer llai na hyn). Gallai hyn olygu nad yw llawer o bobl yn gwneud cais i fod yn farnwr.

Arferion gwaith

Mae safle barnwyr yn dangos pwysigrwydd sicrhau eu hannibyniaeth er mwyn iddyn nhw allu cynnal y gyfraith ac amddiffyn hawliau dinasyddion. Am y rheswm hwn:

- **mae ganddyn nhw sicrwydd daliadaeth** – nid yw'n bosibl eu diswyddo ac eithrio drwy anfon deiseb at y Frenhines sydd wedi'i phasio gan ddau Dŷ'r Senedd (dim ond unwaith mae hyn wedi digwydd erioed, yn 1830, i gael gwared ar farnwr llwgr)
- **mae eu cyflog wedi'i warantu**.

Mae'r farnwriaeth wedi'i threfnu yn hierarchaeth glir. Gall gael ei rhannu yn uwch farnwyr, sy'n eistedd yn y Goruchaf Lys, y Llys Apêl a'r Uchel Lys, a barnwyr is, sy'n eistedd yn Llys y Goron (ac weithiau mewn llysoedd ynadon hefyd).

Mathau o droseddau a throseddwyr – mae barnwyr yn ymdrin â phob math o droseddau a throseddwyr, ac eithrio'r achosion lleiaf difrifol, y mae ynadon fel arfer yn ymdrin â nhw, neu mae'r heddlu yn rhoi rhybuddion a hysbysiadau cosb benodedig ar eu cyfer.

Cyrhaeddiad cenedlaethol a lleol – ar y lefel uchaf un, mae gan y Goruchaf Lys awdurdodaeth ledled y wlad ac mae'n datrys pwyntiau cyfreithiol o bwysigrwydd cenedlaethol. Mae barnwyr sy'n gweithio yn y llysoedd is (e.e. Llys y Goron, y mae tua 90 ohonyn nhw ar draws y wlad) yn ymdrin ag achosion lleol.

Uwch farnwyr mewn gorymdaith o Abaty Westminster i ddau Dŷ'r Senedd.

Carchardai

Athroniaeth

Gwasanaeth Carchardai a Phrawf EM yw asiantaeth y llywodraeth sy'n gyfrifol am garchardai'r DU. Mae'n disgrifio ei nod fel 'atal dioddefwyr drwy newid bywydau troseddwyr'.

Nodau ac amcanion

Mae gan y gwasanaeth carchardai dri brif nod:
- amddiffyn y cyhoedd rhag niwed
- helpu pobl sydd wedi'u dyfarnu'n euog o droseddau i adsefydlu fel y gallan nhw wneud cyfraniad cadarnhaol at y gymdeithas
- cadw carcharorion yn ddiogel a gweithredu dedfrydau a gorchmynion y llysoedd.

Cyllid

Y llywodraeth sy'n talu am garchardai ac mae'r arian yn cael ei godi drwy drethi cyffredinol. Yn 2018, cyfanswm y gyllideb ar gyfer carchardai oedd tua £3 biliwn – 16% yn is nag yn 2010. Arweiniodd hyn at doriadau mewn lefelau staffio, ac roedd gostyngiad o 15% yn nifer y swyddogion carchar rhwng 2010 a 2018. O ganlyniad, gwnaeth llawer mwy o swyddogion profiadol adael y gwasanaeth – erbyn 2020, roedd gan bron i draean o'r staff lai na thair blynedd o brofiad. Y gost gyfartalog o gadw carcharor yn un o garchardai'r sector cyhoeddus yn 2019 oedd £41,136 y flwyddyn, neu £42,591 mewn carchar preifat.

Arferion gwaith

Yn 2019 roedd cyfanswm o 121 o garchardai, yn cadw tua 80,000 o garcharorion ar unrhyw un adeg. O'r rhain, roedd 106 yn garchardai sector cyhoeddus, yn cael eu rhedeg gan y llywodraeth, a 15 yn garchardai preifat, yn cael eu rhedeg gan dri chwmni preifat – Sodexo, G4S a Serco. Yn 2019 cafodd contract G4S i redeg CEM Birmingham ei ddirwyn i ben, ac fe aeth y carchar yn ôl i'r sector cyhoeddus yn barhaol yn dilyn methiannau gan G4S, gan gynnwys terfysg yn 2016, sef un o'r terfysgoedd gwaethaf i Brydain ei weld mewn carchar mewn 25 mlynedd.

Mathau o droseddau a throseddwyr

Mae'r gwasanaeth carchardai yn ymdrin â throseddwyr risg uchel sy'n cael eu hystyried yn anaddas i fwrw eu dedfryd yn y gymuned. Fodd bynnag, mae difrifoldeb y drosedd yn amrywio'n fawr, o lofruddiaeth i ddwyn.

Cyrhaeddiad cenedlaethol a lleol

Mae'r gwasanaeth carchardai yn cael ei drefnu'n genedlaethol, ac mae carchardai wedi'u lleoli ar draws y DU. Ar ôl cael ei ddedfrydu i'r carchar, bydd troseddwr yn cael ei anfon yn gyntaf i garchar lleol a'i roi mewn categori diogelwch ar sail asesiad risg. Yna, mae'n bosibl y bydd yn cael ei symud i garchar mwy addas yn rhywle arall (gweler y tabl).

Math o garchar	Categori	Asesiad risg carcharorion	Enghreifftiau o garchardai
Caeëdig	A (diogelwch uchel)	Byddai'r rhai sy'n dianc yn peri perygl mawr i'r cyhoedd, e.e. pobl sydd wedi'u dyfarnu'n euog o lofruddio, ymgais i lofruddio, treisio, troseddau terfysgaeth neu droseddau ffrwydron.	Belmarsh, Wakefield, Manceinion
	B	Does dim angen y lefel diogelwch uchaf, ond eto i gyd mae'n rhaid sicrhau ei bod yn anodd iddyn nhw ddianc.	Pentonville, Wandsworth
	C	Nid yw'n bosibl ymddiried ynddyn nhw mewn amodau agored ond maen nhw'n annhebygol o geisio dianc.	Birmingham, Dartmoor
Agored	D	Mae'n bosibl ymddiried yn rhesymol ynddyn nhw i beidio â cheisio dianc.	Ford, Kirkham, Askham Grange

Ymgais i ddianc – mae carcharorion sydd wedi gwneud ymgais i ddianc yn cael eu rhoi ar 'restr dianc' ac mae'n rhaid iddyn nhw wisgo gefynnau a dillad melyn llachar wrth gael eu symud (mae'r rhain yn cael eu galw'n 'siwtiau banana'). Mae'n rhaid iddyn nhw newid celloedd yn aml a bydd eu dillad a rhywfaint o'u heiddo personol yn cael eu cymryd o'r gell cyn iddyn nhw gael eu cloi dros nos.

Gweithgareddau a threfn bob dydd yn y carchardai

Er bod y gwasanaeth carchardai yn ceisio adsefydlu carcharorion, mae carchardai wedi cael eu beirniadu am eu diffyg cyfleoedd o ran addysg, hyfforddiant a phrofiad gwaith. Er enghraifft, yn 2020 dywedodd prif arolygydd y carchardai nad oedd digon o raglenni gweithgareddau defnyddiol yn hanner y carchardai a gafodd eu harolygu. Aseswyd bod llai na dau o bob pump yn darparu gweithgareddau 'da' neu 'rhesymol dda', o'u cymharu â dros dwy ran o dair yn 2009–10. Un rheswm dros hyn yw'r toriadau yn nifer y swyddogion carchar, sy'n golygu bod llai ohonyn nhw ar gael i oruchwylio carcharorion sy'n cymryd rhan mewn gweithgareddau.

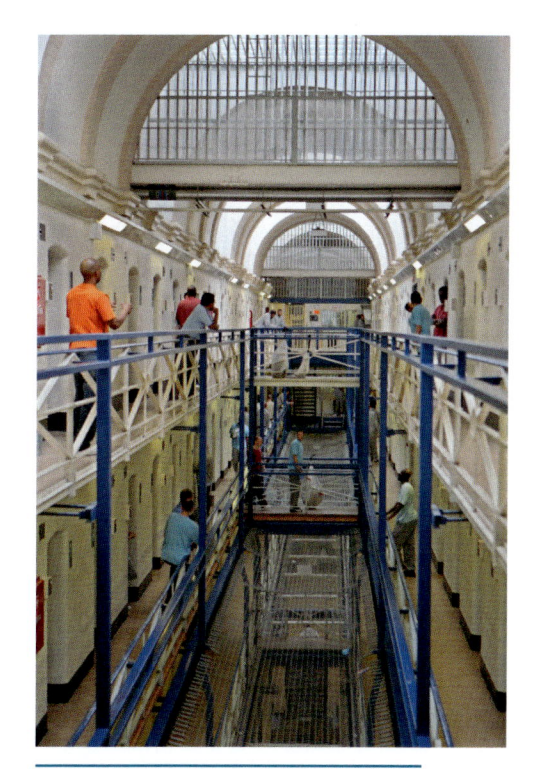

CEM Wandsworth. Mae dros 40% o'r carcharorion yn cael eu cloi yn eu celloedd yn ystod y diwrnod gwaith.

Cymhellion a breintiau a enillwyd

Gwobrau y gall carcharorion eu hennill drwy gadw at y rheolau yw cymhellion a breintiau a enillwyd.

Mae tair lefel o gymhellion a breintiau: sylfaenol, safonol ac uwch. Pan fydd carcharor yn mynd i mewn i'r carchar bydd yn cael ei roi ar y lefel safonol, a allai olygu y gall wario rhagor o'r arian mae'n ei ennill, er enghraifft.

Os bydd yn camymddwyn bydd y carcharor yn cael ei symud i'r lefel sylfaenol, lle bydd yn derbyn isafswm yr hyn y mae'n rhaid iddo ei gael yn ôl y gyfraith, fel nifer cyfyngedig o lythyrau neu ymweliadau. Bydd ymddygiad da yn arwain at symud i'r lefel uwch, gyda breintiau ychwanegol, fel teledu yn y gell. Mae gan garchardai gwahanol reolau gwahanol ynglŷn â pha freintiau sy'n gallu cael eu hennill.

Y Gwasanaeth Prawf Cenedlaethol

Athroniaeth

Mae'r Gwasanaeth Prawf Cenedlaethol (NPS) yn disgrifio ei werthoedd craidd a'i egwyddorion moesegol fel a ganlyn:
- credu y gall troseddwyr newid er gwell a dod yn aelodau cyfrifol o'r gymdeithas
- credu yng ngwerth ac urddas yr unigolyn
- ymrwymiad i gyfiawnder cymdeithasol, cynhwysiant cymdeithasol, cydraddoldeb ac amrywiaeth.

Nodau ac amcanion

Mae'r NPS yn disgrifio ei hun fel 'gwasanaeth cyfiawnder troseddol statudol sy'n goruchwylio troseddwyr risg uchel sy'n cael eu rhyddhau i'r gymuned, ac sy'n darparu cymorth statudol i ddioddefwyr troseddau rhywiol neu dreisgar difrifol.'

Ei flaenoriaeth yw amddiffyn y cyhoedd drwy adsefydlu troseddwyr, rhoi sylw i achosion troseddu a galluogi troseddwyr i newid eu bywyd.

Fel sydd i'w weld yn Nhestun 2.3, mae'r gwasanaeth prawf yn goruchwylio dau fath o gleient.

1. **Troseddwyr sy'n bwrw eu dedfryd yn y gymuned** yn hytrach nag yn y carchar, o ganlyniad i Orchymyn Cymunedol gan y llys. Gall hyn gynnwys gofynion fel:
   - hyd at 300 awr o waith di-dâl (Gwneud Iawn â'r Gymuned)
   - gorchymyn gwahardd neu gyrffyw, neu ofyniad preswylio
   - rhaglen grŵp, e.e. ar gyfer rheoli dicter.
2. **Troseddwyr sydd wedi cael eu rhyddhau ar drwydded o'r carchar** cyn diwedd eu dedfryd. Er enghraifft, mae carcharorion sy'n bwrw dedfryd o 12 mis neu ragor fel arfer yn cael eu rhyddhau ar drwydded hanner ffordd drwy eu dedfryd. Mae gofynion ynghlwm â'r drwydded (e.e. cael triniaeth cyffuriau) ac mae'n cael ei goruchwylio gan y gwasanaeth prawf.

Partneriaethau – mae'r Gwasanaeth Prawf Cenedlaethol yn gweithio mewn partneriaeth ag amrywiaeth o sefydliadau i reoli troseddwyr: y llysoedd, yr heddlu, cynghorau lleol, a phartneriaid yn y sectorau preifat a gwirfoddol. Hyd at 2020, roedd hyn yn cynnwys 21 o gwmnïau adsefydlu cymunedol yn y sector preifat, fel Sodexo Justice Services.

Roedd cwmnïau adsefydlu cymunedol yn darparu gwasanaethau prawf ar gyfer troseddwyr risg isel a chanolig.

> **GWEITHGAREDD** / **Clip fideo**
>
> Y Gwasanaeth Prawf   Ewch i Hwb: www.hwb.gov.wales/

Cyllid

Mae'r Gwasanaeth Prawf Cenedlaethol yn rhan o Wasanaeth Carchardai a Phrawf EM, oedd â chyllideb gyffredinol o £4.6 biliwn yn 2018, wedi'i rhannu rhwng y carchardai a'r gwasanaeth prawf. Mae'r gyllideb hon yn cael ei darparu gan y llywodraeth a daw'r arian o drethi cyffredinol.

Dod â chontractau'r cwmnïau adsefydlu cymunedol i ben – busnesau preifat oedd y cwmnïau adsefydlu cymunedol, ac roedd ganddyn nhw gontract gyda'r Weinyddiaeth Gyfiawnder i ddarparu gwasanaethau prawf. Roedden nhw'n cael eu talu am gyrraedd targedau adsefydlu y cytunwyd arnyn nhw yn eu contractau. Fodd bynnag, gwnaeth 19 o'r 21 cwmni adsefydlu cymunedol fethu eu targedau i leihau aildroseddu ac roedd rhai ohonyn nhw hyd yn oed yn goruchwylio eu troseddwyr o bell dros y ffôn. Daeth adroddiad gan Bwyllgor Cyfrifon Cyhoeddus Tŷ'r Cyffredin yn 2018 i'r casgliad bod hyd at £342 miliwn wedi cael ei wario ar gwmnïau adsefydlu cymunedol heb unrhyw fanteision amlwg, ac erbyn 2020 roedd y Weinyddiaeth Gyfiawnder wedi gwario dros £500m yn fwy na'r disgwyl ar y cwmnïau adsefydlu cymunedol.

O ganlyniad, gwnaeth y llywodraeth benderfynu dod â'r holl gontractau sector preifat am waith prawf i ben yn 2020, ac ad-drefnu'r gwasanaeth ar sail ranbarthol. O 2022 ymlaen bydd yn cael ei drefnu yn 12 rhanbarth (Cymru, ynghyd ag 11 rhanbarth yn Lloegr).

Arferion gwaith

Mathau o droseddau a throseddwyr – ar unrhyw un adeg, mae tua 250,000 o droseddwyr ar brawf. Mae'r troseddwyr hyn yn cael eu hystyried yn ddigon diogel i fwrw eu dedfrydau yn y gymuned (neu i'w cwblhau yn y gymuned os byddan nhw'n cael eu rhyddhau o'r carchar ar drwydded).

Cyrhaeddiad cenedlaethol a lleol – mae'r NPS yn wasanaeth cenedlaethol sy'n gweithio i'r un safonau ar draws y wlad, ond sy'n darparu'r gwasanaeth yn rhanbarthol ac yn lleol. Mae'r NPS yn gyfrifol am wneud y canlynol:
- paratoi adroddiadau cyn dedfrydu ar gyfer y llysoedd, i'w helpu i ddewis y ddedfryd mwyaf priodol ar gyfer y troseddwr unigol
- rheoli eiddo sydd wedi'i gymeradwyo ar gyfer troseddwyr sydd â gofyniad preswylio (e.e. mae'n rhaid iddyn nhw fyw mewn llety dan oruchwyliaeth)
- asesu carcharorion i'w paratoi ar gyfer eu rhyddhau ar drwydded i'r gymuned – ar y pwynt hwnnw, byddan nhw'n dod o dan oruchwyliaeth yr NPS

- helpu troseddwyr sy'n bwrw dedfryd yn y gymuned i fodloni'r gofynion sydd wedi'u gorchymyn gan y llysoedd
- pan fydd troseddwr yn cael dedfryd o 12 mis neu ragor yn y carchar am drosedd rhyw neu drosedd dreisgar ddifrifol, neu mae'n cael ei gadw fel claf iechyd meddwl, bydd yr NPS yn cyfathrebu â dioddefwyr y troseddwr, ac yn rhoi blaenoriaeth i'w lles.

Elusennau a charfanau pwyso

Yn wahanol i'r heddlu, y gwasanaeth carchardai a'r gwasanaeth prawf, mae elusennau a charfanau pwyso yn fudiadau gwirfoddol sy'n annibynnol ar reolaeth y llywodraeth. Eu nod yw hybu buddiannau a lles y bobl maen nhw'n gysylltiedig â nhw, fel cyn-droseddwyr neu ddioddefwyr trosedd.

Mae elusennau yn fudiadau sy'n cael eu sefydlu i ddarparu cymorth i bobl mewn angen, ac mae carfanau pwyso yn fudiadau sy'n ymgyrchu i sicrhau newid. Mae llawer o fudiadau yn cyfuno'r ddwy rôl. Un enghraifft dda yw Nacro, sef elusen sy'n darparu cymorth i gyn-droseddwyr ac sy'n ymgyrchu ar yr un pryd fel carfan bwyso i newid polisïau'r llywodraeth sy'n effeithio ar gyn-droseddwyr.

Nacro

Enw llawn Nacro yw'r National Association for the Care and Resettlement of Offenders. Cafodd ei sefydlu yn 1966.

Athroniaeth, nodau ac amcanion

Mae Nacro yn disgrifio ei hun fel elusen cyfiawnder troseddol sy'n ceisio newid bywydau, cryfhau cymunedau ac atal troseddu. Mae'n ceisio goresgyn stereoteip y cyn-droseddwr. Mae'n darparu pob math o wasanaethau, gan gynnwys:

Tai – mae Nacro yn cynnig lletyi dros 3,000 o denantiaid yn ei eiddo ei hun, ac mae hefyd yn darparu llety mechnïaeth a gwasanaethau cefnogi. Yn 2018, gwnaeth dros 2,600 o bobl adael y ddalfa i fyw mewn llety parhaol, diogel.

Addysg – yn 2018, gwnaeth 4,900 o bobl astudio drwy wasanaethau addysg Nacro.

Cyngor ailsefydlu – mae Nacro yn darparu cefnogaeth a chyngor ar gyflogaeth, addysg a llety i bobl sydd â chofnod troseddol ac i'r bobl broffesiynol sy'n gweithio gyda nhw.

Projectau allgymorth – i atal pobl ifanc rhag troseddu.

GWEITHGAREDD / **Ymchwil**

Nacro   Ewch i Hwb: www.hwb.gov.wales/

Ymgyrchoedd

Yn ogystal â darparu gwasanaethau, mae Nacro yn ymgyrchu i newid deddfau a pholisïau sy'n effeithio ar gyn-droseddwyr, fel yr ymgyrch i ddiwygio Deddf Adsefydlu Troseddwyr 1974 a chwiliadau cofnodion troseddol. Mae'n cefnogi ymgyrch Ban the Box. Nod yr ymgyrch yw galluogi pobl sydd ag euogfarnau i gystadlu am swyddi drwy ddileu'r blwch ticio euogfarnau troseddol sy'n ymddangos yn ddiangen ar lawer o ffurflenni cais.

Cyllid

Mae Nacro yn derbyn incwm o tua £50m y flwyddyn. Daw'r arian o roddion gan y cyhoedd, grantiau gan y llywodraeth a chontractau ar gyfer darparu gwasanaethau i gyn-droseddwyr ac eraill.

Arferion gwaith

Mathau o droseddau a throseddwyr – mae Nacro yn gweithio gyda phob math o gyn-droseddwyr, gan gynnwys rhai sydd wedi cael eu rhyddhau o'r carchar. Mae hefyd yn gweithio gyda phobl ifanc sydd mewn perygl o droseddu, fel y rhai sydd wedi'u gwahardd o ysgolion prif ffrwd.
Yn fwy eang, mae'n ymwneud ag anghenion pobl ifanc ac oedolion difreintiedig.

Cyrhaeddiad cenedlaethol a lleol – mudiad cenedlaethol yw Nacro, sy'n darparu gweithgareddau lleol a phrojectau mewn tua 50 ardal wahanol yng Nghymru a Lloegr ar unrhyw un adeg. Mae gan yr elusen dîm mawr o staff amser llawn, a llawer o wirfoddolwyr di-dâl.

PROFI EICH HUN

Cwestiwn Enghreifftiol

Esboniwch rôl yr heddlu o ran rheolaeth gymdeithasol. (6 marc)

Ffynhonnell: Arholiad CBAC Troseddeg Uned 4 2017

Cyngor

Esboniwch rôl yr heddlu wrth gynnal y gyfraith ac atal, canfod ac ymchwilio i droseddau. Disgrifiwch eu pwerau i stopio, chwilio, arestio a holi. Gallech chi nodi bod pwerau'r heddlu yn fath o reolaeth gymdeithasol allanol.

Cyfeiriwch at blismona arbenigol (e.e. yr Adran Ymchwiliadau Troseddol, yr adran dwyll ac ati). Cyfeiriwch hefyd at rôl yr heddlu wrth amddiffyn bywyd ac eiddo, cadw'r heddwch a chynnal trefn. Cysylltwch hyn â'r syniad o blismona drwy gydsyniad a'r syniad mai dinasyddion mewn gwisg arbennig yw'r heddlu.

Hefyd, cofiwch esbonio rôl yr heddlu wrth weithio gydag asiantaethau cyfiawnder troseddol eraill fel y llysoedd, y CPS, carchardai a'r gwasanaeth prawf, i sicrhau rheolaeth gymdeithasol. Er enghraifft, mae'r heddlu yn rhoi tystiolaeth i'r CPS adeiladu achosion erlyniad ac mae swyddogion yn ymddangos fel tystion yr erlyniad yn y llys.

TESTUN 3.2

Disgrifio cyfraniad asiantaethau at sicrhau rheolaeth gymdeithasol

Man cychwyn

1. Gan weithio mewn grŵp bach, dychmygwch eich bod chi'n cynllunio tref newydd. Ar sail yr hyn rydych chi'n ei wybod yn barod am droseddu, gwnewch restr o nodweddion y byddech chi'n eu cynnwys yn eich dyluniad ar gyfer y dref, er mwyn helpu i atal troseddu. Gallech chi feddwl am bethau fel dyluniad adeiladau a chynllun cymdogaethau. (Os ydych chi'n cael trafferth meddwl am syniadau, efallai bydd tudalennau 144–145 *Llyfr Troseddeg Un* yn eich helpu chi i ddechrau arni.)
2. Rhannwch eich ateb â gweddill y dosbarth. Yna, fel dosbarth, penderfynwch pa nodweddion dylunio yw'r rhai pwysicaf wrth atal troseddu.
3. Yn eich barn chi, pa fathau o droseddau allai gael eu lleihau gan ddyluniad addas? Pa fathau o droseddau na fyddai'n gallu cael eu lleihau? Rhowch eich rhesymau.

Cyflwyniad

Yn y testun hwn, byddwn ni'n edrych ar gyfraniad amrywiaeth o asiantaethau gwahanol at sicrhau rheolaeth gymdeithasol, gan gynnwys y canlynol:

- penseiri, cynllunwyr a chynghorau sy'n dylunio amgylchedd ardal er mwyn lleihau troseddu
- gorchmynion llys fel ASBOs i reoli ymddygiad gwrthgymdeithasol
- carchardai sy'n defnyddio rhaglenni atgyfnerthu â thalebau neu sy'n gorfodi rheolau'r carchar i addasu ymddygiad carcharorion.

Byddwn ni'n cysylltu'r dulliau hyn â rhai damcaniaethau troseddegol y gwnaethoch chi eu hastudio yn Uned 2. Byddwn ni hefyd yn edrych ar rai o'r pethau sy'n ei gwneud yn fwy anodd i asiantaethau sicrhau rheolaeth gymdeithasol, fel newidiadau polisi sydd wedi arwain at doriadau yng nghyllidebau'r heddlu a charchardai.

Dylunio amgylcheddol

Mae rhai troseddegwyr yn dadlau y gall yr amgylchedd adeiledig effeithio ar lefel y troseddu mewn dwy ffordd:

- drwy ddylanwadu ar droseddwyr posibl, e.e. rhoi cyfleoedd iddyn nhw gyflawni troseddau
- drwy effeithio ar allu pobl i arfer rheolaeth dros eu hamgylchedd.

Maen nhw'n dadlau y gall asiantaethau fel penseiri, adeiladwyr, cynllunwyr tref a chynghorau lleol 'atal troseddu drwy ddylunio' (*design crime out*) a newid cynllun ffisegol ardal.

Gofod amddiffynadwy

Mae'r pensaer Oscar Newman yn dadlau bod rhai ardaloedd yn amddiffynadwy ac eraill yn anamddiffynadwy.

Gofod anamddiffynadwy yw'r ardaloedd lle mae troseddau yn fwy tebygol o ddigwydd, sef ardaloedd cyhoeddus y mae Newman yn eu galw'n 'ddryslyd' fel llwybrau a grisiau anhysbys. Does neb yn berchen arnyn nhw, does neb yn gofalu amdanyn nhw, a does neb yn cadw llygad arnyn nhw.

Er enghraifft, yn ei astudiaeth o flociau o fflatiau uchel yn Efrog Newydd, canfu Newman bod 55% o'r holl droseddau a oedd yn cael eu cyflawni yn digwydd mewn ardaloedd cyhoeddus fel coridorau, y lifft, y grisiau a'r cyntedd, gan nad oedd neb yn teimlo eu bod yn 'berchen' arnyn nhw.

Gofod amddiffynadwy yw'r ardaloedd lle mae'r ffiniau yn glir felly mae'n amlwg pwy sydd â'r hawl i fod yno. Mae Newman yn dadlau bod cyfraddau troseddu yn isel mewn gofod amddiffynadwy oherwydd pedair nodwedd allweddol: tiriogaethedd, gwyliadwriaeth, delwedd ddiogel, a lleoliad wedi'i warchod.

Tiriogaethedd

Ystyr tiriogaethedd (*territoriality*) yw bod yr amgylchedd yn annog ymdeimlad o berchnogaeth ymhlith y preswylwyr – maen nhw'n teimlo mai nhw sy'n berchen ar y diriogaeth ac yn ei rheoli. Mae rhai cynlluniau hefyd yn dweud wrth bobl o'r tu allan bod ardaloedd penodol at ddefnydd preifat y preswylwyr. Er enghraifft, mae cynllun cul-de-sac yn cyfleu delwedd 'breifat' ac yn annog ymdeimlad o gymuned.

Gwyliadwriaeth naturiol

Mae nodweddion adeiladau fel cyntedd mynediad sy'n hawdd ei weld a ffenestri ar lefel y stryd yn galluogi preswylwyr i adnabod dieithriaid a chadw llygad arnyn nhw. Yn yr un modd, mae cynllun cul-de-sac yn galluogi preswylwyr i edrych dros gartrefi ei gilydd. Mewn cyferbyniad, mae blociau o fflatiau uchel yn aml yn cynnwys mynedfeydd cudd sy'n golygu y gall troseddwyr fynd a dod heb i neb eu gweld.

Delwedd ddiogel

Dylai dyluniadau adeiladau roi'r argraff bod y gymdogaeth yn ddiogel a bod y preswylwyr yn edrych ar ôl ei gilydd. Mae delwedd negyddol yn golygu y bydd yr ardal yn cael ei stigmateiddio (yn cael ei labelu'n negyddol) a'i thargedu gan droseddwyr.

Lleoliad wedi'i warchod

Mae cymdogaethau sydd yng nghanol ardal ddi-drosedd ehangach wedi'u gwarchod rhag y byd tu allan gan 'ffos' o ddiogelwch.

Atal Troseddu drwy Ddylunio Amgylcheddol

Cafodd syniadau Newman am ofod amddiffynadwy eu datblygu ymhellach gan y troseddegwr Americanaidd C.R. Jeffery, a wnaeth gyflwyno'r dull o'r enw Atal Troseddu drwy Ddylunio Amgylcheddol neu CPTED (*Crime Prevention through Environmental Design*). Dadleuodd Jeffery bod yr amgylchedd adeiledig naill ai'n gallu creu neu atal cyfleoedd i droseddwyr. Drwy newid yr amgylchedd hwn felly, gallwn ni leihau troseddu.

Yn y DU, gwnaeth Alice Coleman fabwysiadu ymagwedd debyg. Gwnaeth hi ddadansoddi 4,099 o flociau o fflatiau mewn dwy fwrdeistref yn Llundain. Daeth i'r casgliad bod dyluniad gwael nifer o'r blociau yn arwain at gyfraddau troseddu ac ymddygiad gwrthgymdeithasol uwch. Canfu bod tair nodwedd ddylunio yn annog troseddu – y gallu i fod yn anhysbys; diffyg gwyliadwriaeth; a llwybr dianc hawdd. Roedd ei hargymhellion yn cynnwys y canlynol:

- peidio ag adeiladu rhagor o flociau o fflatiau
- dylai pob bloc sydd eisoes yn bodoli gael gardd neu ei ardal breifat ei hun, er mwyn i breswylwyr ofalu amdanyn nhw
- dylai pob llwybr cerdded uwchben (*overhead walkway*) gael ei dynnu ymaith gan eu bod yn amharu ar wyliadwriaeth.

Mae'r syniadau hyn wedi dylanwadu ar gynllunwyr ac wedi arwain at ymdrechion i 'atal troseddu drwy ddylunio'. Er enghraifft:

- Ar stad Lisson Green yng Ngorllewin Llundain, mae cael gwared ar y llwybrau cerdded uwchben wedi arwain at ostyngiad o 50% mewn troseddu.
- Mae rhai heddluoedd bellach yn cyflogi swyddogion cyswllt pensaernïol i gynnwys nodweddion atal troseddu yn y cam dylunio ar gyfer adeiladau newydd.
- Mae'r cynllun nod barcud 'Secured by Design' (SBD) sy'n cael ei ddefnyddio gan y diwydiant adeiladu yn dangos bod adeilad newydd yn bodloni safonau atal troseddu. Yn ôl ymchwil gan y Swyddfa Gartref, mae cyfradd bwrgleriaeth 30% yn is mewn tai SBD.

Lonydd â gât: enghraifft o CPTED

Mae lonydd â gât, neu strydoedd cefn â gât, yn enghraifft o dacteg CPTED i 'atal troseddu drwy ddylunio' mewn lleoliad penodol.

Mae lonydd â gât yn cynnwys gatiau y gellir eu cloi sy'n cael eu gosod i atal troseddwyr rhag cael mynediad at lonydd, fel y rhai y tu ôl i lawer o dai teras hŷn. Maen nhw'n cael eu defnyddio'n bennaf i atal achosion o fwrgleriaeth, ond gallan nhw hefyd atal tipio anghyfreithlon, ymddygiad gwrthgymdeithasol gan bobl ifanc sy'n ymgasglu yno, baw ci ac ati, yn ogystal â chreu ardaloedd chwarae diogel i blant.

A yw lonydd heb gatiau yn wahoddiad i bobl gyflawni troseddau?

Sut maen nhw'n gweithio?

Mewn adolygiad o 43 astudiaeth, gwelodd Sidebottom et al bod gatiau yn lleihau cyfraddau bwrgleriaeth. Maen nhw'n awgrymu bod hyn oherwydd y rhesymau canlynol.

- Maen nhw'n rhwystr ffisegol, sy'n golygu bod angen mwy o ymdrech i gyflawni trosedd.
- Wrth i breswylwyr gymryd cyfrifoldeb dros gau'r gatiau, mae hyn yn cynyddu gwarchodaeth a gwyliadwriaeth.
- Mae gatiau yn cynyddu ymdeimlad y preswylwyr o diriogaethedd.
- Dydy troseddwyr ddim mwyach yn gallu defnyddio'r esgus eu bod yn credu ei bod yn ardal gyhoeddus.
- Gall lonydd agored ddioddef oherwydd y broblem 'ffenestri wedi'u torri', sef damcaniaeth sy'n awgrymu bod ardal anhrefnus a blêr, nad oes neb yn gofalu amdani, yn wahoddiad i bobl droseddu. Mae gatiau yn dangos ei bod yn ardal y mae pobl yn gofalu amdani, lle nad yw troseddu yn cael ei oddef.
- Gallai gatiau leihau gwobrau troseddu. Er enghraifft, bydd yn anodd dwyn eitemau mawr os oes rhaid i'r troseddwr ddringo dros gatiau tal yn cario'r eitemau.
- Gallai'r gost fod yn broblem i breswylwyr mewn rhai ardaloedd, er bod Sidebottom et al wedi canfod mai'r gost ar gyfartaledd oedd £728 fesul gât, a bod y budd cyfartalog dros ddwywaith y gost (£2.19 am bob £1 a gafodd ei gwario).

GWEITHGAREDD / Clip fideo

Atal Troseddu drwy Ddylunio Amgylcheddol   Ewch i Hwb: www.hwb.gov.wales/

Cyfyngiadau

Er gwaethaf y manteision, mae nifer o gyfyngiadau yn gysylltiedig â lonydd â gât fel strategaeth atal troseddu.

- Er y gallan nhw leihau nifer y troseddwyr sy'n dod i mewn o'r tu allan, dydyn nhw ddim yn gweithio yn erbyn troseddwyr sy'n byw yn yr ardal â gatiau.
- Mewn ardaloedd lle nad yw'r cymdogion yn adnabod ei gilydd neu dydyn nhw ddim yn ymddiried yn ei gilydd, mae'n bosibl y bydd preswylwyr yn llai tebygol o ddod ynghyd i osod gatiau, neu mae'n bosibl na fyddan nhw'n cymryd cyfrifoldeb drostyn nhw.
- Gallai problemau godi wrth osod gatiau os yw'r lôn yn hawl tramwy cyhoeddus, neu os oes sawl perchennog a bydd yn rhaid i bob un ohonyn nhw gytuno. Mae angen ymgynghori'n llawn â'r preswylwyr i sicrhau eu bod wedi ymrwymo i'r cynllun.
- Gall lonydd â gât gyfyngu ar fynediad y gwasanaethau brys a chasglwyr sbwriel, a gall hyn fod yn broblem.

CPTED a damcaniaethau

Mae cysylltiadau rhwng CPTED a damcaniaethau a syniadau canlynol realaeth y dde.

- **Atal troseddu sefyllfaol** (*SCP: situational crime prevention*) – fel SCP, mae CPTED yn cynnwys 'caledu targedau' drwy newid yr amgylchedd ffisegol a'i wneud yn fwy anodd cyflawni troseddau. Er enghraifft, bydd rhwystrau sy'n atal cerbydau rhag cael mynediad at gymdogaeth yn ei gwneud yn fwy anodd dianc.
- **Damcaniaeth gweithgaredd arferol Felson** – mae'n pwysleisio pwysigrwydd 'gwarcheidwad cymwys' i amddiffyn targedau trosedd posibl. Yn achos CPTED, mae gwyliadwriaeth ar y cyd gan gymdogion yn gweithredu fel gwarcheidwad.
- **Damcaniaeth dewis rhesymegol** – mae CPTED yn ystyried bod troseddwyr yn gweithredu'n rhesymegol. Er enghraifft, os bydd tresmaswyr yn ofni y byddan nhw'n cael eu herio gan y preswylwyr, byddan nhw'n fwy tebygol o gadw draw o'r ardal.

Beirniadaethau ynghylch CPTED

Er bod CPTED wedi cael rhywfaint o lwyddiant wrth leihau cyfraddau troseddu mewn ardaloedd penodol, mae sawl beirniadaeth ynghylch y dull hwn.

- Mae CPTED yn canolbwyntio ar amddiffyn yr ardal rhag pobl o'r tu allan sy'n dod yno i droseddu, ond mae pobl ar y tu mewn yn troseddu hefyd, e.e. cam-drin domestig.
- Dydy CPTED ddim yn gallu atal troseddau sydd ddim yn cynnwys tresmasu'n gorfforol ar y gymdogaeth, fel seiberdroseddau, twyll, troseddau coler wen a throseddau corfforaethol.
- Efallai bod cul-de-sac yn ofod amddiffynadwy, ond mae'n bosibl nad yw'n cael ei amddiffyn mewn gwirionedd. Er enghraifft, os yw'r preswylwyr allan yn gweithio drwy'r dydd, does dim gwyliadwriaeth. Mae hyn yn pwysleisio sut gall ffactorau cymdeithasol (fel patrymau cyflogaeth) ryngweithio â ffactorau amgylcheddol.
- Mae gan rai stadau tai gyfraddau troseddu uchel oherwydd polisïau dyrannu tai y cyngor yn hytrach na'r ffordd maen nhw'n cael eu dylunio. Mae rhai cynghorau yn gosod teuluoedd trafferthus sydd â hanes o ymddygiad gwrthgymdeithasol ar stadau 'suddo' (*'sink' estates*).
- Gall enw drwg yr ardal, yn hytrach na'i dyluniad, achosi cyfradd troseddu uchel. Os yw'r heddlu yn credu bod troseddu yn broblem fawr ar stad benodol, byddan nhw'n mynd ar batrôl yno'n amlach, gan arwain at fwy o arestiadau a chyfradd uwch o droseddau a gofnodir, gan ddod ag enw hyd yn oed gwaeth i'r ardal.

Dyluniad carchardai: y panoptigon

Mae dyluniad carchardai yn un ffordd arall o ddefnyddio'r amgylchedd adeiledig ar gyfer rheolaeth gymdeithasol.

Fel sydd i'w weld yn Uned 2, Testun 2.3, mae Foucault yn dadlau ein bod ni'n cael ein rheoli fwyfwy gan hunanwyliadwriaeth mewn cymdeithas fodern. Mae'n dangos hyn drwy gyfeirio at ddyluniad carchardai or enw'r panoptigon (sy'n golygu 'gweld popeth').

Yn y panoptigon, gall swyddogion y carchar weld celloedd y carcharorion o un man gwylio canolog, fel tŵr gwylio. Fodd bynnag, er bod y swyddogion yn gallu gweld y carcharorion, dydy'r carcharorion ddim yn gallu gweld y swyddogion felly dydyn nhw ddim yn gwybod a ydyn nhw'n cael eu gwylio ai peidio ar unrhyw adeg benodol.

Felly, gan nad ydyn nhw'n gwybod a oes rhywun yn eu gwylio, mae'n rhaid i'r carcharorion ymddwyn o hyd fel petai nhw'n cael eu gwylio, rhag ofn. Fel hyn, mae gwyliadwriaeth yn troi yn hunanwyliadwriaeth. Does dim angen i'r swyddogion ddisgyblu'r carcharorion; mae'r carcharorion yn disgyblu eu hunain.

Damcaniaeth gwyliadwriaeth

Mae damcaniaeth gwyliadwriaeth Foucault yn dadlau bod hunanwyliadwriaeth wedi dod yn ffordd bwysig o sicrhau rheolaeth gymdeithasol yn ein cymdeithas heddiw. Rydyn ni'n gwybod y gallai pobl fod yn ein gwylio – er enghraifft ar gamerâu teledu cylch cyfyng – felly rydyn ni'n monitro ac yn rheoli ein hymddygiad ein hunain.

Carchar arddull panoptigon o'r 1920au, Stateville Correctional Center, Illinois UDA.

GWEITHGAREDD / Ymchwil

Y panoptigon heddiw   Ewch i Hwb: www.hwb.gov.wales/

Tactegau ymddygiadol

Mae tactegau ymddygiadol yn ffyrdd y gall asiantaethau geisio newid ymddygiad unigolion i wneud iddyn nhw gydymffurfio â normau a deddfau'r gymdeithas. Byddwn ni'n edrych ar ddwy enghraifft o dactegau ymddygiadol:

- ASBOs a Gorchmynion Ymddygiad Troseddol
- rhaglenni atgyfnerthu â thalebau.

ASBOs a Gorchmynion Ymddygiad Troseddol

Cafodd Gorchmynion Ymddygiad Gwrthgymdeithasol (*ASBOs: Anti-social Behaviour Orders*) eu cyflwyno gan lywodraeth Llafur Newydd Tony Blair yn 1998 i ymdrin ag ymddygiad gwrthgymdeithasol lefel isel fel fandaliaeth, graffiti, meddwi'n gyhoeddus a phobl ifanc yn ymgynnull i chwarae cerddoriaeth uchel fin nos.

Gorchmynion sifil oedd ASBOs, nid gorchmynion troseddol, ac roedden nhw'n cael eu defnyddio i atal rhywun rhag cyflawni gweithredoedd a oedd yn bygwth hawl cyfreithiol unigolyn arall. Er enghraifft, gorchymyn i atal ymddygiad swnllyd y tu allan i dŷ rhywun yn hwyr fin nos. Fodd bynnag, roedd torri amodau ASBO yn drosedd, ac yn gallu arwain at gosb o hyd at bum mlynedd yn y carchar.

Damcaniaeth labelu ac ASBOs

Daeth yn amlwg yn raddol nad oedd ASBOs yn gweithio. Er enghraifft, rhwng 2000 a 2013, cafodd ASBOs eu rhoi i ychydig dros 24,000 o bobl, ond gwnaeth 58% o'r rhain dorri amodau'r ASBOs, a chafodd dros 10,000 o orchmynion eu torri dro ar ôl tro.

Mae damcaniaethwyr labelu yn dadlau bod labelu rhywun yn droseddwr neu'n unigolyn gwyrdroëdig yn gallu arwain at broffwydoliaeth hunangyflawnol. Yn y sefyllfa hon, mae'r unigolyn yn mewnoli'r label fel rhan o'i hunaniaeth ac yn dechrau byw yn ôl y label, gan ennill statws a hygrededd gan ei gyfoedion. Mae damcaniaethwyr labelu yn awgrymu bod ASBOs wedi dod yn destun brolio i rai troseddwyr ifanc, gan atgyfnerthu yn hytrach na lleihau eu hymddygiad troseddol ac arwain at ad-droseddu.

Gorchmynion Ymddygiad Troseddol

O ganlyniad i'r beirniadaethau ynghylch ASBOs, gwnaeth Deddf Ymddygiad Gwrthgymdeithasol, Troseddu a Phlismona 2014 gyflwyno dau fesur newydd yn eu lle: gwaharddebion sifil a Gorchmynion Ymddygiad Troseddol.

Gwaharddebion (*injunctions*) – nod y rhain yw ymdrin â niwsans lefel isel. Gall torri gwaharddeb arwain at hyd at ddwy flynedd yn y carchar i oedolion neu dri mis mewn canolfan gadw i bobl ifanc o dan 18 oed.

Gorchmynion Ymddygiad Troseddol (*CBOs: Criminal Behaviour Orders*) – mae'r rhain yn ymdrin ag unigolion gwrthgymdeithasol iawn sy'n aflonyddu ar bobl eraill, yn eu dychryn neu'n achosi gofid iddyn nhw. Bydd CBO yn para dwy flynedd o leiaf i oedolion, a rhwng blwyddyn a dwy flynedd i bobl ifanc o dan 18 oed. Gall torri CBO arwain at hyd at bum mlynedd yn y carchar i oedolion neu ddwy flynedd mewn canolfan gadw i bobl ifanc o dan 18 oed.

Gall CBOs gynnwys gofynion negyddol a chadarnhaol.

Gofynion negyddol – fel yn achos ASBO, mae CBO yn gwahardd unigolyn rhag gwneud rhywbeth, fel mynd i leoedd penodol, gweld pobl benodol neu gymryd rhan mewn gweithgareddau penodol.

Gofynion cadarnhaol – yn wahanol i ASBO, gall CBO olygu bod rhaid i unigolyn wneud rhywbeth cadarnhaol i wella ei ymddygiad. Er enghraifft, os yw rhywun wedi cyflawni trosedd yn gysylltiedig â chyffuriau, gall y CBO ei gwneud yn ofynnol iddo ymuno â rhaglen triniaeth cyffuriau i fynd i'r afael â'i gaethiwed.

Rhaglenni atgyfnerthu â thalebau

Addasu ymddygiad – fel sydd i'w weld yn *Troseddeg Llyfr Un,* Uned 2, Testun 4.1, rhaglen atgyfnerthu â thalebau yw rhaglen addasu ymddygiad sy'n cael ei defnyddio gan rai carchardai, sefydliadau troseddwyr ifanc ac ysbytai seiciatrig. Ei nod yw sicrhau rheolaeth gymdeithasol drwy ail-lunio patrymau ymddygiad carcharorion fel eu bod nhw'n cydymffurfio â'r hyn mae'r sefydliad yn ei ddymuno.

Damcaniaeth dysgu gweithredol

Mae rhaglenni atgyfnerthu â thalebau yn seiliedig ar ddamcaniaeth dysgu gweithredol B.F. Skinner (sydd hefyd yn cael ei galw'n ymddygiadaeth) y gwnaethon ni ei harchwilio yn Uned 2. Syniad sylfaenol y ddamcaniaeth yw y bydd ymddygiad penodol yn debygol o gael ei ailadrodd os bydd yr ymddygiad hwnnw wedi arwain at wobr o ryw fath. Mae'r wobr yn atgyfnerthu'r ymddygiad.

Rheolaeth gymdeithasol

Mae rhaglen atgyfnerthu â thalebau yn ceisio sicrhau rheolaeth gymdeithasol yn y ffordd ganlynol. Bydd y sefydliad yn llunio rhestr o ymddygiadau dymunol, fel:

- ufuddhau i'r rheolau
- rhyngweithio'n gadarnhaol gyda staff a charcharorion eraill
- peidio â defnyddio cyffuriau
- cymryd rhan mewn 'gweithgaredd â phwrpas' (e.e. ymgymryd â hyfforddiant galwedigaethol neu raglen rheoli dicter).

Pan fydd y carcharor yn ymddwyn yn y ffordd ddymunol, bydd yn ennill taleb. Er enghraifft, bob tro bydd prawf cyffuriau yn dangos nad yw wedi defnyddio cyffuriau, bydd yn derbyn un daleb. Yna gall y carcharor gyfnewid y talebau am wobrau, e.e. galwadau ffôn ychwanegol, tybaco, melysion, yr hawl i gael teledu yn ei gell neu i wario rhagor o'r arian mae wedi ei ennill. Yng ngharchardai'r DU, gall y gwobrau fod ar ffurf cymhellion a breintiau a enillwyd, sydd eisoes wedi cael sylw yn y testun blaenorol.

Drwy'r broses hon o atgyfnerthu dewisol, daw'r ymddygiad y mae'r sefydliad yn dymuno ei weld yn fwy tebygol ac mae ymddygiad annymunol yn llai tebygol o gael ei weld.

Pa mor effeithiol yw rhaglenni atgyfnerthu â thalebau?

Mae rhai astudiaethau'n dangos bod rhaglenni atgyfnerthu â thalebau yn gweithio pan fydd y troseddwyr yn y sefydliad ei hun. Gwnaeth astudiaeth Hobbs a Holt ar 125 o fechgyn 12–15 oed mewn sefydliad cywiro yn Alabama UDA ddangos bod y newid ymddygiad wedi para drwy gydol yr astudiaeth 14 mis o hyd.

Fodd bynnag, mae astudiaethau eraill wedi dangos bod yr ymddygiad dymunol yn diflannu pan fydd y troseddwr yn gadael y carchar a'r atgyfnerthu drwy wobrwyon yn dod i ben. Ond, nid yw'r troseddwyr yn aildroseddu mor fuan â'r rhai nad ydyn nhw wedi dilyn y rhaglen.

Mae rhaglenni atgyfnerthu â thalebau yn ei gwneud yn haws rheoli carcharorion pan maen nhw yn y carchar, ond mae perygl bod eu hymddygiad yn cael ei addasu i fodloni'r sefydliad (e.e. i wneud pethau'n haws i'r staff), yn hytrach na bodloni anghenion adsefydlu'r carcharorion pan fyddan nhw'n cael eu rhyddhau.

Mae'n bosibl bod y rhaglenni'n gweithio oherwydd bod carcharorion yn cael mwy o sylw o ganlyniad, neu hyd yn oed gan fod y rheolau yn cael eu hesbonio'n fwy clir iddyn nhw – ac nid oherwydd y talebau.

Tactegau sefydliadol

Gall sefydliadau ddefnyddio amrywiaeth o ddulliau i leihau ymddygiad gwyrdroëdig a sicrhau rheolaeth gymdeithasol. Fel rydyn ni wedi ei weld, gallai sefydliadau fel carchardai a sefydliadau troseddwyr ifanc ddefnyddio rhaglenni atgyfnerthu â thalebau fel ffordd o annog ymddygiad dymunol ymhlith carcharorion.

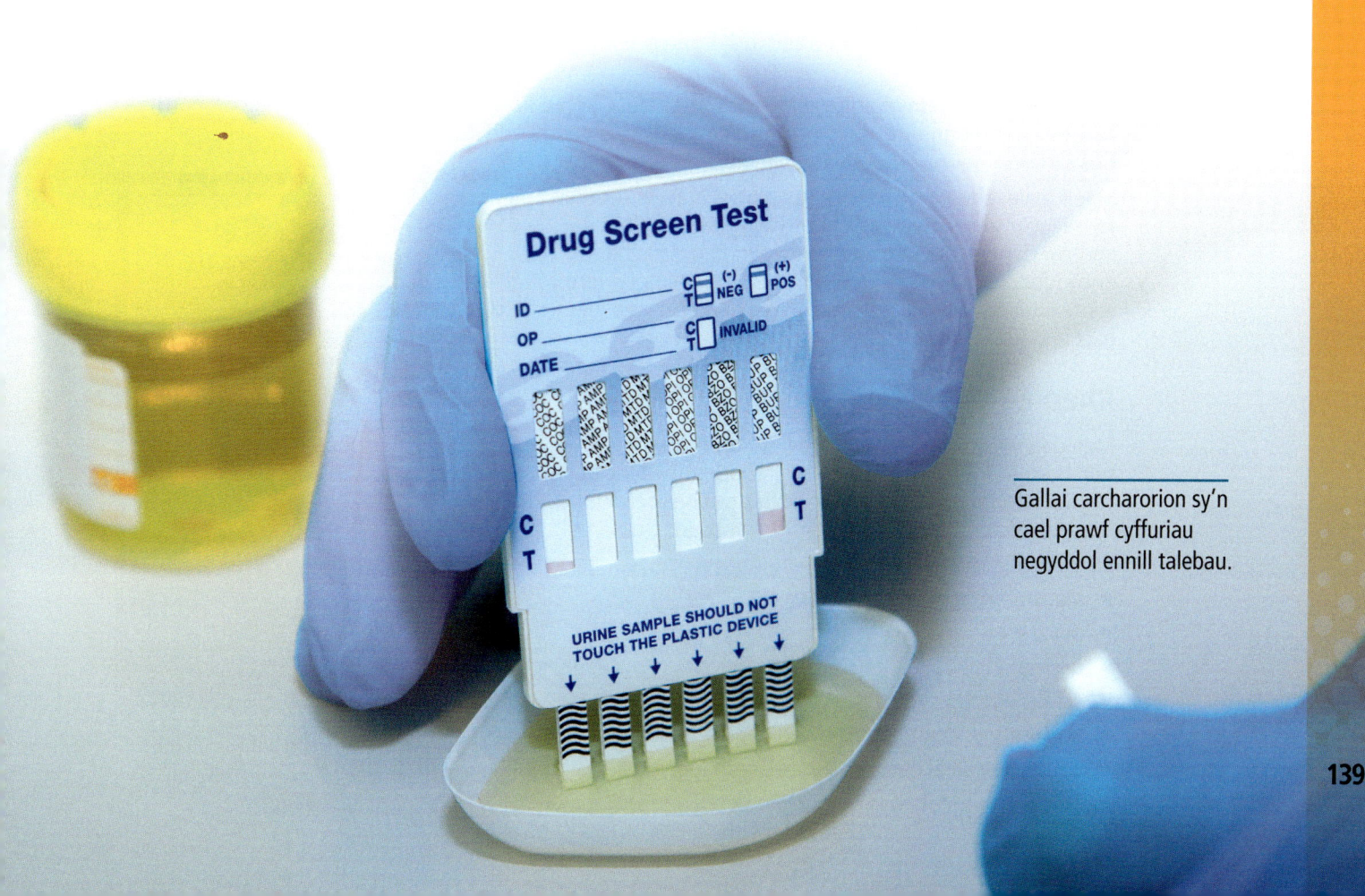

Gallai carcharorion sy'n cael prawf cyffuriau negyddol ennill talebau.

Mae sefydliadau o bob math a maint ar gael, o deuluoedd i ysgolion, o weithleoedd i sefydliadau crefyddol, o fyddinoedd i garchardai. Fodd bynnag, mae gan bob sefydliad reolau o ran sut mae'n rhaid i'w aelodau ymddwyn, ynghyd â chosbau am dorri'r rheolau hyn a gwobrau am gydymffurfio.

Sancsiynau

Fel sydd i'w weld yn Uned 2, Testun 1.1, mae gwobrau hefyd yn cael eu galw'n sancsiynau cadarnhaol ac mae cosbau yn cael eu galw'n sancsiynau negyddol. Mae'r tabl isod yn cynnwys enghreifftiau o reolau a sancsiynau mewn sefydliadau gwahanol.

Sefydliadau	Rheolau	Sancsiynau
Y teulu	Ddylai plant ddim aros allan yn hwyr heb ganiatâd.	Atal arian poced.
Yr ysgol	Mae'n rhaid i fyfyrwyr adolygu ar gyfer profion.	Seren aur am gael marciau llawn.
Y gweithle	Mae'n rhaid i weithwyr fod yn brydlon.	Llai o gyflog am fod yn hwyr.
Y fyddin	Mae'n rhaid i filwyr ufuddhau i orchmynion swyddogion.	Llys milwrol am beidio ag ufuddhau.

Cwestiynau

1. Pa rai o'r sancsiynau yn y tabl sy'n negyddol a pha rai sy'n gadarnhaol?
2. Ar gyfer pob sefydliad, meddyliwch am reol arall a sancsiwn cadarnhaol neu negyddol sy'n cefnogi'r rheol honno.

Sefydliadau cyfiawnder troseddol

Mae gan sefydliadau'r system cyfiawnder troseddol bob math o dactegau i orfodi pobl i ufuddhau i'w rheolau a sicrhau rheolaeth gymdeithasol.

Gall y **llysoedd** ddedfrydu troseddwyr i wahanol gosbau am eu troseddau. Fel sydd i'w weld yn Nhestun 2.2, gall hyn gael ei ddefnyddio i sicrhau hunanataliaeth ac ataliaeth gyffredinol – gall y gosb atal y troseddwr sydd wedi'i ddyfarnu'n euog rhag aildroseddu, a bod yn wers i'r cyhoedd yn gyffredinol hefyd.

Gall y llysoedd ddefnyddio Gorchymyn Cymunedol hefyd sy'n ei gwneud yn ofynnol i droseddwyr adsefydlu, er enghraifft drwy gael triniaeth ar gyfer caethiwed i gyffuriau. Y nod yw galluogi troseddwyr i newid eu patrymau ymddygiad problemus.

Mae'r **gwasanaeth prawf** yn goruchwylio ac yn monitro ymddygiad troseddwyr, naill ai os ydyn nhw'n bwrw dedfryd gymunedol neu wedi'u rhyddhau o'r carchar ar drwydded. Os na fydd y troseddwr yn bodloni gofynion ei drwydded, gall gael ei anfon yn ôl i'r carchar neu i lys i gael ei ddedfrydu eto.

Rheolau'r carchar

Mae gan y gwasanaeth carchardai set o Reolau'r Carchar sy'n berthnasol i bob carchar. Gall llywodraethwr y carchar ychwanegu rheolau lleol eraill ar gyfer carchar penodol. Mae Rheolau'r Carchar yn ymdrin â'r troseddau canlynol:

- tramgwyddo, bygwth neu anafu rhywun
- atal staff rhag gwneud eu gwaith
- dianc o'r carchar
- defnyddio cyffuriau neu alcohol
- achosi difrod i'r carchar
- bod ym meddiant eitemau wedi'u gwahardd, e.e. cyllell
- bod mewn ardal o'r carchar na ddylech fod ynddi
- peidio ag ufuddhau i orchmynion y staff.

Rhybudd i ymwelwyr, carchar Hydebank Wood, Belfast. Y PSNI yw Gwasanaeth Heddlu Gogledd Iwerddon.

Gall torri'r rheolau arwain at amrywiaeth o gosbau. Mae'r rhain yn cynnwys rhybudd, colli breintiau a enillwyd, cellgyfyngiad (sydd weithiau'n gallu golygu cellgyfyngiad unigol), ac atal rhag gweithio neu dderbyn arian a enillwyd drwy weithio. Mae terfynau amser i'r cosbau hyn, e.e. dim ond am 35 diwrnod y gall cellgyfyngiad bara.

Gall troseddau mwy difrifol arwain at ychwanegu hyd at 42 diwrnod at eich dedfryd. Gall ceisio dianc o'r carchar hefyd arwain at symud y carcharor i garchar lefel diogelwch uwch gyda mwy o gyfyngiadau.

Disgyblaeth raddol

Mae disgyblaeth raddol neu fesul cam yn ffordd gyffredin o geisio sicrhau rheolaeth gymdeithasol. Mae trosedd gyntaf, boed honno yn y carchar neu yn y gymdeithas ehangach, yn aml yn cael ei thrin yn fwy trugarog – er enghraifft, drwy golli breintiau am rai dyddiau (ar gyfer carcharorion), rhybudd, rhybudd yr heddlu neu ryddhad amodol. Mae ad-droseddu, yn enwedig os yw'n fwy difrifol, yn debygol o arwain at sancsiynau mwy cadarn fel bod yng ngofal y gwasanaeth prawf neu gael eich anfon i'r carchar, mewn ymgais i atal camymddwyn yn y dyfodol.

Bylchau yn narpariaeth y wladwriaeth

Gall asiantaethau rheolaeth gymdeithasol y wladwriaeth fel yr heddlu, Gwasanaeth Erlyn y Goron, y llysoedd, carchardai a'r gwasanaeth prawf sicrhau rhywfaint o reolaeth dros ymddygiad troseddol a gwrthgymdeithasol, ond ni all hyn byth fod yn gyflawn. Mae nifer o resymau dros hyn.

Adnoddau

Mae'r cyllid ar gyfer asiantaethau rheolaeth gymdeithasol y wladwriaeth yn dod yn bennaf o'r trethi sy'n cael eu talu gan y cyhoedd. Mae terfyn ar faint y bydd trethdalwyr yn fodlon talu am yr asiantaethau hyn, ac mae llywodraethau yn wynebu galwadau cystadleuol am adnoddau gan sectorau eraill fel y Gwasanaeth Iechyd Gwladol, addysg, pensiynau, budd-daliadau lles, gwasanaethau'r awdurdodau lleol ac amddiffyn.

Toriadau cyllid

Ers argyfwng ariannol 2008, mae toriadau gwariant y llywodraeth ac ad-drefnu yn y llywodraeth wedi cael effaith ar asiantaethau'r wladwriaeth hefyd, gan leihau eu heffeithiolrwydd o ran cynnal rheolaeth gymdeithasol. Er enghraifft, rhwng 2010 a 2018:

- cafodd **cyllideb yr heddlu** ei thorri 19%, a arweiniodd at leihad o 20,000 yn nifer y swyddogion heddlu
- cafodd **cyllideb y CPS** ei thorri 25% a chollodd y sefydliad draean o'i staff
- gwnaeth **cyllideb y carchardai** ostwng 16%, a gwnaeth y lefelau staffio ostwng 15%.

Byddwn yn edrych ar effaith toriadau cyllid ar asiantaethau rheolaeth gymdeithasol yn Nhestun 3.3.

Technoleg newydd

Rheswm arall pam mae gan asiantaethau'r wladwriaeth lai o allu i sicrhau rheolaeth gymdeithasol nawr yw'r baich ychwanegol sy'n cael ei roi ar ymchwiliadau troseddol gan dechnoleg ddigidol. Yn 2018 dywedodd pennaeth y CPS ar y pryd, Alison Saunders, bod y system cyfiawnder troseddol yn 'gwegian' ac nad oedd yn gallu ymdopi â'r symiau enfawr o ddata a oedd yn cael eu cynhyrchu gan dechnoleg. Dywedodd:

> "Mewn un achos treisio diweddar lle gwnaeth y ddau unigolyn gyfarfod ar Tinder – cymerodd 600 o oriau gwaith yr heddlu i fynd drwy'r deunydd digidol. Gallai barnwr ddweud 'Rydw i eisiau i chi lawrlwytho cynnwys yr iPad yna i mi' a byddai angen i 15 swyddog weithio drwy'r penwythnos i wneud hynny."

Mae Max Hill, olynydd Saunders fel y Cyfarwyddwr Erlyniadau Cyhoeddus, wedi dweud bod problemau wrth archwilio ffonau symudol am dystiolaeth wedi arwain at fethiannau i ddatgelu tystiolaeth a lleihad yn nifer y cyhuddiadau treisio a throseddau rhyw.

Mae'r gost o ddefnyddio technoleg newydd fel proffilio DNA hefyd yn gosod cyfyngiad ar allu'r heddlu i ymchwilio i droseddau.

GWEITHGAREDD / Ymchwil

Technoleg newydd Ewch i Hwb: www.hwb.gov.wales/

Troseddau heb eu reportio

Dim ond os bydd pobl wedi reportio'r drosedd y gall asiantaethau cyfiawnder troseddol ymchwilio iddi, ac erlyn ac euogfarnu'r troseddwyr. Fodd bynnag, fel sydd i'w weld yn Uned 1, dim ond tua 40% o droseddau sy'n cael eu reportio i'r heddlu, ac mae'r gyfradd reportio yn amrywio yn ôl y math o drosedd. Er enghraifft:

- dim ond tua un o bob pedwar achos o dreisio ac ymgais i dreisio sy'n cael ei reportio
- amcangyfrifwyd bod 2.3 miliwn o achosion o gam-drin domestig wedi digwydd yn 2019–20, ond ni chafodd pob un o'r rhain eu reportio i'r heddlu, a dim ond 759,000 o droseddau gafodd eu cofnodi
- yn aml dydy troseddau coler wen a throseddau corfforaethol ddim yn cael eu reportio, o bosibl gan nad yw pobl yn gwybod eu bod wedi dioddef y troseddau hyn, er enghraifft twyll, codi gormod o arian ar bobl neu lygredd amgylcheddol.

> **Cwestiynau**
> 1. Awgrymwch resymau i esbonio pam nad yw pobl yn debygol o reportio camdriniaeth ddomestig a threisio i'r heddlu.
> 2. Pa fathau o drosedd sy'n debygol o gael eu reportio i'r heddlu a pham?

Deddfau presennol

Er mwyn i asiantaethau cyfiawnder troseddol sicrhau rheolaeth gymdeithasol mae'n rhaid bod deddfau priodol ar waith yn y lle cyntaf. Weithiau, bydd math newydd o niwed yn dod i'r amlwg ond does dim deddf bresennol yn ei wahardd, felly fydd asiantaethau'r wladwriaeth ddim yn gallu sicrhau erlyniadau i reoli'r ymddygiad niweidiol.

Y cyfryngau cymdeithasol a'r gyfraith

Mae llawer o ddadlau wedi bod ynglŷn â chyfrifoldeb llwyfannau'r cyfryngau cymdeithasol fel Facebook, Twitter a YouTube am y deunydd sarhaus a niweidiol sy'n ymddangos arnyn nhw. Er enghraifft, roedd y terfysgwr adain dde a wnaeth ladd 51 o Fwslimiaid mewn mosgiau yn Christchurch, Seland Newydd yn 2019 wedi gallu ffrydio ei droseddau yn fyw ar y cyfryngau cymdeithasol.

Petai deunydd o'r fath sy'n hybu casineb a therfysgaeth wedi cael ei gyhoeddi mewn ffordd draddodiadol, er enghraifft, mewn ffilm, llyfr neu erthygl papur newydd, gallai'r cyhoeddwr fod yn atebol yn droseddol. Fodd bynnag, mae cwmnïau'r cyfryngau cymdeithasol yn honni nad ydyn nhw'n gyhoeddwyr, ac yn y DU nid yw'n bosibl eu herlyn ar hyn o bryd am y deunydd sydd ar eu safleoedd.

Mewn cyferbyniad, gwnaeth yr Almaen gyhoeddi deddf yn 2017 a oedd yn ei gwneud yn ofynnol i gwmnïau'r cyfryngau cymdeithasol ddileu areithiau yn annog casineb, newyddion ffug a deunydd anghyfreithlon yn gyflym, neu wynebu dirwyon o hyd at 50m ewro. Ym mis Ebrill 2019, yn dilyn cyflafan Christchurch, gwnaeth Awstralia basio deddf yn ei gwneud yn ofynnol i gwmnïau roi gwybod i'r heddlu am unrhyw fideos yn dangos gweithredoedd terfysgol, llofruddio, ymgais i lofruddio, arteithio, treisio neu herwgipio, neu eu dileu o'u safleoedd yn gyflym. Gall penaethiaid cwmnïau sy'n peidio â chydymffurfio wynebu hyd at dair blynedd yn y carchar.

PROFI EICH HUN

Cwestiwn Enghreifftiol

Disgrifiwch gyfraniad mesurau amgylcheddol fel teledu cylch cyfyng (CCTV) at sicrhau rheolaeth gymdeithasol.

(6 marc)

Ffynhonnell: Arholiad CBAC Troseddeg Uned 4 2020

Cyngor

Sylwch fod y cwestiwn hwn yn ymwneud â mesurau amgylcheddol *lluosog*, nid teledu cylch cyfyng yn unig, felly mae angen i chi edrych ar nifer o'r mesurau hyn. Mae'r rhain yn cynnwys enghreifftiau o Atal Troseddu drwy Ddylunio Amgylcheddol (CPTED) fel lonydd â gât, a dyluniad carchardai panoptigon.

Cofiwch ddefnyddio termau allweddol fel syniad Newman am ofod amddiffynadwy (gan gynnwys tiriogaethedd, gwyliadwriaeth, delwedd ddiogel, a lleoliad wedi'i warchod), 'atal troseddu drwy ddylunio', dadleoli a hunanwyliadwriaeth.

Disgrifiwch effaith mesurau fel lonydd â gât, cael gwared ar lwybrau cerdded uwchben rhwng tyrrau o fflatiau a chreu gerddi preifat ar gyfer preswylwyr blociau o fflatiau, ar atal troseddu a chynyddu rheolaeth gymdeithasol.

Gallwch gysylltu mesurau amgylcheddol â damcaniaethau perthnasol fel realaeth y dde neu'r ddamcaniaeth goruchwyliaeth. Er enghraifft, mae lonydd â gât a theledu cylch cyfyng yn enghreifftiau o galedu targedau, sy'n cael eu ffafrio gan realyddion y dde gan eu bod yn ôl pob tebyg yn cynyddu'r gost neu'r risg o gyflawni trosedd ac felly yn lleihau'r wobr.

Dylech chi hefyd gyfeirio at rai o'r cyfyngiadau a'r beirniadaethau sydd ynghlwm wrth fesurau amgylcheddol i sicrhau rheolaeth gymdeithasol. Er enghraifft, gall lonydd â gât atal tresmaswyr ond dydyn nhw ddim yn gallu atal troseddwyr sy'n byw yn yr ardal rhag troseddu (e.e. trais domestig).

Hefyd, gan fod y mesurau hyn yn aml yn cynnwys caledu targedau, mae'n bosibl mai'r cyfan y maen nhw'n ei wneud yw dadleoli troseddu i ardaloedd neu at ddioddefwyr eraill. Mae'n bosibl bod angen cydweithrediad y gymuned hefyd mewn ardaloedd lle nad yw cymdogion yn adnabod ei gilydd nac yn ymddiried yn ei gilydd.

TESTUN 3.3

Archwilio'r cyfyngiadau sydd ar asiantaethau o ran sicrhau rheolaeth gymdeithasol

Man cychwyn

Gan weithio mewn grŵp bach, a gan ddefnyddio'r hyn rydych chi'n ei wybod yn barod am garchardai, cwblhewch y canlynol.

1. Beth yw nodau allweddol carchar fel math o gosb?
2. Awgrymwch gynifer o resymau â phosibl pam nad yw'r carchar, o bosibl, yn effeithiol wrth gyflawni ei nodau.
3. Rhannwch eich rhesymau â gweddill y dosbarth.

Cyfyngiadau rheolaeth

Er bod asiantaethau rheolaeth gymdeithasol fel carchardai a'r heddlu yn ceisio sicrhau rheolaeth gymdeithasol, dydyn nhw ddim bob amser yn llwyddo. Er enghraifft, efallai nad oes gan garchardai'r adnoddau na'r gefnogaeth sydd ei hangen i adsefydlu troseddwyr, a does gan yr heddlu ddim pwerau diderfyn i gadw pobl y maen nhw'n eu hamau o fod yn droseddwyr.

Mae'r testun hwn yn ymdrin â'r cyfyngiadau a all atal asiantaethau rhag sicrhau rheolaeth gymdeithasol ac atal neu leihau troseddu.

Ad-droseddu

Cyfraddau atgwympo

Dydy mesurau rheolaeth gymdeithasol ddim bob amser yn effeithiol, ac mae hyn i'w weld yn y cyfraddau atgwympo (ad-droseddu). Er enghraifft, yn 2019, os edrychwn ni ar yr holl droseddwyr a gafodd rybudd, dirwy, dedfryd gymunedol neu ddedfryd ohiriedig yn ystod y 12 mis blaenorol, ynghyd â'r holl garcharorion a gafodd eu rhyddhau o'r carchar yn ystod y cyfnod hwnnw, gwnaeth y bobl hyn gyflawni cyfanswm o dros hanner miliwn o droseddau newydd. Dyma gyfradd atgwympo gyffredinol o tua 28%.

Ar gyfartaledd, mae'r rhai sy'n aildroseddu yn cyflawni pedair trosedd ychwanegol yr un. Mae nifer cyfartalog yr aildroseddau fesul troseddwr wedi bod yn cynyddu'n raddol ers 2009.

Os edrychwn ni ar droseddwyr sydd wedi cael eu rhyddhau o'r carchar yn unig, mae'r gyfradd aildroseddu yn codi i 36% ar gyfer pob carcharor a 64% ar gyfer carcharorion a oedd wedi cael dedfryd fer o lai na 12 mis.

Mae tua 37% o droseddwyr ifanc (10–17 oed) yn aildroseddu cyn pen blwyddyn. Yn achos pobl ifanc sy'n cael eu rhyddhau o'r ddalfa, mae 63% yn cael eu heuogfarnu eto cyn pen blwyddyn.

Poblogaeth y carchardai ar gynnydd

Mae poblogaeth y carchardai heddiw bron i ddwywaith yr hyn oedd yn 1993. Mae ad-droseddu yn un rheswm dros y cynnydd hwn. Er enghraifft, bydd y rhai sy'n cael eu rhyddhau o'r carchar ar drwydded yn cael eu galw'n ôl i fwrw gweddill eu dedfryd yn y carchar os byddan nhw'n cyflawni trosedd arall yn ystod cyfnod y drwydded.

Dedfrydau hirach – nid ad-droseddu yw prif achos y cynnydd ym mhoblogaeth y carchardai. Mae'r ffaith bod y llysoedd yn rhoi dedfrydau hirach erbyn hyn yn ffactor pwysicach. Er enghraifft:

- yn 2018, roedd y dedfrydau ar gyfer troseddau difrifol (ditiadwy) dros 26 mis yn hirach ar gyfartaledd nag yr oedden nhw 10 mlynedd yn gynharach
- cynyddodd y ddedfryd leiaf gyfartalog ar gyfer llofruddiaeth o 12.5 mlynedd yn 2003 i 21.3 o flynyddoedd yn 2016.

Pwy sy'n aildroseddu?

- Y mwyaf o euogfarnau blaenorol sydd gan rywun yn barod, y mwyaf tebygol yw hi y bydd yn aildroseddu. Er enghraifft, yn 2018 gwnaeth bron i hanner (47.5%) y troseddwyr oedd â mwy na 10 euogfarn yn barod, droseddu unwaith yn rhagor.
- Mae troseddwyr sydd wedi bwrw dedfryd yn y carchar yn fwy tebygol o aildroseddu na'r rhai a gafodd rybudd, dirwy neu ddedfryd gymunedol.
- Mae gwrywod yn fwy tebygol o aildroseddu na menywod.
- Mae troseddwyr sy'n gaeth i gyffuriau neu alcohol, sy'n ddigartref, heb lawer o gymwysterau ac yn ddiwaith yn fwy tebygol o aildroseddu.

Ffigur tywyll aildroseddu – mae'n bwysig cofio bod y ffigurau uchod yn cyfeirio at achosion o aildroseddu sydd wedi eu *profi* yn unig. Mewn geiriau eraill, lle mae'r troseddwr wedi cael ei roi ar dreial ac wedi'i ddyfarnu'n euog. Mae'n debygol bod ffigur tywyll o droseddau pellach, ond dydy'r troseddwyr ddim wedi cael eu dal a'u cosbi am y rhain.

Damcaniaeth

Mae **realyddion y dde** yn dadlau bod 'y carchar yn gweithio'. Mae troseddwyr yn weithredwyr rhesymegol, felly mae'r ofn o gael eu carcharu yn gweithredu fel ataliad rhag troseddu. Fodd bynnag, mae'r gyfradd aildroseddu uchel yn dangos nad yw hyn yn wir – ond nid yw realyddion y dde yn gallu esbonio hynny.

Mae **Marcswyr** yn dadlau nad yw'n syndod bod troseddwyr di-waith yn fwy tebygol o aildroseddu, oherwydd mae llai o gyfle i'w hanghenion gael eu bodloni os oes rhaid iddyn nhw ddibynnu'n llwyr ar fudd-daliadau.

Rhyddid sifil a rhwystrau cyfreithiol

Cyfyngu ar hawliau dynol

Mewn rhai gwladwriaethau awdurdodaidd (sydd weithiau'n cael eu galw'n 'wladwriaethau heddlu'), mae llai o gyfyngiadau ar bwerau asiantaethau rheolaeth gymdeithasol, fel yr heddlu, i orfodi dinasyddion i ymddwyn fel mae'r wladwriaeth yn dymuno iddyn nhw ei wneud. Mewn gwladwriaethau o'r fath, gall pobl sy'n beirniadu'r llywodraeth ganfod nad oes ganddyn nhw'r hawl i fynegi eu barn a'u bod mewn perygl o gael eu carcharu am gyfnod amhenodol – neu waeth.

Er enghraifft, yn 2018 cyfeiriodd yr adroddiad blynyddol ar hawliau dynol gan US Department of State, at yr achosion canlynol o gam-drin hawliau yn Nhwrci:

> "lladd mympwyol a marwolaethau amheus yn y ddalfa; diflaniadau gorfodol; arteithio; arestio mympwyol a chadw degau ar filoedd o bobl, gan gynnwys ASau yr wrthblaid, cyfreithwyr a newyddiadurwyr, am fynegi eu barn yn heddychlon ac yn gyfreithlon; carcharorion gwleidyddol; cau asiantaethau'r cyfryngau a'u herlyn am feirniadu polisïau'r llywodraeth; blocio gwefannau; cyfyngu ar ryddid i ymgynnull a chymdeithasu; a chyfyngiadau ar ryddid i symud."

Beth yw rhyddid sifil?

Hawliau a rhyddid sylfaenol sy'n cael eu gwarantu i bob unigolyn yn ôl y gyfraith yw rhyddid sifil. Mae'r rhain yn cynnwys y canlynol:

- **rhyddid i lefaru** – yr hawl i ddweud beth rydych chi'n ei ddymuno, gan gynnwys rhyddid y wasg a'r cyfryngau

- **rhyddid i ymgynnull a rhyddid i gymdeithasu ag eraill** – gan gynnwys yr hawl i ymgynnull i brotestio'n heddychlon
- **rhyddid i symud** – yr hawl i fynd lle rydych chi'n ei ddymuno, o fewn y gyfraith
- **rhyddid rhag arestio mympwyol**
- **rhyddiad rhag cadw heb dreial**
- **rhyddid crefydd a chydwybod**
- **yr hawl i breifatrwydd** – yn enwedig gan y wladwriaeth.

Protest Diwrnod Rhyngwladol Rhyddid y Wasg yn erbyn llywodraeth Twrci, a oedd yn cadw newyddiadurwyr yn anghyfreithlon.

GWEITHGAREDD Ymchwil

Rhyddid sifil

Ewch i Hwb: www.hwb.gov.wales/

Trefn briodol

Mae llawer o'r enghreifftiau hyn o ryddid sifil yn agweddau ar y model cyfiawnder trefn briodol sy'n cael ei drafod yn Nhestun 1.3. Er enghraifft, mae rhyddid rhag arestio mympwyol (lle gall yr heddlu arestio unrhyw un maen nhw'n ei ddymuno) a rhyddid rhag cadw heb dreial (lle gall rhywun gael ei gadw yn y ddalfa am gyfnod amhenodol heb ddod gerbron llys) yn bwysig wrth amddiffyn yr unigolyn rhag y wladwriaeth a allai gam-drin ei phwerau.

Yn amlwg, mae'r prosesau cyfreithiol sy'n gysylltiedig â threfn briodol yn rhwystro'r wladwriaeth rhag arfer rheolaeth dros ei dinasyddion heb reswm da.

> ### Cwestiwn
> Pa nodweddion eraill o'r model trefn briodol y gallwch chi eu cofio? Sut maen nhw'n cyfyngu ar bwerau asiantaethau'r wladwriaeth i sicrhau rheolaeth gymdeithasol dros unigolion?

Mynediad at adnoddau a chymorth

Mae angen adnoddau a chefnogaeth ar droseddwyr i'w helpu i adsefydlu a'u hatal rhag aildroseddu. Dyma fater hynod o ddifrifol mewn perthynas â charcharorion, oherwydd yn gyffredinol y rhain yw'r bobl sydd wedi cyflawni'r troseddau mwyaf difrifol a/neu sy'n ad-droseddu.

Adnoddau a chefnogaeth y tu mewn i'r carchar

Un o nodau carcharu yw adsefydlu, ond mewn llawer o achosion nid yw carchardai yn llwyddo i adsefydlu troseddwyr, a hynny am sawl rheswm:

Dedfrydau byr – dydy'r rhain ddim yn rhoi digon o amser i wneud y gwaith dwys sydd ei angen i ymdrin â phroblemau sydd wedi'u gwreiddio'n ddwfn, fel caethiwed i gyffuriau, anllythrennedd a rheoli dicter. Mae'r broblem yn cael ei gwaethygu gan y nifer cyfyngedig o leoedd ar gyrsiau priodol.

Adnoddau annigonol ar gyfer addysg a hyfforddiant – yn ôl adroddiad prif arolygydd y carchardai ar gyfer 2020, doedd dim digon o raglenni o weithgareddau defnyddiol yn hanner y carchardai a gafodd eu harolygu, ac roedd llai na dau o bob pump yn darparu gweithgareddau 'da' neu 'rhesymol o dda' (gostyngiad o dros ddau o bob tri yn 2010).

Toriad o 15% yn nifer y swyddogion carchar – mae hyn yn golygu bod llai o swyddogion i oruchwylio carcharorion sy'n gwneud gweithgareddau a fyddai'n eu helpu i adsefydlu. Mae prinder staff yn golygu bod carcharorion yn aml yn cael eu cloi yn eu celloedd erbyn 6 pm, gan olygu nad ydyn nhw'n cael mynediad at gyfleusterau hamdden ac addysgiadol fel defnydd o lyfrgell y carchar.

Rhyddhau ar drwydded dros dro (*ROTL: release on temporary licence*) – bwriad hyn yw caniatáu i garcharorion y gellir ymddiried ynddyn nhw adael y carchar at ddibenion hyfforddiant, cyflogaeth a mynychu cyfweliadau swydd. Eto i gyd, nifer bach iawn sy'n gallu manteisio ar y cynllun hwn oherwydd prinder staff i'w goruchwylio.

GWEITHGAREDD / **Clip fideo**

Terfysgoedd yn y carchar

Ewch i Hwb: www.hwb.gov.wales/

Adnoddau a chefnogaeth yn y gymuned

Ar ôl iddyn nhw gael eu rhyddhau ar drwydded, mae carcharorion yn bwrw gweddill eu dedfryd yn y gymuned o dan oruchwyliaeth y gwasanaeth prawf. Fodd bynnag, mae'n bosibl y bydd carcharorion sydd newydd gael eu rhyddhau o'r carchar yn wynebu amgylchiadau anodd, gan gynnwys y canlynol:

- **Diffyg arian** – dim ond ychydig bach iawn o arian mae carcharorion yn ei ennill am weithio yn y carchar, ac maen nhw'n derbyn grant rhyddhau o £46 yn unig pan maen nhw'n cael eu rhyddhau.
- **Diffyg swydd** – dim ond un carcharor o bob pedwar sydd â swydd i fynd iddi ar ôl cael ei ryddhau.
- **Digartrefedd** – yn ôl Nacro, does gan un carcharor o bob naw ddim llety sefydlog i fynd iddo ar ôl cael ei ryddhau. Mae carcharorion yn colli eu hawl i gael budd-dal tai os oes disgwyl iddyn nhw dreulio mwy nag 13 wythnos yn y carchar. Mae hyn yn golygu y byddan nhw fel arfer yn colli unrhyw denantiaeth yr oedd ganddyn nhw.

Ymgyrch 'Rhoi'r gorau i ryddhau carcharorion ar ddydd Gwener'

Mae dros draean o garcharorion yn cael eu rhyddhau ar ddydd Gwener, ac mae elusennau a charfanau pwyso fel Nacro a Chynghrair Howard wedi cefnogi ymgyrch i roi'r gorau i'r drefn hon. Gall cael eich rhyddhau ar ddydd Gwener olygu ras yn erbyn y cloc i gael mynediad at wasanaethau fel llety, meddyginiaeth cyffuriau a budd-daliadau cyn iddyn nhw gau am y penwythnos.

Gall hyn olygu bod pobl yn gorfod cysgu allan yn yr awyr agored a byw ar eu grant rhyddhau nes bydd gwasanaethau yn ailagor ar ddydd Llun. Mae hyn yn eu gadael yn agored i'r posibilrwydd o aildroseddu – mewn rhai achosion, er mwyn cael to uwch eu pen am noson. Nid yw'n syndod felly bod rhai cyn-droseddwyr yn torri amodau eu trwydded rhyddhau yn fuan iawn, ac yn cael eu galw'n ôl i'r carchar o ganlyniad.

Dedfrydau cymunedol

Mae rhai troseddwyr yn bwrw eu dedfryd gyfan yn y gymuned o dan ourchwyliaeth y gwasanaeth prawf. Mae dedfrydau cymunedol yn fwy llwyddiannus na'r carchar wrth leihau atgwympo. Er enghraifft, dim ond 34% sy'n aildroseddu cyn pen 12 mis ar ôl dechrau eu dedfryd, o'i gymharu â 64% ymhlith y rhai sy'n bwrw dedfryd yn y carchar o lai na 12 mis.

Fodd bynnag, mae lleiafrif sylweddol yn aildroseddu. Mae nifer o resymau dros hyn:

- **Cymorth annigonol ar gyfer anghenion cymhleth** – fel caethiwed i gyffuriau, problemau iechyd meddwl a digartrefedd. Yn aml, does dim digon o le ar raglenni arbenigol i roi sylw i anghenion o'r fath.
- **Goruchwyliaeth annigonol gan y gwasanaethau prawf** – mae'r gwasanaeth wedi cael ei feirniadu am fod yn rhy drugarog wrth ganiatáu i droseddwyr golli apwyntiadau goruchwylio.
- **Methiannau gan y cwmnïau adsefydlu cymunedol preifat** – mae'r rhain wedi cael eu beirniadu am fethu cyrraedd eu targedau ac am oruchwylio troseddwyr yn wael. O ganlyniad, cafodd contractau'r cwmnïau adsefydlu cymunedol eu dirwyn i ben yn 2020.

Cyllid

Heb gyllid digonol i'w hariannu, ni fydd asiantaethau fel yr heddlu, carchardai a'r CPS yn gallu sicrhau rheolaeth gymdeithasol effeithiol. Fodd bynnag, daw eu cyllidebau yn bennaf o arian cyhoeddus, ac fel sydd i'w weld yn Nhestun 3.2, mae toriadau yng ngwariant y llywodraeth wedi cael effaith arwyddocaol ar yr asiantaethau hyn. Mae hyn yn debygol o leihau eu heffeithiolrwydd.

Yr heddlu

Rhwng 2010 a 2018, cafodd cyllideb gyffredinol yr heddlu ei thorri 19%. (Cafodd cyllid gan y llywodraeth ganolog ei dorri tua 30% ond talwyd am rywfaint o'r diffyg gan gyllid ychwanegol gan y dreth gyngor leol.) Arweiniodd y toriadau at leihad o 20,000 yn nifer y swyddogion heddlu yn ystod yr un cyfnod, ac mae prinder cenedlaethol o dditectifs o hyd.

Swyddogion heddlu heb fod ar ddyletswydd yn protestio yn erbyn toriadau cyllid.

Mae tystiolaeth yn dangos bod heddluoedd yn rhoi'r gorau i ymchwilio i droseddau, gan gynnwys troseddau rhyw, ymosodiadau treisgar a llosgi bwriadol. Er enghraifft, gwnaeth yr Heddlu Metropolitan ollwng 2.9 gwaith yn fwy o achosion ar y diwrnod iddyn nhw gael eu reportio yn 2018, nag y gwnaeth yn 2013. Dywedodd yr heddlu bod yn rhaid gwneud hyn i fantoli'r cyfrifon.

Gall heddluoedd gael eu temtio'n benodol i ollwng achosion difrifol, gan bod yr ymchwiliadau hyn yn cymryd llawer mwy o amser. Er enghraifft, mae'n cymryd 129 diwrnod ar gyfartaledd i ddatrys achosion o dreisio a dau ddiwrnod i ddatrys achosion o ddwyn neu ddifrod troseddol.

Gwasanaeth Erlyn y Goron

Rhwng 2010 a 2018, cafodd cyllideb y CPS ei thorri 25%, a chollodd y sefydliad draean o'i staff. Dywedodd pennaeth y CPS yn 2018 bod y Gwasanaeth a'r heddlu yn methu ymchwilio i filoedd o achosion yn effeithlon – gan gynnwys achosion o dreisio, twyll a chaethwasiaeth fodern – ac roedd gan y ddau sefydliad brinder difrifol o'r sgiliau a'r adnoddau sydd eu hangen i drechu trosedd.

Mae'r CPS wedi cael ei gyhuddo hefyd o israddio cyhuddiadau er mwyn erlyn achosion mewn llysoedd ynadon, gan fod hyn yn gynt ac felly'n rhatach na mynd â nhw i Lys y Goron. Fodd bynnag, gallai hyn hefyd olygu bod troseddwyr yn derbyn dedfrydau ysgafnach na'r hyn maen nhw'n ei haeddu, gan fod pwerau dedfrydu ynadon yn fwy cyfyngedig.

Carchardai

Rhwng 2010 a 2018, roedd gostyngiad o 16% yng nghyllideb y carchardai a 15% yn y lefelau staffio, a gwnaeth llawer o'r swyddogion carchar mwy profiadol adael y gwasanaeth.

Mae beirniaid yn disgrifio carchardai fel sefydliadau mewn argyfwng, gyda lefelau cynyddol o ymosodiadau, hunan-niweidio a hunanladdiad. Mae gorlenwi a thoriadau staffio yn golygu nad yw llawer o garcharorion yn cael cyfleoedd i gymryd rhan mewn gweithgareddau a fyddai'n eu helpu nhw i adsefydlu, fel addysg, hyfforddiant a phrofiad gwaith. Yn achos carcharorion sy'n bwrw dedfrydau byr, mae ganddyn nhw gyfraddau atgwympo o tua 60% cyn pen blwyddyn ar ôl eu rhyddhau.

Mae'n bosibl bod preifateiddio wedi cyfrannu at yr argyfwng. Yn 2016, gwelwyd y terfysg carchar gwaethaf ers 25 mlynedd yn CEM Birmingham, carchar a oedd yn cael ei redeg yn breifat gan G4S. Daeth yr adroddiad swyddogol i'r casgliad bod y staff wedi blino'n lân oherwydd prinder staffio difrifol, a bod carcharorion 'i bob pwrpas yn plismona eu hunain'. O ganlyniad, yn 2020 gwnaeth y llywodraeth ddod â CEM Birmingham yn ôl o dan reolaeth gyhoeddus.

Y gwasanaeth prawf

Yn ei hadroddiad blynyddol yn 2019, gwnaeth Glenys Stacey, prif arolygydd y gwasanaeth prawf ar y pryd, dynnu sylw at bob math o broblemau, gan gynnwys prinder staff, methiannau'r cwmnïau adsefydlu cymunedol preifat, a diffyg hyder yn y gwasanaeth gan farnwyr, dioddefwyr, y cyhoedd a throseddwyr.

Er bod y gwasanaeth prawf wedi dod yn ôl o dan reolaeth gyhoeddus ers hynny, gwnaeth y prif arolygydd newydd, Justin Russell, rybuddio yn 2020 "bod yn rhaid iddo gael ei ariannu'n gywir, bod yn rhaid i swyddi gwag ar gyfer swyddogion prawf gael eu llenwi a bod yn rhaid i staff gael eu hyfforddi'n gywir."

Polisïau lleol a chenedlaethol

Mae polisïau cenedlaethol a lleol yn cyfyngu ar allu asiantaethau fel yr heddlu i sicrhau rheolaeth gymdeithasol. Er enghraifft, pan fydd deddf newydd yn gwneud trosedd benodol yn flaenoriaeth, mae hyn yn debygol o olygu y bydd troseddau eraill yn cael eu hesgeuluso i ryw raddau gan fod yr heddlu'n cael cyfarwyddyd i ganolbwyntio ar y drosedd newydd.

Polisïau cenedlaethol y llywodraeth

Ar lefel genedlaethol, mae'r llywodraeth ganolog yn cyflwyno deddfau a pholisïau sy'n effeithio ar waith asiantaethau fel yr heddlu, y CPS ac eraill. Er enghraifft, ym mis Ebrill 2019, gwnaeth yr Ysgrifennydd Cartref gyhoeddi y byddai'n ei gwneud yn haws i swyddogion heddlu stopio a chwilio unigolyn am arf anghyfreithlon, heb fod ganddyn nhw amheuaeth resymol bod yr unigolyn yn cario arf.

Mae'r pŵer hwn ar gael i'r heddlu ledled y wlad o dan adran 60 Deddf Cyfiawnder Troseddol a Threfn Gyhoeddus 1994.

Y strategaeth trais difrifol

Mae rhoi rhagor o bwerau i'r heddlu yn rhan o strategaeth trais difrifol genedlaethol ehangach. Ei nod yw cynnwys asiantaethau eraill fel gwasanaethau ieuenctid, y GIG, gwasanaethau cymdeithasol ac addysg. Er enghraifft, gall plant sy'n cael eu gwahardd o'r ysgol fod mewn perygl o gael eu paratoi gan gangiau i ddanfon cyffuriau, sy'n ffactor pwysig mewn troseddau trais.

Polisïau lleol

Mae rhai o flaenoriaethau'r heddluoedd gwahanol ledled y wlad yn cael eu pennu'n genedlaethol gan y Swyddfa Gartref, ond mae eraill yn cael eu pennu'n lleol mewn ymateb i anghenion lleol. Er enghraifft, mewn ardaloedd lle mae troseddau cyllell yn broblem fawr, efallai bydd yr heddlu'n ymateb drwy gyflwyno mesurau ychwanegol fel stopio a chwilio mwy o bobl.

Amnestau arfau

Mae amnestau arfau yn enghraifft dda o flaenoriaeth leol. O dro i dro bydd heddluoedd lleol yn cynnal amnestau, a fyddan nhw ddim yn arestio pobl sy'n ildio eu harfau anghyfreithlon. Er enghraifft, yn ystod amnest gynnau pythefnos o hyd yn Llundain yn 2017, cafodd 350 o arfau tanio a 40,000 rownd o fwledi eu hildio. Nod amnestau yw lleihau'r defnydd troseddol o arfau

Banc cyllyll y tu allan i orsaf heddlu Brixton.

yn yr ardal leol. Gallan nhw gael eu cynnal hefyd os yw deddfau newydd yn cael eu cyflwyno a fydd yn ei gwneud yn drosedd i fod yn berchen ar arf nad oedd wedi'i wahardd o'r blaen.

Panig moesol

Ar lefel leol a chenedlaethol, gall sylw yn y cyfryngau a phanig moesol am fath penodol o drosedd effeithio ar flaenoriaethau'r heddlu ac asiantaethau eraill fel y CPS. Fel sydd i'w weld yn Uned 1, gwnaeth y panig moesol yn y wasg ynglŷn â 'chŵn peryglus' arwain at gyflwyno deddf newydd ar frys sydd wedi bod yn aneffeithiol i bob pwrpas wrth amddiffyn y cyhoedd.

Fodd bynnag, bydd heddluoedd weithiau'n ymateb drwy ddad-flaenoriaethu trosedd benodol pan maen nhw'n credu ei bod yn rhy ddibwys, yn wastraff adnoddau'r heddlu neu'n rhy anodd gorfodi'r gyfraith.

Troseddau sy'n cael eu cyflawni gan bobl sydd â chymhelliant moesol

Ystyr cymhelliant moesol (*moral imperative*) yw teimlad cryf iawn o'r hyn sy'n gywir – teimlad sydd mor gryf, mae'n cymell yr unigolyn i weithredu o'i herwydd, hyd yn oed os yw hynny'n golygu torri'r gyfraith. Yn Uned 3, mae sawl enghraifft yn cael ei chrybwyll o bobl a oedd wedi torri'r gyfraith gan fod eu cydwybod yn dweud wrthyn nhw mai dyna'r peth cywir i'w wneud yn foesol.

- Gwnaeth **Clive Ponting** dorri'r gyfraith drwy roi gwybodaeth gyfrinachol i AS ynglŷn â suddo un o longau'r Ariannin, General Belgrano, yn ystod Rhyfel Falkland/Malvinas. Roedd yn dadlau ei fod wedi gwneud hynny er lles y cyhoedd.
- Gwnaeth **Kay Gilderdale** dorri'r gyfraith drwy helpu ei merch, a oedd wedi bod yn ddifrifol wael am 17 mlynedd, i ladd ei hun.
- Gwnaeth **Rosie James a Rachel Wenham** achosi difrod troseddol i long danfor niwclear i'w hatal rhag gadael y porthladd, gan ddadlau eu bod nhw'n gweithredu i atal trosedd ryfel.
- Cafodd cyhuddiad o dyfu canabis gyda bwriad o'i gyflenwi ei ddwyn yn erbyn **Alan Blythe**. Roedd wedi tyfu'r canabis i leddfu poen ei wraig oedd ag afiechyd marwol.

Cafodd y diffynyddion uchod naill ai eu rhyddfarnu neu eu euogfarnu o gyhuddiad llai difrifol, neu cafodd y cyhuddiadau eu gollwng wrth i'r rheithgor fethu cytuno ar reithfarn. Mae'r achosion yn dangos y gall fod yn anodd perswadio rheithgorau i reoli gweithredoedd pobl sydd wedi gweithredu ar sail foesol.

Y Swffragetiaid

Ar ddechrau'r ugeinfed ganrif, roedd y Swffragetiaid yn ymgyrchu dros hawliau menywod i bleidleisio mewn etholiadau seneddol. Fel rhan o'u hymgyrch o weithredu uniongyrchol ac anufudd-dod sifil, roedden nhw'n torri'r gyfraith yn fwriadol.

Er enghraifft, gwnaeth y Swffragetiaid losgi blychau post yn fwriadol, torri ffenestri adeiladau cyhoeddus, torri gwifrau telegraff ac ymosod ar bortread o Ddug Wellington gan ddefnyddio bwyell. Ar ôl iddyn nhw gael eu heuogfarnu, roedden nhw'n gwrthod talu dirwyon. Bu farw Emily Davison ar ôl iddi brotestio drwy daflu ei hun o dan geffyl y brenin yn ystod râs y Derby yn 1913.

Deddf y Gath a'r Llygoden

Cafodd troseddau'r Swffragetiaid eu hysgogi gan gymhelliant moesol i orfodi Senedd San Steffan i newid y gyfraith a dod â'r anghyfiawnder o wrthod pleidlais i fenywod i ben. Cafodd tua mil o fenywod eu carcharu ac aethon nhw ar streic newyn. Yn 1913, gwnaeth y llywodraeth ymateb drwy basio'r Ddeddf Carcharorion, sydd hefyd yn cael ei galw'n Ddeddf y Gath a'r Llygoden oherwydd, fel cath yn chwarae â llygoden, roedd yn galluogi streicwyr newyn i gael eu rhyddhau dros dro ond yna roedd yn eu hailgarcharu ar ôl iddyn nhw wella. Wrth i nifer cynyddol o Swffragetiaid wrthod bwyd yn y carchar, dechreuodd yr awdurdodau orfodi'r streicwyr newyn i fwyta drwy osod tiwb yn eu trwyn neu eu stumog, gan achosi problemau iechyd parhaol mewn sawl achos.

Gwnaeth y llywodraeth Ryddfrydol gyflwyno Deddf y Gath a'r Llygoden, a oedd yn cael ei gwrthwynebu gan y Swffragetiaid.

Enillodd y Swffragetiaid fuddugoliaeth rannol yn 1918 pan roddwyd y bleidlais i fenywod dros 30 oed. Yna, yn 1928 cafodd yr oedran pleidleisio o 21 oed ei osod ar sail gyfartal i'r ddau ryw.

GWEITHGAREDD | **Clip fideo**

Y Swffragetiaid   Ewch i Hwb: www.hwb.gov.wales/

"15 Stansted"

Enghraifft fwy diweddar o dorri'r gyfraith o ganlyniad i gymhelliant moesol yw achos "15 Stansted". 15 o brotestwyr oedd y rhain, a dorrodd i mewn i ardal ochr yr awyr (*airside*) ym maes awyr Stansted yn 2017 i gynnal protest ddi-drais, gan gadwyno eu hunain i awyren a oedd wedi cael ei llogi gan y Swyddfa Gartref i allgludo 60 o bobl i Nigeria, Ghana a Sierra Leone. Cafodd y 15 eu dyfarnu'n euog o 'beryglu maes glanio', sy'n gallu arwain at ddedfryd o garchar am oes. Fodd bynnag, cafodd euogfarnau'r 15 eu dileu gan y Llys Apêl yn 2021.

Roedd "15 Stansted" am atal unigolion (gan gynnwys dioddefwyr masnachu pobl, treisio a gwaith rhyw) rhag cael eu hallgludo. Cafodd 11 o'r unigolion hyn ganiatâd i aros yn y DU yn ddiweddarach. Daeth achos "15 Stansted" yn fuan ar ôl sgandal Windrush, lle cafodd pobl a oedd wedi treulio'r rhan fwyaf o'u bywyd yn y DU eu hallgludo'n anghyfreithlon gan y Swyddfa Gartref i Ynysoedd y Caribi.

GWEITHGAREDD / Ymchwil

"15 Stansted"

Ewch i Hwb: www.hwb.gov.wales/

Damcaniaeth

Mae swyddogaethwyr fel Durkheim yn dadlau na fyddai gwerthoedd cymdeithasol newydd yn ymddangos heb wyredd, felly ni fyddai newid yn bosibl a byddai cymdeithas yn aros yn ei hunfan. Er enghraifft, drwy dorri'r gyfraith, gwnaeth y Swffragetiaid dynnu sylw at anghyfiawnder diffyg pleidlais menywod, gan hybu cydraddoldeb fel gwerth sylfaenol yng nghymdeithas y DU.

PARATOI AR GYFER YR ARHOLIAD

Cwestiwn Enghreifftiol

Esboniwch yn gryno sut gall diffyg adnoddau fod yn gyfyngiad mewn carchardai. (4 marc)

Ffynhonnell: Arholiad CBAC Troseddeg Uned 4 2020

Ateb gan Chloe

Mae carcharorion yn aml yn troseddu neu'n ad-droseddu oherwydd problemau difrifol yn eu bywyd, felly dylai adsefydlu fod yn un o brif nodau carchardai. Ond yn aml does ganddyn nhw mo'r adnoddau i gyflawni hyn.

> Dechrau da – yn cysylltu adnoddau gydag adsefydlu.

Mae llawer o garcharorion yn ddibynnol ar gyffuriau sy'n achosi anhrefn a thrais, e.e. gan fod 'Spice' ar gael. Ond, does gan garchardai ddim adnoddau i wneud gwaith adsefydlu dwys. Mae rheoli dicter yn broblem, ond does dim llawer o gyrsiau ar gael.

> Diffyg adnoddau i reoli problemau cyffuriau a rheoli dicter.

Dydy llawer o garcharorion ddim wedi cael addysg dda, sy'n effeithio ar ragolygon swydd ac yn arwain at aildroseddu. Ond dim ond tua hanner y carchardai sydd â digon o raglenni hyfforddi.

> Pwynt da am hyfforddiant ac addysg.

Un o'r prif resymau dros ddiffyg adsefydlu yw prinder staff (toriad o 15% ers 2010). Does neb ar gael i oruchwylio gweithgareddau fel defnyddio'r llyfrgell ac ati. Mae'r cyfleoedd i garcharorion gael eu rhyddhau ar drwydded dros dro i fynychu hyfforddiant a chyfweliadau swydd hefyd yn gyfyngedig oherwydd hyn.

> Yn ymdrin yn dda ag effaith prinder staff ar gyfleoedd adsefydlu.

Mae carchardai yn aml wedi dadfeilio ac yn orlawn oherwydd diffyg buddsoddiad, sy'n cael effaith negyddol ar ysbryd carcharorion, ac yn arwain at wrthdaro.

> Pwynt olaf da.

Sylwadau cyffredinol

Dyma ateb da iawn. Mae'n dechrau'n dda drwy gysylltu adnoddau â nod carchardai, sef adsefydlu unigolion sydd â phroblemau difrifol. Mae'n edrych ar gaethiwed i gyffuriau, rheoli dicter a diffyg addysg, ac yn nodi'r diffyg adnoddau i fynd i'r afael â'r problemau hyn. Mae'n ymdrin ag effaith prinder staff ac yn gwneud pwynt da am gyflwr y carchardai, sydd bellach wedi dadfeilio ac sy'n orlawn.

Gwerthuso effeithiolrwydd asiantaethau o ran sicrhau rheolaeth gymdeithasol

TESTUN 3.4

Man cychwyn

Gan weithio mewn grŵp bach, ystyriwch yr hyn rydych chi wedi'i ddysgu hyd yma am yr heddlu. Cwblhewch y canlynol:

1. Beth yw prif nodau'r heddlu?
2. Pa broblemau mae'r heddlu yn eu hwynebu wrth geisio cyflawni'r nodau hyn?

Fel dosbarth, trafodwch a yw'r heddlu'n cyflawni'r nodau'n effeithiol.

Mae'r testun hwn yn archwilio'r prif asiantaethau rheolaeth gymdeithasol, sef yr heddlu, Gwasanaeth Erlyn y Goron, y farnwriaeth, y gwasanaeth carchardai a'r gwasanaeth prawf, yn ogystal â gwaith elusennau a charfanau pwyso, i werthuso a ydyn nhw'n cyflawni eu nodau'n effeithiol.

Yr heddlu

Cyfrifoldebau rheolaeth gymdeithasol

Yr heddlu yw'r brif asiantaeth ar gyfer canfod, ymchwilio i ac atal troseddu. O ganlyniad i'w gwaith, mae llawer iawn o achosion yn mynd i dreial, a llawer o ddatrysiadau yn digwydd y tu allan i'r llys, e.e. hysbysiadau cosb benodedig, rhybuddion a cheryddon. Mae gan heddluoedd adrannau, unedau ac is-adrannau arbenigol sy'n ymdrin ag achosion difrifol a chymhleth, fel terfysgaeth.

Plismona arbenigol

Nid yr heddlu yw'r unig asiantaeth sy'n gyfrifol am ymchwilio i droseddau. Er enghraifft, mae Cyllid a Thollau EM yn ymdrin ag efadu trethi, mae'r Adran Gwaith a Phensiynau yn ymdrin â thwyll budd-daliadau ac mae Llu Ffiniau'r DU yn ymdrin â throseddau mewnfudo. Mae heddluoedd arbenigol hefyd, fel yr Heddlu Trafnidiaeth Prydeinig a'r Heddlu Niwclear Sifil, sy'n gwarchod gosodiadau niwclear.

Troseddau sy'n peri pryder cyhoeddus

Dros y blynyddoedd diwethaf, mae'r heddlu wedi gwneud cynnydd wrth flaenoriaethu rhai o'r troseddau sy'n peri pryder i'r cyhoedd, fel camdriniaeth ddomestig. Erbyn hyn, mae niferoedd cynyddol o achosion yn cael eu reportio a'u cofnodi. Mae tystiolaeth o adroddiad blynyddol 2017 Arolygydd Heddluoedd EM yn dangos bod dau o bob tri ymarferwr camdriniaeth ddomestig (gweithwyr proffesiynol [nid heddlu] sy'n gweithio'n agos gyda dioddefwyr) yn teimlo bod agwedd yr heddlu wedi gwella dros y tair blynedd diwethaf. Fodd bynnag, mae'r un adroddiad yn dangos diffygion yr heddlu o ran camdriniaeth ddomestig:

- mae'r gyfradd arestio wedi bod yn gostwng
- dydy'r heddlu ddim yn defnyddio amodau mechnïaeth i amddiffyn dioddefwyr
- mae prinder staff yn achosi oedi wrth ymateb, gan roi dioddefwyr mewn perygl
- ni ddefnyddir camerâu fideo ar y corff bob amser i gasglu tystiolaeth.

Mae'r diffygion hyn yn dangos nad yw'r heddlu bob amser yn llwyddo i sicrhau rheolaeth gymdeithasol. Byddwn ni nawr yn ystyried beirniadaethau ynghylch effeithiolrwydd yr heddlu.

Aneffeithiolrwydd

Mae sawl beirniadaeth wedi bod ynghylch aneffeithiolrwydd neu anghymwysedd yr heddlu wrth ymchwilio'n llwyddiannus i droseddau. Er enghraifft, roedd Adroddiad Macpherson yn cyfeirio at fethiant yr Heddlu Metropolitan i gasglu tystiolaeth a chynnal ymchwiliadau i achos llofruddiaeth Stephen Lawrence a allai fod wedi arwain at erlyniad llwyddiannus yn erbyn y pum prif unigolyn a ddrwgdybir.

Tueddiadau cyfredol: mwy o droseddau ond llai yn cael eu datrys

Yn ôl ystadegau'r heddlu ei hun, mae'n ymddangos bod trosedd ar gynnydd. Er enghraifft, cododd nifer y troseddau a gafodd eu cofnodi gan yr heddlu o 4.5m ym mis Mawrth 2016 i 5.8m ym mis Mehefin 2020.

Troseddau cyllell a gwn – mae ystadegau'r heddlu ar gyfer troseddau penodol wedi cynyddu'n sylweddol. Mae nifer y troseddau cyllell a gofnodir wedi codi o 24,000 i 35,800 rhwng 2014 a 2020. Yn ystod yr un cyfnod, mae nifer y troseddau arf tanio wedi codi o 4,900 i 9,800.

Ar yr un pryd, mae cyfraddau datrys achosion yr heddlu wedi bod yn gostwng. Yn 2015, roedd cyhuddiad yn cael ei ddwyn mewn 15% o achosion, ond erbyn 2020 roedd hyn wedi gostwng i 7% yn unig. Mae nifer yr hysbysiadau cosb a rhybuddion sy'n cael eu rhoi gan yr heddlu wedi gostwng hefyd.

Gollwng achosion

Fel sydd i'w weld mewn testun blaenorol, mae tystiolaeth hefyd yn dangos bod yr heddlu yn peidio ag ymchwilio i nifer mawr o droseddau a reportiwyd iddyn nhw, gan gynnwys rhai difrifol. Er enghraifft, gwnaeth yr Heddlu Metropolitan ollwng 2.9 gwaith yn fwy o achosion ar y diwrnod iddyn nhw gael eu reportio yn 2018, nag y gwnaeth yn 2013. Rhwng 2013 a 2018, gwnaeth yr Heddlu Metropolitan ollwng cyfanswm o 525,000 o droseddau ar y diwrnod iddyn nhw gael eu reportio.

Amgylchiadau ariannol

Mae cyllid digonol yn ffactor pwysig i'r heddlu o ran sicrhau rheolaeth dros droseddu. O 2010 ymlaen, gwnaeth y llywodraeth gyflwyno toriadau mawr i gyllidebau'r heddlu, gan olygu bod yr heddlu wedi gorfod penderfynu gollwng rhai ymchwiliadau. Gyda chyllidebau cyfyngedig a llai o swyddogion, mae rhai ymchwiliadau a mesurau ataliol wedi gorfod cael eu blaenoriaethu dros eraill.

GWEITHGAREDD Ymchwil

Problemau cyllid   Ewch i Hwb: www.hwb.gov.wales/

Cywirdeb y dystiolaeth ystadegol

Mae'n ymddangos bod y dystiolaeth ystadegol yn awgrymu bod yr heddlu yn dod yn llai effeithiol wrth sicrhau rheolaeth gymdeithasol. Fodd bynnag, mae angen trin ystadegau'r heddlu yn ofalus, am nifer o resymau.

Gwell gweithdrefnau cofnodi

Un rheswm posibl dros y cynnydd ymddangosiadol yng nghyfanswm y troseddau yw bod yr heddlu wedi dod yn well am eu cofnodi. Yn 2014, doedd yr ystadegau a gofnodwyd gan yr heddlu ddim yn bodloni gofynion y Swyddfa Ystadegau Gwladol. Ers hynny, mae'r heddlu wedi gwneud ymdrech i wella eu dulliau o gofnodi troseddau, er enghraifft ym maes camdriniaeth ddomestig. O ganlyniad, mae cyfran uwch o droseddau bellach yn ymddangos yn yr ystadegau.

Gwrth-dystiolaeth o Arolwg Troseddu Cymru a Lloegr (ATCLl)

Mae'n bosibl nad yw nifer cyffredinol y troseddau yn cynyddu mewn gwirionedd. Er enghraifft, mae Arolwg Troseddu Cymru a Lloegr, sef arolwg o ddioddefwyr, yn dangos bod y gyfradd troseddu gyffredinol wedi aros yr un peth neu wedi gostwng yn ystod y blynyddoedd diwethaf, yn hytrach na chynyddu fel mae ystadegau'r heddlu yn ei ddangos. Er enghraifft, yn y flwyddyn a ddaeth i ben ym mis Mawrth 2020, gwnaeth y gyfradd ostwng 9%.

Un rheswm dros y gwahaniaeth rhwng y ddwy set o ystadegau yw eu bod yn ymdrin â throseddau gwahanol i ryw raddau:

- Dydy ATCLl ddim yn cynnwys troseddau yn erbyn busnesau (fel dwyn o siopau a thwyll) na throseddau yn erbyn plant o dan 10 oed.
- Mae ATCLl yn cynnal arolwg o sampl o'r boblogaeth yn unig, felly mae'n tangynrychioli rhai troseddau llai cyffredin ond mwy difrifol, fel troseddau arfau. Mae ystadegau'r heddlu ac ystadegau eraill, fel derbyniadau i'r ysbyty oherwydd anafiadau cyllell, yn fwy cywir.
- Mae ystadegau'r heddlu yn tueddu i gynnwys troseddau mwy difrifol (maen nhw'n fwy tebygol o gael eu reportio) a throseddau lle mae angen rhif trosedd yr heddlu ar gyfer hawliadau yswiriant (e.e. bwrgleriaeth a dwyn o gerbydau).

Pam bod yr ystadegau am dderbyniadau i'r ysbyty o bosibl yn rhoi darlun mwy cywir o droseddau cyllell nag Arolwg Troseddu Cymru a Lloegr?

Beirniadaethau eraill ynghylch perfformiad yr heddlu

Mae pobl wedi beirniadu perfformiad yr heddlu mewn perthynas â materion eraill yn ogystal â chyfraddau datrys achosion. Un maes sy'n destun pryder yw cysylltiadau hiliol.

Hiliaeth a thuedd

Yn 1999, daeth Adroddiad Macpherson i lofruddiaeth Stephen Lawrence i'r casgliad bod yr Heddlu Metropolitan yn sefydliadol hiliol. Ers hynny mae diddordeb mawr wedi bod ym mherthynas yr heddlu â grwpiau lleiafrifol ethnig ac mae'r pryderon yn parhau.

- Mae mwy o swyddogion o gefndiroedd lleiafrifol ethnig wedi cael eu **recriwtio**, ond mae grwpiau lleiafrifol yn dal i gael eu tangynrychioli yn yr heddlu, gan gynnwys yn y rhengoedd uchaf.
- Mae pwerau **stopio a chwilio** yn dal i gael eu defnyddio yn anghymesur yn erbyn pobl ddu a grwpiau lleiafrifol eraill.
- Mae **gynnau Taser** yn cael eu defnyddio yn anghymesur yn erbyn pobl o gefndiroedd lleiafrifol.

Egwyddor sylfaenol plismona ym Mhrydain yw plismona drwy gydsyniad. Os na fydd yr heddlu yn llwyddo i feithrin perthynas gadarnhaol â phob rhan o'r gymdeithas yn seiliedig ar gydsyniad ac ymddiriedaeth, bydd hyn yn rhwystro eu gallu i ymchwilio i droseddau a'u datrys.

Adroddiadau yn y cyfryngau

Mae'r heddlu wedi cael eu cyhuddo o chwarae i'r cyfryngau er mwyn portreadu delwedd o'u hunain fel 'taclwyr troseddau'. Er enghraifft, yn 2014 gwnaeth Heddlu De Swydd Efrog wahodd y BBC i ffilmio cyrch ar gartref Syr Cliff Richard mewn cysylltiad â honiadau hanesyddol o gam-drin plant. Ni chafodd cyhuddiad ei ddwyn yn y pen draw, ac roedd yn rhaid i'r heddlu a'r BBC dalu iawndal i'r canwr.

Mae'r heddlu wedi cael eu beirniadu hefyd am orymateb i banig moesol sy'n cael ei yrru gan y cyfryngau, a galwadau i ymateb yn llym i ba bynnag drosedd y mae'r cyfryngau yn dewis canolbwyntio arni. Gall hynny dynnu adnoddau'r heddlu oddi ar feysydd troseddoldeb eraill a allai fod yn fwy difrifol neu'n fwy cyffredin.

Gwasanaeth Erlyn y Goron

Y CPS yw prif erlynydd annibynnol Cymru a Lloegr. Ei nod yw sicrhau rheolaeth gymdeithasol drwy baratoi achosion a'u cyflwyno yn y llys i sicrhau bod troseddwyr yn cael eu heuogfarnu.

Tystiolaeth o lwyddiant

Mae'r CPS wedi cael rhywfaint o lwyddiant wrth gyflawni ei nod. Er enghraifft:
- yn ystod cyfnod o dri mis arferol, mae'n erlyn tua 80,000 o achosion yn Llys y Goron a tua 450,000 o achosion yn y llysoedd ynadon
- mae tua 80% o'r diffynyddion mae'n eu herlyn yn cael eu heuogfarnu.

Diffyg effeithiolrwydd

Er gwaethaf y gyfran uchel o euogfarnau, mae'r CPS i ryw raddau yn methu sicrhau rheolaeth gymdeithasol drwy erlyn troseddwyr yn llwyddiannus.

Adroddiadau yn y cyfryngau

Dydy'r adroddiadau yn y cyfryngau am berfformiad y CPS ddim wedi bod yn ffafriol bob amser. Er enghraifft, mae wedi cael ei feirniadu am y ffordd mae'n ymdrin ag achosion treisio. Ar 24 Medi 2018, gwnaeth *The Guardian* adrodd bod erlynwyr treisio arbenigol y CPS wedi cael cyngor i ollwng nifer o achosion a oedd yn cael eu hystyried yn 'wan'.

Y nod oedd gwella perfformiad cyffredinol y Gwasanaeth drwy sicrhau bod cyfran uwch o'i erlyniadau yn llwyddo. Yn ôl un erlynydd, dywedwyd wrtho y byddai ei gyfradd euogfarnau yn codi i 61% pe bai'n tynnu 350 o achosion gwan o'r system.

Cafodd hyn ei feirniadu gan arbenigwyr ac ymgyrchwyr, a oedd yn rhybuddio y byddai'n cyfyngu ar fynediad dioddefwyr at gyfiawnder. Er enghraifft, gallai arwain at ollwng achosion yn ymwneud â dioddefwyr iau, myfyrwyr a rhai â phroblemau iechyd meddwl, gan eu bod yn achosion lle mae rheithgorau, yn ôl pob tebyg, yn llai tebygol o ddyfarnu diffynyddion yn euog. Dywedodd cyn brif ymgynghorydd cyfreithiol y CPS, Alison Levitt CF:

> *"Mae system sy'n erlyn achosion sicr yn unig yn rhoi'r neges i ymosodwyr bod pobl agored i niwed yn agored i gael eu cam-drin gan na fydd y CPS yn erlyn y camdrinwyr."*

GWEITHGAREDD Ymchwil

Y CPS yn y cyfryngau

Ewch i Hwb: www.hwb.gov.wales/

Disgwyliad realistig o euogfarn

Mae Prawf Cod Llawn y CPS yn cynnwys y prawf tystiolaeth. Mae'n rhaid i erlynwyr fod yn fodlon bod 'disgwyliad realistig o euogfarn' – mewn geiriau eraill, y byddai'r dystiolaeth yn fwy tebygol na pheidio o argyhoeddi'r rheithgor i ddyfarnu'r diffynnydd yn euog. Fodd bynnag, mae beirniaid yn dadlau y dylai'r CPS ganolbwyntio llai ar ganlyniadau treialon a mwy ar ddod ag achosion gerbron y llys. Roedd nifer yr achosion o dreisio a reportiwyd wedi codi traean rhwng 2016 a 2020, ond gwnaeth nifer yr erlyniadau ostwng 60%.

Toriadau cyllid

Dros y blynyddoedd diwethaf, mae'r CPS wedi wynebu toriadau cyllid o 25% ac mae wedi colli traean o'i staff. Mae'r Cyfarwyddwr Erlyniadau Cyhoeddus, Max Hill CF, wedi dweud na all y CPS ddioddef rhagor o doriadau gan fod technoleg ddigidol yn gosod baich gwaith ychwanegol trwm ar ei staff. Mae angen dadansoddi cynnwys ffonau clyfar wrth chwilio am dystiolaeth, a chydymffurfio â'r rheolau ar gyfer datgelu'r dystiolaeth honno i'r amddiffyniad. Mewn un achos, cymerodd 600 awr i ddadansoddi cynnwys un ffôn.

Datgelu tystiolaeth

Mae nifer o achosion o dreisio ac achosion eraill wedi methu o ganlyniad i fethiannau'r CPS a'r heddlu i ddarganfod a datgelu gwybodaeth fel negeseuon testun sydd wedi'u storio ar ffonau dioddefwyr neu ddiffynyddion. Ar ôl i achos o dreisio yn erbyn Liam Allan fethu yn 2018 o ganlyniad i beidio â datgelu tystiolaeth cyn i'r treial ddechrau, roedd yn rhaid adolygu tua 30 o achosion eraill a oedd ar fin mynd i'r llys, ac atal rhai ohonyn nhw.

Methu adeiladu achos

Mewn rhai achosion proffil uchel, mae'r CPS wedi methu adeiladu achos digonol ac o ganlyniad mae'r erlyniad wedi methu. Er enghraifft, yn achos llofruddiaeth y bachgen 10 oed Damilola Taylor, roedd achos y CPS yn dibynnu ar dyst a oedd yn amlwg yn dweud celwydd. Byddai mesurau gwirio cywir wedi gallu dangos yn hawdd bod ei thystiolaeth yn annibynadwy.

Beirniadaethau eraill ynghylch y CPS

- Er gwaethaf ei statws annibynnol, mae'r CPS wedi cael ei feirniadu am fod yn rhy agos at yr heddlu.
- Mae wedi cael ei feirniadu am fod yn rhy fiwrocrataidd, yn aneffeithlon ac yn araf wrth ymdrin ag achosion. Mewn rhai achosion gall hyn olygu bod dioddefwyr a diffynyddion yn methu symud ymlaen â'u bywydau am fisoedd lawer.
- Mae hefyd yn methu cyfathrebu â phartïon perthnasol. Mae enghreifftiau wedi bod o achosion lle mae'r sawl a ddrwgdybir wedi darganfod bod yr achos yn ei erbyn wedi cael ei ollwng ar ôl darllen am hyn yn y cyfryngau.

Y farnwriaeth

Delweddau o'r farnwriaeth yn y cyfryngau

Yn y cyfryngau, mae barnwyr yn aml yn cael eu cyflwyno fel dynion gwyn, dosbarth uwch, hŷn, sydd wedi colli cysylltiad â chymdeithas fodern. Maen nhw hefyd yn cael eu disgrifio fel pobl sy'n rhy faddeugar, yn rhoi dedfrydau sy'n rhy drugarog am droseddau difrifol. Pa mor gywir yw'r ddelwedd hon?

A yw barnwyr yn dangos tuedd yn eu dyfarniadau?

Gan fod barnwyr yn tueddu i ddod o ran gul, anghynrychioladol o'r gymdeithas, maen nhw weithiau'n cael eu hamau o wneud dyfarniadau sy'n dangos tuedd.

Cefndir barnwyr

- Mae 68% o farnwyr yn ddynion.
- Mae dros 50% o farnwyr dros 50 oed. Fodd bynnag, ymhlith barnwyr o dan 40 oed, mae mwyafrif bach (51%) yn fenywod.
- Mae grwpiau du, Asiaidd a lleiafrifol ethnig wedi'u tangynrychioli – dim ond 7% o farnwyr sy'n dod o gefndiroedd lleiafrifol.
- Maen nhw'n dod o'r dosbarthiadau cymdeithasol uwch. Mae 74% o farnwyr wedi cael addysg breifat ac aeth yr un ganran i Rydychen neu Gaergrawnt. Mae dau o bob tri barnwr yn gyn-fargyfreithiwr.

Gall hyn olygu bod barnwyr yn dangos tuedd tuag at bobl o gefndiroedd tebyg iddyn nhw, neu yn erbyn pobl sy'n wahanol iddyn nhw. Fodd bynnag, er bod enghreifftiau o farnwyr gwrywaidd yn dangos diffyg empathi tuag at fenywod sy'n dioddef ymosodiadau rhyw, mae'n anodd dangos patrwm clir o duedd. Yn yr un modd, mae'r rhan fwyaf o droseddwyr yn ifanc, felly mae'n anodd gwybod a yw oedran yn gwneud gwahaniaeth i benderfyniadau dedfrydu barnwyr.

Tystiolaeth o duedd ar sail rhywedd

Mae tuedd ar sail rhywedd yn amlwg iawn mewn rhai achosion. Er enghraifft, yn 1989 gwnaeth y Barnwr James Pickles ddedfrydu dyn i gyfnod ar brawf ar ôl iddo gael ei ddyfarnu'n euog o ymosod yn rhywiol ar ferch chwech oed. Yn ddiweddarach y flwyddyn honno, carcharodd fenyw am ddirmyg llys ar ôl iddi wrthod rhoi tystiolaeth yn erbyn ei chyn-gariad, a oedd wedi ymosod arni. Yn 1990, gwnaeth ddedfrydu mam sengl 19 oed a oedd â babi deg wythnos oed i chwe mis o garchar ar gyhuddiad o ddwyn. Dywedodd nad oedd beichiogi yn esgus i beidio ag anfon rhywun i'r ddalfa.

Pa mor gyfredol ydyn nhw?

Er bod rhai achosion wedi bod o duedd ar sail rhywedd yn y farnwriaeth, fel yn achos y Barnwr Pickles, mae'n ymddangos bod y rhain yn llai cyffredin heddiw nag yn yr 1980au neu'r 90au ac mae'n bosibl nad yw tuedd ar sail rhywedd yn destun pryder ar hyn o bryd. Fodd bynnag, mae tuedd ar sail dosbarth yn parhau i fod yn gyfredol mewn rhai penderfyniadau dedfrydu, fel mae'r astudiaeth achos yn ei awgrymu.

Mae menywod a phobl leiafrifol ethnig wedi'u tangynrychioli ymhlith y farnwriaeth.

> **Astudiaeth achos** **Tuedd ar sail dosbarth wrth ddedfrydu**
>
> Yn 2017, cafodd Lavinia Woodward, 24 oed, ei dyfarnu'n euog o drywanu ei chariad. Roedd Woodward yn astudio meddygaeth ym Mhrifysgol Rhydychen a'i huchelgais oedd bod yn llawfeddyg y galon. Roedd hi wedi bod i ysgol ryngwladol mawr ei bri ac roedd hi'n gallu fforddio un o'r cyfreithwyr trosedd gorau.
>
> Wrth ddedfrydu Woodward, dywedodd y Barnwr Ian Pringle CF wrthi y gallai cyfnod yn y carchar effeithio ar ei rhagolygon gyrfa ym maes meddygaeth. Yn hytrach, rhoddodd ddedfryd ohiriedig iddi.
>
> Dywedodd y barnwr y byddai'r carchar yn gosb rhy llym oherwydd byddai'n 'atal y ferch ifanc eithriadol hon rhag gwireddu ei dymuniad oes i ymuno â'r proffesiwn mae hi'n dymuno bod yn rhan ohono.' Disgrifiodd hi fel rhywun ag anhwylder personoliaeth emosiynol ansefydlog, anhwylder bwyta, a chaethiwed i gyffuriau ac alcohol.
>
> Mae'r newyddiadurwraig a'r bargyfreithiwr Afua Hirsch yn dadlau bod y ffordd y cafodd Woodward ei thrin yn cyferbynnu'n llwyr â phrofiad menywod eraill yn y system cyfiawnder troseddol. Fel Woodward, mae gan lawer o fenywod ifanc sy'n dod gerbron y llysoedd broblemau tebyg, ond mae dau wahaniaeth – yn wahanol i Woodward, maen nhw fel arfer yn dod o gefndiroedd difreintiedig ac maen nhw'n aml yn cael dedfrydau carcharol.
>
> Mae Hirsch hefyd yn nodi sut mae'r cyfryngau yn trin troseddu gan bobl wyn yn wahanol. Pan fydd person ifanc du yn trywanu un arall, mae'r cyfryngau yn ei alw'n 'drosedd du yn erbyn du'. Roedd Woodward a'i dioddefwr yn wyn, ond ni wnaeth unrhyw benawdau ddisgrifio'r achos fel 'trosedd gwyn yn erbyn gwyn'.

A yw barnwyr wedi colli cysylltiad?

Mae stereoteipiau'r cyfryngau o farnwyr yn aml yn eu portreadu fel pobl sydd wedi colli cysylltiad â'r gymdeithas fodern brif-ffrwd, ac yn enwedig â safbwyntiau'r cyhoedd ar ddedfrydu. Yr enghraifft fwyaf nodedig o bosibl yw'r Barnwr Pickles, a ofynnodd unwaith, 'Pwy yw'r Beatles?'

Mae oedran, addysg a chefndir dosbarth barnwyr yn debygol o'u gwneud yn aelodau o'r gymdeithas sydd ddim wir yn nodweddiadol o'r gymdeithas honno, ond mae'n fwy anodd barnu a ydyn nhw 'wedi colli cysylltiad'. Mater llawer pwysicach yw a yw colli cysylltiad yn golygu nad yw eu penderfyniadau dedfrydu yn ddibynadwy. Mae ymchwil o Awstralia, gwlad sydd â system cyfiawnder troseddol debyg iawn i'r DU, yn awgrymu bod eu penderfyniadau yn ddibynadwy o hyd, er gwaethaf y 'colli cysylltiad' posibl hyn.

Gwnaeth Karen Warner et al gyfweld â rheithwyr yn Awstralia ynglŷn â barnwyr. Canfuwyd bod y rhan fwyaf o reithwyr yn credu nad oedd barnwyr wedi colli cysylltiad â barn y cyhoedd ynglŷn â dedfrydu. Roedd hyd yn oed y rhai a oedd yn credu bod barnwyr wedi colli cysylltiad yn dweud nad oedd hyn yn feirniadaeth, neu'n dweud eu bod yn credu bod barnwyr yn gyffredinol wedi colli cysylltiad, o bosibl, ond nad oedd hynny'n berthnasol i'r barnwr yn y treial roedden nhw wedi bod yn gysylltiedig ag ef.

Mae'n bosibl bod yr un faint o berygl gyda barnwr sydd â'i fys ar y botwm, oherwydd gallai olygu ei fod yn cael ei ddylanwadu'n ormodol gan farn y cyhoedd, dicter y cyfryngau a phanig moesol. Gallai colli cysylltiad olygu aros yn annibynnol.

A yw barnwyr yn rhy drugarog?

Mae rhai adrannau o'r cyfryngau yn credu bod barnwyr yn rhy drugarog wrth ddedfrydu troseddwyr. Beth yw'r dystiolaeth o blaid y safbwynt hwn?

Y cynllun Dedfrydau Rhy Drugarog

Fel sydd i'w weld yn Uned 3, Testun 3.2, mae'r cynllun Dedfrydau Rhy Drugarog yn galluogi dioddefwyr, erlynwyr ac aelodau o'r cyhoedd i wneud cais i'r Twrnai Cyffredinol neu'r Cyfreithiwr Cyffredinol (gweinidogion y llywodraeth sy'n ymwneud â'r gyfraith) i adolygu dedfryd os ydyn nhw'n credu ei bod yn rhy drugarog. Mae'r cynllun yn berthnasol i ddedfrydau ar gyfer troseddau difrifol fel llofruddiaeth, treisio, lladrad, troseddau rhyw yn erbyn plant a masnachu pobl.

Os yw'r gweinidog yn cytuno bod y barnwr wedi gwneud camgymeriad difrifol yn ei benderfyniad dedfrydu, bydd yn gofyn i'r Llys Apêl adolygu'r ddedfryd a'i chynyddu os oes angen. Os bydd y Llys Apêl yn credu bod y ddedfryd yn llawer llai nag y dylai'r barnwr fod wedi'i rhoi, bydd yn ei chynyddu.

Mewn gwirionedd, ychydig iawn o geisiadau sy'n cael eu gwneud i adolygu dedfrydau, ac nid yw pob un o'r rhain yn cael eu cyfeirio at y Llys Apêl. Yn 2018, cafodd 140 o achosion eu cyfeirio, a chafodd y ddedfryd ei chynyddu mewn 99 o'r achosion hyn. Mae angen gosod y ffigurau hyn yn erbyn y miloedd o ddedfrydau sy'n cael eu pasio bob blwyddyn am droseddau difrifol. Mae hyn yn awgrymu nad yw barnwyr yn rhy drugarog wrth ddedfrydu ar y cyfan.

Dedfrydau rhy llym

Yn yr un modd, mae enghreifftiau o farnwyr ac ynadon yn pasio beth mae rhai pobl yn eu hystyried yn ddedfrydau rhy llym, fel nifer o'r achosion yn ymwneud â therfysgoedd 2011, pan gafodd troseddwyr ddedfrydau carcharol am fân-droseddau dwyn.

Carchardai

Nod y gwasanaeth carchardai yw sicrhau rheolaeth gymdeithasol drwy gosbi carcharorion a'u hadsefydlu er mwyn iddyn nhw fyw bywyd di-drosedd ar ôl iddyn nhw gael eu rhyddhau. Mae hefyd yn ceisio arfer rheolaeth gymdeithasol dros droseddwyr pan maen nhw yn y carchar fel eu bod nhw'n dilyn rheolau'r carchar ac yn ymddwyn mewn ffordd dderbyniol. Fodd bynnag, mae'r dystiolaeth yn awgrymu nad yw carchardai yn effeithiol iawn wrth gyflawni eu nodau.

Rheolaeth gymdeithasol mewn carchardai: y dystiolaeth

Mae beirniaid yn dadlau bod y system carchardai mewn argyfwng ac nad yw carchardai yn gallu arfer rheolaeth effeithiol dros y carcharorion mewn llawer o achosion. Mae'r dystiolaeth isod yn cefnogi'r safbwynt hwn.

Toriadau staffio

Rhwng 2010 a 2018, roedd gostyngiad o 15% yn nifer y swyddogion carchar o ganlyniad i doriadau cyllid. Roedd swyddogion profiadol yn fwy tebygol o adael ac erbyn 2018, roedd gan draean o'r swyddogion carchar lai na dwy flynedd o brofiad. Mae hyn wedi ei gwneud yn fwy anodd cadw rheolaeth dros y carcharorion.

Gorlenwi

Mae poblogaeth y carchardai wedi dyblu bron, o 43,000 yn 1993 i tua 80,000 yn 2021. Mae hyn yn golygu bod mwy o garcharorion i'w rheoli yn ogystal ag amodau gorlawn ar gyfer llawer o garcharorion – yn 2018, roedd 58% o garchardai yn orlawn. Yn ei dro, mae gorlenwi yn cyfrannu at anniddigrwydd a thorri rheolau. Mae disgwyl i'r niferoedd gyrraedd 98,700 erbyn 2026.

Peidio â rhoi sylw i anghenion adsefydlu

Mae niferoedd cynyddol o garcharorion, prinder staff a thoriadau cyllid yn golygu bod carchardai yn aml yn methu ymdrin â'r ffactorau sy'n achosi carcharorion i droseddu, gan gynnwys anghenion iechyd meddwl, caethiwed i gyffuriau ac alcohol, anllythrennedd a diffyg cymwysterau.

Mae'r ffaith bod llawer o garcharorion yn bwrw dedfrydau byr yn gwneud y sefyllfa yn waeth, gan nad oes digon o amser i roi sylw i'w hanghenion, sy'n aml yn gymhleth.

Epidemig cyffuriau

Dros y blynyddoedd diwethaf, mae'r defnydd o gyffuriau ymhlith carcharorion wedi cynyddu'n gyflym iawn. Mae'r rhan fwyaf o'r cynnydd wedi bod yn y defnydd o sylweddau seicoweithredol newydd (*NPS: new psychoactive substances*) fel Spice. Gall y cyffuriau hyn sy'n cael eu cynhyrchu'n synthetig fod 100 gwaith yn gryfach na chanabis naturiol, ac maen nhw'n gallu achosi ymosodedd, seicosis ac iselder difrifol. Rhwng 2013 a 2018, roedd 117 o farwolaethau yn y carchar yn gysylltiedig â'r defnydd o NPS. Yn 2016 pasiwyd y Ddeddf Sylweddau Seicoweithredol a oedd yn ei gwneud yn anghyfreithlon i fod ym meddiant y sylweddau hyn yn y carchar.

Yn 2016, dywedodd ombwdsmon y carchardai a'r gwasanaeth prawf fod y cyffuriau hyn yn 'drawsnewidiol' o ran diogelwch carchardai. Er gwaethaf hyn, yn ôl prif arolygydd y carchardai, roedd rhai carchardai yn dal heb strategaeth i leihau'r cyflenwad o gyffuriau.

Mae argaeledd cyffuriau yn tanseilio disgyblaeth a rheolaeth y carchar drwy leihau faint mae carcharorion yn cymryd rhan mewn gweithgareddau adsefydlu, creu dyled ymhlith carcharorion a chynyddu lefelau trais.

Diogelwch

Gofyniad mwyaf sylfaenol y carchar yw cadw carcharorion yn y ddalfa. Prin iawn yw'r achosion o garcharorion yn dianc o garchardai caeëdig (tua dau y flwyddyn) ers 2010, a does fawr neb wedi dianc o garchardai agored. Fodd bynnag, mae llawer iawn o achosion o dorri rheolau diogelwch, gyda chyffuriau, cardiau sim ac eitemau gwaharddedig eraill yn cael eu smyglo i mewn i'r carchardai, weithiau drwy ddefnyddio dronau.

Mae ymosodiadau ac achosion o hunan-niweidio a hunanladdiad wedi codi. Yn 2020, roedd:

- 9,800 o ymosodiadau ar staff
- 32,000 o ddigwyddiadau ymosod – hynny yw, 380 ymosodiad am bob 1,000 o garcharorion (cynnydd ar y 142 yn 2010)
- pum lladdiad
- 76 hunanladdiad
- 65,000 achos o hunan-niweidio (cynnydd ar y 25,000 yn 2010)
- nifer mawr iawn o achosion o hunan-niweidio ymhlith carcharorion benywaidd, gyda 3.2 o achosion yn cael eu cofnodi fesul carcharor ar gyfartaledd.

Terfysgoedd ac anrhefn

Mae cynnydd wedi bod yn nifer yr achosion difrifol lle mae staff wedi colli rheolaeth a threfn. Yn ogystal â'r terfysg yn CEM Birmingham yn 2016 – y terfysg gwaethaf mewn carchar yn y DU ers 25 mlynedd – a ddigwyddodd yn rhannol oherwydd prinder staff, gwelwyd cyfres o ddigwyddiadau llai difrifol hefyd. Yn 2018 roedd anhrefn difrifol mewn sawl carchar, gan gynnwys The Mount, Long Lartin a Bedford. Gwnaeth prif arolygydd y carchardai rybuddio bod 'disgyblaeth a threfn wedi dymchwel yn llwyr' yn Bedford, carchar a gafodd ei ddisgrifio fel un llwm, yn llawn llygod mawr.

Ar ôl rhyddhau: y dystiolaeth ynghylch aildroseddu

Er mai adsefydlu yw un o brif nodau'r system carchardai, mae llawer o gyn-garcharorion yn aildroseddu ac yn dychwelyd i'r system cyfiawnder troseddol yn fuan iawn. Er enghraifft, cyn pen blwyddyn ar ôl cael eu rhyddhau:

- mae 36% o'r holl gyn-garcharorion yn aildroseddu
- mae tua hanner y cyn-garcharorion sydd â llawer o euogfarnau blaenorol (11 neu ragor) yn aildroseddu
- mae 64% o'r rhai sy'n bwrw dedfrydau byr (llai na 12 mis) yn aildroseddu
- mae tua 37% o droseddwyr ifanc yn aildroseddu.

Casgliad: y dystiolaeth ar garchardai

Yn gyffredinol, mae'r dystiolaeth yn dangos bod carchardai yn aneffeithiol wrth sicrhau rheolaeth gymdeithasol dros droseddwyr pan maen nhw yn y carchar, a'u bod yn aneffeithiol wrth adsefydlu troseddwyr er mwyn iddyn nhw fyw bywyd di-drosedd ar ôl iddyn nhw adael y carchar.

GWEITHGAREDD / Ymchwil

A yw'r carchar yn gweithio? Ewch i Hwb: www.hwb.gov.wales/

Rhagfyr 2016. Yr heddlu yn cyrraedd CEM Birmingham ar ôl i derfysg ddechrau.

UNED 4 TROSEDD A CHOSB

Y gwasanaeth prawf

Mae'r gwasanaeth prawf wedi cael canlyniadau cymysg wrth sicrhau rheolaeth gymdeithasol drwy ei waith. Yn benodol, mae gwahaniaeth wedi bod ym mherfformiad Gwasanaeth Prawf Cenedlaethol y sector cyhoeddus a'r cwmnïau adsefydlu cymunedol preifat.

Preifateiddio

Yn 2014, gwnaeth y llywodraeth Geidwadol o dan Chris Grayling, yr Ysgrifennydd Cyfiawnder ar y pryd, lawnsio yr hyn yr oedd yn honni ei fod yn 'chwyldro adsefydlu' gyda'r nod o leihau aildroseddu. Rhan allweddol o'r polisi oedd preifateiddio'r gwasanaeth prawf yn rhannol.

Cafodd 21 o gwmnïau preifat eu sefydlu, o'r enw cwmnïau adsefydlu cymunedol, gyda phob un yn gweithredu mewn ardal ddaearyddol benodol. Byddai'r cwmnïau yn ymdrin â throseddwyr risg isel ac yn gwneud elw ar sail 'tâl yn ôl canlyniadau', gyda thargedau i leihau aildroseddu ymysg eu cleientiaid.

Tystiolaeth

Ni wnaeth perfformiad y cwmnïau fodloni disgwyliadau'r llywodraeth. O'r 21 cwmni, methodd 19 gyrraedd eu targedau i adsefydlu troseddwyr ac roedd yn rhaid i'r llywodraeth gyfrannu £342m yn ychwanegol. Yn ôl adroddiad arolygiad y gwasanaeth prawf yn 2018:

- roedd anghenion tai troseddwyr yn cael eu bodloni yn llai aml – dim ond 54% o achosion yn cael eu goruchwylio gan y cwmnïau adsefydlu cymunedol, o'i gymharu â 70% o achosion yn cael eu goruchwylio gan y Gwasanaeth Prawf Cenedlaethol
- yn aml roedd troseddwyr yn cael eu goruchwylio dros y ffôn yn unig
- gwnaeth un cwmni gyfarfod â chleientiaid mewn swyddfeydd cynllun-agored, gan chwarae 'sŵn cefndir' i atal pobl rhag gwrando ar y sgyrsiau
- ni wnaeth y cwmnïau adsefydlu cymunedol ddarparu amddiffyniad digonol i ddioddefwyr a'u plant pan roedd camdrinwyr domestig yn dychwelyd i'r gymuned

2014. Undeb y swyddogion prawf, Napo, yn protestio yn erbyn preifateiddio a thoriadau mewn cymorth cyfreithiol.

- roedd swyddogion prawf y cwmnïau adsefydlu cymunedol yn delio â llwyth achosion mwy na swyddogion yn y sector cyhoeddus, gan fod y cwmnïau yn torri i lawr ar staff i arbed arian.

O ganlyniad i'r methiannau hyn, penderfynodd y llywodraeth ddod â chontractau'r cwmnïau adsefydlu cymunedol i ben yn gynnar, gan eu terfynu erbyn 2020.

Tuedd

Roedd ideoleg wleidyddol y llywodraeth Geidwadol yn dangos tuedd o blaid preifateiddio. Mae'r Ceidwadwyr yn ystyried mai cwmnïau masnachol preifat yw'r dull mwyaf effeithiol o sicrhau rheolaeth gymdeithasol yn y sector cyfiawnder. Maen nhw'n credu y gall cwmnïau preifat ddarparu gwasanaeth mwy effeithlon a mwy chost-effeithiol. Oherwydd hyn, gwnaeth y llywodraeth Geidwadol benderfynu dilyn polisi o breifateiddio yn y gwasanaeth prawf a'r gwasanaeth carchardai.

Fodd bynnag, yn 2019 dywedodd y Fonesig Glenys Stacey, pennaeth y gwasanaeth prawf ar y pryd, fod preifateiddio yn rhannol wedi bod 'yn gwbl ddiffygiol' a'i bod yn anodd gweld sut gallai pobl fod â hyder yn y gwasanaeth pan mae 'pwysau masnachol yn dal i gael effaith' ar y gwasanaeth hwnnw. Daeth i'r casgliad y dylai'r gwaith craidd o ymgysylltu â throseddwyr, eu monitro a'u helpu i adsefydlu fod yn nwylo'r sector cyhoeddus.

Gwerthuso

Mae tystiolaeth o adroddiadau swyddogol yn awgrymu'n gryf bod y cwmnïau adsefydlu cymunedol wedi methu sicrhau rheolaeth gymdeithasol dros droseddwyr. Mae'r methiant hwn hefyd yn tanseilio'r amcan o gadw'r gymuned yn ddiogel, er enghraifft pan mae camdrinwyr domestig yn dychwelyd i'r gymuned heb oruchwyliaeth ddigonol.

Y Gwasanaeth Prawf Cenedlaethol

Mae'r Gwasanaeth Prawf Cenedlaethol wedi bod yn fwy llwyddiannus na'r cwmnïau adsefydlu cymunedol wrth sicrhau rheolaeth gymdeithasol. Ar y cyfan, mae cyfradd aildroseddu'r gwasanaeth tua hanner cyfradd y carchardai. Fodd bynnag, mae gan y gwasanaeth gyfyngiadau sy'n lleihau ei effeithiolrwydd wrth sicrhau rheolaeth gymdeithasol. Mae'r rhain yn cynnwys:

- prinder cenedlaethol difrifol o swyddogion prawf
- llwythi gwaith mawr sydd wedi arwain at gyfaddawdu ar safonau proffesiynol
- diffyg arweinyddiaeth broffesiynol
- adeiladau hên-ffasiwn a blêr, sydd ddim yn ddiogel mewn rhai achosion
- dim strategaeth genedlaethol i ddarparu digon o wasanaethau arbenigol lleol
- prinder lleoedd ar raglenni arbenigol i fynd i'r afael ag achosion troseddu.

Elusennau a charfanau pwyso

Mae elusennau a charfanau pwyso yn fudiadau anllywodraethol, gwirfoddol:
- mae **elusennau** yn darparu gwasanaethau i grwpiau penodol o bobl, fel cyn-droseddwyr
- mae **carfanau pwyso** yn ymgyrchu dros newidiadau i bolisïau'r llywodraeth er budd y bobl maen nhw'n eu cynrychioli.

Yn ymarferol, mae mudiadau fel Nacro a Women in Prison yn cyfuno'r ddwy rôl yma.

Ymrwymiad cryf

Mae elusennau weithiau mewn gwell sefyllfa i leihau troseddu ac aildroseddu nag asiantaethau'r llywodraeth. Y rheswm dros hyn yw bod ganddyn nhw ymrwymiad cryf i un grŵp neu fater penodol, a gwybodaeth arbenigol am anghenion pobl. Mae ganddyn nhw hefyd gymhelliant cryf i helpu, ac felly mae'n bosibl y byddan nhw'n mynd y filltir ychwanegol mewn ffordd na fyddai'r llywodraeth na chwmnïau preifat yn ei wneud.

Nacro

Fel sydd i'w weld yn Nhestun 3.3, carfan bwyso yw Nacro. Er enghraifft, mae'n ymgyrchu ar y cyd â mudiadau eraill i ddod â'r arfer o ryddhau carcharorion ar ddydd Gwener i ben. Mae un o bob tri carcharor yn cael ei ryddhau ar ddydd Gwener, sy'n golygu nad oes gan bobl yr amser i gael mynediad at wasanaethau hanfodol. Mae'n bosibl y byddan nhw'n gorfod cysgu yn yr awyr agored, mynd heb feddyginiaeth ac ati, a gallai arwain at aildroseddu.

Mae Nacro hefyd yn elusen sy'n darparu gwasanaethau i gyn-droseddwyr a'r rhai sydd mewn perygl o droseddu. Er enghraifft, mae'n darparu llety i bobl sy'n cael eu rhyddhau o'r carchar ac mae'n eu helpu i ddod o hyd i lety hirdymor. Digartrefedd yw un o'r prif ffactorau sy'n achosi aildroseddu ac mae mynd i'r afael â'r mater hwn yn helpu i sicrhau rheolaeth gymdeithasol.

Women in Prison

Mae Women in Prison (WIP) yn cydnabod bod dros hanner y menywod yn y carchar wedi dioddef trais domestig neu rywiol ac yn wynebu problemau digartrefedd, tlodi, iechyd meddwl a chamddefnyddio sylweddau. Mae wedi ymrwymo i fynd i'r afael ag achosion sylfaenol troseddu ymhlith menywod.

Ymgyrchoedd carfanau pwyso

Mae WIP yn garfan bwyso sy'n ymgyrchu i leihau nifer y menywod yn y carchar. Mae'n rhoi pwysau ar y llywodraeth ac asiantaethau cyfiawnder troseddol i newid eu polisïau, er enghraifft:

- Mae WIP yn galw ar y llywodraeth i roi'r gorau i'w chynlluniau am bum carchar newydd i fenywod, a buddsoddi'r arian yn lle mewn canolfannau arbenigol a datrysiadau yn y gymuned, fel cymorth tai ac iechyd meddwl, a fyddai'n lleihau aildroseddu.
- Mae WIP yn galw ar y llysoedd i ddilyn y Canllawiau Dedfrydu ac i ddefnyddio'r carchar fel dewis olaf yn unig, ar gyfer y troseddau mwyaf difrifol ac i amddiffyn y cyhoedd rhag niwed. Eto i gyd, mae 84% o'r dedfrydau carchar i fenywod yn cael eu pasio ar gyfer troseddau di-drais, gan gynnwys peidio â thalu'r dreth gyngor neu drwydded teledu.

Mae WIP wedi ennill cefnogaeth nifer o ASau yn ogystal ag aelodau'r cyhoedd o blaid ei ymgyrchoedd.

> **GWEITHGAREDD** | **Clip fideo**
>
> Elusennau a charfanau pwyso
>
> Ewch i Hwb: www.hwb.gov.wales/

Cymorth i fenywod yn y carchar

Fel elusen, mae WIP yn darparu pob math o gymorth i fenywod yn y carchar. Mae hyn yn cynnwys:

- llinell gymorth am ddim i ddarparu cymorth ac arweiniad i fenywod yn y carchar
- cyfeirio menywod at asiantaethau arbenigol eraill
- darparu'r rhaglen CARE (*Choice, Actions, Relationships, Emotions*) ar gyfer menywod sydd yn y carchar am droseddau treisgar ac sydd â hanes o hunan-niweidio, ceisio lladd eu hunain, problemau iechyd meddwl neu gamddefnyddio sylweddau.

Bylchau yn y ddarpariaeth

Un o gyfyngiadau elusennau a charfanau pwyso wrth sicrhau rheolaeth gymdeithasol yw'r ffaith mai mudiadau gwirfoddol ydyn nhw. Mae hyn yn golygu eu bod nhw ddim ond yn cael eu sefydlu pan fydd pobl yn pryderu am fater neu grŵp penodol.

Er enghraifft, efallai fod pobl yn ddigon pryderus am ddioddefwyr camdriniaeth rywiol yn erbyn plant i sefydlu elusennau i'w cefnogi. Byddan nhw'n poeni llai am y camdrinwyr, ac felly'n llai tebygol o sefydlu mudiadau i'w hadsefydlu, gan golli cyfleoedd i atal aildroseddu.

Mae **adroddiadau yn y cyfryngau** yn chwarae rhan yn hyn o beth. Os bydd grŵp o ddioddefwyr yn cael ei bortreadu mewn ffordd llawn cydymdeimlad, gallai hyn gynyddu'r gefnogaeth ar gyfer elusennau sy'n gweithio gyda'r grŵp hwnnw. Os bydd y cyfryngau yn diawleiddio categori penodol o droseddwr, bydd yn anoddach i'r elusennau sy'n gweithio gyda nhw ennill cefnogaeth.

Mae hyn yn effeithio ar **gyllid** hefyd. Mae'n haws perswadio'r cyhoedd i roi arian i rai grwpiau neu achosion nag i eraill, er eu bod o bosibl yr un mor bwysig neu haeddiannol. Mae'r llywodraeth genedlaethol a lleol hefyd yn ariannu elusennau i ddarparu rhai gwasanaethau, ond dim ond os yw'r elusennau yn cyd-fynd â'u blaenoriaethau gwleidyddol ac ariannol.

PROFI EICH HUN

Cwestiwn Enghreifftiol

Gwerthuswch effeithiolrwydd rheolaeth gymdeithasol mewn carchardai. (9 marc)

Ffynhonnell: Arholiad CBAC Troseddeg Uned 4 2017

Ateb gan Joshua

Nodau rheolaeth gymdeithasol carchardai yw amddiffyn y cyhoedd drwy gadw troseddwyr peryglus dan glo, atal troseddwyr rhag aildroseddu drwy eu cosbi, a'u hadsefydlu fel eu bod nhw'n byw bywyd di-drosedd ar ôl cael eu rhyddhau. Fodd bynnag, yn achos adsefydlu ac ataliaeth, mae beirniaid yn dadlau nad yw carchardai yn llwyddiannus iawn wrth sicrhau rheolaeth gymdeithasol. Er enghraifft, mae bron i hanner y carcharorion yn aildroseddu cyn pen 12 mis ar ôl cael eu rhyddhau, ac mae cyfran mawr o garcharorion yn droseddwyr cyfresol sydd â llawer o euogfarnau blaenorol yn aml.

Mae sawl rheswm dros fethu sicrhau rheolaeth gymdeithasol. Yn aml, mae gan garcharorion broblemau difrifol fel caethiwed i gyffuriau ac alcohol, afiechyd meddwl, diffyg addysg neu sgiliau, a diweithdra. Ond yn aml, dydy carchardai ddim yn gwneud llawer i fynd i'r afael â'r problemau hyn, sy'n arwain at aildroseddu a dychwelyd i'r carchar. Mae prinder lle ar gyrsiau fel rheoli dicter, a diffyg addysg a hyfforddiant sgiliau da. Hefyd, mae llawer o garcharorion yn bwrw dedfrydau byr, sydd ddim digon hir i roi sylw i'r anghenion hyn, ac mae atgwympo felly yn fwy tebygol.

Mae problemau eraill wrth sicrhau rheolaeth gymdeithasol hefyd. Mae Spice a chyffuriau seicoweithredol eraill yn gyffredin, a dronau'n cael eu defnyddio i smyglo cyffuriau ac eitemau eraill i garchardai. Mae'r cyfraddau hunanladdiad a hunan-niweidio yn uchel (yn enwedig mewn carchardai i fenywod), ynghyd ag ymosodiadau ar staff a charcharorion. Gwelwyd achosion o anhrefn difrifol yn ddiweddar, e.e. y terfysg gwaethaf mewn 25 mlynedd yn CEM Birmingham yn 2016. Mae gorlenwi a thoriadau staffio o 15% yn ei gwneud yn anoddach fyth cadw trefn. Nifer bach iawn o garcharorion sy'n dianc, fodd bynnag, felly mae carchardai yn cyflawni'r nod o reoli troseddwyr i amddiffyn y cyhoedd, drwy eu hanalluogi dros dro. Hefyd, mae rhai carcharorion yn bwrw dedfrydau penagored heb allu cael eu rhyddhau nes cael eu hystyried yn ddiogel.

Anodiadau:
- Mae'n ddefnyddiol nodi nodau rheolaeth carchardai.
- Yn defnyddio tystiolaeth berthnasol i werthuso effeithiolrwydd carchardai.
- Cyfrif da o'r rhesymau pam mae carchardai yn methu adsefydlu carcharorion ar gyfer bywyd ar y tu allan.
- Yn edrych ar resymau pellach pam nad yw rheolaeth yn cael ei sicrhau.
- Yn cyfeirio at ffyrdd y mae carchardai yn sicrhau rhywfaint o reolaeth.

Sylwadau cyffredinol

Dyma ymateb Band Tri (band uchaf). Mae Joshua yn nodi rhai o nodau rheolaeth allweddol carchardai (amddiffyn y cyhoedd, cosbi ac adsefydlu) ac yna'n trafod a ydyn nhw wir yn adsefydlu troseddwyr. Defnyddir tystiolaeth berthnasol am broblemau carcharorion (e.e. caethiwed, diffyg addysg ac ati) a'r diffyg darpariaeth ar gyfer yr anghenion hyn yn y carchar. Cyflwynir tystiolaeth dda am y diffyg rheolaeth o ran cyffuriau, hunanladdiadau, hunan-niweidio, ymosodiadau a therfysgoedd, yn ogystal â thoriadau staffio a gorlenwi. Mae'n defnyddio tystiolaeth yn llwyddiannus i werthuso bod carchardai yn aneffeithiol, gan gydbwyso hyn drwy nodi un o'r ffyrdd y mae carchardai yn sicrhau rheolaeth – drwy analluogi.

Paratoi ar gyfer arholiad Uned 4

Nawr eich bod chi wedi cwblhau Uned 4, mae angen i chi adolygu a pharatoi ar gyfer yr arholiad. Bydd yr adran hon yn eich helpu chi i baratoi ar ei gyfer. Mae'n cynnwys rhywfaint o gyngor ar sut i baratoi eich hun, ynghyd â dau gwestiwn arholiad o gyn-bapur CBAC i chi roi cynnig ar eu hateb.

Mae cyngor hefyd ar sut i ateb y cwestiynau, er efallai yr hoffech chi roi cynnig ar eu hateb yn gyntaf heb edrych ar y cyngor.

Byddwch yn drefnus!

Y peth cyntaf i'w wneud yw rhoi trefn ar eich ffeil.

1. Gwnewch restr o'r deg testun yn Uned 4 er mwyn rhoi fframwaith i'ch gwaith adolygu.
2. Trefnwch eich nodiadau, eich gweithgareddau a'ch gwaith cartref ar gyfer pob testun. Defnyddiwch yr is-benawdau ym mhob testun fel canllaw ar gyfer rhoi trefn arnyn nhw. Gallech chi weithio gyda ffrind a rhannu eich gwaith neu lenwi unrhyw fylchau sydd gennych gyda'ch gilydd.
3. Gwnewch restr o'r prif faterion sydd wedi'u cynnwys ym mhob testun. Gan ddefnyddio'r materion hyn, ewch at eich nodiadau a'ch gwerslyfr i ddod o hyd i'r deunyddiau sydd eu hangen arnoch er mwyn eu deall. Gwnewch unrhyw nodiadau ychwanegol sydd eu hangen arnoch.
4. Gan ddefnyddio eich nodiadau a'ch gwerslyfr, rhestrwch y syniadau allweddol sydd eu hangen ar gyfer pob testun. Nodwch y cysylltiad rhwng y syniadau hyn a'r materion.

Ymarfer, ymarfer, ymarfer!

Ar ôl i chi roi trefn ar eich ffeil, y ffordd orau o baratoi ar gyfer yr arholiad yw drwy ymarfer y sgìl y byddwch chi'n cael eich profi arno – y sgìl o ateb cwestiynau arholiad. Fyddech chi ddim yn ystyried sefyll prawf gyrru heb wneud rhywfaint o yrru ymlaen llaw, ac mae'r un peth yn wir am arholiadau. Dyma rai ffyrdd y gallwch chi ymarfer:

Dylech chi ymgyfarwyddo â'r cwestiynau posibl drwy edrych ar y rhai yn yr adrannau *Profi eich hun* ar ddiwedd pob testun a'r papur ymarfer ar y dudalen nesaf.

Ceisiwch wella'r atebion rydych chi wedi eu cwblhau yn barod. Os na wnaethoch chi gael marciau llawn mewn aseiniad, ewch ati i'w ailysgrifennu, gan roi ystyriaeth i sylwadau eich athro/athrawes, ynghyd â'r cyngor yn yr adran *Profi eich hun* yn y testun perthnasol.

Atebwch unrhyw gwestiynau na wnaethoch chi eu hateb yn gynharach. Mae'n bosibl nad ydych chi wedi gwneud pob aseiniad a roddwyd i chi. Gwnewch yr aseiniadau dydych chi heb eu gwneud. Efallai bydd eich athro/athrawes yn fodlon eu marcio! Os nad yw hyn yn bosibl, gofynnwch am farn ffrind (ac yna gwnewch yr un peth i'ch ffrind).

Astudiwch atebion y myfyrwyr sy'n ymddangos ar ddiwedd rhai testunau, a darllenwch y sylwadau wrth eu hymyl.

Atebwch gyn-bapurau arholiad sydd ar gael ar wefan CBAC (ac edrychwch ar y cynlluniau marcio ar yr un pryd hefyd).

Cwestiynau ymarfer diwedd yr uned

Isod mae dau gwestiwn o gyn-bapur arholiad CBAC Troseddeg Uned 4 i chi eu hateb. Mae cyngor ar sut i'w hateb ar gael ar y ddwy dudalen nesaf. Fodd bynnag, cyn i chi edrych ar y cyngor, beth am geisio gwneud cynlluniau cryno ar gyfer sut byddech chi'n ateb y cwestiynau? Neu, gallech chi ateb y cwestiynau yn gyntaf ac yna cymharu eich atebion â'r cyngor wedyn.

CWESTIWN 1

Senario

Mae Sarah yn 21 oed ac ar hyn o bryd mae hi'n bwrw dedfryd o 3 blynedd yn y carchar. Cafodd hi ei dyfarnu'n euog o niwed corfforol difrifol yn Llys y Goron lleol. Roedd hi wedi trywanu'r dioddefwr â chyllell wrth ymladd. Mae ei chyfreithiwr wedi dweud wrthi y dylai hi apelio yn erbyn yr euogfarn anniogel gan fod yr ymchwiliad i'r drosedd wedi defnyddio'r model rheoli troseddu.

(a) (i) Nodwch pwy fyddai wedi dyfarnu Sarah yn euog yn Llys y Goron. (1 marc)

(ii) Nodwch pwy fyddai wedi gosod y ddedfryd o garchar. (1 marc)

(b) Disgrifiwch yn gryno y model rheoli troseddu o gyfiawnder troseddol y mae cyfreithiwr Sarah yn cyfeirio ato. (4 marc)

(c) Disgrifiwch yn gryno **un** dacteg ymddygiadol sy'n cael ei defnyddio gan garchardai i sicrhau rheolaeth gymdeithasol. (4 marc)

(ch) Trafodwch nodau'r ddedfryd o garchar a gafodd ei rhoi i Sarah. (6 marc)

(d) Trafodwch sut mae damcaniaethau troseddeg wedi dylanwadu ar nodau dedfrydu. (9 marc)

Ffynhonnell: Arholiad CBAC Troseddeg Uned 4 2019

CWESTIWN 2

Senario

Mae ysgol uwchradd leol yn cynnal noson i roi gwybodaeth am yrfaoedd. Bydd swyddog heddlu, erlynydd y goron, a llywodraethwr carchar i gyd yn bresennol i roi gwybodaeth i'r myfyrwyr am eu gwaith. Bydd y siaradwyr gwadd hyn yn ateb cwestiynau gan y myfyrwyr am eu rôl yn sicrhau rheolaeth gymdeithasol.

(a) Disgrifiwch yn gryno beth fyddai erlynydd y goron yn ei ddweud am rôl Gwasanaeth Erlyn y Goron yn nhrefniadaeth y system cyfiawnder troseddol. (4 marc)

(b) Trafodwch rôl gwasanaeth yr heddlu o ran sicrhau rheolaeth gymdeithasol. (6 marc)

(c) Archwiliwch sut mae troseddau sy'n cael eu cyflawni gan y rhai sy'n gweithredu gyda chymhelliant moesol yn gyfyngiad wrth sicrhau rheolaeth gymdeithasol. (6 marc)

(ch) Gwerthuswch pa mor effeithiol yw gwasanaeth yr heddlu a Gwasanaeth Erlyn y Goron o ran sicrhau rheolaeth gymdeithasol. (9 marc)

Ffynhonnell: Arholiad CBAC Troseddeg Uned 4 2019

Cyngor ar ateb y cwestiynau ymarfer

Cyngor ar ateb Cwestiwn 1

(a) Yn achos (i) y rheithgor wnaeth ei dyfarnu hi'n euog. Yn achos (ii) y barnwr wnaeth roi'r ddedfryd o garchar.

(b) Disgrifiwch rai o nodweddion allweddol y model. Mae'r rhain yn cynnwys y syniad mai atal troseddu yw swyddogaeth allweddol y system gyfiawnder, gan fod troseddu yn bygwth rhyddid pobl. Mae'n dechrau gyda rhagdybiaeth o euogrwydd – mae'n rhagdybio bod yr heddlu ac erlynwyr yn fedrus wrth ymchwilio, casglu tystiolaeth ac adnabod pobl euog. Mae'n credu y dylai'r system weithredu fel cludfelt, gan symud pobl euog ymlaen yn gyflym i gael eu cosbi. Mae'n rhoi pwyslais ar hawliau dioddefwyr a'r gymdeithas, yn hytrach na hawliau'r sawl a ddrwgdybir. Defnyddiwch dermau arbenigol yn eich ateb. Gallwch chi gynnwys enghraifft o reol gyfreithiol berthnasol, e.e. hawl yr heddlu i gadw a holi pobl a ddrwgdybir o droseddau terfysgaeth am gyfnod estynedig.

(c) Gallech chi ysgrifennu am raglenni atgyfnerthu â thalebau, rheolau carchardai neu'r cynllun cymhellion a breintiau a enillwyd. Os byddwch chi'n dewis rhaglenni atgyfnerthu â thalebau, cofiwch gynnwys cysyniadau fel addasu ymddygiad ac atgyfnerthu dewisol. Disgrifiwch sut mae rhaglen atgyfnerthu â thalebau yn gweithio – mae ymddygiad da yn ennill talebau y gellir eu cyfnewid am wobrau fel galwadau ffôn a theledu. Rheolwyr y carchar sy'n penderfynu pa ymddygiad i'w annog, ac sydd yna'n gwobrwyo'r ymddygiad hwn â thalebau. Mae hyn yn cynyddu rheolaeth drwy wneud carcharorion yn haws eu rheoli a lleihau gwrthdaro. Defnyddiwch dermau arbenigol perthnasol.

(ch) Trafodwch nodau'r ddedfryd: ataliaeth, ad-daledigaeth, analluogi (amddiffyn y cyhoedd) ac adsefydlu. Er enghraifft, ar gyfer ataliaeth, trafodwch hunanataliaeth (carcharu Sarah i atal ad-droseddu oherwydd bydd yn ofni mynd yn ôl i'r carchar) ac ataliaeth gyffredinol (anfon neges i ddarpar-droseddwyr eu bod mewn perygl o fynd i'r carchar). Sylwch fod ataliaeth yn un o'r nodau cosbi yn ôl Deddf Cyfiawnder Troseddol 2003. Ar gyfer analluogi, gan fod Sarah wedi'i dyfarnu'n euog o drosedd dreisgar, mae hi o bosibl yn berygl i eraill ac mae ei charcharu yn golygu nad yw hi'n gallu achosi niwed pellach i'r cyhoedd. Defnyddiwch dermau arbenigol perthnasol a chyfeiriwch at Sarah neu at ei dedfryd tair blynedd o hyd.

(d) Cwestiwn synoptig yw hwn sy'n gofyn i chi gymhwyso eich gwybodaeth am ddamcaniaethau o Uned 2 (gweler hefyd Uned 4, Testun 2.2). Trafodwch o leiaf dwy ddamcaniaeth a dau nod. Er enghraifft, gallech chi drafod nod ad-daledigaeth. Defnyddiwch gysyniad cymesuredd (*proportionality*), neu haeddiant. Cysylltwch ad-daledigaeth â realaeth y dde, sy'n gweld troseddwyr fel gweithredwyr rhesymegol sy'n gwneud dewis ymwybodol i droseddu, felly mae'n rhaid iddyn nhw ddioddef dicter y gymdeithas am y dewis hwnnw. Mae'n cysylltu â swyddogaetholdeb hefyd – mae ad-daledigaeth yn mynegi dicter y gymdeithas ac yn atgyfnerthu'r ffiniau. Sylwch ar y beirniadaethau, e.e. bod troseddwyr yn haeddu cyfle i ddiwygio, nid cael eu cosbi yn unig. Gallech chi hefyd ddewis ataliaeth, er enghraifft. Cysylltwch ataliaeth â'r ddamcaniaeth dysgu cymdeithasol – mae Bandura yn dadlau y bydd darpar-droseddwyr yn llai tebygol o ddynwared ymddygiad troseddol os byddan nhw'n gweld model yn cael ei gosbi am yr ymddygiad troseddol hwnnw. Cysylltwch hunanataliaeth â'r ddamcaniaeth dysgu gweithredol – os yw ymddygiad penodol yn cael ei gosbi, mae hyn yn debygol o arwain at ei ddileu.

Cyngor ar ateb Cwestiwn 2

(a) Y CPS sy'n penderfynu ar y cyhuddiad ym mhob achos heblaw am fân-droseddau. Mae'n penderfynu pa achosion ddylai gael eu herlyn, yn seiliedig ar y prawf tystiolaeth a phrawf lles y cyhoedd, ac mae'n adolygu'r holl achosion yn barhaus. Mae'n rhoi cyngor i'r heddlu ar yr ymchwiliad ac yn penderfynu ar y cyhuddiadau priodol mewn achosion difrifol. Mae'n paratoi ac yn cyflwyno achosion yn y llys, gan ddefnyddio ei erlynwyr ei hun neu gyfreithwyr hunangyflogedig. Mae'n darparu gwybodaeth, cymorth a chefnogaeth i ddioddefwyr a thystion yr erlyniad. Mae'n seiliedig ar athroniaeth o annibyniaeth a bod yn agored, proffesiynol a chynhwysol. Mae wedi'i drefnu yn 14 tîm rhanbarthol ynghyd â CPS Direct.

(b) Nod yr heddlu yw amddiffyn bywyd ac eiddo, cadw'r heddwch a chynnal y gyfraith, ac atal, canfod ac ymchwilio i droseddau. Cysylltwch hyn â'r syniad o blismona drwy gydsyniad a gweithio gyda'r gymuned. Maen nhw'n defnyddio pwerau statudol i stopio, chwilio, arestio, cadw a holi, yn seiliedig yn bennaf ar Ddeddf yr Heddlu a Thystiolaeth Droseddol 1984 (PACE). Cyfeiriwch at dimau plismona cyffredinol a phlismona arbenigol (e.e. gwrthderfysgaeth). Cyfeiriwch at eu trefniadaeth (e.e. 39 o heddluoedd yn Lloegr a 4 yng Nghymru) a sut maen nhw'n cydweithio ag asiantaethau eraill, e.e. Gwasanaeth Erlyn y Goron.

(c) Diffiniwch gymhelliant moesol fel teimlad cryf iawn mai dyna'r peth cywir i'w wneud, hyd yn oed os yw'n golygu torri'r gyfraith. Mae'r rhai sy'n torri'r gyfraith yn yr achos yma yn annhebygol o gael eu hadsefydlu oherwydd dydyn nhw ddim yn credu eu bod nhw wedi gwneud dim o'i le, felly mae hyn yn cyfyngu ar reolaeth gymdeithasol. Gallai troseddwyr gyfiawnhau eu troseddau drwy ddadlau eu bod nhw wedi gweithredu er lles y cyhoedd (e.e. Clive Ponting a suddo llong y General Belgrano); er mwyn atal trosedd mwy difrifol (e.e. Rosie James a Rachel Wenham yn difrodi llong danfor niwclear); neu wedi gweithredu'n drugarog (e.e. Kay Gilderdale yn helpu ei merch a oedd yn ddifrifol wael i ladd ei hun, ac Alan Blythe yn tyfu canabis er mwyn lleddfu poen ei wraig a oedd ag afiechyd marwol). Defnyddiwch enghreifftiau a nodwch bod rheithgorau yn aml yn amharod i euogfarnu achosion o'r fath.

(ch) Ar gyfer yr heddlu a'r CPS, ystyriwch gryfderau a gwendidau wrth sicrhau rheolaeth gymdeithasol. Ar gyfer yr heddlu, gallech chi gyfeirio at welliannau wrth ddelio â chamdriniaeth ddomestig, ymgyrchoedd gwrthderfysgaeth llwyddiannus ac ati. Dylech chi gyfeirio hefyd at feirniadaethau, e.e. gostyngiad yng nghyfraddau arestio a datrys achosion, oedi wrth ymateb i ddigwyddiadau, niferoedd cynyddol o achosion yn cael eu gollwng, diffygion ystadegau troseddu yr heddlu, toriadau cyllid a phrinder staff, cyhuddiadau o hiliaeth sefydliadol (e.e. achos Stephen Lawrence; y defnydd o stopio a chwilio), trychineb Hillsborough. Ar gyfer y CPS, nodwch ei annibyniaeth wrth ddod i benderfyniadau ynglŷn ag erlyniadau, ei ddefnydd o'r prawf cod llawn ac ymrwymiad y gwasanaeth i fodel cyfiawnder trefn briodol, a'i gyfradd llwyddiant cymharol uchel. Trafodwch y beirniadaethau, e.e. gollwng achosion treisio 'gwan' er mwyn cynyddu'r gyfradd llwyddiant, achosion yn methu oherwydd methiant i ddarganfod neu ddatgelu tystiolaeth o ffonau symudol (e.e. achos Liam Allan), methiant i adeiladu achos cywir (e.e. achos Damilola Taylor), bod yn fiwrocrataidd, yn rhy ganolog ac yn rhy agos at yr heddlu.

Ffynonellau

Brodsky, SL et al (2010) 'The Witness Credibility Scale: An outcome measure for expert witness research', *Behavioral Science and the Law*

Canter, D (1994) *Criminal Shadows: Inside the Mind of the Serial Killer*, HarperCollins

Canter, D (1995) 'Psychology of Offender Profiling' yn Bull R a Carson D (goln) *Handbook of Psychology in Legal Contexts*, Wiley

Canter, D a Gregory, A (1994) 'Identifying the residential location of rapists', *Forensic Science Society*

Carlen, P (1988) *Women, Crime and Poverty*, Open University Press

Coleman, AM (1985) *Utopia on trial: Vision and reality in planned housing*, 2il argraffiad, Hilary Shipman

Ellison, L a Munro, V (2009) 'Reacting to Rape: Exploring Mock Jurors' Assessments of Complainant Credibility', *British Journal of Criminology*

Eysenck, HJ (1964) *Crime and Personality*, RKP

Felson, M (2012) *Crime and Everyday Life*, Pine Forge Press

Foucault, M (1975; 1991) *Discipline and Punish: The Birth of the Prison*, Penguin

Gottfredson, M a Hirschi, T (1990) *A General Theory of Crime*, Stanford University Press

Hall, S et al (1978) *Policing the Crisis*, Macmillan

Heidensohn, F (1996) *Women and Crime*, Macmillan

Hirsch, A (2017) 'The Lavinia Woodward case exposes equality before the law as a myth', *The Guardian*, 27 Medi

Hirschi, T (1969) *Causes of Delinquency*, University of California Press

Hobbs, TR a Holt, MM (1976) 'The effects of token reinforcement on the behavior of delinquents in cottage settings', *Journal of Applied Behavior Analysis*

Kaufmann, G et al (2002) 'The importance of being earnest: displayed emotions and witness credibility', *Applied Cognitive Psychology*

Kirk, PL (1953) *Crime investigation: physical evidence and the police laboratory*, Interscience Publishers

Kuehn L (1974) 'Looking down a gun barrel: person perception and violent crime', *Perceptual and Motor Skills*

Lammy, D (2017) *Adolygiad Lammy*, Y Weinyddiaeth Gyfiawnder

Loftus, EF a Palmer, JC (1974) 'Reconstruction of automobile destruction: An example of the interaction between language and memory', *Journal of Verbal Learning and Verbal Behavior*

Loftus, EF et al (1987) 'Some facts about "weapon focus"', *Law and Human Behavior*

Macpherson, Syr W (1999) *Ymholiad Stephen Lawrence*, Y Swyddfa Gartref

Newman, O (1982) *Defensible Space: People and Design in the Violent City*, Architectural Press

Newman, O (1996) *Creating Defensible Space*, Institute for Community Design Analysis, US Department of Housing and Urban Development Office of Policy Development and Research

Packer, H (1968) *The Limits of Criminal Sanction*, Stanford University Press

Plant, E a Peruche, B (2005) 'The consequences of race for police officers' responses to criminal suspects', *Psychological Science*

Prif Arolygydd Carchardai EM ar gyfer Cymru a Lloegr (2020) *Adroddiad Blynyddol 2019–20*, Y Weinyddiaeth Gyfiawnder

Reckless, WC (1974) *The Crime Problem*, 5ed argraffiad, Appleton-Century-Croft

Riley, D a Shaw, M (1985) *Parental Supervision and Juvenile Delinquency*, astudiaeth ymchwil y Swyddfa Gartref rhif 83

Sidebottom, A et al (2017) 'Gating Alleys to Reduce Crime: A Meta-Analysis and Realist Synthesis', *Justice Quarterly*

Skinner, BF (1953) *Science and Human Behavior*, Macmillan

Smart, C (1989) *Feminism and the Power of Law*, Routledge

Thomas, C (2010) *Are Juries Fair?* Y Weinyddiaeth Gyfiawnder

US Department of State (2018) *Country Reports on Human Rights Practices for 2018: Turkey*, Bureau of Democracy, Human Rights and Labor

Warner, K et al (2014) 'Are Judges Out of Touch?' *Current Issues in Criminal Justice*

Wood, M et al (2015) *Re-offending by offenders on Community Orders*, Cyfres Ddadansoddol y Weinyddiaeth Gyfiawnder

Ymddiriedolaeth Diwygio'r Carchardai (2021) *Bromley Briefings Prison Factfile Winter 2021*, Ymddiriedolaeth Diwygio'r Carchardai

Mynegai

A
ad-daledigaeth, 107–9, 113–114, 116, 118, 120–21
Adler v George, 91
adnoddau, 20, 109, 141, 144, 147, 149–150, 156
Adran Troseddau Difrifol Heddlu Gorllewin Canolbarth Lloegr, 79, 101
adrannau'r llywodraeth, 93, 95
Adroddiad Macpherson, 9, 80, 90, 154–155, 169
adroddiadau cyn dedfrydu, 130
adroddiadau'r gyfraith, 68, 75–76, 85
adsefydlu, 107, 109, 114, 117–119, 121, 130–131, 139, 143, 147–148, 160–163, 165, 169
addasu ymddygiad, 138, 143
addysg, 103–104, 109, 129, 131, 141, 147, 149–150, 159, 165
Aelodau Seneddol (ASau), 56, 88–89, 92, 127, 145, 164
aflonyddu, 35, 138
aildroseddu, 86, 109, 116–119, 121, 130, 138, 141, 143–145, 147, 161–165, 169
Almaen, yr, 142
Allan, Liam, 50, 157
Allende, Salvador, 72
amddiffyn y cyhoedd, 107, 111, 114–117, 119, 121, 168
Amnest Rhyngwladol, 72
amnestau arfau, 150
analluogi, 111–112, 114, 116, 165, 168
anllythrennedd, 147, 160
annibyniaeth farnwrol, 126
Anthony, Donna, 30, 54, 69, 106
apeliadau, 7, 11, 16, 29–30, 33–36, 41, 44–46, 56, 63–64, 66–67, 70, 74, 77–79, 82, 91, 94–95, 99–101, 111, 127, 159, 167–168
Aram, Colette, 16
arbenigwr, 10–11, 13, 15, 18–20, 24–25, 29–30, 35, 47, 50, 52, 54–55, 59, 67–70, 78, 85, 156
arbenigwyr fforensig, 13, 15, 20
arestio, 7–8, 14, 16, 22, 27, 29, 31–34, 43, 52, 58, 61, 72, 78, 93, 95–96, 98–101, 103–104, 106, 122–124, 132, 136, 145–146, 150, 153, 167–168
arfau tanio, 9–10, 14, 31, 57, 74, 150, 154
Arolwg Troseddu Cymru a Lloegr (ATCLl), 154–155, 169
arsylwi, 17, 24
ASBO, 137–138
Asiantaeth Troseddau Difrifol a Threfnedig, 13
asiantaethau rheolaeth gymdeithasol, 103, 141, 144, 153
Atal Troseddu drwy Ddylunio Amgylcheddol (CPTED), 134–136, 168
atal troseddu sefyllfaol, 110, 136
ataliaeth, 104, 106–107, 109–111, 114, 116, 120–121, 140, 165, 168
atgwympo, 118–119, 121, 144, 148–149, 165
atgyfnerthu, 103, 138–139, 143, 169
athroniaeth, 122, 124–126, 128–129, 131, 169
Awdurdod Digolledu am Anafiadau Troseddol, 34
awr aur, yr, 9

Awstralia, 111, 142, 159

B
Ban the Box, 131
bargeinio ple, 41–42, 46, 55
bargyfreithwyr, 12, 44, 52, 54–55, 59, 127, 158, 168
barn, 20–21, 30, 54, 68–69, 71, 76, 85, 104, 145, 159, 166
barnwr, 12, 22, 30, 33, 36, 38, 42, 44–46, 48–50, 52–53, 55–57, 60–66, 68, 70–78, 80–82, 85–86, 90–91, 93–95, 98–100, 104, 114–115, 126–127, 141, 149, 157–159, 167–168
barnwyr is, 127
Bingham Justices, 67, 101
Black, Hugh, 78
Blair, Tony, 137
Blake, George, 64
blew, 9, 15–16, 26–27, 58
Blythe, Alan, 81, 151
bondiau â'r gymdeithas, 104
Britton, Paul, 22
Brodsky, SL, 53
Brown, Robert, 82
Buckland, Robert, 15
bwrgleriaeth, 23, 25, 41, 110–111, 117, 134–135, 155, 167
bylchau yn y ddarpariaeth, 141, 164, 169
bysbrintiau, 9, 14–15, 20, 25–28, 32, 48
cudd, 27
plastig, 27

C
Caergrawnt, 56, 158
caethiwed, 115, 117–119, 121, 138, 140, 145, 148, 165
caethweision ar ffo, 81
camdriniaeth ddomestig, 9, 35, 142, 153–154
camdriniaeth rywiol, 164
camdrinwyr, 162–164, 169
cameuogfarnau, *gweler euogfarnau anniogel*
camweinyddu cyfiawnder, 7, 11–12, 16, 20, 54, 69, 77–79, 100–101
camymddwyn, 79, 101
canabis, 81, 151, 160
Canllawiau Dedfrydu, 55, 66, 81, 94, 119, 164
Cannings, Angela, 30, 54, 69
Canter, D, 21, 23
carchar, 16, 43–44, 60, 63–65, 70–71, 79, 81, 83, 86, 93–97, 101, 104, 106, 109–112, 114–122, 128–133, 136–141, 143–145, 147–149, 151, 153, 158–161, 163–165, 167–169
carcharorion benywaidd, 160, 164, 169
carcharu i amddiffyn y cyhoedd, 111, 115
carfan bwyso, 73, 122, 131, 147, 153, 163–164, 167, 169
Carlen, P, 105
cefndir barnwyr, 157
cellgyfyngiad, 141, 143
cellgyfyngiad unigol, 104, 141
CEM Birmingham, 128, 149, 160–61, 165
Clark, Sally, 11–12, 20, 30, 54, 69, 100–101
Clarke, Ken, 117

Cod Moeseg yr Heddlu, 122–123
cof, y, 18–19, 53, 69, 124
Cohen, S, 83
Coleman, AM, 134
Comisiynwyr Heddlu a Throseddu, 124
cost, 13, 16, 39, 43, 45, 54, 63, 66, 85–86, 110, 112, 117, 125, 128, 135, 142, 163
credadwy, 38, 47, 49, 53, 68–69, 77, 126
Crimint, 14
Cronfa Ddata Genedlaethol yr Heddlu, 14
cronfeydd data cuddwybodaeth, 14, 24
cudd, heddlu, 17–18, 22, 48, 50
cwestau, 55, 60, 73–75, 96
cwmnïau adsefydlu cymunedol, 130, 148, 162, 169
cwnstabliaid arbennig, 124
Cydsyniad Brenhinol, 87–89, 92
cyfaddefiad drwy orfodaeth, 29, 99
cyfalafiaeth, 109
Cyfarwyddwr Erlyniadau Cyhoeddus, 73, 80, 125, 141, 157
cyfiawnder adferol, 34–35, 112–113
cyfiawnder atgyweiriol, 113
cyfoedion, 62, 67, 87, 99, 102, 106, 110, 138
cyfradd datrys achosion, 154–155, 169
cyfraddau rhyddfarnu, 63
cyfraith gwlad/cyfraith gyffredin, 50, 56, 90
cyfraith statud, 56, 93
cyfraniad asiantaethau, 133
cyfranogiad, 39, 104
cyfredol, 69, 76, 85, 158
Cyfrifiadur Cenedlaethol yr Heddlu, 14
cyfryngau, y, 7, 12, 17, 21, 25, 34, 52, 55, 57–59, 63, 68, 70–71, 73, 76, 83, 85, 90, 110, 142, 145, 150, 155–159, 164
cymdeithasol, 7, 25, 59, 68, 142
cyfweliadau, 7, 18–19, 21, 24, 32, 36, 96, 123, 147, 159
gwybyddol, 19
cyfyngiadau asiantaethau, 144
cyffuriau, 9–10, 28, 31–32, 43, 48, 62, 82, 91, 95–96, 109, 111, 115–119, 124, 130, 138–140, 143, 145, 147–148, 150, 158, 160, 165, 169
Cynghrair Howard er Diwygio'r Deddfau Cosbi, 96, 147, 169
cyngor cyfreithiol, 32, 43
Cyllid a Thollau EM, 13, 124, 153
Cymdeithas Prif Swyddogion yr Heddlu, 123
cymdeithasoli, 102–103, 105–106, 169
cymesuredd, 107, 113
cymhelliant moesol, 150–151
cymhellion a breintiau a enillwyd, 129, 139, 169
cymorth cyfreithiol, 41–44, 73, 94, 99, 162
Cymorth i Ddioddefwyr, 34, 95–96, 169
Cymorth i Fenywod, 96
cyn y treial, 41, 43, 46, 58, 94
cyn-droseddwyr, 131–132, 164
cynnal ffiniau, 108
cynsail, 56, 75, 90–91, 127, 168
farnwrol, 90, 127, 168
cyrffyw, 33, 43, 111, 118, 130

MYNEGAI

cywirdeb, 19, 38, 54, 76, 85, 154

CH
Christchurch, 142
"Chwech Birmingham", 69, 78–79, 100–101, 117
chwiorydd Taylor, y, 63

D
dadansoddi lleoliad y drosedd, 20
dadansoddiad, 7, 9–11, 15–16, 20, 27–28, 30, 58, 77, 85
Dallas, Theodora, 64
damcaniaethau
    biolegol, 112
    dewis rhesymegol, 108, 110, 136, 168
    dysgu cymdeithasol, 106, 110
    dysgu gweithredol, 103, 109, 138, 143, 169
    gweithgaredd arferol, 136
    gwybyddol, 107, 109
    unigolyddol, 109
Dando, Jill, 29
darnau o wydr, 28
Datganiad Personol Dioddefwr, 33–34
datgeliad, 29–30, 49–51, 64, 85, 98, 157
datgelu, peidio â, 50
dedfrydau, 12, 33–35, 41–42, 44–46, 55, 57, 60, 63, 66–67, 71, 78, 80–83, 90, 94–96, 99–100, 104, 108–121, 127–128, 130–131, 140–141, 144–145, 147–149, 152, 157–161, 164–165, 167–169
    byr, 117, 144, 147, 149, 160–61, 165
    cymunedol, 66, 94–95, 109, 113–114, 117–119, 121, 140, 144–145, 148, 169
    gohiriedig, 82, 115, 144, 152, 158
    oes, 12, 57, 78, 90, 111, 115, 152
    penagored, 111, 115, 117, 165
    penderfynedig, 115
    rhy drugarog, 82, 95, 159
dedfrydu, 41, 44, 55, 65–66, 70, 81–83, 85, 94–96, 111, 113–114, 119, 140, 149, 158–159, 164, 168–169
    cyfiawn, 81, 83, 85
Deddf
    Adsefydlu Troseddwyr, 131
    Arfau Tanio (Diwygio), 57
    Caethweision ar Ffo, 81
    Cŵn Peryglus, 57, 90
    Cyfiawnder Troseddol, 45, 49, 55, 60, 63, 80, 90, 111, 114–116
    Cyfiawnder Troseddol a Threfn Gyhoeddus, 49, 150
    Cyfiawnder Troseddol a'r Llysoedd, 60, 64
    Cyfrinachau Swyddogol, 61, 91
    Dwyn, 81
    Enillion Carcharorion, 117
    Erlyn Troseddau, 37, 40, 125
    Mechnïaeth, 43
    Rheithgorau, 60
    Sylweddau Seicoweithredol, 160
    Terfysgaeth, 33
    Trais Domestig, Troseddu a Dioddefwyr, 33
    Trosedd (Dedfrydau), 57, 83, 90, 111
    Troseddau Rhyw, 57
    Trwyddedu, 91

y Gath a'r Llygoden, 151
Ymddygiad Gwrthgymdeithasol, Troseddu a Phlismona, 138
yr Heddlu a Thystiolaeth Droseddol, 31, 123
deddfu, 93
dehongliad statudol, 90–91, 93, 168
Dennis, John, 82
derbyniadau i'r ysbyty, 155
derbynioldeb, 29, 47–48, 51, 55, 85, 98–99, 101, 168
dewis, 60
didueddrwydd, 62, 67, 70, 126
dienyddiad, 78, 110–111
difrifoldeb yn erbyn sicrwydd, 110
difrod troseddol, 41, 64–65, 81, 149, 151
diffynnydd, 7, 11, 25, 29–30, 34–35, 38, 41–47, 49–50, 52, 55, 57–60, 62–71, 77, 79–81, 94–96, 98–101, 119, 121, 125, 127, 151, 156–157
digartrefedd, 119, 145–148, 164
dilysrwydd, 68–69, 71, 74, 76, 85
dioddefwr, 9, 11–12, 16, 20–21, 23, 25, 27–29, 31, 33–36, 39, 47, 49–50, 53, 56, 64, 70, 72, 74, 81–82, 85, 95–98, 100, 112–114, 117–119, 125–126, 128–129, 131, 142, 149, 152–154, 156–159, 162, 164, 169
dirwy, 28, 44, 65, 81, 94, 106–107, 114, 118–120, 142, 144–145, 151
dirymiad, 80–81
    gan y rheithgor, 80–81
disgresiwn barnwrol, 82
disgyblaeth raddol, 141, 169
ditectifs, 8–9, 13, 124, 148
diweithdra, 109, 119, 145, 165
diwylliant, 58, 103
DNA, 9–11, 14–16, 18, 24–28, 32, 53–54, 69–70, 77, 142
Dobson, Gary, 80
dosbarth, 5, 37, 52–53, 56, 66, 84, 87, 102, 111, 114, 122, 133, 144, 153, 157–159
Duckenfield, David, 73
Duggan, Mark, 74–75
Dunblane, 57
Dunlop, Billy, 79
Durkheim, E, 98, 108, 113, 152
dwyn, 41, 44, 62, 80–81, 128, 149, 155, 158–159
dyfarniadau, 68, 71–72, 74–76, 85, 157
dylunio amgylcheddol, 133–135
dynladdiad, 45, 60, 73, 82, 121

E
ecsbloetio plant yn rhywiol, 14
ecwiti'r rheithgor, 55, 61–62, 80
effeithiolrwydd asiantaethau, 153
Ellison, L, 72
elusennau, 96, 122, 131, 147, 153, 163–165, 167, 169
entomolegwyr, 20, 28
entrapiad, 17, 30, 48, 99–100
erlyniad dwbl, 79–80, 90, 99
euogfarnau
    anniogel, 18, 54, 77–79
    blaenorol, 39, 43, 49, 81–83, 99, 119, 145, 161, 165
Eysenck, HJ, 109

F
farnwriaeth, y, 52, 55, 59, 68, 85, 87, 122, 126–127, 153, 157–158
Felson, M, 136
Foucault, M, 136–137, 143

Freud, 102, 106

FF
ffeithiau dan sylw, 47–48
ffeithiau perthnasol, 47–48, 77
ffeministiaid, 49, 105
ffigur tywyll, 145
fflawiau croen, 15, 26–27
ffonau clyfar, 152, 157
Ffynonellau Cuddwybodaeth Ddynol, 17

G
G4S, 128, 149
Gardner, Joshua, 82
General Belgrano, 61, 81, 151
George, Barry, 29–30, 64, 91
Ghani, Mohammed, 82
Gilderdale, Kay, 62, 81, 151
goddef dim, strategaethau plismona, 98
gofod amddiffynadwy, 133–134, 168
gofyniad preswylio, 118, 130
gorchmynion
    Cymunedol, 96, 112, 118, 130, 140
    gwahardd, 118, 130
    Trin a Phrofi Cyffuriau, 109, 115
    Ymddygiad Troseddol, 137–38, 169
gorfodaeth, 104, 106
gorlenwi, 149, 160, 165
Goruchaf Lys, y, 44, 46, 90–91, 127
gosb eithaf, y, 80
Gottfredson, M, 105
grant rhyddhad, 147
Grayling, Chris, 162
Gregory, A, 23
Gronfa ddata DNA Genedlaethol, y, 14, 16, 24
Guardian, The, 156
gwaed, 10, 15–16, 20, 25–28, 32, 48, 80
gwaharddiadau teithio, 111
gwaith di-dâl, 112–113, 118–119, 130
gwaith rhyw, 152
Gwasanaeth Carchardai a Phrawf EM, 94–95
Gwasanaeth Carchardai EM, 94–96
Gwasanaeth Erlyn y Goron (CPS), 7–8, 12–13, 34–35, 37–38, 40, 44, 52, 62, 67–68, 80, 85–86, 93–96, 103, 122, 124–126, 132, 141, 148–150, 152–153, 156–157, 168–169
Gwasanaeth Llysoedd a Thribiwnlysoedd EM, 83, 94–95
Gwasanaeth Prawf Cenedlaethol, y, 94–96, 129–30, 162–163, 169
Gwasanaeth Tystion, y, 35, 95
gwasanaethau prawf, 41, 86, 93–96, 109, 115, 118, 122, 128–132, 140–141, 147–149, 153, 158, 160, 162–163, 167, 169
gweithdrefnau cofnodi, 154
gweithgaredd â phwrpas, 138
gwleidyddiaeth, 56–57, 59
gwneud iawn, 107, 112–114, 117–119, 121
Gwneud Iawn â'r Gymuned, 112, 118–119, 121, 130
gwyddonwyr fforensig, 8, 10–11, 13, 69, 78, 85
gwyddor fforensig, 7, 15, 26–27
gwyliadwriaeth, 7, 16–17, 24, 124, 134–137, 143, 168
gudd, 17

MYNEGAI

H
haeddiant, 107, 113, 116
Hall, S, 71
hawliau
    apêl, 33, 45
    dioddefwyr, 33
    dynol, 17, 45, 48, 63, 72, 145
    i breifatrwydd, 34, 146
    i gadw'n dawel, 32, 48–49, 99
    i gael cyngor cyfreithiol, 32
    i wybodaeth, 32
    tystion, 35
    wrth gael eich holi, 32
    y rhai a ddrwgdybir, 7, 31, 85, 97
    yng ngorsaf yr heddlu, 31
heddlu, yr, 7–9, 11–24, 26–37, 40, 43, 47–50, 52, 55, 58, 63, 67–68, 71, 73–75, 78, 80, 86, 93–101, 103, 106, 122–125, 127, 130–134, 136, 140–142, 144–146, 148–150, 153–157, 161, 167–169
Heddlu Metropolitan, yr, 9, 122, 124, 149, 154–155
Heddlu Niwclear Sifil, yr, 13, 153
Heddlu Trafnidiaeth Prydeinig, yr, 13, 124, 153
Heidensohn, F, 105
hil 31, 71, 147, 151, 155
    Asiaidd, 62–63, 66, 157
    du, 55, 63, 66, 71, 81, 155, 157–158
    gwyn, 63, 67, 71, 81, 88, 92, 136, 142, 157–158, 162
hiliaeth, 9, 49, 155, 169
    sefydliadol, 9, 169
Hill, Max, 125, 141, 157
Hillsborough, 73–74
Hirsch, Afua, 158
Hirschi, T, 104–105
Hobbs, TR, 139
Hoffman, yr Arglwydd, 72
Holt, MM, 139
hunanladdiad, 16, 62, 81, 149, 151, 160, 164–165
hunan-niweidio, 149, 160, 164–165
Hutchinson, Paul, 16
hyfforddiant, 9, 11, 65, 109, 117, 119, 121, 124, 129, 138, 147, 149, 165
hylifau'r corff, 9–10, 26
hysbysiadau cosb benodedig, 94, 124, 127, 153

I
iawndal, 22, 34, 45, 112–113
ideoleg, 103, 163
    resymegol, 103
iechyd meddwl, 29, 35, 116–119, 121, 131, 148, 156, 160, 164
imiwnedd lles y cyhoedd, 50, 57, 99
INQUEST, 73–96
INTERPOL, 14

J
James, Lizzie, 22
James, Rosie, 81, 151
Jefferies, Christopher, 58, 71

K
Kaufmann, G, 53
Kirk, PL, 25
Ku Klux Klan, 81
Kuehn, L, 19

L
labelu, 98, 112–113, 121, 138, 169
Lammy, D, 63, 67
Lawrence, Stephen, 9, 17, 46, 80, 90, 154–155
Levitt, Alison, 156

Locard, E, 25–26
Loftus, E, 19, 69
Lombroso, C, 112
lonydd â gât, 135–136

LL
lladrad, 14, 41, 44, 63, 82, 107, 159, 167
lladdiad, 11, 16, 20, 113, 160
Llafur Newydd, 137
llety, 130–131, 147, 164
lleygwyr, 7, 44, 54, 60, 65, 67, 69, 85
lloches i fenywod, 95
llofrudd, 21–22, 46, 107
llofruddiaeth, 9, 11–12, 15–17, 20–22, 26, 29–30, 35, 41, 43–47, 50, 54, 57–60, 62–63, 72, 78–80, 82, 90, 100, 107, 113, 115, 128, 142, 145, 154–155, 157, 159
llosgi bwriadol, 10, 23, 26, 149
llw
    barnwrol, 126
    teyrngarwch, 126
llygad-dystion, 20, 24–25, 35, 53, 68
Llys Apêl, y, 29, 44–46, 56, 63, 74, 77–79, 82, 127, 159
Llys Hawliau Dynol Ewrop, 63
llysoedd apeliadol, y, 44
llysoedd gwrandawiad cyntaf, 44
llythrennedd, 117

M
Mackrell, Graham, 73
mân-dystiolaeth, 11, 28–29
marc brathu, 28
Marcsaeth, 109, 145
marwolaethau yn y crud, 30, 47, 54, 69
masnachu cyffuriau, 111, 117
masnachu pobl, 13, 35–36, 82, 152, 159
Matrics Gangiau, y, 14
Matrix Churchill, 57
Meadow, Syr Roy, 11, 30, 47, 54, 69
mechnïaeth, 33–34, 40–41, 43, 46, 60, 83, 94, 96, 104, 126, 131, 153
mewnoli, 103, 106, 169
Ming, Ann, 79, 90
model rheoli troseddu, 97–99, 101, 168
moesoldeb, 81, 103, 169
mudiadau gwirfoddol, 95–96, 122, 163–164, 167, 169
Mullin, Chris, 78–79
Mwslim, 103

N
Nacro, 96, 131–132, 147, 163–164, 169
Napper, Robert, 22
Newman, O, 133–134
Nickell, Rachel, 17, 22, 100
nodau ac amcanion, 123, 125, 127–129, 131, 169
nodau cosbi, 107, 114, 116, 120–121, 167
normau, 102–104, 106, 122, 137, 167
Norris, David, 80

O
oedran, 16, 29, 39, 53, 65–66, 81, 92, 124, 126, 151, 158–159
ofn cael eich cosbi, 104, 106
ôl esgid, 9, 15, 27–28
olion teiars, 9, 27–28

P
Packer, H, 97

paent, 15, 26, 28
Palmer, JC, 19
panig moesol, 55, 57, 71, 83, 90, 150, 156, 159
panoptigon, 136–137, 143
Papur Gwyn, 88, 92
Papur Gwyrdd, 88, 92
papurau newydd poblogaidd, 58, 68, 71
parôl, 70, 95–96, 104, 111, 115, 143
patholeg fforensig, 11, 54
patholegwyr, 8, 11–13, 20
Paul v DPP, 65
Peel, Syr Robert, 122, 124
penderfyniad gwrthnysig, 55, 63
Peruche, B, 71
Pickles, y Barnwr, 158
Pinochet, Augusto, 72
Pitchfork, Colin, 15
Plant, E, 71
ple, 33, 41–46, 55, 62–65, 81, 94, 167
plismona drwy gydsyniad, 123, 132, 155
poblogaeth y carchardai, 83, 112, 115, 144, 160
poblyddiaeth gosbol, 83
poer, 15, 26–28
polisïau lleol a chenedlaethol, 149
Ponting, Clive, 61, 81, 151
post-mortem, 9–11, 20, 30
Prawf Cod Llawn, y, 37, 39–40, 94, 152, 156
prawf lles y cyhoedd, 37, 39, 125–126, 152
Prawf Trothwy, y, 39–40, 126
prawf tystiolaeth, y, 37–38, 125–126, 152, 156
preifateiddio, 149, 162–163
pridd, 28
Pringle, y Barnwr, 158
proffilio, 7, 15–16, 20–24, 142
Project Innocence, 18, 53–54, 77
pryfed, 20, 28
Pwyllgor Devlin, 18

R
R v Connor and Rollock, 64
R v Kronlid, 64
R v Maginnis, 91
R v Mirza, 64
R v R, 91
R v Taylor and Taylor, 63
R v Twomey, 63
Ramadan, 103, 106
realaeth y chwith, 98, 109
realaeth y dde, 98, 104, 107–109, 110, 112–113, 136, 145
Reckless, WC, 105–106
remandio yn y ddalfa, 41, 43
Riley, D, 105
rôl asiantaethau, 122
rôl y rheithgor, 44, 60

RH
rhagdybiaeth
    o ddieuogrwydd, 98, 101, 168
    o euogrwydd, 97, 101
rhaglen CARE, 164
rhaglenni atgyfnerthu â thalebau, 109, 133, 137–139, 143, 169
rheithfarnau
    anniogel, 77
    cyfiawn, 79–81, 83, 85
    diogel, 77, 83, 85
rheithgor, 7, 11, 18, 38, 44–45, 47–50, 52–56, 58–65, 67–69, 73–74, 77–78, 80–81, 85, 94, 99, 127, 151, 156, 168

MYNEGAI

rheithwyr, 7, 38, 44–45, 53–55, 58–65, 68–69, 71–72, 78, 159, 168
    a'r rhyngrwyd, 59, 64–65
    yn gwirioni â rhywun, 55
rheol aur, y, 91
rheol drygioni, y, 91
rheol lythrennol, y, 91
rheolaeth gymdeithasol, 86, 102–106, 122, 132–133, 136–146, 148–149, 152–154, 156, 159, 161–165, 167, 169
    mathau allanol o, 102–103
    mathau mewnol o, 102, 169
Rheolau'r Carchar, 140
rheoli dicter, 109, 117–118, 130, 138, 143, 147, 165, 169
rhwystrau, 98, 101, 168
rhyddhad, 81–82, 94, 118, 120–121, 141, 147
rhyddhau ar drwydded dros dro, 117, 147
rhyddhau carcharorion ar ddydd Gwener, 147, 164
rhyddid
    crefydd a chydwybod, 146
    i gymdeithasu ag eraill, 146
    i lefaru, 145
    i symud, 145–146
    i ymgynnull, 146
    rhag arestio mympwyol, 146
    rhag cadw heb dreial, 146
    sifil, 16, 145–146
rhyngrwyd, y, 5, 59, 64–65, 78, 84
rhywedd, 31, 39–53, 56, 65, 66, 72, 158

S

sancsiynau, 102–104, 106, 140–141, 143, 169
Saunders, Alison, 125, 141
sbaddu, 111–112
Scott, Adam, 11, 16, 70
Secured by Design, 134
sefydliadau troseddwyr ifanc, 138–139
seicoleg ymchwiliol, 20, 23–24
seicolegwyr, 19–22, 53, 69
semen, 15, 26–27
Shabbat, 103
Shaw, M, 105
Siarter y Tystion, 35–36
Sidebottom, A, 135
Skinner, BF, 103, 109, 138, 143
Skuse, Syr Frank, 69, 78
Smart, C, 56
Sodexo, 128, 130
Spice, 160, 165
Stacey, Glenys, 149, 163
Stagg, Colin, 17, 22, 30, 48, 100
"Stansted, 15", 151–152
stare decisis, 90
stelcio, 35, 87, 169
stereoteipiau, 53, 71–72, 158
stereoteipio, 53, 71
stopio a chwilio, 31, 99, 150
strategaeth trais difrifol, 150
streic newyn, 151
Swffragetiaid, 151–152
Swyddfa Gartref, y, 11, 12, 30, 78, 93–95, 96, 100, 134, 150, 152, 169
Swyddfa Ystadegau Gwladol, y, 154
Swyddog Gofal Tystion, 34
swyddog y ddalfa, 31–32, 43, 168
swyddogaetholdeb, 98, 108, 113, 152
swyddogion carchar, 128–129, 147, 149, 160
Swyddogion Cymorth Cymunedol yr Heddlu, 124
swyddogion heddlu, 7–9, 13–14, 17, 22, 32, 49–50, 55, 63, 67, 71, 101, 123–124, 148, 150
sylw yn y wasg, 63
system wrthwynebus, 54
system y rheithgor, 61–62
systemau llysoedd troseddol, 44

T

Tabak, Vincent, 58
tactegau sefydliadol, 139, 143
tagio, 111
Taylor, Damilola, 12, 157
Taylor, yr Arglwydd-Ustus, 73
technoleg ddigidol, 141, 157
technoleg newydd, 141–142, 152
teledu cylch cyfyng (CCTV), 16–17, 25, 29, 137, 143, 168
terfysg, 16, 55, 57, 71, 74, 82–83, 128, 147, 149, 159–161, 165
terfysgaeth, 12, 31, 33, 35, 69, 124, 128, 142, 153
tiriogaethedd, 134–135, 168
tlodi, 109, 164
toriadau, 13, 42, 125, 128–129, 133, 141, 148–149, 152, 154, 157, 160, 162, 165, 169
traddodiad, 5, 59, 103, 106, 142, 169
traddodiad Iddewig, 103
trap, 22, 30, 48, 100
trawsgrifiad, 68, 70, 75–76, 85
trefn briodol, 97–101, 146, 167–168
treialon heb reithgor, 55–56, 99
treisio, 11–12, 15–16, 21, 23, 26, 34, 41, 44, 49–50, 53, 56, 72, 82, 91, 113, 115, 128, 141–142, 149, 152, 156–157, 159
treth gyngor, 123, 148, 164
troseddau
    anhrefnedig, 21
    casineb, 9, 34–35, 108
    cyllell, 36, 92, 150, 154–155
    ditiadwy, 33, 41, 44, 99
    gwaethygedig hiliol, 108
    gwn, 9, 20, 28–29, 36, 57, 150, 154
    gwrywod, 57, 145, 157
    menywod, 17, 22, 56, 66, 105, 145, 157–158
    neillffordd, 41
    rhyfel, 10
    trefnedig, 12–14, 21
    ynadol/diannod, 41, 43
troseddwyr ifanc, 144, 161
trwydded, 14, 94–96, 115, 117, 121, 130, 140, 144, 147, 169
trwyddedau teledu, 164
tuedd, 12, 37, 56, 62–64, 67, 70–73, 76, 85, 101, 109, 125, 155, 158, 163
    farnwrol, 56
    hiliol, 62–64, 67
twyll, 9, 12–13, 41, 56, 62–63, 82, 124, 132, 136, 142, 149, 153, 155
Tŷ'r Cyffredin, 87–89, 92, 130
tystio, peidio â, 49
tystiolaeth 7–12, 14–16, 18–22, 24–41, 43–44, 46–60, 62–63, 67–70, 74–81, 83, 85, 93–95, 98–101, 123–127, 132, 141, 152–154, 156–159, 161–163, 165, 168–169
    ail-law, 7, 29, 38, 50–51, 68, 75, 78, 85, 99, 126
    arbenigol, 30, 70
    arbenigwyr, 68–69
    argraffiadau, 27
    casglu, trosglwyddo a storio, 26, 30, 85
    credadwy, 38
    derbyniol, 38
    dibynadwy, 38, 47
    ffisegol, 9, 20, 25–26, 29–30, 44, 47, 85
    fforensig, 15, 21, 68, 70, 78, 100
    gan dystion, 25, 29–30, 52, 85
    llygad-dyst, 18, 53, 69
    o gymeriad gwael, 49, 99
    perthnasedd, 47–58
    trosglwyddo, 85
    wedi'i chasglu yn anghyfreithlon, 48, 98–99
    wedi'i chasglu yn amhriodol, 48
    wedi'i halogi, 49
    ystadegol, 54, 154
tystion, 9–12, 15, 18–20, 24–26, 29–31, 34–36, 38, 40, 43, 47, 49–50, 52–54, 59, 68–70, 78, 85, 94–95, 98, 100, 124–125, 132, 157
    arbenigol, 11, 19–20, 25, 30, 52, 54, 69

TH

Thatcher, Margaret, 110
therapi ymddygiadol gwybyddol (CBT), 109, 169
Thomas, C, 58, 63–64

U

uwch farnwyr, 127
uwch-ego, 102–103, 106, 169

W

Warner, K, 159
Weinyddiaeth Gyfiawnder, y, 93, 95–96, 119, 130
Wenham, Rachel, 81, 151
Williams, Pete, 12, 30, 53, 100, 111
Windrush, 152
Women in Prison, 96, 163–164
Woodward, Lavinia, 158
Woolf, yr Arglwydd, 65
Wrightson, Angela, 59

Y

Yeates, Joanna, 58
ymchwilwyr lleoliad y drosedd (CSIs), 7–9, 13
Ymddiriedolaeth Diwygio'r Carchardai, 96, 119
ymddygiad gwrthgymdeithasol, 124, 133–138, 141
ymddygiadaeth, 138
ymgais i ddianc, 64, 128–129, 134, 141, 158, 160, 165
ymlyniad, 104–105
ymosodiadau, 19, 25, 27–28, 34, 41, 44, 82, 101, 143, 149, 158, 160, 165, 167
    hiliol, 9
    rhyw, 27–28, 34, 158
ymrwymiad, 104, 129, 136, 163
ymyrryd â'r rheithgor, 45, 55–56, 63, 99, 168
ynad, 7, 33, 38, 41, 43–45, 47–48, 52–53, 55, 58, 60, 62–63, 65–68, 70, 77, 81–83, 85, 90, 94, 99, 101, 104, 106, 114, 119–120, 127, 149, 152, 156, 159, 168
Ynysoedd Falkland/Malvinas, 61, 151
Ysgrifennydd Cartref, yr, 149

EICH NODIADAU

EICH NODIADAU